DAS GROSSE PRAXISBUCH DER AURA- UND CHAKRA-ARBEIT

Herausgegeben von Diane von Weltzien

GOLDMANN VERLAG

Die Quellennachweise zu den einzelnen Texten
befinden sich am Ende des Bandes

Originalausgabe

*Dieses Buch enthält die persönlichen Erfahrungen der Autorinnen und
Autoren. Sie und der Verlag übernehmen keinerlei Haftung für die Folgen
der in diesem Band beschriebenen Übungen und Anwendungen.*

Umwelthinweis:
Alle bedruckten Materialien dieses Taschenbuches
sind chlorfrei und umweltschonend.

Der Goldmann Verlag
ist ein Unternehmen der Verlagsgruppe Bertelsmann

© dieser Ausgabe 1993 by Wilhelm Goldmann Verlag, München
Umschlaggestaltung: Design Team München
Umschlagfoto: Mauritius/ACE, Mittenwald
DTP-Satz und Herstellung: Barbara Rabus
Druck: Presse-Druck Augsburg
Verlagsnummer: 12211
Made in Germany
ISBN 3-442-12211-2

1 3 5 7 9 10 8 6 4 2

Inhalt

I. Teil
»Klassische« Texte

GÉRARD EDDE: Chakras und Nadis im *Shat-Chakra-Nirupana*	12
KARL SPIESBERGER: Die Forschungen des Freiherrn von Reichenbach	31
C. W. LEADBEATER: Die Kräfte	46
C. W. LEADBEATER: Die Körper des Menschen	73
C. W. LEADBEATER: Wie der Mensch sich entwickelt	78
ARTHUR AVALON (SIR JOHN WOODROFFE): Kundalini-Shakti	87
RUDOLF STEINER: Die Aura des Menschen	109
Definition des Begriffs »Chakra«	124

II. Teil
Die Chakras

HANNEKE KORTEWEG / HANS KORTEWEG: Die sieben Stufen	133
JES BERTELSEN: Die Elementsymbole	138
GÉRARD EDDE: Visualisierung zur Erweckung der »Fünf Sinne«	159
AMY WALLACE / BILL HENKIN: Die Chakras öffnen und schließen, reinigen und ausrichten	161

ROSALYN L. BRUYERE: Chakra-Meditation 167

HARISH JOHARI: Die Erweckung der Kundalini 172

KLAUSBERND VOLLMAR: Tabellarische Chakra-Übersicht . . . 182

HARISH JOHARI / ROSALYN L. BRUYERE: Das erste Chakra
(Muladhara) 187

KLAUSBERND VOLLMAR: Das zweite Chakra (Svadishthana) . 199

NAOMI OZANIEC: Das dritte Chakra (Manipura) 209

LILLA BEK / PHILIPPA PULLAR: Das vierte Chakra (Anahata) . 225

SHANTO BROCKMANN / DIPAM STATECZNY: Das fünfte Chakra
(Vishuddha) 231

KEITH SHERWOOD: Das sechste Chakra (Ajna) 235

NAOMI OZANIEC: Das siebte Chakra (Sahasrara) 241

III. Teil
Die Aura

BARBARA ANN BRENNAN: Die sieben Schichten der Aura . . . 255

KEITH SHERWOOD: Die Farben der Aura 270

DORA KUNZ: Die Anatomie der Aura 276

JOHN PIERRAKOS: Das Phänomen der Aura 292

LEA SANDERS: Austausch und Wandel im Aura-Feld 313

WILLI FRANZ: Die Praxis des Aurasehens 320

KARL SPIESBERGER: Woran wird Sensitivität erkannt? 327

DAVID V. TANSLEY: Reinigen und Heilen der Aura 334

HETTY DRAAYER: Eine Aura-Übung	351
WULFING VON ROHR: Licht- und Chakrameditationen	355
VICKY WALL: Der Flug der Aura	361

IV. Teil
Aura- und Chakra-Arbeit in Verbindung mit anderen Methoden

ARNOLD BITTLINGER: Das Vaterunser und die Chakras	368
WERNER BOHM: Der kosmische Aspekt der Chakras	381
GÉRARD EDDE: Kristalle, Metalle und die Chakras	384
GÉRARD EDDE: Massage der Chakras	393
LANETA GREGORY / GEOFFREY TREISSMAN: Astrologie und die Aura	400
INGRID S. KRAAZ VON ROHR: Farbtherapie für Aura und Chakras	406
PETER RENDEL: Atem und die Chakras	413
KLAUSBERND VOLLMAR: Bach-Blütenessenzen und die Chakras	421
Quellennachweis	425

Conscious Faith is Liberty
Emotional Faith is Slavery
Mechanical Faith is Stupidity

G. I. Gurdjieff

I. Teil

»Klassische« Texte

GÉRARD EDDE

Chakras und Nadis im *Shat-Chakra-Nirupana*

Zahlreiche Autoritäten auf dem Gebiet des Yoga betrachten das *Shat-Chakra-Nirupana* (Beschreibung der Sechs Zentren) als eine der besten Darstellungen, die über die Chakras und Nadis geschrieben worden sind. Dieser Text ist im Jahre 1577 von dem Pandit Purananda, einem bengalischen Guru, verfaßt worden. Eigentlich hieß er Jagadananda, den Namen Purananda nahm er nach seiner Initiation durch den Guru Brahmananda an. Später begab er sich nach Kamarupa in Assam.

Man glaubt, daß er seinen Siddhi (Zustand der spirituellen Vollkommenheit) im Ashram Vashishthashrama erlangt hat, der noch heute existiert. Purunanda kehrte niemals mehr in seine Heimat zurück. Er lebte wie ein Heiliger und stellte mehrere Abhandlungen über das Tantra zusammen. *Shat-Chakra-Nirupana* ist in der Tat ein Auszug aus dem sechsten Teil eines viel umfassenderen Werkes, dem *Shri-Tattva-Cintamini*.

Das *Shat-Chakra-Nirupana* wurde im Jahre 1918 erstmals von Arthur Avalon (Sir John Woodroffe) ins Englische übersetzt und in seinem Werk *The Serpent Power (Die Schlangenkraft)* veröffentlicht. Dasselbe Werk enthält auch Avalons Übersetzung eines anderen wichtigen tantrischen Textes, *Paduka-Panchaka* (*Der Fünffältige Fußschemel*), sowie seine Kommentare zu diesen beiden Texten.

Die folgenden Auszüge stellen den Hauptteil des Textes in einer neuen Übersetzung dar. Sie sind thematisch neu geordnet und haben in Klammern Erklärungen.

Das Folgende schreibt Purananda zum Thema der Nadis Ida, Pingala und Sushumna.

Vers 1

In dem Raum, der sich außerhalb der Wirbelsäule befindet, rechts und links davon, verlaufen die beiden Nadis Ida (Mond, weiblich) und Pingala (Sonne, männlich). Die Nadi Sushumna, deren Substanz sich aus den Drei Gunas (Qualitäten) zusammensetzt, befindet sich in der Mitte; in ihrem äußeren Teil nennt man sie Nadi Sushumna, in ihrer Mitte Nadi Vajra. Der innerste Teil wird als Nadi Chitrini bezeichnet. Die Sushumna verläuft von der Mitte von Kanda (der Wurzel aller Nadis) bis zum Kopf; Vajra im Inneren erstreckt sich vom Penis bis zum Kopf.

Vers 2

Im Innern von Vajra befindet sich Chitrini, leuchtend vom Glanz des Om. Sie ist ebenso subtil wie ein Spinnenfaden und durchdringt alle Lotosblumen (Chakras), die sich im Rückgrat befinden. Sie ist reine Intelligenz. Im Innern von Chitrini ist die Nadi Brahma, die vom Anus zum Lingam (Symbol des Phallus, versinnbildlicht auch den Astralkörper) im Chakra Muladhara bis zum Bindu (Knoten) im Perikarp von Sahasrara verläuft.

Chitrini ist schön wie eine Kette aus Blitzen und fein wie die Faser des Lotos. Sie strahlt im Geist der Weisen. Sie ist sehr subtil und erweckt die reine Erkenntnis und Verkörperung jeder Glückseligkeit. Ihre wahre Natur ist reines Bewußtsein. Das Tor von Brahma glänzt in ihrer Öffnung. Diese ist der Eingang zu dem verdeckten Bereich von Ambrosia und wird als »Der Knoten« bezeichnet. Dies ist die Öffnung der Sushumna.

Der Text fährt fort mit der Beschreibung der Chakras:

Das Chakra Adhara (Muladhara)

Vers 4

Dieser Lotos ist mit der Öffnung der Sushumna verbunden und befindet sich zwischen den Geschlechtsteilen und dem Anus. Er hat vier Blütenblätter von purpurner Farbe. Seine Spitze ist nach unten geneigt. Auf seinen vier Blütenblättern sind die vier Buchstaben von Va bis Sa in der leuchtenden Farbe des Goldes.

Vers 5

In diesem Lotos ist der quadratische Bereich von Prithivi (Element Erde) von acht glänzenden Punkten umgeben. Er ist von leuchtendgelber Farbe und schön wie der Blitz. So ist auch das Bija von Prithivi, die mystische Keimsilbe des Chakra, *Lam*, die sich im Innern befindet.

Vers 6

Das Bija ist mit vier Armen geschmückt und sitzt auf dem König der Elefanten. Auf seinen Knien trägt es das Schöpferische Kind, das wie eine junge Sonne strahlt und vier Arme und vier Köpfe hat.

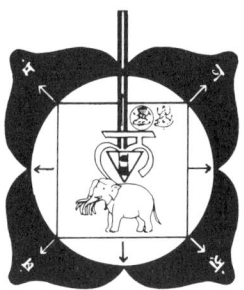

Muladhara

Vers 7

Hier wohnt eine Devi (Göttin) mit dem Namen Dakini. Ihre vier Arme schimmern vor Schönheit, und ihre Augen sind von einem leuchtenden Rot. Sie strahlt wie der Glanz von zahlreichen Sonnen, die alle zur gleichen Zeit aufgehen. Sie ist Überbringerin der Offenbarung der ganz reinen Intelligenz.

Vers 8

Neben der Öffnung der Nadi Vajra und in der Fruchthülle glänzt ständig ein zartes leuchtendes Dreieck: Kamarupa, das auch Traipura genannt wird. Darin ist immer und überall Vaju (die Vitalkraft), die als Kandarpa (Gott der Liebe) bezeichnet wird und von tiefroter Farbe ist. Dies ist der Herrscher der Wesen, der wie zehn Millionen Sonnen strahlt.
Im Innern des Dreiecks ist Svayambhu (»Der sich selbst erzeugt hat«) in seiner Form als Lingam (Shiva Lingam), schön wie geschmolzenes Gold, den Kopf nach unten geneigt. Er wird durch die Erkenntnis (Jnana) und die Meditation (Dhyana) offenbart und hat die Form und die Farbe eines jungen Blattes. Seine Schönheit gleicht dem Schimmern des Blitzes und dem Zauber des Vollmondes. Der Deva (Gott), der hier glücklich verweilt, hat die Form eines Wirbels.

Verse 10 und 11

Oberhalb von Shiva Lingam leuchtet die schlafende Kundalini, fein wie die Faser eines Lotosstengels. Sie ist Maya (die Verführerin) in dieser Welt und bedeckt sanft die Höhlung des Kopfes von Shiva Lingam. Wie die Spirale einer Muschel windet sie sich dreiundeinhalbmal schlangenförmig um den Shiva Lingam, und ihr Glanz hat die Kraft eines jungen Blitzes. Ihr sanftes Murmeln ist wie das undeutliche Summen eines Bienenschwarms, der außer sich vor Liebe ist. Sie bringt melodische Gedichte und andere Kompositionen in Prosa oder Versen, in Sanskrit und in anderen Sprachen hervor. Sie erhält alle Wesen der Welt durch die Einatmung und die Ausatmung, und sie erstrahlt in der Höhlung des Wurzel-Lotos wie eine Kette von glänzenden Lichtern.

Vers 12

Im Innern von Shiva Lingam herrscht Para, die Erweckerin der unvergänglichen Erkenntnis. Sie ist die allmächtige Kala einer Form von Nada (Klang) Shakti mit der wunderbaren Fähigkeit zu erschaffen, und sie ist subtiler als das Subtilste. Sie ist das Auffanggefäß des unaufhörlichen Stroms von Ambrosia, der aus der Ewigen Glückseligkeit fließt. Das gesamte Universum wird durch ihr Strahlen erleuchtet. Durch die Meditation auf Para (oder Kundalini), die im Mula-Chakra mit dem Glanz von zehn Millionen Sonnen strahlt, wird der Mensch zum Herrn seiner Worte, König unter den Menschen und zum Experten in allen Wissenschaften. Er wird für immer frei von allen Krankheiten sein, und in der Tiefe seines Geistes ist er von großer Zufriedenheit erfüllt. Von reinem Charakter, dient er durch seine tiefgründigen und klangvollen Worte den höchsten der Devas.

Das Chakra Swadisthana

Vers 14

Es gibt einen weiteren Lotos im Innern der Sushumna am Anfang der Geschlechtsteile; er hat eine schöne zinnoberrote Farbe. Auf seinen sechs Blütenblättern sind die Buchstaben von Ba bis La, und auf jedem ist der Bindu (Punkt) aufgeprägt, der eine glitzernde Farbe wie der Blitz hat.

Swadisthana

Vers 15

Im Innern dieses Lotos ist der weiße, glänzende und feuchte Bereich von Varuna, der die Form einer Mondsichel hat. In ihrem Innern, auf einem Makara (sagenhaftes Krokodil), befindet sich das Bija *Vam* (Keimsilbe, die als Mantra verwendet wird). Sie ist ohne Makel und weiß wie ein Herbstmond.

Vers 16

Hari (Vishnu) befindet sich im Innern des Bindu von Vam. Er ist der Stolz der Jugend. Sein Körper ist leuchtendblau, er trägt ein gelbes Gewand. Er hat vier Arme und hält Shrivasta und Kaustubha (Juwel). Beschütze uns!

Vers 17

Hier verweilt Rakini, sie hat die Farbe eines blauen Lotos. Die Schönheit ihres Körpers wird durch ihre Arme erhöht, die verschiedene Waffen halten. Sie trägt ein himmlisches Gewand und Schmuckstücke. Ihr Geist ist durch die Aufnahme der Flüssigkeit von Ambrosia (die aus dem Sahasrara herabfließt) in einem ekstatischen Zustand.

Vers 18

Wer auf diesen makellosen Lotos mit dem Namen Swadisthana meditiert, wird sogleich von seinen Feinden, wie Lüsternheit, Zorn und Gier, befreit. Er wird zum Meister unter den Yogis und wie die Sonne, welche die Dunkelheit der Unwissenheit erhellt. Der Reichtum seiner Worte, die dem Nektar gleich sind, strömt in Prosa und Versen in seine unfehlbare Rede ein.

Das Chakra Manipura

Vers 19

Oberhalb des Swadisthana, an der Wurzel des Nabels, ist ein leuchtender Lotos mit zehn Blütenblättern. Er hat die Farbe von Wolken, die schwer unter der Last des Regens hängen. Darin sind die Buchstaben von Da bis Pha. Sie haben die Farbe des blauen Lotos, und Nada und Bindu sind oberhalb von ihnen. Man meditiert auf den Bereich des Feuers, der die Form eines Dreiecks hat und wie eine aufgehende Sonne leuchtet. Außerhalb dieses Dreiecks sind die drei Zeichen des Swastika (eines an jeder Seite des Dreiecks), und im Innern ist das Bija von Vahni.

Vers 20

Man meditiert auf ihn: Er sitzt auf einem Widder, hat vier Arme und strahlt wie die untergehende Sonne. Auf seinen Knien sitzt Rudra von reiner scharlachroter Farbe. Er ist weiß und mit Asche befleckt. Er sieht sehr alt aus und hat drei Augen. Seine Hände erteilen Segnungen und verjagen die Ängste. Er ist der Zerstörer der Schöpfung.

Manipuraka

Vers 21

Hier weilt Lakini, die Wohltäterin. Sie hat vier Arme, einen leuchtenden Körper, und ihre Haut ist von dunkler Farbe. Sie trägt ein gelbes Gewand, das mit verschiedenen Schmuckstücken bedeckt ist, und sie ist in einem Zustand der Ekstase, während sie Ambrosia trinkt. Wenn man auf den Lotos des Nabels meditiert, erlangt man die Kraft, zu zerstören oder zu erschaffen. Vani (die Welt) oder Sarasvati (die Göttin des Wortes) weilt ständig in diesem Lotos mit dem Reichtum der Erkenntnis (Keimsilbe *Ram*, Verkörperung des Feuers).

Das Chakra Anahata

Vers 22

Oberhalb von Manipura, im Herzen, ist der liebliche Lotos Anahata. Er hat die scharlachrote Farbe der Bandhuka-Blume mit zwölf zinnoberroten Buchstaben, die mit Ka beginnen. Er ist wie der wunscherfüllende himmlische Baum, der mehr gewährt, als man sich wünschen kann. Der Bereich Vayu (Wind) hat die Form eines Sechsecks und ist rauchfarben.

Vers 23

Man meditiert im Bereich von Vayu auf das sanfte und hervorragende Pavana Bija (*Yam*, die Keimsilbe des Chakra Anahata). Es ist grau wie eine Feuermasse, hat vier Arme und befindet sich über einer schwarzen Antilope. Man meditiert auch im Innern auf den Sitz des Gottes des Mitgefühls, der makellos ist und wie die Sonne schimmert. Seine beiden Hände machen die Geste des Segens und verjagen die Ängste der Drei Welten.

Anahata

Vers 24

Hier weilt Kakini, sie ist gelb wie der frische Blitz, gnädig und freudig eine Wohltäterin. Sie hat drei Augen. Sie trägt alle erdenklichen Schmuckstücke und hält in ihren vier Händen eine Schlinge und eine Schädelschale. Sie macht die Geste des Segnens und die Geste, die Ängste vertreibt. Ihr Herz wird durch den Nektar milde gestimmt.

Vers 25

Die Shakti (Energie), deren zarter Körper wie zehn Millionen Blitze ist, befindet sich in der Fruchthülle dieses Lotos, der die Form eines Dreiecks hat. Im Innern dieses Dreiecks ist Shiva Lingam, der unter dem Namen Bana bekannt ist. Er ist wie schimmerndes Gold, und auf seinem Kopf ist eine so winzigkleine Öffnung wie ein Loch, das in einen Edelstein gebohrt wird. Dies ist der strahlende Sitz von Lakshmi (Göttin des Wohlstands).

Vers 26

Wer auf diesen Herz-Lotos meditiert, wird wie der Meister des Wortes und ist dazu fähig, wie Ishvara die Welten zu beschützen und zu zerstören. Dieser Lotos ist wie der wunscherfüllende himmlische Baum, Sitz und Aufenthaltsort von Shiva. Er ist geschmückt von Hamsa (oder Jivatma, die individuelle Seele), das wie die stetig schmale Flamme an einem windlosen Ort ist. Die Fäden, die seine Fruchthülle umgeben und schmücken, sind vom Sonnenreich erhellt.

Vers 27

Der erste unter den Yogis, derjenige, der auf den Herz-Lotos meditiert, wird mehr geliebt als die liebste der Frauen. Er ist äußerst weise und von edlen Handlungen erfüllt. Seine Sinne stehen völlig unter seiner Kontrolle. Sein Geist befindet sich in tiefer Konzentration und ist ganz in die Gedanken an Brahman versunken. Seine inspirierte Rede strömt wie ein Fluß von klarem Wasser. Er ist wie die Devata, die Geliebte Lakshmi, und kann nach Belieben einen anderen Körper annehmen.

Das Chakra Vishudda

In der Kehle befindet sich der Lotos mit Namen Vishudda. Er ist rein und von durchscheinender Purpurfarbe. Alle sechzehn strahlenden Vokale auf seinen sechzehn scharlachfarbenen Blütenblättern sind deutlich sichtbar für denjenigen, dessen Geist erleuchtet ist. In der Fruchthülle dieses Lotos ist der Bereich des Äthers. Er hat die Form des Kreises und ist weiß wie der Vollmond. Auf einem schneeweißen Elefanten ist das Bija Ambara (*Ham*), das ebenfalls von weißer Farbe ist.

Verse 28 und 29

Von den vier Armen des Bija halten zwei die Schlinge und die Schädelschale; die beiden anderen machen die Geste des Segnens bzw. des Vertreibens von Ängsten. Dies trägt zu seiner Schönheit bei. Auf seinen Knien weilt für immer der große Deva von einem Schneeweiß, der drei Augen und fünf Gesichter hat; er hat zehn herrliche Arme und ist mit einem Tigerfell bekleidet. Sein Körper ist eins mit dem von Girija, und er ist unter dem Namen Sada-Shiva bekannt.

Vers 30

Reiner als der Ozean des Nektars ist die Shakti Sakini, die in diesem Lotos weilt. Ihr Gewand ist gelb, und in ihren vier Lotosarmen hält sie den Bogen, den Pfeil, die Schlinge und die Schädelschale. Der ganze Bereich des Mondes ist in der Fruchthülle dieses Lotos. Dieser Bereich ist das Tor zur großen Befreiung für denjenigen, der sich nach dem Reichtum des Yoga sehnt und dessen Sinne rein und beherrscht sind.

Vishudda

Vers 31

Wer die vollkommene Erkenntnis von Atman (Brahman) erlangt hat, wird, wenn er seinen Geist ständig auf diesen Lotos konzentriert, ein großer Weiser, klug und beredsam, und erfreut sich eines ununterbrochenen geistigen Friedens. Er sieht die drei Zeiten, ist frei von Krankheit und Kummer und wird zum Wohltäter für alle. Er lebt lange und ist, wie Hamsa (hier Antaratma des Chakra Sahasrara), der Zerstörer der Gefahren ohne Ende.

Vers 31A

Der Yogi, dessen Geist unablässig auf diesen Lotos fixiert und dessen Atmung durch Kumbhaka (Zurückhaltung) kontrolliert wäre, könnte sich in den Drei Welten bewegen, wenn er erzürnt wäre. Weder Brahma noch Vishnu, weder Hari-Hara (die Vereinigung von Vishnu und Shiva) noch Surya (Sonnengott) nach Ganapa (Gott der Weisheit) könnten seine Macht bezähmen.

Das Chakra Ajna

Vers 32

Der Lotos mit Namen Ajna ist wie der Mond von einem wunderbaren Weiß. Auf seinen zwei Bütenblättern befinden sich die Buchstaben Ha und Ksha, die ebenfalls weiß sind und seine Schönheit noch vergrößern. Er strahlt im Glanz von Dhyana (Meditation). Im Innern ist die Shakti Hakini, deren sechs Gesichter wie Monde sind. Sie hat sechs Arme. In der einen Hand hält sie ein Buch – die Geste der Erleuchtung. Zwei andere Arme sind erhoben, um zu segnen und Ängste zu vertreiben. Die anderen Hände halten eine Schädelschale, eine kleine Trommel und eine Mala (Rosenkranz). Ihr Geist ist rein.

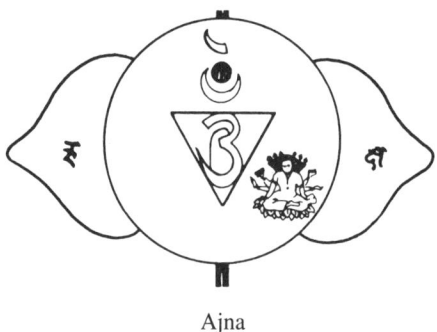

Ajna

Vers 33

In diesem Lotos wohnt der subtile Geist (Manas). Er ist wohlbekannt. Im Innern der Yoni (die gewöhnlich die weiblichen Geschlechtsorgane anzeigt und hier durch ein Dreieck symbolisiert wird) in der Fruchthülle befindet sich Shiva als Itara in seiner phallischen Form. Er leuchtet wie eine Kette von Blitzen. Das erste Bija des Veda *(Om)* ist ebenfalls hier. Es ist der Sitz der vortrefflichsten Shakti und läßt durch seinen Glanz die Nadi Chitrini sichtbar werden. Der Sadhaka (der Praktizierende des Yoga, der sich auf dem Wege der Realisation befindet) muß mit unbeirrtem Geist in der vorgeschriebenen Reihenfolge meditieren, wie unten angegeben.

Der vortreffliche Sadhaka, dessen Atman (Seele) einzig und allein auf diesen Lotos meditiert, ist dazu fähig, sich willentlich und rasch in einen anderen Körper zu begeben. Er wird zum Vortrefflichsten unter den Munis (diejenigen, die sich im Dhyana-Yoga vervollkommnet haben). Er weiß alles und er sieht alles. Er wird zum Wohltäter für alle und ist bewandert in allen Shastrax (heilige Texte und Kommentare). Er realisiert seine Vereinigung mit dem Brahman und erlangt außergewöhnliche und unbekannte Kräfte (Siddhi). Er genießt großes Ansehen, hat ein langes Leben und wird für immer der Schöfper, der Zerstörer und der Bewahrer der Drei Welten.

Vers 35

Im Innern des Dreiecks dieses Chakra befindet sich stets die Kombination der Buchstaben A und U, die das Pranava (die heilige Silbe Om) bilden. Dies ist das innere Bewußtsein (Atmon) als reiner Geist (Buddhi), der wie eine Flamme ausstrahlt. Oberhalb davon befindet sich die Mondsichel, und darüber ist Makara (der Buchstabe M), strahlend in der Form eines Bindu (*Aum/Om*, das Bija-Mantra des Chakra Ajna). Darüber ist Nada, weiß wie der Mond, und verbreitet seine Strahlen.

Vers 36

Wenn der Yogi das Haus verschließt, das ohne Stütze hält (das heißt, alle seine Öffnungen in der Übung der Yoni-Mudra verschließt), und wenn sich Chitta (das auf die äußere Welt gerichtete Bewußtsein) durch eine wiederholte Übung in jenen Ort auflöst, wo der Sitz der ununterbrochenen Glückseligkeit ist, sieht er deutlich Feuerfunken in der Mitte (des Dreiecks) und im Raume darüber leuchten.

Vers 37

Er sieht dann auch das Licht, das wie die Flamme einer Lampe brennt. Sein Glanz ist wie jener der aufgehenden Sonne und strahlt zwischen dem Himmel (Chakra Sahasrara) und der Erde (Chakra Muladhara). Hier manifestiert sich Shiva Prama in der Fülle seiner Macht. Er kennt keinen Verfall. Er ist Zeuge von allem und ist hier ebenso wie in dem Bereich des Feuers und des Mondes (Chakra Sahasrara).

Vers 38

Hier ist der unvergleichliche und herrliche Wohnsitz von Vishnu. Im Augenblick des Todes lenkt der vortreffliche Yogi mit großer Freude seinen Lebensatem (Prana) an diesen Punkt und versenkt sich in das Allerhöchste, das Ewige ohne Anfang, den Uranfänglichen Deva, den Purusha, der vor allem in den Drei Welten da war und durch den Vedanta bekannt ist.

Vers 39

Wenn die Handlungen des Yogi in jeder Hinsicht gut sein werden durch den Dienst, den er zu den Lotosfüßen seines Guru verrichtet, dann wird er über dem Chakra Ajna die Erscheinungsform von Mahanada (großer Nada) erblicken, und er wird für immer im Lotos seiner Hand die Siddhi (Kräfte) der Rede besitzen. Mahanada, der Ort der Auflösung von Vayu, ist zur Hälfte in Shiva eingeschlossen und hat die Form eines Pfluges. Er ist ruhig, segnet und vertreibt die Furcht und läßt die reine Intelligenz (Buddhi) sich offenbaren.

Das Chakra Sahasrara

Vers 40

Oberhalb von diesen, in dem leeren Raum im Innern der Nadi Shankhini und unter dem Brahmarandhra (Tor der Wahrnehmung) liegt der Tausendblättrige Lotos. Dieser strahlende Lotos, der weißer als der Vollmond ist, hat seinen Blütenkopf nach unten geneigt. Er bezaubert. Seine Staubfäden haben die Farbe der aufgehenden Sonne. Sein Leib leuchtet von den mit A beginnenden Buchstaben. Er ist vollkommene Glückseligkeit.

Vers 41

Im Innern von Sahasrara ist der Vollmond, ohne die Spur des Hasen, leuchtend wie an einem wolkenlosen Himmel. Er verbreitet sein strahlendes Licht überreichlich und ist feucht und kühl wie der Nektar. Im Innern befindet sich, ständig leuchtend wie der Blitz, das Dreieck, und in diesem wiederum erstrahlt die Große Leerheit (Bindu), der insgeheim alle Devas dienen.

Vers 42

Gut verborgen und nur mit großer Anstrengung zu erreichen, ist der subtile Bindu mit Ama Kala. Hier ist der Gott, der allen als Parama Shiva bekannt ist. Er ist das Brahman und Atman aller Lebewesen. In ihm sind zugleich Rasa (die Erfahrung der höchsten Glückseligkeit) und Varasa (die Glückseligkeit, die aus der Vereinigung von Shiva und Shakti hervorgeht) vereinigt. Dies ist die Sonne, die das Dunkel der Unwissenheit und der Illusion zerstört.

Vers 43

Indem er einen unaufhörlichen und reichlichen Strom einer nektarähnlichen Substanz ausgießt, unterweist der Meister den Yati (derjenige, der sich selbst beherrscht) reinen Geistes in dem Wissen, das es ihm ermöglicht, die Einheit von Jivatman (die individuelle Seele) und Pramatman (die Seele des Universums) zu realisieren. Er durchdringt alle Dinge als ihr Herr, er ist der ununterbrochene Strom jeglicher Glückseligkeit und unter dem Namen Hamsah Parama bekannt.

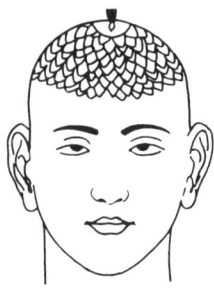

Sahasrara

Vers 44

Die Verehrer von Shiva nennen ihn den Sitz von Shiva; die Verehrer von Vishnu nennen ihn den Sitz von Parama Purusha (Vishnu); die Verehrer von Shiva und Vishnu nennen ihn den Ort von Hari-Hara. Jene, die von Begeisterung für die Lotosfüße der Devi (Shakti) erfüllt sind, nennen ihn den vortrefflichen Sitz der Devi; und die Verehrer des Mantra Hamsah (die Vereinigung von Purusha und Prakriti) nennen ihn den reinen Ort von Prakriti-Purusha.

Vers 45

Der hervorragendste der Menschen, der seinen Geist beherrscht und jenen Ort kennt, wird nicht mehr in der Welt des Umherirrens (der karmischen Welt) wiedergeboren, denn es gibt nichts mehr in den Drei Welten, das ihn daran bindet. Wenn er seinen Geist beherrscht und sein Ziel realisiert hat, besitzt er die vollkommene Macht, alles das zu tun, was er sich wünscht, und das zu verhindern, was sich seinem Willen widersetzt. Er ist dem Brahman zugewandt. Seine Worte, ob in Prosa oder in Versen, sind immer rein und sanft.

Vers 46

Hier herrscht die höchste sechzehnte Kala (Phase) des Mondes (Ama-Kala). Sie ist rein und gleicht der aufgehenden Sonne. Sie ist so fein wie der hundertste Teil einer Lotosstengelfaser. Sie ist strahlend wie zehn Millionen Blitze und doch weich, sie ist nach unten gerichtet. Von ihr aus, deren Quelle das Brahman ist, ergießt sich reichlich der unaufhörliche Strom des Nektars.

Vers 47

In ihr (Ama-Kala) befindet sich Nirvana-Kala, sie ist noch vortrefflicher. Sie ist ebenso subtil wie der tausendste Teil einer Haarspitze und hat die Form einer Mondsichel. Sie ist die immer existierende Bhagavati, die Devata (Gottheit), die alle Wesen durchdringt. Sie schenkt die göttliche Erkenntnis und ist ebenso leuchtend wie das Licht aller Sonnen, die gleichzeitig erstrahlen.

Vers 48

In ihrer Mitte (von Nirvana-Kala) leuchtet die Höchste und Uranfängliche Nirvana Shakti. Sie strahlt wie zehn Millionen Sonnen und ist die Mutter der Drei Welten. Wohlwollend gewährt sie dem Geist der Weisen die Erkenntnis der Wahrheit.

Vers 49

Im Innern der Nirvana Shakti liegt der immerwährende Ort, genannt der Sitz von Shiva, wo weder Kala (Zeit) noch Kala (Raum) existieren.

Er ist frei von Maya (Illusion), kann nur von den Yogis erreicht werden und ist unter dem Namen Nityananda bekannt. Er ist von jeder Form von Glückseligkeit erfüllt und die reine Erkenntnis als solche. Manche nennen ihn Hamsa. Die Weisen beschreiben ihn als den Sitz von Vishnu, und die Rechtschaffenen sprechen von ihm als dem unaussprechlichen Ort der Erkenntnis von Atman oder dem Ort der Befreiung.

KARL SPIESBERGER

Die Forschungen des Freiherrn von Reichenbach

OD

Der österreichische Baron Dr. Carl von Reichenbach (1788–1869), gewiegter Chemiker, kann wahrlich nicht in einen Topf geworfen werden mit gutgläubigen Okkultisten. Er hätte sich dies sicher auch schwer verbeten, wollte er doch weiter nichts als die von ihm entdeckte »Dynamide« der Naturwissenschaft erschließen. Zwar hatte es der »Zauberer von Koblenz« nicht unter seiner Würde gehalten, zudem noch Tische tanzen zu lassen. Freilich glaubte er nicht an Geister, die diese bewegten. Fest stand für ihn, daß ein bisher unbekanntes Agens in der Platte kreise und auf den Tisch einwirke. Eben die von ihm entdeckte Dynamide, das *Od,* wie er das von seinen Sensitiven wahrgenommene Fluidum nannte.

Von der Existenz eines Lebensfluidums, vom Lebensmagnetismus, war bereits der Arzt und Philosoph Franz Anton Mesmer (1734–1815) überzeugt, und ein anderer Arzt, der in Weinsberg praktizierende Dichter Justinus Kerner (1786–1862), studierte die magnetischen Erscheinungen an seiner Patientin Friederike Hauffe, der durch ihn berühmt gewordenen Seherin von Prevorst. Daß Kerner von Reichenbach große Stücke hielt, beweist wohl das lebensgroße Gemälde des Freiherrn, das heute noch im Kernerhaus zu Weinsberg zu sehen ist.

Und ein dritter Arzt, Professor Dr. Josef Ennemoser (1787–1854), schrieb in dem ein Jahr vor seinem Tode erschienenen Buch *Der Magnetismus im Verhalten zur Natur und Religion:* »Der Magnetismus ist eine Tatsache, über allen Widerspruch erhaben …«

Allerdings ist man sich in Okkultistenkreisen noch immer nicht einig, ob das Reichenbachsche Od und der Animalmagnetismus, von dem

Mesmer, Kerner, Ennemoser und andere sprechen, ein- und dieselbe Lebensdynamide darstellen oder ob es zwei verschiedene fluidische Faktoren sind. Nach dem um die Jahrhundertwende lebenden deutschen Psycho-Physiognomiker Carl Huter wäre letzteres der Fall. Huter nimmt sogar außer der odischen und magnetischen Strahlenhülle noch weitere Schwingungsfelder an.
Doch wenden wir uns nun den Reichenbachschen Entdeckungen zu.

Odlicht

In absoluter Dunkelheit – Reichenbach benutzte für seine Versuche fensterlose, vor jeder Lichteinwirkung geschützte Räume – sahen sensitive Personen beiderlei Geschlechts eigenartige Leuchtphänomene. Zunächst bildete sich um die Hände der im Finstern Weilenden ein grauer Rauch. In der Folge glichen sie »einer auf schwachleuchtendem Grunde sich abzeichnenden Silhouette«, alsbald leuchteten »die Finger mit ihrem eigenen Lichte«. Sodann wies jeder der Finger »eine leuchtende Verlängerung« auf, mitunter solang wie dieser selbst.
Schließlich strahlte der ganze Körper von Kopf bis zu den Füßen, die rechte Körperseite, inbegriffen Arm und Hand, in *bläulichem* Schein, die linke *rot* oder *gelblich-rot*.
Bestimmte Körperstellen, wie Augen, Ohren, Brust (besonders bei Frauen), Geschlechtszentrum, leuchteten besonders kräftig.
Die Ausstrahlungen aus den Augen waren »viel glänzender« als diejenigen aus den Fingern. Aus den Nasenlöchern strömten leuchtende Säulen, selbst der Atemhauch leuchtete.
Zumeist erschien den Sensitiven die linke Körperseite im Vergleich zu der helleren rechten Körperhälfte merklich dunkler.
Hob Reichenbach den Arm, so sahen seine Sensitiven diesen blasser strahlen, erst als er ihn wieder senkte, wurde dessen Aura wiederum leuchtender; woraus der Forscher den Schluß ableitete:
»Das odische Licht wechselt also im Verhältnis der in den Adern ent-

haltenen Blutmenge.« Weiters konstatierte er, daß der Gesundheitszustand abhängig ist »von dem Tätigkeitsgrad dieses Agens«.

Reichenbach, selbst leider nicht sensitiv, ließ von seinen Versuchspersonen Tiere (Katzen, Vögel, Schmetterlinge), Blumen sowie anorganische Stoffe beobachten.
Zunächst bildete sich in der Finsternis eine graue Wolke um Tiere und Blumen, und schließlich leuchteten diese ebenso wie der menschliche Körper. Sehr glänzend waren die Zeugungsteile der Blumen. Auch Anorganisches zeigte die typische polare Färbung, namentlich Magnete und Kristalle.
Von Magnetstäben löste sich »eine leuchtende, brennende, rauchende und funkensprühende Flamme«, blau am Nordpol, gelb-rot am Südpol. Erhob man einen solchen Stab senkrecht, so bildete die jeweils in die Höhe strebende Odflamme an der Decke einen Lichtkreis bis zu drei Fuß mitunter.
Kristalle wirkten auf Sensitive wie die odische Strahlung des Menschen; der größte Einfluß ging vor allem »von den Kanten und Polen aus«. Hier kulminiert die »formgebende Kraft«. Das Od der Kristalle bezeichnet Reichenbach identisch »mit jenem, das den menschlichen Händen entströmt«.
Od ist für ihn das formgebende Prinzip schlechthin, »Träger der Lebenskraft«.
»Weltseele, Lebenskraft, tierische Elektrizität, magnetisches Fluid, Lebensmagnetismus, Anthropin, Od: das sind eben so viel Namen, um ein und dieselbe Sache zu bezeichnen«, wozu sich noch die psychophysische Energie, die N-Strahlen Naum-Kotiks, hinzugesellt.
Aber wie schon gesagt, noch bestehen Zweifel, ob wirklich die verschiedenen Namen Ausdruck für eine einzige Sache sind, zweifelsfrei jedoch dürften die Beobachtungen der Reichenbachschen Versuchspersonen sein.

Od-Hauch

Unendlicher Geduld bedarf es, das Odlicht zu schauen. Eine Stunde und länger muß oft die Versuchsperson in völliger Finsternis verharren, ehe die ersten Anzeichen der Leuchtphänomene sich einstellen. Der Stärkegrad der Sensitivität bestimmt die Wartezeit. Reichenbach unterschied zwischen Schwach-, Mittel- und Hochsensitiven.

Allein auch auf einfachere, weit weniger zeitraubende Weise war eine odische Ausstrahlung für gute Sensitive feststellbar.

Schon bei Tage, am günstigsten bei beginnender Dämmerung, ebensowohl bei Lampen- und Kerzenlicht, sahen Reichenbachs Versuchspersonen den »Fingerspitzen etwas Feines, Bewegliches, Farbloses« entströmen; einstimmig beschrieben als sich aufwärts bewegend und »etwa nach Süden hin geneigt, luftähnlich, lichtlos, und wohin man die Finger auch wenden mochte, ihnen folgend«. Es ist »nicht Rauch, nicht Dunst, nicht Duft, es sieht aus wie eine feine Lohe, ähnlich, aber merklich zarter als aufsteigende erhitzte Luft«. Aber nicht nur aus den Fingerspitzen, auch »aus den Zehen und allen anderen hervorragenden Teilen des lebenden Leibes, selbst aus den Ohrenhöhlen« strömt die Lohe. Desgleichen aus »Pflanzen, Kristallen und sogar unorganischen Substanzen, wie Magnete, endlich auch aus ganz amorphen Stoffen, wie Metallbarren, Quecksilber, Wasser etc.« Stark strahlen unter anderem Gipsspat, Turmalin, Diamant, Bergkristall. Selbst eine seit mehreren Tagen bestehende Schneedecke war auf der Oberfläche mit einem Loheschleier überzogen. Am kräftigsten strahlte eine fußhohe Schneedecke, auf die noch Schnee fiel.

Allen diesen Beobachtungen schenkte Reichenbach anfangs keine Aufmerksamkeit, weil es ihm unerklärlich war, daß einerseits, um das Odlicht wahrzunehmen, lange Dunkelsitzungen vonnöten sind, andererseits hingegen das Experiment so gut wie an keine Bedingungen geknüpft erscheint. Allein es handelte sich hierbei um ein Mißverständnis seinerseits, wie er selbst einbekennt, »welches sich erst nach zwei Jahrzehnten« aufklärte.

»Nicht das Odlicht war es, was hier gesehen wurde, sondern eine Begleiterscheinung.«

»Die Lohe ist nichts anderes als eine Art von Verladung ihres Prinzips auf das seine Ausflußquelle umgebende Medium, möglicherweise die Luft.«

Überall ist das Od »mit den Lohen vergesellschaftet und zusammengehörig ... die eine seiner mehrfachen Formen ausmachen«.

Od und Erscheinungen der Lohe stehen also in innigem Zusammenhang.

»Das Od ist das Prinzip, von welchem alle die Loheerscheinungen ausgehen und diese stehen zu diesem in demselben Verhältnisse, in welchem die Lichterscheinungen zu ihm stehen. Loheströmungen am hellen Tage und Odlichtströmungen in absoluter Finsternis sind klärlich ein und derselbe Bewegungsakt, der aus den Tiefen des Odes hervorgeht; der erstere in der Form eines Einflusses, den er auf ein den Odträger umgebendes Medium, mutmaßlich die Luft, auszuüben scheint; der andere in Form einer Lichtemanation, die ebenfalls das Produkt einer Einwirkung auf ein umgebendes Medium, vielleicht auf die Luft, sein möchte. Sie fallen also zusammen auf einer Veränderung, vielleicht Beladung, die sie in ihrem Medium ins Dasein rufen. Sie sind nicht das Od selbst, nicht das Bewegung erteilende Prinzip, nicht die Kraft, die sie beherrscht, sondern ein davon ausgehender Impuls auf die Materie in zwei naheliegenden Formen.« (C. v. Reichenbach, *Die odische Lohe und einige Begleiterscheinungen als neuentdeckte Formen des odischen Prinzips in der Natur*).

Die experimentelle Erforschung der Lohe

Mannigfaltige, auch für andere nachprüfbare Versuche bestätigen die Existenz der odischen Lohe.

Bestes Experimentierfeld ist der Mensch selbst. Die erste Wahrnehmung gestatten die Finger, »sie ist die nächstliegende, die bequemste und ausgesprochenste.« – »Aus aller Menschen Finger sprudelt reichliche Lohe, die stärker bei Männern, schwächer bei Frauen; höher bei Erwachsenen, Gesunden, Kräftigen; niedriger bei Kindern, bei Alten, bei Kranken«. – »Die Lohe von Fingerspitzen zeigte sich dichter als die von Kristallen und vom Magnet.« Oft nehmen Sensitive letztere nicht wahr, sehen dennoch aber die menschlichen Odausstrahlungen. Die Zehen verhalten sich wie die Finger.

Versuchsgestaltung

- Am zweckmäßigsten ist es, wie der Forscher rät, vormittags nach einem »frugalen Frühstück« mit unbelastetem Magen demnach, zu experimentieren.
- Außerdem soll man vorher *nicht im Sonnenlicht* verweilt haben, sonnenlos sei auch der Experimentierraum und nicht zu hell.
- Der zu beobachtende Gegenstand befinde sich vor einem *dunklen Hintergrund*.
- Polare Objekte (Magnete, Kristalle) berühre man nicht mit den Händen; am besten hänge man sie freischwebend auf.
- Der Beobachter stehe dem Versuchsgegenstand nicht zu nahe. Die individuelle Sehweite bestimme von Fall zu Fall die Entfernung. Zudem ist die Sicht beider Augen nicht die gleiche. In der Regel sieht das eine Auge die Lohe größer als das andere.
- Auch fixiere man die odische Lohe nicht zu lange. Zeitweises Abschweifen auf andere Gegenstände entspannt und beruhigt die Augen.
- Die Sehfähigkeit nimmt zu, sofern jemand hinter die sensitive Person tritt und unmittelbar deren Rücken mit der Brust berührt, dagegen verringert sich das Schauvermögen, stehen die Betreffenden Rücken an Rücken; zumeist erlischt es nach und nach ganz.
- Am vorteilhaftesten entschieden ist der Stand mit der Brust am Rücken bei gleichzeitigem Anlegen der Arme an die des Beobachtenden und der Zehen an dessen Fersen.
- Zu beachten bleibt ferner noch, daß nicht odausgebende Gegenstän-

de in der Umgebung der Versuchsperson deren sensitives Sehvermögen beeinträchtigen. Als solche störende Objekte gelten: die negativen Zimmerwände, »positive größere Metallmassen, wie Zimmeröfen, große Spiegel, Eisengestelle und vor allem der Erdmagnetismus«.

➤ Alle diese Faktoren müssen neben der individuellen Stärke der Wahrnehmungsfähigkeit sowie der augenblicklichen Disposition der Sensitiven berücksichtigt werden.

Was die Lohe verstärkt

Bestimmte Vorgänge erhöhen die Lohestrahlung. *Schall* erzeugt eine »ausgiebige Lohequelle«. Sehr stark zeigt sich dies bei Glocken, desgleichen bei Musikinstrumenten. »Schon eine einfache Stimmgabel, angeschlagen, hüllte sich in eine feine, duftige Wolke.« Wichtiger Hinweis für jene, die sich mit Mantramistik oder sonst einer Form der Lautmagie befassen.

Reibung vermehrt ebenfalls den Lohestrahl. So trieb das Aneinanderreiben der Hände, Fingerspitzen oder Fingerknöchel die Lohe merklich in die Höhe. Daher wohl reiben instinktiv oft Magnetiseure vor und während der Heilbehandlung die Innenhandflächen aneinander.

Druck wie Pressen wirken in ähnlicher Weise. »Umfing man einen Arm mit den Fingern und *preßte* ihn von oben nach unten, Zoll um Zoll fortschreitend, so stark man es vermochte, so wuchs die Lohe stufenweise, vorn an den Fingern.« Zum anderen verstärkt sich die am Ende eines einzölligen Glasrohres ausfließende Lohe je nach Druck mit Fingern oder Hand.

Wärme beeinflußt die Lohe günstig, Kälte dagegen verringert sie. »Winterlich *kalt gewordene* Finger zeigten sich nur schwach belohnt, sobald aber im geheizten Zimmer die Finger sich erwärmten, stieg die Lohe auf die doppelte bis dreifache Länge.«

Durch *Gehen erwärmt*, stiegen die Düfte der Finger um das Zwei- und Dreifache«.

Desgleichen verlängerte sich die Lohe bei *Erwärmung der Pole von Magneten.* Hufeisenmagnete – »aufrecht in der Parallele stehend mit nach oben gerichteten Polen, den positiven Schenkel nach West gerichtet« – ergaben eine schöne Lohestrahlung auf der positiven Seite, weniger indes auf der negativen.

Die *Einwirkung der Sonne* beschreibt Reichenbach wie folgt: »Hielt ich meine rechte Hand ins Sonnenlicht, so verdichtete und vergrößerte sich die Lohe auf meinen beschatteten linken Fingern auf die doppelte Größe; hielt ich dagegen die rechte Hand in den Schatten und brachte die linke ins Sonnenlicht, so wurde die Lohe auf meiner Rechten bis nahezu ans Verschwinden verkleinert.« Jedenfalls verstärkt Sonnenschein die odischen Zustände der Körper und somit die Loheausströmung, wobei zu beachten bleibt, daß Sonnenstrahlen »vorzugsweise odnegativer Natur« sind und demzufolge unter anderem »loheverstärkend auf die negativen Erden« wirken.

Chemische Prozesse sind für die Größe der Lohe nicht minder von Bedeutung. »Schon ein Stückchen Zucker, ins Wasser gehängt, entwickelte während seiner Lösung reichliche Lohe.«

Ebenso erzeugt der *Hauch* – der ja zum Teil auf chemische Tätigkeit der Lunge beruht – Lohe. Reichenbach empfiehlt, in eine unten zugeschmolzene Glasröhre zu blasen und den Hergang von einer sensitiven Person beobachten zu lassen.

Der *Atem* – aus Mund und Nase – vornehmlich an »sonnenwarmen Tagen«, duftet stark aus, womit der durch die Atmung verbundene Prozeß bewiesen scheint und erneut bekräftigt, wie notwendig Atemexerzitien sind.

Geistige Getränke, in mäßigen Gaben genossen, steigerten die Lohe der Finger von 6 Linien bis zu 24 Linien. (Eine Linie etwa zweieinhalb Zentimeter)

Arme und *Hände mit nach oben gerichteten Fingern erhoben,* zeitigten eine Verlängerung der linken Fingerlohe, während jene der rechten Lohestrahlen sich verkürzte, hingegen war bei *herabhängenden Armen* und nach abwärts gerichteten Fingerspitzen die Lohe an Reichenbachs Fingern der rechten Hand länger als an denen der linken.

Steigerung der Lebenskraft steigert zugleich die Kraft der odischen Lohe.

Auf das Doppelte schwoll diese an den Fingern an, sobald Reichenbach seinen rechten Arm »mit fast krampfhafter Anstrengung« ausstreckte. Desgleichen vermehren *heftige Erregungen* die odische Ausströmung.

»Der reichste Born ist die *Lebenstätigkeit.*« Ein Sensitiver sah Anfang März in den Abendstunden Ahornbäume »in ihren Verzweigungen ganz eingehüllt in eine Art Wolke von Lohe, desgleichen gut verzweigte Schlehen- und Rosenbüsche, Syringen- und Wachholderstauden, Kirschbäume, Buchen und Eichen in einer Nebelwolke von Lohe«.

Frischgepflügter Erdboden ist stark lohestrahlend. In diesem Zusammenhang sei auf eine alte okkulte Vorschrift verwiesen, derzufolge man sich im Frühling möglichst unbekleidet in eine frische Ackerfurche legen soll, um, tief atmend, die dem Boden entströmende Erdkraft in sich zu saugen.

»*Polarer Gegensatz*« wurde in der Hauptsache bei ländlichen Gegenständen festgestellt. Stets strahlte bei diesen das negative Ende stärker als das positive. So betrug bei einer 5 Fuß (ein Fuß ca. 30 cm) langen Kristallsäule die Lohe am positiven Pol nur 36 Linien, bei einer Höhe von 78 Linien der negativen Polseite. Den Pluspol bildete die Basis, an der der Kristall angewachsen ist.

Noch eine andere Eigenart ergab sich hierbei. Die Lohe am negativen Pol war »immer kleiner, klarer, zarter, durchsichtiger, am positiven merkbar dumpfer, trüber, gedrängter, kühler«.

Während also die Kristalle »ohne Ausnahme am positiven Pole mit kürzerer, am negativen Pole mit längerer Lohe besetzt« sind, trifft dies bei Magneten nicht zu. Genau das Gegenteil ist hier der Fall.

Himmelsrichtungen, Erdmagnetismus spielen weiterhin eine Rolle. Eine Kristallsäule »in die Richtung des Meridians gebracht, den negativen Pol rechtssinnig nach Norden gekehrt«, vermehrte die Ausströmung beider Pole.

Ein langer Eisendraht, frei im Meridian hängend, »zeigte am negativen, dem Erdpole (!) zugekehrten Ende 8, am entgegengesetzten positiven

Ende 16 Linien Lohe«. Interessantes ergaben Untersuchungen mit großen Magneten, als man sie in die Richtung der Erdpole hielt.

Beiläufig sei hier noch erwähnt, daß Mesmer, ehe er der Strahlkraft seiner Hände vertraute, seine Patienten mittels starker Magnete behandelt hatte. Gleiches tat Justinus Kerner. Ein schwerer, nur mit beiden Händen zu bewältigender Hufeisenmagnet legt heute noch im Zimmer der Seherin im Kernerhaus zu Weinsberg davon Zeugnis ab.

Stehen im Meridian ist gleichfalls für die menschliche Lohe von Bedeutung. »Stand ein Sensitiver so im Meridian, daß die Hand auf seiner Nordseite sich befand oder umgekehrt, so zeigte sich in beiden Fällen die Lohe an den rechten Fingern größer als an den linken.«

Nicht anders ist es mit der Zehenlohe. Jede Zehenlohe unterscheidet sich deutlich von der anderen.

Einige Praktiken noch zur Verstärkung der odischen Lohe

➤ Die *Brust* am *Rücken* der Versuchsperson, bei *gleichzeitigen Rückenstrichen* mit beiden Händen von deren Kniekehlen *aufwärts zum Scheitel,* verstärkte den Lohestrahl bis zu zehn Linien.

➤ Gleicherweise günstig erwies sich das *Anlegen der gleichnamigen Hand,* und zwar so, »daß die Fingerspitzen bis an das erste Fingergelenk der Hand der Sensitiven reichen«. Bei einem solchen Versuch verlängerte sich die Lohe an Reichenbachs Hand um die Hälfte.

➤ Noch besser gestaltet sich das Ergebnis, *vereinigen mehrere Personen ihre gleichnamigen Hände,* »indem sie die Finger dachziegelförmig übereinanderlegen«. Mit jeder neu hinzugefügten Hand erhöhte sich die Lohe.

➤ Bei Versuchen mit *ungleichnamigen* Händen verkürzte sich die Lohe.

➤ Beide Hände *gleichnamig* auf die *Schenkel eines Hufmagneten* gelegt, steigerte ebenfalls die polaren Lohen; woraus Reichenbach die These ableitete: Gleichnamige Pole steigern die odischen Ladezustände. – Dieser Satz gilt für jeden odstrahlenden Körper. Durchweg vermehrten od*negative* Objekte, wie Steinsalz, Antimon, metallisches Arsen, in die odnegative Rechte genommen, die Lohe der rechten Finger.

➤ Beträchtlich hingegen *verringerte* sich der Lohestrahl, hielt die rechte Hand einen od*positiven* Gegenstand, etwa Stabeisen oder trockenes Kohlehydrat. Natronmetall brachte die Lohe fast ganz zum Verschwinden. »Das Negative addiert also unmittelbar zur negativen Hand und ihrer Lohe, das Positive subtrahiert davon.«
Wurden nun odnegative Objekte in die positive Linke gelegt und weiter die rechte Hand beobachtet, so stellte es sich alsbald heraus, daß jetzt diese Substanzen, darunter auch Schwefel und Selen, die Lohe der Rechten verkleinerten.

➤ »In entsprechender Weise wirkten die positiven, sie vergrößerten die rechten Fingerlohen.« – »Was alle diese Körper getan hatten, während sie in der rechten Hand lagen, dem widersprachen sie unbedingt, wenn sie sich in der linken befanden.« – »Dehnte man die Versuche aus, daß man die linke Hand zur Beobachtung der Lohe verwandte, so erhielt man die nämlichen Ergebnisse, nur mit der Umkehr ihrer Wertzeichen.«

Weiteres über das Verhalten der Lohe

Woraus sie besteht. – Die Lohe zerfällt in zwei Hälften: in *Lohkern* und *äußere Hülle.* Ersterer ist »ziemlich gut abgegrenzt«, jedoch »etwas trüber, grauer, dichter« als letztgenannte, von der er »wie ein größerer, lichterer, feinerer Duft« umgeben wird, was besonders deutlich an der Lohe des Magneten und der Finger zu beobachten ist.

Neigung der Lohe nach Süden. – Leicht geneigt zeigt sich die Lohe in Richtung Süd. »Hob man nur beide Arme empor, die Finger nach oben, so wurde an den Ausströmungen, die nach oben gingen, eine schwache Beugung nach Mittag wahrgenommen.« Wahrscheinlich, schlußfolgert Reichenbach, »ist die Beugung, welche alle Lohen nach Süd erleiden, nichts anderes als unmittelbare Wirkung der erdmagnetischen Strömungen von Norden her.«

Bewegte Luft beeinflußt die Lohe. – »Blies man hindurch, so wich sie einen Augenblick wie eine gutbrennende Flamme zurück, stellte sich aber im Augenblick wieder her.«

Wo die Lohe durchdringt und wo nicht. – Mauern, Kupfer-, Eisen-, Zinkblech, auch Papier und Pappe sind für sie keine Hindernis, wohl aber Glas.

Die Lohe läßt sich neutralisieren. – So wurde bei Annäherung der rechten und linken Fingerspitzen festgestellt, daß die »positiven trüben Lohkerne, in negative klare Ströme eingeschlossen, sich in die Luft erhoben«.

Die Loheströme verlaufen geradlinig. – Voraussetzung jedoch ist, daß sie sich frei bewegen können, dann fließen sie stets geradeaus, und zwar »zunächst in der Direktion der Längsachsen der Körper«.

»Ein horizontal liegender Gipskristall schleuderte von beiden Polen horizontal fortströmende Lohen aus; aber auf weniger als halbem Wege bogen sie sich auf und gelangten im Viertelkreise aufsteigend, wenn sie lange genug waren, zuletzt zu vertikaler Aufrichtung, wo sie sich dann in der Luft verloren.«

Ein Verhalten, das auch bei waagrecht ausgestreckten Fingern zu beobachten war. »Ließ man die Hände frei hängen, so sahen die Sensitiven die Lohe aus den Fingerspitzen zuerst in die Richtung nach unten ausfließen, dann aber kehrten sie sogleich um und strömten neben denselben Fingern wieder aufwärts.«

Dasselbe war der Fall bei einem nach unten gehaltenen Bleistift. »Das unbekannte Prinzip ging aus der Hand in den Bleistift, leitete sich durch ihn hindurch, wurde von der Spitze nach abwärts gestoßen und stülpte sich dann unverzüglich um, indem es am Schaft des Stieles wieder emporstieg.«

Die Lohe bevorzugt spitze Enden. – Ähnlich der Elektrizität strömt sie »vorzugsweise gern aus den spitzigen Vorragungen der Körper heraus«. Dies bewies schon der einfache Versuch mit einem Messer, das

man beim Griff in der Hand hielt, die Spitze nach außen gerichtet. Binnen kurzem verstärkte sich daran die Lohe.
Magier mögen hierbei wohl an das magische Schwert denken, dessen Spitze, auf den astralen Widersacher gerichtet, diesen kraft des von ihr ausgehenden energetischen Strahles lähmt.

Die Größe der geschauten Lohe ist relativ. – Der Grad der Sensitivität bestimmt, wie groß der Beschauer die Lohe erblickt. »Niedersensitive sehen die Fingerspitzen öfter 1 bis 2 Linien hoch beloht, während Mittelsensitive gleichzeitig dieselben 5 – 10 – 25 Linien hoch flackern sehen, ja Hochsensitive ihren Spuren mehrere Fuß weit folgen können«.

Guten Sensitiven erscheint die sonst als farblos geschaute Lohe farbig. – Schon Mittelsensitive sahen die negative Lohe »von bläulichem Strich ... auf der positiven wurden Spuren von rötlichem wahrgenommen«.

Eine Hochsensitive »sah eines abends, schon wenn der Tag sich neigte, die Lohe ihrer linken Hand (+) rötlich, die ihrer rechten (–) blau aufsteigen«.

Der Mond mit dem rechten Auge (–) betrachtet, erscheint »klar, rein, gutbegrenzt, hellgelb«, mit dem linken (+) hingegen »trübe, unrein, rötlichgelb«.

Die Mundlohe wird unrein gesehen, »weil Blaugraues und Rötliches« in ihr enthalten ist, die Nasenlohe dagegen strahlt rein: links rötlich, rechts bläulich.

»Sogar die Haare werden duftend erkannt, jedes einzelne weiße Härchen sandte aus seiner Spitze einen feinen Strom von 3–4 Linien langer Lohe aus.« Auch aus den Wimpern strömte Lohe aus.

Dies alles sehen bereits Mittelsensitive, Hochsensitive nehmen es noch »deutlicher, größer, fertiger, entwickelter« wahr, die Lohe der Finger bis zu 18 Zoll Länge, dazu farbig.

Die Lohe der Magnete ist »ebenso sichtbar am Tage wie bei Dämmerung und Feuerlicht«.

Die Lohe steht in Beziehung zur Lebenstätigkeit. – Wie Reichenbachs

Forschungen ergaben, äußert sich die Odlohe auch im Wasser und anderen Flüssigkeiten.

1. Versuch
➤ Drei gleich große Wassergläser werden gefüllt.
➤ Die Linke hält ein Glas, die Rechte das andere, während das dritte unberührt stehen bleibt.
➤ Die Gläser miteinander nach fünf Minuten verglichen ergeben: Das Glas in der linken Hand loht rötlich-gelb, das in der rechten bläulich, und zwar 15 zu 18 Linien etwa; Blau demnach stärker.

2. Versuch
Gießt man zwei Gläser Wasser – die man so lange in je einer Hand gehalten hat, bis der Sensitive deren verschieden farbige Lohen erblickte – in ein drittes Glas, so entsteht aus der bläulichen und rötlichen Lohe »eine schmutzig-gräuliche«.

3. Versuch
➤ Die entblößte Hand wird bis zum Ellbogen ins Wasser getaucht, »die innere Hand nach oben gekehrt, rechtssinnig im Meridian, Hand gegen Nord«.
➤ Sodann Fingerspitzen daran reiben, »so daß alle an die Haut und den Poren anhängende Luft vollständig entfernt« wird.
➤ Hierauf die »aufwärts gekehrten Fingerspitzen einige Minuten ruhig« halten.
➤ Gute Sensitive sahen bei Tageslicht nach kurzer Zeit »eine Menge äußerst kleiner Pünktchen sich von den Fingerspitzen losmachen und im Zickzack mit Blitzesschnelle nach der Oberfläche des Wassers emporspringen«.
➤ Verschwanden mit der Zeit die Pünktchen, so erschien die Lohe, scheinbar über dem Wasser schwimmend, und zwar »entsprechend der Lohe, welche dieselben Finger in der Luft von sich geben«.
➤ Bessere Sensitive empfanden sogar die typische odische Kühle,

sofern sie »die linke Fingerspitze über diese Aushauchungen« hielten. Die Linke im Wasser auf obgenannte Weise »prägte alles dieses etwas schwächer aus als die Rechte, übereinstimmend mit der schwächeren odischen Kraft jener überhaupt«.

4. Versuch
- Ähnliche Erscheinungen zeigten andere ins Wasser gelegte Odquellen – Bergkristalle, Gipsspat, Magnete, längliche Eisen- und Stahlstücke – wobei immer deren negativer Odpol nach Norden wies.
- Von den Polen sprangen zahllose Lichtpünktchen auf und gingen in eine oberhalb der Wasserfläche lagernde sichtbare Lohe über; was Reichenbach zu der Feststellung veranlaßte, die Lohen seien demnach keine bloß anhängende Oberflächenerscheinung in der Luft, »sondern *sie gehen aus dem inneren der Materie hervor,* und wo die Medien flüssig und durchsichtig sind, wie Wasser und Alkohol, da wird es uns mittels sensitiver Augen zum Teil vergönnt, sie in ihren Bewegungen darin zu beobachten«.

5. Versuch
- Hände in Säuren oder Laugen.
- Die Hände in *Säuren* (Essig) getaucht, *verkleinern* zwar die Lohe, *verdichten* diese jedoch *rechts. Lauge* (Kalilauge) hingegen *vergrößert* die Lohestrahlen bei *gleichzeitiger Verdichtung linkerseits.*

C. W. LEADBEATER

Die Kräfte

Die primäre oder Lebens-Kraft

Die Gottheit strömt die verschiedensten Arten von Energie aus. Es mag ihrer viele Hunderte geben, von denen wir nichts wissen; einige wenige aber sind erforscht worden. Jede einzelne dieser bisher wahrgenommenen Kräfte manifestiert sich auf jeder Ebene, die unsere Forscher bisher zu erreichen vermochten, in der ihr besonderen Weise; gegenwärtig aber wollen wir uns mit jener Form befassen, in der sie sich in der physischen Welt offenbaren. Eine von ihnen manifestiert sich als Elektrizität, eine andere als das Schlangenfeuer, eine dritte als Vitalität und wieder eine andere als die Lebenskraft, die – wie gleich ersichtlich sein wird – eine von der Vitalität vollständig verschiedene Erscheinung darstellt. Eine geduldige und lang fortgesetzte Arbeit ist für den Forscher vonnöten, der diese Kräfte bis zu ihrem Ursprung verfolgen und unter einander in Beziehung setzen will. Zur Zeit, da ich in meinem Buche *The Hidden Side of Things* die Antworten auf verschiedene Fragen zusammenstellte, die während der vorangegangenen Jahre anläßlich der Zusammenkünfte auf dem Dache unseres Hauses zu Adyar an mich gestellt wurden, wußte ich wohl manches über die Manifestation der Lebenskraft, der Kundalinî und der Vitalität in der physischen Welt, jedoch noch nichts über ihre Beziehungen zu den »drei Ausgießungen«; deshalb beschrieb ich sie damals als von letzteren vollständig verschiedene und unabhängige Erscheinungen. Weitere Forschungen gestatten mir aber, diese Lücke auszufüllen, und so freue ich mich über die sich mir jetzt bietende Gelegenheit, die unzutreffenden Behauptungen von damals zu verbessern.
Drei Hauptkräfte durchströmen die Chakras, die wir als die Darstellung

der drei Aspekte des Logos ansehen können. Jene Energie, die wir in die glockenförmige Öffnung des Chakra einströmen sehen, wobei sie eine sie kreisförmig umfließende, sekundäre Kraft auslöst, ist eine der Ausdrucksformen der zweiten Ausgießung, die vom zweiten Aspekt des Logos herrührt, – von jenem Strom des Lebens, der von IHM in die Materie ausgesandt wurde, die durch die Tätigkeit des dritten Aspektes des Logos in der ersten Ausgießung bereits belegt worden war. Ein Sinnbild für diesen Vorgang finden wir in der christlichen Lehre, wenn gesagt wird, daß der Christus »vom Heiligen Geiste und von der Jungfrau Maria Fleisch« (d. h. Form) »angenommen hat«.
Diese zweite Ausgießung hat sich fast bis ins Unendliche geteilt, und nicht nur geteilt, sondern auch differenziert – d. h. dem Scheine nach. In Wirklichkeit aber ist dies höchstwahrscheinlich nur die »Maya« oder Illusion, in der wir die zweite Ausgießung in ihrer Wirkung wahrnehmen. Sie ergießt sich durch zahllose Millionen Stromwege, offenbart sich auf jeder Ebene und Unterebene unseres Systems und ist doch im Grunde ein und dieselbe Kraft, die nie und in keiner Weise mit der ersten Ausgießung verwechselt werden darf, die lange vorher die chemischen Elemente aufgebaut hat, die dann der zweiten Ausgießung als Material für den Aufbau ihrer Lebensträger (Vehikel) auf allen Ebenen dienen. Manche ihrer Manifestationen erscheinen niederer und dichter, da sie niedrigeren und dichteren Stoff benützen. So wirkt sie sich auf der buddhischen Ebene als das Christusprinzip aus, das unmerkbar und allmählich in der Seele des Menschen erblüht und sich entfaltet; ebenso sehen wir, daß sie in den Gefühls- und Gedankenkörpern verschiedene Schichten der Materie belebt, so daß sie sich in verschiedener Weise offenbart. In der Form einer edlen Gemütserregung im höheren Teile, im niedrigeren Teile desselben Körpers als ein bloßes Aufschießen von Lebenskraft, die den Stoff dieses Körpers mit Energie lädt.
Wir konnten beobachten, daß sie auf der niedrigsten Verkörperungsstufe einen Schleier ätherischer Materie um sich zieht und aus dem Astralkörper in die blumenartigen Öffnungen der Chakras einströmt,

die sich an der Oberfläche des ätherischen Teils des physischen Körpers aufquillt – der geheimnisvollen Kraft, die Kundalinî oder das Schlangenfeuer genannt wird.

Das Schlangenfeuer

Diese Kraft ist die sich auf der physischen Ebene auswirkende Manifestation eines anderen der vielfältigen Aspekte der Logos-Energie. Er gehört der ersten Ausgießung an, die vom dritten Logos ausgeht, und wirkt auf allen Ebenen, von denen wir etwas wissen; doch haben wir uns gegenwärtig nur mit seiner Auswirkung in der ätherischen Materie zu beschäftigen. Diese Kraft läßt sich weder in die schon besprochene Primär-Kraft noch in die Kraft der Vitalität umwandeln, die von der Sonne herkommt, noch wird sie, wie es scheint, durch irgendeine andere Form von physischer Energie im geringsten affiziert. Ich selbst sah, wie der Körper eines Menschen mit einundeinemviertel Millionen Volt Elektrizität geladen wurde, so daß große Flammenbündel aus seinen Fingern schlugen, wenn er seinen Arm gegen die Wand ausstreckte, wobei er aber nichts Ungewöhnliches verspürte noch die geringste Verbrennung erlitt, solang er keinen außerhalb liegenden Gegenstand berührte; aber selbst dieser ungeheure Energieaufwand übte auf das Schlangenfeuer nicht die geringste Wirkung aus.

Es ist uns schon seit langem bekannt, daß sich tief im Erdinnern das befindet, was man das Laboratorium des dritten Logos nennen kann. Wenn wir versuchen, die Verhältnisse um den Erdmittelpunkt zu erforschen, so stoßen wir dort auf eine ungeheuer ausgedehnte Sphäre von solch furchtbarer Kraft, daß ein weiteres Vordringen unmöglich ist. Nur mit ihren äußeren Schichten können wir in Berührung kommen; aber schon da wird uns klar, daß sie mit der Kundalinî im menschlichen Körper in Wechselbeziehung stehen. Die Kraft des dritten Logos mußte sich vor Aeonen in dieses Zentrum ergossen haben, wo sie heute noch fortwirkt. Hier schafft Er an der allmählichen Entwicklung neuer chemischer Elemente, die eine stets wachsende Mannigfaltigkeit der Form und ein immer kraftvolleres inneres Leben, eine immer energischere Aktivität aufweisen.

Allen, die Chemie studieren, ist die periodische Tafel bekannt, die von dem russischen Chemiker Mendelejew zu Ende des letzten Jahrhunderts aufgestellt wurde und in der die bekannten chemischen Elemente in der Reihenfolge ihrer Atomgewichte angeordnet sind; sie beginnt mit dem leichtesten, dem Wasserstoff, der das Atomgewicht 1 besitzt, und endet mit dem schwersten gegenwärtig bekannten, dem Uran, mit einem Atomgewicht von 238,5. Unsere eigenen Forschungen auf diesem Gebiet haben ergeben, daß diese Atomgewichte mit beinahe vollkommener Genauigkeit der Anzahl der Uratome in jedem Element entsprechen, und wir haben in unserem Werk *Die okkulte Chemie* diese Zahlen ebenso wie die Form und den Aufbau eines jeden Elementes niedergelegt.

In den meisten Fällen weisen die Formen, die wir bei der Untersuchung der Elemente mittels des ätherischen Hellsehens gefunden haben – ebenso wie die periodische Tabelle –, darauf hin, daß die Elemente zu einer zyklischen Ordnung entwickelt wurden und daß sie sich nicht längs einer geraden Linie, sondern entlang einer ansteigenden Spirale anordnen. Es wurde uns gesagt, daß die Elemente Wasserstoff, Sauerstoff und Stickstoff – die beiläufig die Hälfte der Erdrinde und fast die gesamte Atmosphäre aufbauen – gleichzeitig einem anderen und größeren Sonnensystem angehören, wobei aber zu verstehen ist, daß die übrigen Elemente durch den Logos unseres Systems entwickelt worden sind. Diese Spirallinie seiner chemischen Entwicklung führt Er über das Uran hinaus unter Temperatur- und Druckverhältnisse fort, die jenseits unserer Vorstellungen liegen. Wenn neue Elemente gebildet wurden, werden sie allmählich auswärts und aufwärts gegen die Erdoberfläche ausgestoßen.

Aus diesem Laboratorium des Heiligen Geistes tief unten in der Erde stammt die Kraft der Kundalinî in unserem Körper und gehört so jenem furchtbaren, glühenden Feuer der Unterwelt an. Dieses Feuer steht in einem auffallenden Gegensatz zu dem Feuer der Vitalität, das, wie später ausgeführt werden wird, seinen Ursprung in der Sonne hat und der Luft, dem Licht und den weiten offenen Räumen angehört; das Feuer aber, das von unten kommt, ist von mehr stofflicher Art gleich dem Feuer rotglühenden Eisens oder geschmolzenen Metalls. Einen furchtbaren Aspekt hat diese ungeheure Kraft: ein Niedersteigen in immer größere Tiefen der Materie, das sich in einer langsamen, aber unwiderstehlichen Bewegung mit unbarmherziger Gewißheit vollzieht.

Das Schlangenfeuer gehört nicht jenem Teil der Energie des dritten Logos an, dessen er sich zum Aufbau von immer dichteren chemischen Elementen bedient. Es stellt vielmehr ein weiteres Entwicklungsstadium jener Kraft dar, die das lebendige Zentrum des Radiums und ähnlicher Elemente bildet, und zählt zu jenen Erscheinungen, die durch das Leben des dritten Logos bewirkt werden, nachdem es den tiefsten Punkt seines Herabstiegs erreicht hat und wieder zu den Höhen aufsteigt, von denen es seinen Ausgang genommen hat. Wir wissen schon seit langem, daß die zweite Lebenswoge, die vom zweiten Logos ausgeht, durch das erste, zweite und dritte Elemental-Reich bis zum Mineralreich in die Materie hinabsteigt und dann wieder durch das Pflanzen- und Tierreich zum Menschenreich aufsteigt, wo es die bis zu diesem Punkte herabreichende Kraft des ersten Logos trifft. Dieser Vorgang wird in der Abbildung angedeutet, in welcher die linke Kurve der ovalen Figur das Herabsteigen der zweiten Ausgießung anzeigt, die ihren tiefsten Punkt auf der untersten Linie des Diagramms erreicht und dann in der rechten Kurve wieder aufwärts steigt.

Wir sehen nun, daß auch die Kraft des dritten Logos, nachdem sie ihren tiefsten Punkt erreicht hat, sich wieder aufwärts wendet, und so müssen wir uns vorstellen, daß die mittlere senkrechte Linie in unserer Abbildung wieder den gleichen Weg nach oben einschlägt. Die Kraft dieser Ausgießung auf dem Wege der Rückkehr ist Kundalinî. Diese arbeitet in engem Kontakt mit der schon besprochenen Primär-Kraft, und das Zusammenwirken beider Kräfte bringt die Körper der sich entwickelnden Wesen bis zu dem Punkte, wo sie die Ausgießung des ersten Logos empfangen und so ein Ego, ein menschliches Wesen werden können; und auch noch über diese Stufe hinaus treiben sie die Entfaltung der Körper weiter. So ziehen wir aus der Erde unten wie aus dem Himmel oben die mächtige Kraft Gottes; wir sind in gleicher Weise Kinder der Erde wie Kinder der Sonne. Beide Kräfte treffen einander in uns und wirken gemeinsam für unsere Entfaltung. Eine kann nicht ohne die andere in uns wohnen; wenn aber die eine allzusehr überwiegt, stellen sich ernste Gefahren ein und deshalb ist es sehr gewagt, die tieferen Bereiche des Schlangenfeuers zur Entfaltung zu bringen, bevor das Leben des Menschen entsprechend rein und geläutert ist.

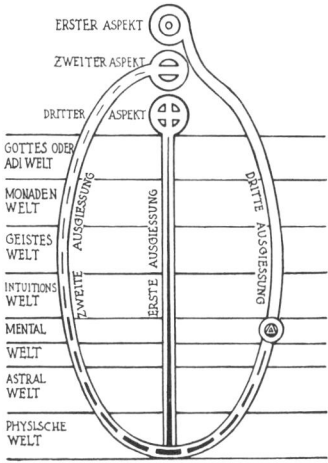

Gar viel hören wir über dieses seltsame Feuer und die Gefahr seiner vorzeitigen Erweckung; zweifellos beruht auch vieles davon auf Wahrheit, und tatsächlich wird schweres Unheil heraufbeschworen, wenn die höheren Aspekte dieser wilden Energie im Menschen erweckt werden, bevor er die Kraft gewonnen hat, sie zu beherrschen, und bevor er sich die notwendige Reinheit des Lebens und Denkens erworben hat, um eine so ungeheuerliche Kraft ohne Gefahr in sich freizusetzen.

Kundalinî spielt aber eine viel größere Rolle im täglichen Leben, als es die meisten von uns bisher angenommen haben. Sie weist eine viel niedrigere und freundlichere Manifestation auf, die in uns allen schon erweckt ist, die nicht nur unschädlich, sondern sehr wohltätig wirkt und die ihr zugeteilte Arbeit Tag und Nacht verrichtet, ohne daß man sich ihrer Gegenwart und Tätigkeit irgendwie bewußt wird. Natürlich hatten wir diese Kraft schon beobachtet – sie strömt die Nerven entlang –, doch nannten wir sie einfach das Nervenfluidum und erkannten nicht ihr wahres Wesen. Wenn wir versuchen, sie zu analysieren und bis zu ihrem Ursprung zurückzuverfolgen, so können wir feststellen, daß sie in den menschlichen Körper durch das Wurzelchakra eintritt.

Wie alle anderen Kräfte ist auch Kundalinî selbst nicht sichtbar; im menschlichen Körper hüllt sie sich jedoch in eine Anzahl konzentrischer Hohlkugeln von astraler und ätherischer Materie, die seltsam, ähnlich wie die Ballen eines chinesischen Geduldspieles, in einander geschachtelt sind. Anscheinend sieben solcher konzentrischer Kugeln sind im Innern des Wurzelchakra, und zwar ganz nahe am Steißbein, teils innerhalb des letzten Hohlraumes oder Zelle des Rückgrates, teils rund um diesen angeordnet. Beim Durchschnittsmenschen ist die Kraft jedoch nur in der äußersten dieser Kugeln tätig; in den anderen »schläft« sie, wie es in manchen orientalischen Werken heißt. Nur wenn ein Mensch versucht, die latente Energie in den inneren Schichten zu erwecken, beginnen die gefährlichen Feuerphänomene in Erscheinung zu treten. Das harmlose Feuer der äußeren Hülle fließt längs der Wirbelsäule aufwärts, und zwar – sowie die Forschungen bisher ergeben haben – zugleich entlang dreier Kanäle Suschumnâ, Idâ und Pingalâ.

Die drei Kanäle des Rückgrates

Frau Blavatsky schreibt in der *Geheimlehre* über die drei Ströme, die innerhalb des Rückenmarks eines jeden Menschen und um dieses herum fließen, wie folgt:

»Die Transhimalayische Schule ... verlegt Sushumnâ, den Hauptsitz dieser drei Nâdis, in die mittlere Röhre des Rückenmarks und ... Idâ und Pingalâ sind einfach die Erhöhung und Erniedrigung um einen halben Ton zu jenem FA der menschlichen Natur, das ... wenn in der richtigen Weise intoniert, die Schildwachen zu beiden Seiten erweckt, den geistigen Manas und den physischen Kama, und das Niedrigere durch das Höhere unterwirft.«

»Der reine Akascha bewegt sich an Sushumnâ empor; seine beiden Aspekte fließen in Idâ und Pingalâ. Das sind die drei Lebenswinde, und sie werden durch die Brahmanische Schnur symbolisiert. Sie werden vom Willen beherrscht. Wille und Begierde sind der höhere und niedere Aspekt eines und desselben Dinges. Daher die Wichtigkeit der Reinheit der Kanäle ... Von diesen drei geht eine Zirkulation aus, die von dem Zentralkanal aus den ganzen Körper durchdringt.«

»Idâ und Pingalâ spielen längs der bogenförmigen Wand des Marks, worin sich Sushumnâ befindet. Sie sind halb-materiell, positiv und negativ, Sonne und Mond, und treiben den freien und geistigen Strom der Sushumnâ zur Tätigkeit an. Sie haben ihre eigenen bestimmten Pfade, sonst würden sie über den ganzen Körper ausstrahlen.«

In meinem Werke *Das verborgene Leben in der Freimaurerei* berichtete ich über einen bestimmten maurerischen Gebrauch dieser Kräfte wie folgt:

»Das System der Freimaurerei bezweckt unter anderem, die Tätigkeit dieser Kräfte im menschlichen Körper zu stimulieren, um dadurch die Entwicklung zu beschleunigen. Dies geschieht in dem Augenblicke, da der M. v. St. ›erkennt, empfängt und bestätigt‹. Hierbei wird im ersten Grade Idâ, der weibliche Aspekt der Kraft beeinflußt, wodurch dem Kandidaten die Beherrschung seiner Triebe und Gefühle erleichtert wird; im zweiten Grade wird Pingalâ, der männliche Aspekt, gestärkt, um die Beherrschung des Verstandes zu fördern; im dritten Grade aber wird Suschumnâ, die zentrale Energie selbst geweckt um dadurch dem Einfluß des reinen höchsten Geistes die Wege zu ebnen. Durch diesen Kanal der Suschumnâ vermag der Yogi aus eigenem Willen seinen physischen Körper derart zu verlassen, daß er hierbei sein volles Bewußtsein auf den höheren Ebenen festhalten und so eine klare Erinnerung seiner Erlebnisse in sein physisches Gehirn herabbringen kann. Die kleinen Zeichnungen, die untenstehend folgen, geben eine ungefähre Vorstellung davon, in welcher Weise diese Kräfte durch den Körper des Menschen fließen. Beim Manne schießt Idâ an der Basis des Rückgrates genau links von Suschumnâ auf und Pingalâ rechts davon (rechts und links nicht vom Beschauer aus, sondern im betreffenden Menschen gesehen), während bei der Frau die Lage umgekehrt ist. Die Kanäle enden in der ›Medulla oblongata‹ (dem verlängerten Rückenmark, d. Übers.)

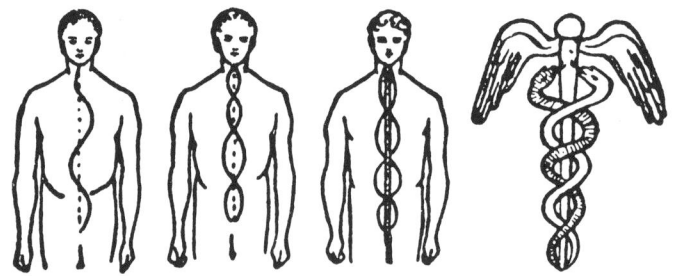

In Indien wird die Wirbelsäule »Brahmadanda«, der Stab Brahmas, genannt. Die Zeichnung rechts außen zeigt sie auch als das Urbild des Merkurstabes, dessen beide Schlangen die Kundalini oder das Schlangenfeuer versinnbildlichen, das längs dieser Kanäle in Bewegung gesetzt wird, indessen die Flügel die Kraft des bewußten Fluges durch die höheren Welten bedeuten, den die Entfaltung dieses Feuers bewirkt. Die Abbildung links außen zeigt die nach der Einweihung in den 1. Grad angeregte Idâ, die hochrot gefärbt ist. Ihr wird bei der Beförderung in den 2. Grad die in der zweiten Abbildung von links wiedergegebene, gelbe Linie von Pingalâ hinzugefügt, und bei der Erhebung in den 3. Grad werden beide durch den tiefblauen Strom der Suschumnâ ergänzt (zweite Abbildung von rechts).«

Die Kundalini, die normalerweise durch diese Kanäle emporflutet, wird während dieses Aufwärtsfließens in zwei Beziehungen differenziert. Sie selbst stellt ein eigenartiges Gemisch von positiven und negativen Eigenschaften dar, die man beinahe mit »männlich« und »weiblich« bezeichnen kann. Im Ganzen aber herrscht der weibliche Aspekt sehr stark vor, was auch der Grund dafür sein mag, daß die indischen Schriften von dieser Kraft immer als »sie« sprechen und warum eine bestimmte »Kammer im Herzen«, in die durch gewisse Yoga-Übungen die Kundalini konzentriert wird, in der »Stimme der Stille« als das Heim der Weltenmutter beschrieben wird. Wenn aber dieses Schlangenfeuer aus seinem Sitz im Wurzelchakra austritt und durch die drei eben beschriebenen Kanäle emporsteigt, dann ist bemerkenswerterweise der durch den Kanal Pingalâ aufsteigende Teil nahezu ganz männlich, derjenige aber, der durch Idâ aufsteigt, fast ganz weiblich, während der größere Strom, der durch Suschumnâ hindurchgeht, seine ursprüngliche Beschaffenheit beizubehalten scheint.

Die zweite Differenzierung, die diese Kraft während ihres Aufstieges durch das Rückgrat erleidet, besteht darin, daß sie von der Persönlichkeit des betreffenden Menschen aufs Innigste durchsetzt wird. Anscheinend tritt sie am Grunde als eine völlig neutrale Kraft ein und strömt dann am Scheitel als das besondere Nervenfluidum des betreffenden Menschen aus, das den Stempel seiner besonderen Eigenschaften und Idiosynkrasien trägt. Diese offenbaren sich in den Schwingungen jener Zentren im Rückgrat, die als die Wurzeln angesehen werden können, aus denen die »Stengel« der an der Oberfläche gelegenen Chakras entspringen.

Die Vermählung der Kräfte

Obzwar sich die Öffnung der blumenähnlichen Glocke des Chakra auf der Oberfläche des Ätherkörpers befindet, so entspringt der »Stengel« dieser trompetenförmigen »Blüte« stets einem Zentrum im Rückenmark, und wenn in den Werken des Hindus von den Chakras die Rede ist, so werden damit fast ausschließlich diese Zentren im Rückgrat und nicht die Erscheinungen gemeint, die sie an der Oberfläche hervorrufen. Jedes äußere Chakra ist durch einen meist abwärts gebogenen »Stengel« aus ätherischer Materie mit dieser Wurzel im Rückgrat verbunden, und da so die »Stengel« aller Chakras vom Rückenmark ausgehen, strömt demgemäß auch die Kraft durch diese Stengel in die blumenartigen Gebilde auf der Oberfläche herab. Hier begegnet sie dem Einstrom des göttlichen Lebens und der Druck, der durch den Aufeinanderprall beider Kräfte entsteht, bewirkt, daß die nun miteinander vermengten Kräfte horizontal entlang der Speichen des Chakra ausstrahlen.

Da die Ströme der Kundalini und der primären Kraft sich in entgegengesetzter Richtung drehen, rieben sie sich ungefähr wie die beiden Scheiben einer Wimshurstschen Influenzmaschine aneinander (obzwar sich diese in Wirklichkeit niemals ganz berühren), und es entsteht so ein bedeutender Druck. Dieser Vorgang wird symbolisch die »Vermählung« des göttlichen Lebens, das aktiv männlich ist, mit der immer als ausgesprochen weiblich angesehenen Kundalini genannt, und die hieraus entspringende zusammengesetzte Energie ist dasjenige, was gewöhnlich der persönliche Magnetismus des Menschen genannt wird. Diese belebt dann die Nervengeflechte, die sich in der Nähe einiger Chakras befinden, und strömt längs aller Nerven des Körpers; ihr ist hauptsächlich die Aufrechterhaltung seiner Temperatur zu verdanken. Sie reißt dabei die »Vitalität« mit sich, die vom Milz-Chakra aufgenommen und differenziert wurde.

Wenn die beiden Kräfte sich, wie oben beschrieben, vereinigen, werden einige ihrer bezüglichen Moleküle in einer bestimmten Weise ineinander geschoben. Die primäre Kraft scheint die Fähigkeit zu besitzen, von mannigfachen verschiedenen ätherischen Formen Besitz zu ergreifen: Die von ihr gewöhnlich angenommene Form ist ein aus quadratisch angeordneten Atomen gebildetes Oktaeder, mit einem zentralen Atom, das beständig durch die Mitte des Grundquadrates und rechtwinkelig dazu schwingt. Manchmal benützt sie auch ein ungemein aktives kleines Molekül, das aus drei Atomen besteht. Die Kundalini hüllt sich häufig in einen flachen Ring von sieben Atomen, während das ebenfalls aus sieben Atomen bestehende Vitalitätskügelchen diese in einer Anordnung aufweist, die derjenigen der primären Kraft ähnelt, nur daß es statt eines Vierecks ein Sechseck bildet. In der folgenden Abbildung werden diese Anordnungen dem Leser verdeutlicht.

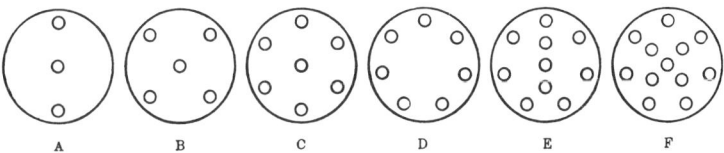

A und B sind von der primären Kraft gebildete Formen, C die vom Vitalitätskügelchen und D die von Kundalini angenommene Form. E veranschaulicht das Ergebnis der Kombination von A und D, F jenes von B und D. In A, B und C bewegt sich das mittlere Atom unausgesetzt in raschen Schwingungen rechtwinkelig zur Fläche der Abbildung, wobei die Höhe, zu der es aufsteigt, den Durchmesser des Kreises übertrifft, und es sinkt dann bis zu einem ebenso großen Abstand von der Fläche abwärts; hierbei wiederholt es diese Bewegung mehrere Male in der Sekunde. (Selbstverständlich sind diese meine Angaben relativ und nicht buchstäblich gemeint; die Kugel, welche die Scheibe der Abbildung vorstellt, ist in Wirklichkeit so winzig klein, daß sie auch für das stärkste Mikroskop unsichtbar bleibt, doch ist das *Verhältnis* von Schwingungen zu Größe so, wie ich es beschrieben habe). In D besteht die einzige Bewegung in einem steten Rundlauf entlang des Kreises; doch ist hier eine ungeheure Menge latenter Energie vorhanden, die sich sofort manifestiert, sobald die Kombinationen vor sich gehen, deren Darstellung in E und F versucht wird. Die positiven Atome in A und B setzen, wenn sie kombiniert wurden, ihre frühere heftige Tätigkeit fort – deren Kraft in der Tat noch bedeutend verstärkt wird –, während die Atome in D, obwohl sie sich noch immer in dem gleichen Kreise bewegen, ihre Geschwindigkeit in so ungeheurem Maße beschleunigen, daß sie nicht mehr als einzelne Atome sichtbar sind, sondern als ein glühender Ring erscheinen.

Die ersten vier der oben beschriebenen Molküle gehören zu jenem Typus von Materie, den Frau Dr. Besant in dem Werke *Die okkulte Chemie* hyper-meta-proto-elementale Materie nennt, und man kann sie in der Tat mit einigen der von ihr in diesem Werke wiedergegebenen Kombinationen identifizieren. Die Kombinationen E und F aber, die schon Zusammensetzungen darstellen, sind, wie deshalb anzunehmen ist, auf der nächsten, von Frau Dr. Besant als »überätherisch« benannten Unterebene tätig und wären somit als »meta-proto-elementar-Materie« zu bezeichnen. Typus B findet sich viel häufiger vor als der Typus A, und demgemäß kann man auch im Nervenfluidum, welches das Endergebnis der Vereinigung beider Kräfte darstellt, eine größere Anzahl von Kombinationen des Typus F als des Typus E feststellen. Dieses Nervenfluidum ist somit ein aus verschiedenen Elementen zusammengesetzter Strom, der jeden einzelnen der in der vorangegangenen Abbildung wiedergegebenen enthält – einfache und zusammengesetzte, vermählte und einzelne, »männliche und weibliche Junggesellen« und »Ehepaare«, die alle zusammen aufwärts wirbeln.

Die wunderbar energische Auf- und Abwärtsbewegung des zentralen Atoms in den Kombinationen E und F verleiht diesen innerhalb ihrer magnetischen Felder eine ganz ungewöhnliche Gestalt, die untenstehend abgebildet ist.

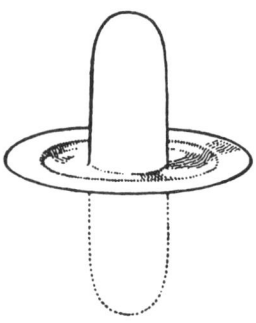

Die obere Hälfte weist, wie es mir scheint, eine bemerkenswerte Ähnlichkeit mit dem Lingam auf, den man in Indien häufig vor den Schiva-Tempeln erblickt. Wie mir gesagt wurde, ist der Lingam ein Symbol der schöpferischen Kraft, und die frommen Inder glauben, er erstrecke sich ebensoweit nach unten in die Erde wie nach oben; es würde mich deshalb interessieren, ob die alten Inder etwa eine Kenntnis von diesem besonders aktiven Molekül und der ungeheuer wichtigen Rolle besaßen, die es bei der Erhaltung des menschlichen und tierischen Lebens spielt, und ob sie diese Symbole als steinerne Dokumente ihres okkulten Wissens aufgerichtet haben.

Das sympathische Nervensystem

Nach der Aussage der Anatomen gibt es im menschlichen Körper zwei Nervensysteme: das cerebro-spinale und das sympathische Nervensystem. Ersteres beginnt mit dem Gehirn, setzt sich im Rückenmark fort und verzweigt sich vermittelst der Ganglien, die – jeweils zwischen zwei Wirbeln – Nerven aussenden, in alle Teile des Körpers. Das sympathische System besteht aus zwei Strängen, die ein wenig vor der Achse der Wirbelsäule gelagert, links und rechts von ihr fast deren ganzer Ausdehnung entlang verlaufen. Von den Ganglien dieser Stränge, die nicht ganz so zahlreich sind wie jene des Rückenmarks, gehen die sympathischen Nerven aus und bilden die geflechtartigen Systeme, die wir Plexen nennen. Diese sind Relais-Stationen vergleichbar, denen wieder kleinere Endganglien und Nerven entspringen. Diese beiden Systeme stehen aber durch eine sehr große Anzahl verbindender Nerven in einer so mannigfaltigen Wechselbeziehung, daß man sie sich nicht als zwei gesonderte Nervenorganisationen vorstellen darf. Neben diesen gibt es noch eine dritte Gruppe, der Nervus Vagus genannt, der in der Medulla oblongata entspringt und ganz unabhängig weit in den Körper hinabreicht, wobei er sich beständig mit den Nerven und Plexen der anderen Systeme vermischt.

[…] Nervenverbindungen [bestehen] zwischen den spinalen und sympathischen Ganglien [und] Kanälen, durch welche die Nerven von letzteren ausgehen, um die wichtigsten Geflechte des sympathischen Systems zu bilden. Hierbei kann man bemerken, daß die Plexen die Tendenz zeigen, von den Ganglien, denen sie entspringen, herabzusinken. So stützt sich z. B. der Plexus coeliacus oder Solarplexus hauptsächlich auf den großen Eingeweidenerv, der – wie aus der Tafel ersichtlich – im fünften sympathischen Brustganglion entspringt, das wieder mit dem vierten spinalen Brustganglion in Verbindung steht. Dieses liegt beinahe in der gleichen horizontalen Ebene wie das Herz, der Nerv selbst aber steigt nach unten und verbindet sich mit den kleineren und kleinsten Eingeweidenerven, die von den unteren Brustganglien ausgehen, passiert dann das Zwerchfell und mündet in den Solarplexus ein. Es gibt auch noch andere Verbindungen zwischen diesem Plexus und den Hauptsträngen […], doch sie sind zu verwickelter Natur, als daß sie hier beschrieben werden könnten. Die Hauptnerven, die in den Herzplexus einmünden, biegen sich in ähnlicher Weise abwärts. Beim Kehlkopfplexus ist nur eine ganz geringe Abbiegung wahrnehmbar, während das Geflecht bei der Halsschlagader von dem inneren Halsschlagadernerv aus sogar aufwärts steigt, der selbst wieder im oberen sympathischen Halsganglion entspringt.

Die Zentren im Rückgrat

Auch die ätherischen »Stengel«, welche die »Blumen« oder Chakras auf der Oberfläche des Ätherkörpers mit den ihnen entsprechenden Zentren im Rückgrat verbinden, weisen eine ähnliche Beugung nach unten auf; ihre ungefähre Lage ist […] in [der folgenden] Tabelle im einzelnen angegeben. Um die sympathischen Plexen in ihrer relaisartigen Funktion zu unterstützen, wird ihnen auf dem Wege der radialen Speichen der Chakras eine Kraftverstärkung zuteil; demnach scheint es mir nach dem heutigen Stande unserer Kenntnis übereilt, die Chakras

Name des Chakra	Lage an der Oberfläche des Ätherkörpers	Ungefähre Lage des Rückenmarkzentrums	Sympathische Geflechte	Wichtigste Nebengeflechte
Wurzel-Chakra	Basis der Wirbelsäule	4. Kreuz-Ganglion	Steißbein-Geflecht	—
Milz-Chakra	Über der Milz	1. Lenden-Ganglion	Milz-Geflecht	—
Nabel-Chakra	Über dem Nabel	8. Brust-Ganglion	Bauch- oder Sonnengeflecht	Leber-, Pförtner-, Magen-, Gekröse-Geflecht
Herz-Chakra	Über dem Herzen	8. Nacken-Ganglion	Herz-Geflecht	Lungen-, Kranz-Geflecht etc.
Hals-Chakra	Am Halse	3. Nacken-Ganglion	Kehlkopf-Geflecht	—
Stirn-Chakra	An den Augenbrauen	1. Nacken-Ganglion	Halsschlagader-Geflecht	Cavernöses Geflecht, Kopf-Ganglion im Allgemeinen

mit den Plexen zu identifizieren, wie dies einige Autoren anscheinend getan haben.
Die Unterleib- sowie die Beckengeflechte stehen zweifellos in irgendeiner Verbindung mit dem nahe den Zeugungsorganen gelegenen Swadisthana-Chakra, das in indischen Werken erwähnt, in unserem Entwicklungsschema aber nicht gebraucht wird. Die in diesem Körperteil angehäuften Geflechte scheinen, soweit es sich um bewußte Tätigkeit handelt, vorwiegend dem Sonnengeflecht untergeordnet zu sein, da sie und das Milzgeflecht mit ihm durch zahlreiche Nerven sehr eng verbunden sind.
Das Scheitel-Chakra steht in keiner Verbindung mit irgendeinem sympathischen Geflecht des physischen Körpers, sondern ist, wie wir im vierten Kapitel sehen werden, der Zwirbeldrüse und dem Schleimkörper zugeordnet. Es steht auch zur Entwicklung des Gehirns und des cerebro-spinalen Nervensystems in Beziehung.
Über den Ursprung des sympathischen und cerebro-spinalen Nervensystems und ihre gegenseitigen Beziehungen schreibt Frau Dr. A. Besant in ihrem Werke *Eine Studie über das Bewußtsein* wie folgt:
»Wir wollen nun betrachten, wie der Aufbau des Nervensystems durch die Schwingungsantriebe vom Astralen aus beginnt und weiter fortschreitet. Wir finden eine kleine Gruppe von Nervenzellen mit winzigen Auswüchsen, die sie verbinden. Diese Gruppe ist durch die Tätigkeit eines Zentrums entstanden, das zuerst im Astralkörper auftrat – eine Ansammlung von Astralmaterie zum Zweck der Bildung eines Zentrums, um Antriebe von außen zu empfangen und auf sie zu reagieren. Von diesem astralen Zentrum gehen Schwingungen zum ätherischen Körper über, rufen dort kleine ätherische Wirbel hervor, die Teilchen dichter physischer Materie in sich hineinziehen und schließlich eine Nervenzelle und Gruppen von Nervenzellen bilden. Diese physischen Zentren empfangen Schwingungen von der Außenwelt, leiten diese Antriebe zu den astralen Zentren weiter und verstärken dadurch deren Schwingungen; so wirken die physischen und astralen Zentren aufeinander ein und werden dadurch komplizierter

und wirkungsvoller. Wenn wir die Entwicklung im Tierreich aufwärts verfolgen, finden wir, daß sich das physische Nervensystem fortwährend vervollkommnet und mehr und mehr zum herrschenden Faktor im Körper wird. Dieses zuerst entstandene System wird in den Wirbeltieren zum sympathischen System, das die lebenswichtigen Organe – Herz, Lunge und Verdauungstrakt – beherrscht und belebt. Neben ihm entwickelt sich langsam das cerebro-spinale System, das in seiner Tätigkeit auf niederer Stufe eng mit dem sympathischen verbunden ist; allmählich nimmt es aber eine immer dominierendere Stellung ein, während dessen es in seiner hauptsächlichen Entwicklungslinie zu dem Werkzeuge wird, durch das sich das Wachbewußtsein normalerweise ausdrückt. Das cerebrospinale System wird durch Antriebe aufgebaut, die ihren Ursprung nicht in der astralen, sondern in der mentalen Ebene haben, und es ist mit dem Astralen nur mittelbar durch das sympathische System verbunden, das vom Astralen aus aufgebaut wurde.«

Die Vitalität

Wir alle kennen das Gefühl der Freude und des Wohlbehagens, das vom Sonnenlicht in uns erregt wird; aber nur Erforscher des Okkultismus können die Gründe für diese Empfindung in vollem Umfang erkennen. Gleichwie die Sonne ihr System mit Licht und Wärme durchflutet, ebenso sendet sie ihm beständig eine andere, von der modernen Wissenschaft bisher noch nicht geahnte Kraft zu – die »Vitalität« genannt worden ist. Diese Kraft strahlt auf allen Ebenen aus und offenbart sich in jedem Bereiche – dem physischen, dem emotionellen, dem mentalen und den übrigen – aber wir wollen uns gegenwärtig nur mit ihrer Erscheinung auf der niedrigsten Ebene beschäftigen, wo sie in einzelne physische Atome eintritt, ihre Tätigkeit ungeheuer steigert, sie belebt und zum Glühen bringt.

Wir dürfen diese Kraft nicht mit der Elektrizität verwechseln, obwohl sie dieser in mancher Hinsicht ähnelt, denn ihre Wirkungsweise unterscheidet sich in vielen Beziehungen von der der Elektrizität, des Lichtes oder der Wärme. Einige Abarten letzterer Kraftäußerung versetzen das Atom als Ganzes in Schwingung, deren Ausschlag die Größe des Atoms ungeheuer übersteigt. Die andere Kraft aber, die wir Vitalität nennen, erfaßt das Atom nicht von außen, sondern von innen her.

Das Vitalitäts-Kügelchen

Das Atom selbst ist nichts anderes als die Äußerung einer Kraft; der Wille der Sonnengottheit ist auf eine bestimmte Form gerichtet, die wir ein physisches Uratom nennen, und durch diese Anspannung IHRES Willens werden in dieser besonderen Form ungefähr vierzehntausend Millionen »Blasen im Koilon« zusammengehalten. Es muß ausdrücklich auf die Tatsache hingewiesen werden, daß die Kohäsion der Blasen innerhalb dieser Form ausschließlich von jener Willensanstrengung abhängt; würde diese einen einzigen Augenblick nachlassen, so müßten die Bläschen wieder auseinander fallen und die gesamte physische Welt würde im Nu zu existieren aufhören. So wahr ist der Satz, daß die ganze Welt selbst von diesem Standpunkt aus bloße Illusion ist, von der Tatsache ganz zu schweigen, daß die Blasen, die das Atom aufbauen, selbst ja nur Hohlräume im Koilon, dem wahren Äther des Raumes sind!
Es ist also die beständig ausgeübte Willenskraft der Sonnengottheit, die das Atom als solches zusammenhält, und wenn wir die Wirkungsweise dieser Kraft untersuchen, so sehen wir, daß sie nicht von außen her in das Atom eindringt, sondern in dessen Innerem aufquillt, was besagt, daß sie aus höheren Dimensionen her eintritt. Das gleiche gilt für jene andere Kraft, die wir Vitalität nennen; sie tritt in das Atom von innen her auf demselben Wege wie die Kraft ein, die es zusammenhält, statt, wie im Falle anderer Kraftgattungen, die wir Licht, Wärme, Elektrizität nennen, völlig von außen darauf einzuwirken.
Wenn die Vitalität so innerhalb des Atoms aufquillt, führt sie ihm mehr

Leben zu und verleiht ihm eine Anziehungskraft, vermöge deren es sofort sechs weitere Atome in einer bestimmten Anordnung um sich lagert und so, wie oben erwähnt, ein subatomisches oder hyper-meta-proto-Element bildet. Dieses Element aber unterscheidet sich von allen übrigen bisher beobachteten Atomverbindungen dadurch, daß die Kraft, die es hervorruft und zusammenhält, vom zweiten Aspekt der Sonnengottheit statt vom dritten herkommt. Dieses Vitalitätskügelchen ist jene kleine Gruppe, welche die außerordentlich strahlenden Perlen in der männlichen oder positiven Spirale des chemischen Elementes Sauerstoff bildet, und es ist auch das Herz in der zentralen Kugel des Radium-Atomes.

Diese Kügelchen fallen vor allen anderen Körperchen, die man in der Atmosphäre schweben sehen kann, durch ihren Glanz und ihre außerordentliche Lebendigkeit, das intensiv aktive Leben, das sie bekunden, ganz besonders auf. Wahrscheinlich sind sie die »feurigen Leben«, die Frau Blavatsky so oft erwähnt, wie z. B. in ihrer *Geheimlehre,* wo sie in Band I. schreibt:

»Man lehrt uns, daß jede physiologische Veränderung ... ja das Leben selbst oder vielmehr die gegenständlichen Erscheinungen des Lebens, die durch gewisse Bedingungen und Veränderungen in den Geweben des Körpers hervorgebracht werden, die es dem Leben gestatten und es zwingen, in diesem Körper zu wirken – daß alles dieses jenen unsichtbaren ›Schöpfern‹ und ›Zerstörern‹ zuzuschreiben ist, die auf so ungenaue, verallgemeinernde Art Mikroben genannt werden. Man könnte annehmen, daß diese ›feurigen Leben‹ und die Mikroben der Wissenschaft ein und dasselbe sind. Das ist nicht wahr. Diese ›feurigen Leben‹ sind die siebente und höchste Unterabteilung auf der stofflichen Ebene und entsprechen im Individuum dem einen Leben des Weltalls, wenn auch nur auf dieser Ebene des Stoffes.«

Während nun die Kraft, welche diese Kügelchen belebt, sich vom Licht durchaus unterscheidet, so scheint die Möglichkeit ihrer Manifestierung dennoch von der Gegenwart des Lichtes abzuhängen. Im strahlenden Sonnenscheine quillt diese Vitalität beständig neu auf und es bilden sich die Kügelchen mit großer Geschwindigkeit und in unglaublichen Mengen; bei bewölktem Himmel dagegen ist eine starke Abnahme in der Anzahl der Kügelchen zu bemerken, und während der Nacht ist, soweit wir festzustellen vermocht haben, der Vorgang ihrer Bildung vollständig eingestellt. Man kann daher sagen, daß wir in der Nacht von dem Vorrat leben, der am vorangegangenen Tage erzeugt wurde; und obwohl es praktisch unmöglich erscheint, daß dieser Vorrat jemals ganz erschöpft werden könnte, ist er doch während einer langen Reihe von trüben Tagen augenscheinlich geringer. Wenn das Kügelchen einmal geladen wurde, bleibt es als unteratomisches Element (Es werden sieben Unterebenen oder Aggregatzustände der physischen Materie unterschieden: fest, flüssig, gasförmig, ätherisch, überätherisch, unteratomisch und atomisch) bestehen und scheint keiner Veränderung und keinem Kraftverlust unterworfen zu sein, solange es nicht von einem lebenden Wesen absorbiert wird.

Der Zustrom der Vitalitäts-Kügelchen

Gleichwie Wärme und Licht strahlt die Sonne auch die Lebenskraft ohne Unterlaß aus, aber oft tauchen Hindernisse auf, die bewirken, daß nicht die volle Energiemenge die Erde erreicht. In den kalten und unfreundlichen Klimaten, die fälschlich die gemäßigten genannt werden, bedeckt nur zu oft ein Leichentuch von schweren Wolken tagelang den Himmel und beeinträchtigt die Lebenskraft in gleichem Maße wie das Licht; zwar kann das Durchfließen der Kraft nicht gänzlich verhindert werden, doch wird deren Menge dadurch sehr fühlbar verringert. Daher sinkt bei trübem und dunklem Wetter die Vitalität und alle lebendige Kreatur befällt eine instinktive Sehnsucht nach Sonnenschein. Wenn so die vitalisierten Atome spärlicher gesät sind, erhöht ein Mensch von robuster Gesundheit seine Absorbtionsfähigkeit, entnimmt die Lebenskraft einem ausgedehnteren Bereich und erhält so seine Kräfte auf dem normalen Niveau; Invalide aber und Menschen

mit geringer Nervenkraft, die dies nicht imstande sind, leiden oft schwer und fühlen sich ohne erkennbaren Grund schwächer und reizbarer. Aus ähnlichen Ursachen ebbt die Lebenskraft im Winter im Vergleich zum Sommer ab: denn selbst wenn der kurze Wintertag sonnig ist, was selten vorkommt, haben wir immer noch der langen düsteren Winternacht Trotz zu bieten, während der wir von der Menge an Lebenskraft zehren müssen, die tagsüber in unserer Atmosphäre aufgespeichert wurde. Andererseits wird während eines langen, sonnigen und wolkenlosen Sommertages die Atmosphäre so ausgiebig mit Lebenskraft geladen, daß die kurze Nacht kaum ins Gewicht fällt.
Aus dem Studium dieses Problems der Lebenskraft muß der Okkultist unfehlbar erkennen, daß, ganz abgesehen von der Temperatur, das Sonnenlicht einen der wichtigsten Faktoren zur Erlangung und Erhaltung vollkommener Gesundheit darstellt und daß dessen Mangel durch nichts anderes völlig aufgewogen werden kann. Diese Lebenskraft ergießt sich nicht nur auf die physische, sondern ebenso auch auf alle anderen Welten; falls daher auch in den anderen Beziehungen befriedigende Bedingungen herrschen, wird es auch mit unseren Gefühlen, Gedanken und unserer Geistigkeit augenscheinlich am besten bestellt sein, wenn wir uns eines klaren Himmels und der unschätzbaren Hilfe des Sonnenlichtes erfreuen.

Psychische Kräfte

Die drei schon erwähnten Kräfte, die Primärkraft, die Vitalität und Kundalini stehen mit dem Gedanken- und Gefühlsleben des Menschen nicht in unmittelbarer Verbindung, sondern nur mit seinem körperlichen Wohlbefinden. Es gibt aber auch Kräfte, die in die Chakras einfließen und psychischer und geistiger Natur sind. Die beiden ersten Chakras weisen solche nicht auf, aber das Nabelchakra und die übrigen höheren Zentren im Körper sind Eingangspforten für Kräfte, die auf das menschliche Bewußtsein einwirken.

In einem Aufsatze über Gedankenzentren, der in dem Werke *Das innere Leben* enthalten ist, setzte ich auseinander, daß Gedanken-Ansammlungen ganz bestimmte Dinge sind, die einen gewissen Platz im Raume einnehmen. Gedanken gleicher Beschaffenheit und über den gleichen Gegenstand haben die Neigung, sich zu einer Masse zu vereinigen; daher gibt es für viele Gegenstände ein Gedankenzentrum in einem bestimmten Raume der Atmosphäre, das Gedanken gleicher Art anzieht und so sein Ausmaß und seinen Einfluß vergrößert. Ein Denker kann auf diese Weise zur Stärkung eines solchen Zentrums beitragen, andererseits aber auch dadurch beeinflußt werden; und dies ist einer der Gründe, warum die Menschen herdenweise gleich Schafen denken. Einem Menschen von träger Denkungsart fällt es eben viel leichter, einen schon fertigen Gedanken eines anderen anzunehmen, als sich der mentalen Arbeit zu unterziehen, die verschiedene Aspekte eines Gegenstandes zu erwägen und so zu einer selbständigen Entscheidung zu gelangen.

So wie dies auf der Mentalebene hinsichtlich der Gedanken zutrifft, stimmt es auch mit entsprechenden Abänderungen hinsichtlich der Gefühle auf der Astralebene. Die Gedanken durchschießen wie Blitze die feine Materie der Mentalebene, so daß alle Gedanken, die in der Welt einen bestimmten Gegenstand betreffen, sich leicht an einem Punkte sammeln und doch von jedem, der über den gleichen Gegenstand nachdenkt, erreicht und angezogen werden können. Die astrale Materie, die zwar soviel feiner ist als die physische, besitzt eine größere Dichte als der Stoff der Mentalebene; die großen Wolken der »Gefühlsformen«, die auf der Astralebene durch starke Gefühle entstehen, fließen nicht alle zu einem Weltzentrum zusammen, aber sie verschmelzen mit anderen benachbarten Formen gleicher Beschaffenheit, so daß ungeheuer große und sehr machtvolle »Gefühlsmassen« fast überall umherfluten, und es kann so ein Mensch leicht mit ihnen in Berührung kommen und durch sie beeinflußt werden.

Mit dem von uns hier behandelten Gegenstande hat dies alles insofern zu tun, als diese Einflüsse sich durch Vermittlung des einen oder anderen Chakras auswirken. Betrachten wir, um uns dies klar zu machen, einen von Furcht erfüllten Menschen. Wer mein Werk *Der sichtbare und unsichtbare Mensch* gelesen hat, wird sich an das Aussehen des Astralkörpers eines solchen Menschen erinnern, wie es auf Tafel XIV jenes Buches ersichtlich ist.

Die Schwingungen, die ein Astralkörper in dieser Verfassung ausstrahlt, werden sogleich alle Furchtwolken anziehen, die sich gerade in der Nähe befinden: wenn nun der Mensch sich rasch ermannen und seine Furcht bemeistern kann, werden diese Wolken grollend wieder zurückrollen: wenn aber das Gefühl der Furcht bestehen bleibt oder gar anwächst, dann werden sie die in ihnen angesammelte Energie entladen und durch sein Nabelchakra in ihn einströmen lassen, und seine Angst wird zum besinnungslosen panischen Schrecken gesteigert, in dem der Mensch seine Selbstbeherrschung gänzlich verliert und blindlings in irgendeine Gefahr hineinrennt. Ebenso zieht auch jemand, der in Aufregung gerät, Wolken von Zorn an und setzt sich dadurch einem Einstrom von Gefühlen aus, die seine Entrüstung in wahnsinnige Wut verwandeln, so daß er in eine Verfassung gerät, in der er, fast ohne es selbst zu wissen, unter einem unwiderstehlichen Impuls einen Mord begehen kann. In ähnlicher Weise könnte ein zu Depressionen neigender Mensch in einen fürchterlichen Zustand andauernden Trübsinns verfallen, oder ein von tierischen Begierden Ergriffener würde vorübergehend ein Ungeheuer von Wollust und Sinnlichkeit werden und unter diesem Einfluß Verbrechen begehen, an die zu denken ihn, wenn er wieder zur Besinnung gelangt, mit Entsetzen erfüllen würde.

Alle derartigen höchst unerwünschten Strömungen gelangen durch das Nabel-Chakra in den Menschen. Doch gibt es glücklicherweise auch andere, höhere Möglichkeiten. So kann ein Mensch, der die edlen Regungen der Liebe und Hingebung empfindet, Wolken dieser Gefühle anziehen, und vermittels des Herz-Chakras eine wunderbare Steigerung dieser Empfindungen empfangen, wie dies in dem Buche *Der sichtbare und unsichtbare Mensch* auf Tafel XI und XII abgebildet ist. Die Beschaffenheit der Gemütserregung, die durch das Nabel-Chakra einwirkt, ist in Frau Dr. Besants Werk *Eine Studie über das Bewußtsein* angedeutet, wo sie die Gemütserregungen in die zwei Klassen der Liebe und des Hasses einordnet. Alle, die unter die Klasse des Hasses fallen, wirken durch das Nabel-Chakra, jene aber, die unter die Klasse der Liebe fallen, durch das Herz-Chakra. Sie schreibt dort:

»Wir haben gesehen, daß das Verlangen zwei Haupt-Ausdrucksweisen aufweist: den Wunsch, anzuziehen, um zu besitzen oder auch um mit irgendeinem Gegenstand in Berührung zu kommen, der schon früher Freude bereitet hat, und den Wunsch, abzustoßen, fortzutreiben oder auch die Berührung mit einem Gegenstande zu vermeiden, der früher schon Leid gebracht hat. Und so sahen wir, daß Anziehung und Abstoßung die beiden Formen des Verlangens sind, die das Selbst beherrschen.

Die Emotion, also ein vom Intellekt durchsetztes Verlangen, zeigt unausbleiblich dieselbe Zweiteilung. Die Emotion, die den Charakter der Anziehung trägt, die die Dinge in Freude zueinander zieht, die erhaltende, integrierende Kraft im Weltall, wird Liebe genannt. Die Emotion, die den Charakter der Abstoßung trägt, die die Dinge in Unlust auseinander treibt, die zerstörende, desintegrierende Kraft im Weltall wird Haß genannt. Dies sind die beiden Stämme, die aus der Wurzel des Verlangens entsprießen, und alle Verzweigungen der Gemütserregungen lassen sich auf einen der beiden zurückführen.

Die charakteristischen Züge des Verlangens und der Emotion sind daher identisch. Auch die Liebe sucht die anziehenden Gegenstände an sich zu bringen oder ihnen nachzugehen, um von ihnen Besitz zu ergreifen oder von ihnen besessen zu werden. So wie das Verlangen bindet auch sie durch Freude, durch das Glücksgefühl. Ihre Bande sind freilich dauernder, komplizierter, aus zarteren und zahlreicheren, in größerer Mannigfaltigkeit miteinander verwobenen Fäden gewirkt, aber das Wesen der ›Verlangensanziehung‹, das Zusammenketten zweier Gegenstände, ist auch das Wesen der ›Emotionsanziehung‹, der Liebe. Und so sucht auch der Haß den abstoßenden Gegenstand von sich zu treiben oder vor ihm zu fliehen, um von ihm getrennt zu sein, um ihn zurückzustoßen oder zurückgestoßen zu werden. Er trennt durch Unlust, durch das Gefühl des Unglücklichseins. Und so ist das Wesen der ›Abstoßung des Verlangens‹, das Auseinandertreiben zweier Dinge, auch das Wesen der ›Abstoßung der Emotion‹ – des Hasses. Liebe und Haß sind nur die beiden mehr ausgearbeiteten und vom Denken durchströmten Formen des einfachen Verlangens, zu besitzen oder abzuweisen.«

An einer späteren Stelle legt Frau Dr. Besant dar, daß jede dieser beiden großen Emotionen wieder eine dreifache Unterteilung erfährt, je nachdem, ob der Mensch, den sie beseelt, sie stark oder schwach empfindet.

»Liebe, die herabblickt, ist Wohlwollen; Liebe, die aufwärts blickt, ist Verehrung. Dies sind die verschiedenen gemeinsamen Charakterzüge der Liebe des Höheren zum Niederen und der Liebe des Niederen zum Höheren.

Die normalen Beziehungen zwischen Mann und Weib, zwischen Brüdern und Schwestern bieten uns ein Feld zum Stadium zwischen Gleichen. Wir sehen die Liebe sich als gegenseitige Zärtlichkeit und gegenseitiges Vertrauen zeigen, als Rücksichtnahme, als Achtung und als Wunsch, zu gefallen, als schnelles Verständnis für die Wünsche des anderen und als Bemühen, sie zu erfüllen, als Großherzigkeit und Nachgiebigkeit. Die Elemente der Liebe-Emotion zwischen Höherem und Niederem finden sich so auch hier, aber alle tragen sie den Stempel der Gegenseitigkeit. So können wir sagen, daß der gemeinsame Charakterzug der Liebe zwischen Gleichen der Wunsch ist, sich gegenseitig zu helfen.

So haben wir Wohlwollen, gegenseitige Hilfsbereitschaft und Verehrung als die drei Hauptabteilungen der Liebes-Emotion gefunden, unter die sich alle Liebes-Emotionen einordnen lassen. Denn alle menschlichen Beziehungen können sich unter die folgenden drei Klassen gruppieren: Beziehungen von Höheren zu Niederen, von Gleichen zu Gleichen und von Niederen zu Höheren.«

Sie erklärt dann die Haß-Emotionen in der gleichen Weise:

»Haß, der nach unten blickt, ist Verachtung, Haß, der nach oben blickt, ist Furcht. Ähnlich zeigt sich der Haß unter Gleichen als Zorn, Streitsucht, Geringschätzung, Heftigkeit, Schadenfreude, Eifersucht, Trotz usw., alles Gemütsbewegungen, die den Menschen vom Menschen trennen, wenn sie als Nebenbuhler, als Rivalen einander gegenüberstehen, statt miteinander Hand in Hand zu gehen. Der gemeinsame Charakterzug des Hasses zwischen Gleichen ist daher gegenseitige Schädigung, und die drei Hauptcharakterzüge der Haß-Emotion sind Verachtung, der Wunsch, sich gegenseitig zu schaden, und Furcht.

Das Merkmal der Liebe in allen ihren Offenbarungsformen ist Mitgefühl, Selbstopfer, der Wunsch, zu geben, dies sind ihre wesentlichen Elemente, mag sie nun Wohlwollen, Wunsch nach gegenseitiger Hilfe oder Verehrung der Liebe sein. Denn alle diese drei dienen der Anziehung, bewirken eine Vereinigung, sind der wahren Natur der Liebe entsprungen. Deshalb stammt auch die Liebe aus dem *Geist;* denn Sympathie heißt, für einen anderen ebenso zu fühlen, wie man für sich selbst empfindet, Selbstopfer ist die Anerkennung der Ansprüche des anderen als wären es die eigenen, und Geben ist die Bedingung des geistigen Lebens. So sehen wir, daß die Liebe dem Geiste, der *Lebensseite* des Weltalls angehört.

Haß andererseits charakterisiert sich in allen seinen Erscheinungen durch Antipathie, Selbstsucht, den Wunsch, zu nehmen. Dies sind seine wesentlichen Elemente, mag er nun Verachtung, Wunsch, einander zu schaden, oder Furcht sein. Alle diese dienen unmittelbar der Abstoßung und bewirken, daß einer vom anderen geschieden wird. Haß entstammt so der *Materie;* er betont Mannigfaltigkeit und Verschiedenheit, ist seinem Wesen nach Absonderung und gehört der *Formseite* des Weltalls an.«

C. W. LEADBEATER

Die Körper des Menschen

Das Schema auf der nächsten Seite zeigt uns eine Darstellung der Daseinspläne, die uns auch die Namen der verschiedenen Vehikel oder Körper des Menschen nennt, die diesen Plänen entsprechen. Man wird da bemerken, daß die Namen für die höheren Pläne dem Sanskrit entstammen, denn in der Philosophie des Westens haben wir noch keine Ausdrücke für diese aus feineren Stoffen bestehenden Welten. Jeder dieser Namen hat seine besondere Bedeutung, obgleich die Bezeichnung dieser höheren Pläne andeutet, wie wenig wir von diesen Zuständen wissen.

Mit *Nirwana* hat man im Osten durch lange Zeiträume hindurch den höchsten, geistigen Bewußtseinszustand bezeichnet. Ins »Nirwana eingehen« heißt, über alles Menschliche hinauswachsen und einen Grad von Frieden und Seligkeit erlangen, der über alle irdischen Begriffe erhaben ist. Alles Irdische liegt hinter dem, der diese unbeschreibliche Herrlichkeit erreicht hat, so weit zurück, daß einige europäische Orientalisten dem Irrtume anheimfielen, zu glauben, es bedeute die völlige Vernichtung des Menschen – eine Vorstellung, die der Wahrheit vollständig zuwiderläuft. Den vollen Besitz dieses erhabenen Bewußtseins, das dem höchsten geistigen Zustande entspricht, zu erlangen, heißt, das für die menschliche Evolution bestimmte Ziel erreicht zu haben – heißt ein *Meister* werden, ein Mensch der mehr als Mensch ist. Die weitaus größte Zahl der Menschheit wird diesen Entwicklungsgrad erst nach langen Kreisläufen erreichen, doch die wenigen entschlossenen Seelen, die sich durch keine Schwierigkeit aufhalten lassen, die, sozusagen, dem Himmel Gewalt antun, können dieses herrliche Los viel rascher erlangen.

Von den Bewußtseinszuständen innerhalb des Nirwana wissen wir

7	Mahaparanirvanischer Plan	Erste	Dreifache Offenbarung
6	Paranirvanischer Plan		Zweite
5	Atmischer Plan	atomisch	Dritte
		Geist	Der dreifache Aspekt im Menschen.
4	Buddhischer Plan	atomisch	
		Das sich wiederverkörpernde Ich oder die Seele des Menschen.	Intuition
3	Mentalplan — ohne Körper	atomisch	Intelligenz / Causalkörper
	mit Körper		Mentalkörper
2	Astralplan	atomisch	
			Astralkörper
1	Physischer Plan	atomisch / unteratomisch / überätherisch / ätherisch	Aetherkörper
		gasförmig / flüssig / fest	Dichter physischer Körper

Die Daseinszustände in der Natur

natürlich nichts, höchstens so viel, daß sie existieren, »Para« heißt »über« und »Maha« heißt »groß«, so daß diese Namen nur bedeuten: der Plan über Nirwana und: der große Plan über Nirwana. – Daraus ersieht man, daß die, die vor undenklichen Zeiten diese Namen gaben, entweder so wenig wie wir davon wußten, oder daran verzweifelten, passende Worte zu finden. Der Name *Buddhi* bezeichnet den Körper des Menschen, der fähig ist, sich im Stoffe des vierten Planes zu betätigen, während der dritte, der Mentalplan, nur das Tätigkeitsfeld des menschlichen Verstandes ist. Man wird bemerken, daß dieser Plan in zwei Teile geteilt ist, die durch verschiedene Farben gekennzeichnet sind und »rupa« und »arupa« genannt werden, was »mit Form versehen« und »formlos« bedeutet. Diese Namen bezeichnen gewisse Eigenschaften dieses Planes; in dem niederen Teile nimmt der Stoff nämlich sehr leicht durch unsere Gedanken bestimmte Formen an, während in der höheren Mentalwelt die abstrakten Gedanken nur als Ausstrahlungen oder Strömungen sich dem Auge des Hellsehers kenntlich machen. Eine genauere Besprechung dieses Gegenstandes findet man in der sechsten Nummer der Bücherfolge *Theosophical Manuals* und auch in dem Buche *Gedankenformen,* wo einige interessante Figuren abgebildet sind, die durch die Wirkung der Gedanken und Empfindungen hervorgerufen werden.

Den Namen »Astral« übernahmen wir von den Alchemisten des Mittelalters. Er bedeutet »sternartig« und wurde jedenfalls deshalb dieser Materie, die der physischen am nächsten liegt, beigelegt, weil sie durch die viel rascheren Schwingungen leuchtend erscheint. Der Astralplan ist die Welt der Leidenschaften, Empfindungen und Gefühle, und der hellsehende Forscher kann sie alle im Astralkörper des Menschen beobachten. Dieser Körper befindet sich wegen des Wechsels der Empfindungen in steter Veränderung, wie wir es sogleich ausführlicher beschreiben werden.

In der theosophischen Literatur hat man gewisse Farben angenommen, um die niederen Pläne zu bezeichnen. Sie sind der Farbentafel, die Frau Blavatsky in ihrem Monumentalwerke *Die Geheimlehre* zuerst aufstellte, entnommen. Doch muß dabei bemerkt werden, daß es nur Unterscheidungszeichen und Symbole sind, die durchaus nicht anzeigen sollen, welche Farbe in einem Plane vorherrschend ist. Es existieren alle uns bekannten und einige jetzt noch unbekannte Farbentöne auf einem jeden dieser Pläne, doch je höher man emporsteigt, desto feiner und leuchtender werden sie, so daß man sehr wohl annehmen darf, es seien höhere Oktaven der Farbenskala. Wie man später sehen wird, haben wir den Versuch gemacht, dieses der Darstellung der verschiedenen Körper des Menschen anzupassen.

Es gibt also sieben Pläne, wie wir sehen, und jeder kann wieder in sieben Abteilungen geteilt werden. Die Siebenzahl ist von jeher als okkult und heilig angesehen worden, weil sie der Offenbarungswelt überall zugrunde liegt. In den niederen Plänen, die unserer Erforschung zugänglich sind, ist diese Einteilung sehr deutlich erkennbar und alles läßt uns voraussetzen, daß es sich auch ebenso auf den höheren Plänen verhält, die sich jetzt noch unserer Beobachtung entziehen, da die Bedingungen dort verschieden sind.

Wenn jemand beginnt, in den höheren Welten tätig zu sein, so findet er, daß die Grenzen des niederen Lebens allmählich überwunden werden und eine nach der anderen verschwindet, dann befindet er sich in einer Welt, die mehr als die drei bekannten Dimensionen hat. Diese Tatsache allein öffnet gänzlich neue Möglichkeiten, die nach den verschiedensten Richtungen hin wirken, die Türe. Das Studium dieser Dimensionen ist ein höchst anregendes, und wer sich dafür interessiert, dem seien zum Anfangsstudium die vorzüglichen Bände *Scientific Romances* von C. H. Hintons empfohlen. Um einen genauen Einblick in die höheren Welten zu erlangen, gibt es kein besseres Mittel, als die Anerkennung der vierten Dimension.

Es ist jetzt nicht meine Aufgabe, zu beschreiben, was durch die wunderbare Erweiterung des Bewußtseins auf diesem Plane erlangt wird – ich habe das bereits in einem anderen Buche getan. Hier haben wir es nur mit dem Teile der Forschung zu tun, die den Menschen und seine Konstitution betrifft, und die uns zeigt, wie er zu dem geworden ist, was er ist. Die Geschichte seiner bisherigen Entwicklung ist in ganz wunderbaren Aufzeichnungen niedergelegt. Diese unauslöschlichen Aufzeichnungen der Vergangenheit des Weltalls, die alles aufbewahren, was geschah, seit das Sonnensystem sein Dasein begann, können uns zugänglich gemacht werden. Sie können auftauchen und sich vor dem Auge des Geistes aufrollen, so daß der Beobachter alles so genau sieht, als wäre er damals zugegen gewesen, als es geschah, mit dem ungeheuren Vorteile, daß er jede einzelne Szene nach Belieben festhalten und wiederum ganze Jahrhunderte in einigen Augenblicken vorbeiziehen lassen kann. Dieses wunderbare Spiegelbild des universellen Gedächtnisses kann nur mit einiger Sicherheit von dem Mentalplane aus befragt werden. Um also in der Geschichte der Urzeiten zu lesen, muß der Forscher wenigstens die Sinne seines Mentalkörpers vollkommen in seiner Gewalt haben, ist er aber so glücklich, auch den Kausalkörper seinem Willen gehorsam gemacht zu haben, dann wird die Aufgabe um so leichter. Das Problem dieser Aufzeichnungen ist besonders im VII. Kapitel meines kleinen Buches über *Hellsehen* beschrieben, auf das ich den Leser hiermit verweise.

C. W. LEADBEATER

Wie der Mensch sich entwickelt

Zuerst steigt das menschliche Ego in den Stoff herab, der ihm am nächsten liegt, nämlich in die unteren Abteilungen des Mentalplanes, dort bildet er sich sofort und in einem gewissen Sinne selbsttätig eine ihn umgebende Hülle aus dem dort vorhandenen Stoffe, die der genaue Ausdruck der in ihm vorhandenen Eigenschaften ist.

Man darf nie vergessen, daß jedes Niedersteigen in die Materie gleichbedeutend ist mit Einschränkung, und daß deshalb keine Kundgebung der Seele in einer niederen Region eine vollständige richtige Erscheinungsform derselben sein kann. Sie ist nur eine Andeutung der Eigenschaften, so wie ein Gemälde immer nur eine schwache Wiedergabe in zwei Dimensionen von einem wirklichen oder erdachten Vorgange in drei Dimensionen ist. Das Bild gibt, so gut es geht, auf einer Fläche mit Hilfe der Perspektiven das wieder, was es darstellen will, jedoch wird natürlich jede Linie und jeder Winkel den Linien und Winkeln unähnlich sein, die es darstellen soll. In ähnlicher Weise kann auch die wahre Eigenschaft, die in der Seele vorhanden ist, keineswegs ganz auf einem niederen Plane wiedergegeben werden, dazu ist der Stoff zu spröde und zu grob. Die Saite ist nicht genügend stramm gespannt, um den Ton wiederzugeben, der von oben herab erklingt. Die Saite kann jedoch so gestimmt werden, daß sie auf einer niederen Oktave mit diesem Tone im Einklange ertönt, wie die Stimme eines Mannes, der mit einem Knaben zusammen singt, den Ton, so gut es das tiefere Organ gestattet, harmonisch anzupassen sucht.

So werden sich auch die Farben, die eine Eigenschaft im Kausalkörper anzeigen, im Mentalen und Astralen wiederfinden, doch je tiefer man herabsteigt, an Leuchtkraft und Feinheit abnehmen. Der Unterschied zwischen diesen Farbenoktaven ist bedeutend größer, als es möglich ist, ihn auf Papier oder Leinwand wiederzugeben. Wir können ihn nur durch Abstufungen andeuten, denn selbst die der physischen nächstliegende Oktave ist für uns völlig unbegreiflich, solang wir nur mit unserem beschränkten physischen Gehirne arbeiten. Man kann die niedrigsten Astralfarben wohl als dunkel und trübe bezeichnen, und sie sind es auch im Vergleiche mit den lichteren Schattierungen; jedoch sind sie in ihrer Trübheit immerhin leuchtend, sie sind nicht das, was wir sowohl in unserem Wortsinn als dunkle Farben verstehen, sie sind vielmehr trübleuchtendes Feuer.

Bei jeder aufsteigenden Stufe finden wir, daß der feinere Stoff eine ausgedehntere Macht des Ausdrucks für edlere Eigenschaften entfaltet, während er allmählich die Möglichkeit verliert, einige der niederen anzuzeigen. So z. B. kann die besonders widrige Farbe, die im Astralkörper niedere Sinnlichkeit veranschaulicht, gar nicht im Mentalstoffe wiedergegeben werden. Man könnte nun wohl einwenden, daß dieses nicht stattfinden kann, da ja auch sinnliche Gedanken auftauchen mögen, doch dieser Einwurf entspricht nicht der Tatsache. Ein Mensch kann sich wohl ein Mentalbild sinnlicher Vorgänge aufstellen, aber Bild und Vorstellung werden nicht im Mentalstoffe, sondern im Astralstoffe ihren Ausdruck finden. Es wird dem Astralkörper eine spezielle Färbung verliehen, im Mentalkörper werden sich nur die Töne der verwandten Eigenschaften: Selbstsucht, Verstellung, Heuchelei zeigen. Diese können wiederum keinen Ausdruck in der leuchtenden Herrlichkeit des Kausalkörpers finden, doch jedes Bestärken derselben im Mentalkörper, jedes Nachgeben an sie, wird das Leuchten der Töne herabstimmen, die das Vorhandensein der entgegengesetzten Tugenden auf jener höheren Daseinsform darstellen, die der Wirklichkeit um so viel näher steht.

Der Prozeß, der die Farben hervorruft, wirkt immer von unten nach oben. Der Mensch erfährt irgendeine Anregung von außen, und als Antwort darauf wird eine Empfindungswelle im Inneren losgelöst, d. h. während der Dauer dieser Empfindungen herrscht die Färbung, die deren Schwingungen entspricht, im Astralkörper vor, wie es unsere

Abbildungen zeigen werden. Nach einer Weile erstirbt die Empfindung, und die ihr entsprechende Farbe verschwindet. Sie verschwindet jedoch nie vollständig, denn ein kleiner Teil des Stoffes im Astralkörper enthält diesen Rhythmus der Schwingungen bei, und jeder große Ausbruch der gleichen Empfindung verstärkt diesen Teil.
So haben z. B. die meisten Durchschnittsmenschen eine gewisse Dosis Reizbarkeit, die sich durch eine rötliche Wolke im Astralkörper ausdrückt. Gibt sich nun diese Reizbarkeit durch einen Zornesausbruch kund, so übergießt sich der Astralkörper mit Scharlachrot. Legt sich der Zorn wieder, so verschwindet die rote Färbung, aber sie hat ihre Spuren hinterlassen; die rote Wolke hat an Größe zugenommen, und die ganze Materie des Astralkörpers ist von nun an etwas geneigter, der Reizbarkeit bei nächster Gelegenheit nachzugeben. Ganz dasselbe geschieht in bezug auf die anderen Empfindungen, die guten sowohl wie die bösen. Hier also beweist die Materie deutlich die Wahrheit des Moralgesetzes, daß wir uns durch das jedesmalige Hingeben an die Leidenschaft den Widerstand gegen sie erschweren, während jedes gelungene Streben, sie zu unterdrücken, den nächsten Kampf erleichtert.
Eine verhältnismäßig andauernde Färbung im Astralkörper deutet auf eine beständige Schwingung hin, die im Laufe der Zeit ihre Wirkung auch auf den Mentalkörper erstreckt, und in diesem feineren Stoffe eine analoge Schwingung hervorruft, vorausgesetzt, daß sie der Art ist, daß sie sich diesem feineren Stoffe mitteilen kann. Dieser eben geschilderte Vorgang hat natürlich auch Bezug auf den Kausalkörper, und es ist ein Glück für uns, daß nur die besten und reinsten Gefühle und Eigenschaften, die während des Lebens in den niederen Vehikeln ausgearbeitet werden, bis zum Kausalplane aufsteigen können.
Somit entwickelt der Mensch in seinen vielen Lebensläufen verschiedene Eigenschaften, sowohl gute wie schlechte. Doch während die guten beständig aufgespeichert und innerhalb des Kausalkörpers aufbewahrt werden, können die tierischen nur in den niederen Trägern zum Ausdrucke kommen und sind daher verhältnismäßig nur von kurzer Dauer. Unter dem machtvollen Gesetze der göttlichen Gerechtigkeit

erfährt jeder die notwendigen Wirkungen seiner eigenen Handlungen, der guten und der bösen, aber die letzteren wirken nur auf die unteren Pläne und gelangen da zum Abschlusse, da ihre Schwingungen nur dort ihren Ausdruck finden, sie besitzen keine feineren Schwingungen, die im Kausalkörper nachklingen könnten. Ihre Kraft ist daher auf den eigenen Plan beschränkt und wirkt mit aller Energie auf ihren Schöpfer zurück während seines physischen und astralen Lebens, sei es nun in dieser oder in einer künftigen Inkarnation.

Die gute Handlung und der gute Gedanke haben auch ihre Wirkung auf diesen niederen Plänen, aber außerdem eine größere und dauernde auf den Kausalkörper, der eine so hervorragende Rolle bei der menschlichen Evolution spielt. Gutes wie Böses zeitigen ihre Wirkungen auf Erden, aber das Gute allein verbleibt als Gewinn für den wahren Menschen. Bei jeder neuen Inkarnation trifft er wieder das Übel an, wie er es einst verlassen hat, bis er es besiegt und schließlich aus seinem Körper jede Neigung, darauf zu reagieren, ausgerottet hat. Das geschieht so lange, bis er sich von keiner Begierde, von keiner Leidenschaft mehr hinreißen läßt, sondern gelernt hat, sich selbst von innen heraus zu beherrschen.

Die Wirkungen des Guten und Bösen schildert C. Jinarajadasa sehr anschaulich im IV. Kapitel seines 1921 erschienenen Buches *Die ersten Grundlagen der Theosophie*. Wir fügen daher einen gekürzten Abschnitt aus der zweiten Auflage dieses Buches bei. (D. H.) Jinarajadasa schreibt unter anderem:

»Der Mensch erkennt nach und nach, indem sich sein Wissen allmählich erweitert, daß die Welt, in der er lebt, eine Welt des Gesetzes ist ...

Die moderne Wissenschaft ist bereits mit dem Gedanken vertraut, daß das ganze Universum ein Ausdruck von Energie ist ...

Diese Energie verändert sich beständig. Bewegung wandelt sie in Hitze oder Elektrizität, wandelt Elektrizität in Magnetismus – eine Erscheinungsform geht in die andere über. Der Mensch ist an sich eine Ansammlung von Energie ...

Energie, die vom Menschen in freundliche Handlungen umgesetzt

wird, ist äußerst segensreich, und wir nennen diesen Gebrauch ›gut‹. Wird die Energie dazu benutzt, um andere zu kränken, so nennen wir diesen Gebrauch ›böse‹. Der Mensch ist, so lange er lebt, ein Umbildner. Die universelle Energie strömt in ihn ein und er wandelt sie um in Gottesdienst oder Unrecht ...
Wie wir Energie umwandeln – zeigt uns Karma ...«
Wenn wir versuchen wollen, Karma zu verstehen, so muß es uns vor allem klar sein, daß wir ständig Kräfte und deren Wirkungen austauschen. Die Kräfte gehören entweder der Physischen (der Bewegungswelt), der Astralen (der Gefühlswelt) oder der Mentalen (der Gedankenwelt) an.
Wir setzen drei Arten von Kräften in Bewegung, die erste durch die Tätigkeit unseres Physischen Körpers, die zweite durch die Gefühle unseres Astralkörpers und die dritte durch die konkreten und abstrakten Gedanken unseres Mental- und Kausalkörpers. Streben, Träumen, Planen, Denken, Fühlen, Handeln setzt Kräfte dreier Welten in Tätigkeit, und je nachdem, wie wir diese Kräfte in Tätigkeit setzen, helfen oder hindern wir. Die Kräfte, die wir auf allen Plänen benutzen, gehören der Energie des LOGOS an. Wir sind nur Umbildner dieser Energie. Da wir fähig sind, die Energie zu benutzen und umzuwandeln, so ist es SEIN Wille, daß wir sie zur Förderung SEINES Heilsplanes umwandeln. Dienen wir dem Heilsplane, so sind unsere Handlungen »gut«, hindern wir ihn, so sind sie »böse«. Da wir in jedem Augenblicke unseres Daseins Kräfte wandeln, so unterstützen oder hemmen wir SEINEN Plan jederzeit.
Da der Mensch kein gesondertes Einzelwesen ist, sondern als Einheit einer Menschheit von Millionen von Einzelwesen angehört, so berühren seine Handlungen, Gefühle und Gedanken jeden einzelnen seiner Weggenossen je nach den Beziehungen, in denen er als Kraftverteiler zu ihnen steht. Jede Kraftanwendung, die dem Ganzen, dessen Teil er ist, hilft oder es hemmt, hat für ihn eine Folge. Diese Folgen sind mit den ihnen zugrunde liegenden Ursachen kurz in folgendem Diagramme niedergelegt.

Handlung und Folge

Kausal	Streben	Ideale
Mental	Suchen nach Wahrheit	Inspiration
	Böswillige Kritik	Qual
Astral	Zuneigung	Freude
	Abneigung	Schmerz
Physisch	Gute Taten	Gute Lebensverhältnisse
	Böse Taten	Schlechte Lebensverhältnisse

Jede Kränkung, die wir ins Universum hinaussenden (Im Diagramm schwarz bezeichnet), ist eine Kraft, die sich in der Kränkung, die wir einem anderen zufügten, auswirkt.

Das universale Gleichgewicht diesem anderen gegenüber ist aber hierdurch gestört worden und es muß nun auf Kosten des Schuldigen wiederhergestellt werden. Das Karma, das er sich durch die Kränkung schuf, sind »schlechte Lebensverhältnisse«, sie sind die Kraft, die sich durch den Beleidigten, als dem Schwingungsverstärker, auslöst und die nun das Gleichgewicht wieder herstellt. Ebenso verhält es sich mit jeder guten Tat. Ihr Karma oder ihre Reaktion ist eine Kraft, die, materielle Umstände hervorrufend, gute Lebensverhältnisse schafft. Ferner ist zu bemerken, daß im Universum jeder Krafttypus auf seinem eigenen Plane wirksam ist. Wenn ein Mensch erfüllt von Mitleid und Zuneigung einem Bettler ein Almosen reicht, und der andere ihm etwas gibt, nur um sich seiner zu erledigen, so vollbringen beide eine gute Tat und das

Karma, das sie sich auf dem Physischen Plane schaffen, ist für beide – gute Lebensverhältnisse. Der erste Geber hat sich aber durch sein Mitleid und seine Zuneigung auch auf dem Astralplane gutes Karma geschaffen, und es wirkt sich als Freude aus. Der andere hat sich dieses Karma nicht geschaffen. Wenn man einem Leidenden nichts zu geben vermag als Mitgefühl, so schafft man sich seelische Freude dadurch, aber keine guten Lebensverhältnisse.

Zur besseren Erläuterung dieses schwierigen Gegenstandes haben wir für jeden Krafttypus, der Karma schafft, ein bestimmtes Symbol angenommen. (Siehe letzte Abteilung im Diagramme). Diese Kreise und der Stern sind nichts als Symbole. Auf dem höheren Mental-Plane, wo die Seele des Menschen im Kausalkörper weilt, ist das Böse »eine Null, ein Nichts, eine Stille, die den Laut in sich schließt«. Dem Streben des Höheren ICH setzt sich keine Kraft des Bösen entgegen. Eine böse Persönlichkeit ist nicht – ein böses ICH. Sie ist die Erscheinung eines unentwickelten ICHS in einem irdischen Körper. Ihre Energie ist noch zu schwach, um ihren physischen Träger lenken zu können.

Jeder von uns, der ein Erdenleben beginnt, hat eine lange Reihe von Leben hinter sich, er bringt gutes und böses Karma mit sich und nimmt seine Arbeit auf Erden wieder auf. Dieses Karma besteht, wie bereits erläutert wurde, aus Kräften, und die folgende Figur ist ein Versuch, den Menschen als Stützpunkt für die Auslösung guter und böser Kräfte, die er selbst schuf, darzustellen.

Wenn wir die Figur betrachten, werden wir anfänglich beeindruckt werden durch das Vorherrschen der Qual, der Schmerzen und Nöte, die der Mensch sich schuf. Wir sehen nur drei Ideale. Wir dürfen aber nicht vergessen, daß die Kräfte nicht auf allen Plänen die gleiche Macht haben, ein Menschenschicksal zu bilden. Eine Ansammlung von physischen Kräften, die gute Lebensverhältnisse schaffen, enthält nicht den hundertsten Teil der Macht, die eine Ansammlung mentaler Kräfte in sich schließt, die ein Ideal schaffen. Wenn wir den Wert einer physischen Krafteinheit mit 1 bezeichnen, so übertreiben wir nicht, wenn wir eine astrale Einheit mit 5, eine Einheit des niederen Mentalplanes mit 25 und eine des höheren Mentalplanes mit 124 bezeichnen. Wenn ein Mensch karmisch auch viel Qual, Schmerzen und Not zu leiden hat, nur über wenige Ideale verfügt, so können wir sein Leben als einen Erfolg und nicht als einen Fehlschlag bezeichnen. Andererseits kann ein Mensch in guten Lebensverhältnissen stehen und von viel Freude umgeben sein, wenn aber sein Verstand keiner Inspiration zugänglich ist, so ist sein Leben, wenn auch äußerlich angenehm, so doch völlig gehaltlos.

Wenn wir das Leben der uns umgebenden Männer und Frauen betrachten, so ist es kaum eine Übertreibung, zu behaupten, daß sich heutzutage in den meisten Leben mehr böses als gutes Karma auswirkt, daß im allgemeinen mehr mühselige Plage und Kummer als heitere Arbeit und Freude zu finden sind. In der gegenwärtigen Entwicklungsstufe der Menschheit bringen uns die in uns angesammelten Kräfte mehr Kummer als Vergnügen. Das Böse ist stärker als das Gute, denn wir haben in unseren vergangenen Leben nicht danach gestrebt, uns von Weisheit lenken zu lassen. Wir haben es vorgezogen, ein eigennütziges Leben

zu leben, und haben uns wenig darum gekümmert, ob wir andere durch unseren Egoismus verletzten. Jede karmische Kraft muß ihre Energie entladen, denn »Was ein Mensch sät, das soll er ernten«. Erntet der Mensch, so werden die karmischen Kräfte sorgfältig ausgeglichen, so daß sich beim Ausgleiche des Guten und Bösen ein, wenn auch geringes, Überwiegen des Guten ergibt. Werden wir geboren, so werden alle unsere karmischen Kräfte, die guten, sowohl als auch die bösen, in Tätigkeit versetzt. Wenn mehr böse als gute Kräfte in uns wirken, wird unser Leben so überlastet von Kummer und Trübsal, daß wir wohl mutlos dem Lebenskampfe gegenüber stehen. Kämpfen wir, und siegen wir, vermehren wir das Gute anstelle des Bösen, so wird, wenn die Seele sich wieder inkarniert, ein sorgfältiger Ausgleich hergestellt.
Die »Herren des Karma«, diese segensreichen Intelligenzen, die im Plane des LOGOS als Gebieter des Karma wirken, vollführen diese Arbeit. Sie belohnen und strafen nicht, sie gleichen nur die Wirkungen unserer eigenen Kräfte aus, so daß Karma uns ein Vorwärtsschreiten in der Evolution ermöglicht ...

ARTHUR AVALON
(SIR JOHN WOODROFFE)

Kundalini-Shakti

Das Wort »Yoga« kommt von der Wurzel »yuj« = »verbinden«. Im geistigen Sinn ist dies der Vorgang, der den menschlichen Geist in nahe und bewußte Verbindungen in dem Göttlichen bringt oder in dieses eintaucht, je nachdem, ob die Natur des menschlichen Geistes sich getrennt vom göttlichen Geist (dvaita, vishishtadvaita) oder eins mit ihm weiß (advaita). Da die Shakta-Lehre, mit der wir uns beschäftigen, letztere Aussage bestätigt, ist Yoga der Vorgang, durch den die Gleichheit der beiden (Jivatma und Paramatma), die tatsächlich immer vorhanden ist, vom Yogi oder dem Yogo-Schüler erfahren wird. Diese Erfahrung wird erreicht, wenn der Geist den Schleier der Maya durchdringt, der als Denkorgan und Materie diese Selbst-Erkenntnis verdunkelt. Das Mittel hierzu ist der Yoga-Vorgang, der von Maya befreit. So sagt die Gheranda-Samhita, eine Hatha-Yoga-Abhandlung der Tantrik-Schule: »Es gibt kein stärkeres Band als das der Maya und keine größere Kraft es zu zerstören, als den Yoga.«

Vom Advaita- oder monistischen Standpunkt aus gibt es keine letztendliche Vereinigung, da jede Vereinigung den Dualismus des göttlichen und menschlichen Geistes voraussetzt. Hier bezeichnet also Yoga eher den Weg als das Ziel. Werden beide unterschieden, kann Yoga als das Ziel gelten.

Wer Yoga übt, wird »Yogi« genannt. Nach indischer Vorstellung sind nicht alle für den Yoga geeignet (adhikari), sondern nur sehr wenige. Man muß zuvor in diesem oder einem anderen Leben durch Karma – rituelle Verehrung – und durch Upasana – die Verehrung der Hingabe – hindurchgegangen sein und ihre Früchte geerntet haben. Das heißt: Das Denkorgan muß rein geworden sein (chitta-shuddhi). Dies meint nicht nur, daß die Gedanken frei sein müssen von unreinen sexuellen Vorstellungen, wie man annehmen könnte. Denn diese, wie jede andere gute Eigenschaft, ist die Vorbedingung jeder Sadhana. Ein Mensch mag rein in Gedanken und doch völlig unfähig sein für Yoga. Chitta-Shuddhi besteht nicht nur in jeglicher Art von moralischer Sauberkeit, sondern auch in Wissen, Bindungslosigkeit, geistiger Klarheit, Aufmerksamkeit und so fort. Wenn das Denkorgan durch Karma und Upasana in diesen Zustand versetzt worden ist, und – nach dem Yoga des Veda – auch noch Leidenschaftslosigkeit und Unberührtheit von der Welt und ihren Wünschen erreicht ist, dann ist der Weg offen zur Erfahrung des Tattva-Jnana, der vollkommenen Wahrheit. Sehr wenige Menschen sind wirklich für Yoga in seinen höheren Formen geeignet. Die Mehrzahl sollte auf dem Pfad des Rituals und der Hingabe die geistige Entwicklung suchen.

Es gibt, nach allgemeiner Ansicht, vier Hauptarten des Yoga: Mantra-Yoga, Hatha-Yoga, Laya-Yoga und Raja-Yoga, deren wesentliche Merkmale in der *Schlangenkraft* beschrieben sind. Es sei hier nur noch erwähnt, daß Kundalini-Yoga: Laya-Yoga ist. Das achte Kapitel des Sammohana-Tantra spricht allerdings von fünf Arten: von Jnana-, Raja-, Laya-, Hatha- und Mantra-Yoga, und nennt Dharma, Kriya, Bhava, Jnana und Yoga die fünf Aspekte des geistigen Lebens. Mantra-Yoga soll von zweierlei Arten sein, je nachdem, ob der Weg durch Kriya oder Bhava erfolgt.

Es werden in anderen Büchern auch sieben Sadhanas oder Yoga-Formen angegeben: Shatkarma, Asana, Mudra, Pratyahara, Pranayama, Dhyana und Samadhi. Dies sind: Reinigung des Körpers, Sitz, körperliche Haltungen für Yoga-Stellungen, das Abziehen der Sinne von den Gegenständen ihrer Wahrnehmung, Atembeherrschung (der berühmte Pranayama), Meditation und Ekstase (samadhi). Diese kann sowohl unvollkommen (savikalpa), d. h. noch dualistisch sein als auch vollkommen (nirvikalpa), d. h.: eine ganzheitliche monistische Erfahrung: »Aham Brahmasmi. Ich bin Brahman.« Solche Erkenntnis, im Sinn einer Erfahrung, führt – dies muß beachtet werden – nicht zur Befreiung (moksha), sondern ist die Befreiung selbst. Der Samadhi des Laya-Yoga wird Savikalpa-Samadhi und der des vollkommenen Raja-Yoga Nirvikalpa-Samadhi genannt.

Die ersten vier Vorgänge sind physischer Art, die letzten drei mental oder supramental (vgl. Gheranda-Samhita-Upadesha, I). Durch diese sieben Vorgänge werden folgende Eigenschaften erworben: Reinheit (shodhana), Festigkeit und Stärke (dridhata), Kraft (sthirata), Standhaftigkeit (dhairya), Erleuchtung (laghava), innere Erfahrung (pratyaksha) und Loslösung, die zur Befreiung führt (nirliptattva).

Der achtgliedrige Yoga (ashtanga-yoga) enthält fünf der oben angeführten Sadhanas (asana, pranayama, pratyahara, dhyana, samadhi) und drei zusätzliche: Yama oder Selbst-Beherrschung durch Keuschheit, Mäßigkeit, Gewaltlosigkeit (ahimsa) und andere Tugenden, Niyama oder religiösen Gehorsam, Barmherzigkeit, Hingabe an Gott (ishvara-pranidhana) und so fort, und Dharnana, das Konzentrieren des inneren Organs auf seinen Gehalt. Für weitere Einzelheiten verweise ich den Leser auf meine Einleitung zu dem Buch *Die Schlangenkraft.* Hier will ich mich nur kurz mit Laya-Yoga oder dem Erwecken der Kundalini-Shakti beschäftigen. Ohne diese Kenntnis ist vieles von dem Ritual dieses Shastras nicht zu verstehen. Ich kann aber nicht auf die Einzelheiten eingehen, die ich in der Einführung zu den beiden Sanskrit-Schriften, Shatchakranirupana und Padukapanchaka (die in der *Schlangenkraft* übersetzt sind) gegeben habe. Diese behandeln die Kundalini-Shakti und ihr Durchdringen der sechs Körper-Zentren oder Chakras. Die wesentliche Grundregel und Bedeutung des Kundalini-Yoga ist bisher noch niemals veröffentlicht worden, und das vorliegende Kapitel ist nur einer kurzen Zusammenfassung dieser beiden Punkte gewidmet.

Alle, die sich für diese Fragen interessieren, sprechen von der Kundalini-Shakti, »dieser berühmte Kundalini«, wie ein französischer Freund sie nennt, oder von den Chakras und der Schlangenkraft, aber es fehlt ihnen das wahre Verständnis ihrer Bedeutung. Dieser Mangel wird, wie üblich, von Geheimnistuerei und mystischem Dunst verdeckt. Gelegentliche Andeutungen heißen: »Ich würde gerne darüber sprechen, wenn es mir erlaubt wäre«; oder »Ich habe den Schlüssel und behalte ihn« – eine dumme, indische Überheblichkeit, wie ich kürzlich las. Wer wirklich den Schlüssel besitzt, ist über jede Prahlerei erhaben. Mystizismus ist oftmals nur wirres, konfuses Denken und dadurch ein fruchtbarer Boden für allen möglichen Unsinn. Natürlich spreche ich nicht von echter Mystik.

Wie alles andere in diesem indischen Shastra ist auch die Grundlage seines Yoga im wesentlichen rational. Die Gedanken haben – und dies trifft für das Wissen der Alten im Westen und Osten zu – fast immer Form und Glanz eines geschliffenen Edelsteines. Darum sind sie denen so kostbar, die durch den Schlamm moderner Gedanken und Literatur haben waten müssen. Die Form des Yoga ist eine Anwendung der Grundgedanken, die sich auf Shakti beziehen, und über die ich schon gesprochen habe. Es handelt sich um einen theoretischen und einen praktischen Aspekt, der die Anwendung der Lehre ermöglicht. Diese ist aus Büchern nicht zu erlernen, sondern nur durch den Guru zu erfahren, der selbst erfolgreich Yoga geübt hat. Abgesehen von den Schwierigkeiten einer schriftlichen Unterweisung kann man Yoga nicht aus Büchern lernen, weil seine Anwendung ebenso wie die Vorgänge während der Sadhana von Natur und Fähigkeit des Sadhaka abhängig sind. Wenn mir auch einige allgemeine Grundlinien erklärt wurden, so habe ich doch keinerlei praktische Erfahrung. Ich spreche also nicht als Yogi, sondern als einer, der das Shastra in diesen Dingen studiert und überdies den Vorteil gehabt hat, es durch mündliche Unterweisungen noch besser verstehen zu lernen.

Fragt man den größten Teil der Menschen, die sich mit Yoga beschäftigen, nach der Kundalini-Shakti, so kann man hören: es sei eine Kraft oder Shakti, die wie eine Schlange im Muladhara aufgerollt liegt und nach dem Erwachen durch die Chakras zum Sahasrara emporsteigt. Aber welche Shakti ist es? Warum ist sie wie eine Schlange aufgerollt? Was ist die Natur dieser Kraft? Warum liegt sie im Muladhara? Was heißt »sie erwecken«? Warum steigt sie nach dem Erwachen aufwärts? Was sind die Chakras? Es ist einfach, sie als Bereiche oder Lotos-Blüten zu bezeichnen. Was aber sind sie an sich? Warum haben sie eine verschiedene Anzahl von Blütenblättern und was bedeuten diese? Warum sind Buchstaben darauf gezeichnet? Warum steigt die Shakti zum Sahasrara hinauf, und durch welche Kraft geschieht dies?

Diese und ähnliche Fragen erfordern eine Antwort, bevor der Kundalini-Yoga verstanden werden kann. Ich habe einiges über die Buchstaben in den Kapiteln: »Shakti als Mantra« und »Varnamala« erwähnt und möchte hier lieber über diese und andere allgemeine Fragen als über Einzelheiten der sechs Chakras berichten, die in der *Schlangenkraft* behandelt wurden. Zuerst muß man sich an die bereits erwähnte Grundlehre des Tantra-Shastra erinnern, nach der der Mensch ein Mikrokosmos ist (kshudrabrahmanda). Alles, was im äußeren Weltall vor sich geht, geschieht auch in ihm. Alle Tattvas und Welten sind in ihm; ebenso die höchste Shiva-Shakti.

Der Körper kann in zwei Hauptbereiche eingeteilt werden: einerseits in Kopf und Rumpf und andererseits in die Beine. Das Zentrum des Körpers liegt zwischen diesen beiden Teilen an der untersten Stelle des Rückgrates, wo die Beine beginnen. Den Rumpf und damit auch den ganzen Körper trägt die Wirbelsäule. Sie ist die Achse des Körpers, wie der Berg Meru die Achse der Erde ist. Deshalb wird die Wirbelsäule Merudanda genannt: Meru oder die Achse. Beine und Füße sind grobe Materie, die weniger Anzeichen von Bewußtsein haben als der Rumpf oder das Rückgrat. Diese sind weitgehend dem Kopf untergeordnet, in dem das Denkorgan oder Gehirn mit seiner grauen und weißen Gehirnmasse liegt.

Der Körper und die Beine, die unterhalb des Zentrums liegen, sind die sieben niederen oder unteren Welten, die getragen werden von den erhaltenden Kräften der Shaktis des Weltalls. Vom Zentrum aufwärts manifestiert sich das Bewußtsein mit größerer Freiheit in den Zentren der Wirbelsäule und des Gehirns. Hier liegen die sieben oberen Bereiche oder Lokas, eine Bezeichnung, die nach Satyananda's Kommentar zu der Isha-Upanishad: »was gesehen wird« bedeutet (lokyante). Dies heißt: was erfahren wird und somit die Frucht des Karma in den verschiedenen Wiedergeburten ist.

Diese Bereiche: Bhuh, Bhuvah, Svah, Tapah, Jana, Mahah und die Satya-Lokas entsprechen den sechs Zentren, von denen fünf in der Wirbelsäule, das sechste im Kleinhirn und das siebte im Hinterhaupt oder Satyaloka, dem Sitz der höchsten Shiva-Shakti, liegen.

Die sechs Zentren sind das Muladhara oder Wurzel-Lotus am Beginn der Wirbelsäule, im Innern zwischen Anus und Genitalien. Darüber liegen im Bereich der Genitalien, des Zwerchfells, des Herzens, der Brust, des Halses und der Stirn zwischen beiden Augen (bhrumadhye) jeweils das Svadhishthana-, Manipura-, Anahata-, Vishuddha- und das Ajna-Chakra oder die Lotusse (padma). Dies sind die hauptsächlichsten Zentren, wenn auch noch andere erwähnt werden, z. B. die Lalana-, Manas- und Soma-Chakras. Tatsächlich sind im Advaita Martanda, einem neuzeitlichen Sanskrit-Buche, das der verstorbene Guru des Maharaja von Kaschmir verfaßt hat, einige fünfzig Chakras und Adharas genannt. Dennoch sind die sechs die wichtigsten, wie einstimmig behauptet wird. Darum heißt es: »Wie kann Siddhi erlangen, wer nicht die sechs Chakras, die sechzehn Adharas, die fünf Äther und die drei Lingas in seinem eigenen Körper kennt?«

Der siebente Bereich oberhalb der Chakras im Hinterhaupt ist das höchste Zentrum, in dem sich das Bewußtsein manifestiert; es ist der Sitz der höchsten Shiva-Shakti. Wenn hier von »Sitz« gesprochen wird, bedeutete dies natürlich nicht, daß der Höchste nur hier seinen Ort hat, sonst nirgendwo. Er ist niemals ortsgebunden, nur Seine Manifestationen sind es. Er selbst ist überall, innerhalb und außerhalb seines Körpers. Im Sahasrara aber wird die höchste Shiva-Shakti verwirklicht. Dies muß so sein, denn Bewußtsein wird erfahren, wenn die höchste Manifestation des Denkorgans, der Sattvamayi-Buddhi durchschritten ist. Über diesem und jenseits von ihm liegt der Ort des Chit und der Chitrupini-Shakti selbst. Aus ihrem Shiva-Shakti Tattva-Aspekt entspringt das Denkorgan in Gestalt von Buddhi, Ahamkara, Manas und den entsprechenden Sinnen (indriyas), deren Zentrum im, wie oberhalb des Ajna-Chakra und unter dem Sahasrara liegt.

Aus Ahamkara entspringen die Tanmatras oder Herren der besonderen Sinne, die die fünf Formen der greifbaren Materie (bhuta) entwickeln: Akasha (»Äther«), Vayu (»Luft«), Agni (»Feuer«), Apas (»Wasser«) und Prithivi (»Erde«). Diese Bhutas sind aber nicht das gleiche wie die Elemente: Wasser, Luft, Feuer und Erde, sondern bezeichnen verschiedene Grade der Materie, von der ätherischen bis zur festen hin. So ist Prithivi oder Erde alles, was sich im Prithivi-Zustand befindet; das bedeutet, was durch den Geruchsinn erfaßt werden kann. Denkorgan und Materie durchdringen den ganzen Körper. Aber es gibt bestimmte Zentren, in denen sie vorherrschen. So ist Ajna ein Zentrum des Denkorgans, und die fünf niedrigen Chakras sind Zentren der fünf Bhuas; Vishuddha ist das Zentrum von Akasha; Anahata von Vayu; Manipura von Agni; Svadhishthana von Apas, und Muladhara von Prithivi. Kurz gesagt: Der Mensch als Mikrokosmos ist der alles durchdringende Geist (am reinsten im Sahasrara manifestiert) im Gefäß der Shakti als Denkorgan und Materie, deren Zentren das sechste und die folgenden fünf Chakras sind.

Jedes der sechs Chakras wird mit einem Plexus identifiziert. Vom niedrigsten, dem Muladhara aufwärts gerechnet: mit dem Sacrococcygeus-, dem Sacral-, dem Solar-Plexus (der die große Verbindung von rechtem und linkem Sympathikus-Strang Ida und Pingala mit der Gehirn-Rückenmark-Achse herstellt und mit dem Lumbar-Plexus verbunden ist), mit dem Herz-Plexus (anahata), dem Kehlkopf-Plexus und schließlich mit dem Cerebral-Plexus (Ajna) und seinen zwei Hirn-Lappen. Darüber liegt das Manas-Chakra oder Sensorium mit seinen sechs Lappen, das Soma-Chakra, das die Hirnmitte umfaßt und zuletzt das Sahasrara oder übergeordnete Großhirn. Diese Anordnungen sind nur annähernde Entsprechungen und mögen zu einer irrigen Ansicht über die wirkliche Bedeutung des Chakras führen.

Die sechs Chakras sind vitale Zentren in der grauen und weißen Masse der Wirbelsäule. Sie können aber – und tun es wahrscheinlich – den grobstofflichen körperlichen Bereich um die Zentren – zu beiden Seiten der Wirbelsäule – mit beherrschen. Die Chakras sind vitale Kraft, Zentren der Shakti, Zentren der Prana-Shakti, die durch Pranavayu im lebendigen Körper manifestiert werden. Die Devatas, die sie beherrschen, sind Bezeichnungen für das universale Bewußtsein, das sich in Form dieser Zentren manifestiert. Die Chakras sind den groben Sinnen nicht wahrnehmbar, so groß auch die Kraft des Yogi ist, das Jenseits der Sinne (atindrya) wahrzunehmen. Selbst wenn sie in dem lebenden Körper, den sie mit aufbauen, wahrnehmbar wären, würden sie bei seiner Auflösung im Tode verschwinden.

In einem Artikel über »Die Irrtümer des Hinduismus, die den Körper betreffen« *(Kalkutta-Revue* XI, 436–440) heißt es: »Es mag unsere Leser überraschen, daß die Hindus, die einen toten Körper nicht anfassen und noch weniger sezieren (was nicht stimmt) überhaupt etwas von Anatomie verstehen wollen. Die Tantras wollen uns Ungewöhnliches über den menschlichen Körper berichten, aber von allen Hindu-Shastras sind diese Tantras die unverständlichsten. Die tantrische Lehre, auf der der wohlbekannte Yoga ›Shatchakrabheda‹ beruht, glaubt an die Existenz von sechs wesentlichen inneren Organen, Chakras oder Padmas genannt, die eine besondere Ähnlichkeit mit der berühmten Lotus-Blume haben sollen. Diese Chakras sollen übereinander liegen und von drei nur in der Phantasie vorhandenen Ketten, den Sinnbildern des Ganges, der Yamuna und der Sarasvati zusammengehalten werden. Die Hartnäckigkeit, mit der die Hindus an diesen irrtümlichen Vorstellungen festhalten, ist so groß, daß sie, wenn man ihnen bei der Sektion das Nicht-Vorhandensein dieser eingebildeten Chakras beweist, lieber Entschuldigungen hervorbringen, gegen die sich der gesunde Menschenverstand empört, als dem Beweis ihrer eigenen Augen zu trauen. Mit beispielloser Unverfrorenheit behaupten sie, daß diese Padmas existieren, so lange der Mensch lebt, aber im Augenblick des Todes verschwinden«. Diese »Unverfrorenheit« erinnert mich an die Geschichte eines Arztes, der meinem Vater erzählte, er habe viele Menschen nach dem Tode seziert, aber niemals bisher eine Seele gefunden.

Die Lotus-Blätter sind von verschiedener Zahl. Es sind: 2, 4, 6, 10, 12, 16, wenn man mit Muladhara beginnt und mit Ajna endet. Im ganzen sind es fünfzig, ebenso wie die Buchstaben des Alphabets, die in den Blättern angeordnet sind. Das heißt, daß die Matrikas mit den Tattvas verbunden sind, da beide Frucht der schöpferischen Kraft des Kosmos sind, die sich als körperliche oder seelische Funktion offenbart. Es muß beachtet werden, daß die Anzahl der Blätter den Buchstaben entspricht, bei denen Ksha oder das zweite La ausgelassen ist, und daß diese fünfzig, mit 20 multipliziert, in den tausend Blättern des Sahasrara vorhanden sind – eine Zahl, die wahrscheinlich nur die Vielheit und Größe bezeichnen soll.

Warum aber – könnte man fragen – ist die Zahl der Blätter verschieden? Warum gibt es zum Beispiel im Ulladhara vier und sechs im Svadhishtana? Die Antwort lautet, daß die Zahl der Blätter in jedem Chakra bestimmt wird durch die Anzahl der Nadis oder »Yoga-Nerven«, die um dieses Chakra angeordnet sind. So umgeben vier Nadis das Muladhara-Chakra und durchziehen es in seinen vitalen Bewegungen. Dadurch entsteht das Bild einer Lotusblüte mit vier Blättern. Das Bild der Blätter ergibt sich aus der Anordnung der Nadis in jedem einzelnen Zentrum.

Diese Nadis sind nicht die groben, physischen Nerven, die das Vaidya der medizinischen Shastras kennt, sondern es sind die Yoga-Nadis, die feinstofflichen Kanäle (vivara), durch die die Prana-Ströme fließen. Nadi kommt von »Nad« = Bewegung. Der Körper ist von zahllosen Nadis erfüllt. Wären sie dem Auge sichtbar, wäre der Körper mit einer höchst komplizierten Karte von Meeres-Strömungen zu vergleichen. Oberflächlich betrachtet scheint das Wasser das gleiche zu sein, aber eine Prüfung zeigt, daß es sich mit verschiedener Stärke und nach jeder Richtung hin bewegt.

Alle diese Lotusblüten sind in der Wirbelsäule vorhanden. Ein indischer Arzt und Sanskrit-Forscher schrieb in einer medizinischen Zeitschrift, daß die Tantras eine bessere Anatomie lehren als die rein medizinischen Werke der Hindus. Ich habe andernorts versucht, die heutige und die alte Anatomie und Physiologie miteinander zu verbinden. Ich kann hier aber nur einige wesentliche Punkte erwähnen und möchte zuerst betonen, daß das Shivasvarodaya-Shastra auf die Nerven-Zentren und Nerven-Ströme (vayu) und deren Beherrschung Hauptwert legt. Denn diese Lehre dient der Verehrung (upasana) und dem Yoga. Ziel und Gegenstand beider Shastras sind nicht die gleichen. Merudanda ist die Wirbelsäule. Westliche Anatomie teilt sie in fünf Bereiche ein, die mit den fünf Chakras übereinstimmen. Das zentrale Nervensystem umfaßt auch das Gehirn oder den Encephalon (in dem das Lalana, Ajna-, Manas-, Soma-Chakra und das Sahasrara liegen); ebenso den Rückenmark-Strang, der sich von der obersten Begrenzung des Atlas unter dem Cerebellum bis zum zweiten Lumbal-Rückenwirbel herunterzieht und hier einen Punkt berührt, den man filum terminale nennt. In diesem Strang liegen die fünf niedrigen Chakras. Früher hielt man den filum terminale für eine reine Nerven-Faser, die – so könnte man meinen – kein geeignetes Gefäß ist für das Muladhara-Chakra und die Kundalini-Shakti.

Vor kurzem aber haben mikroskopische Untersuchungen gezeigt, daß der filum terminale, der die Lage des Muladhara-Chakra anzeigt, etwas von der höchst sensitiven Rückenmark-Substanz enthält. Im Westen ist wissenschaftlich nachgewiesen, daß die Wirbelsäule nicht nur eine Verbindung zwischen der Peripherie und den Zentren der Empfindungen und des Wollens darstellt, sondern selbst ein unabhängiges Zentrum oder eine Gruppe von Zentren ist.

Die Sushumna ist eine Nadi im Zentrum der Wirbelsäule. Ihre Basis heißt Brahmadvara oder das Tor des Brahman.

Über die physiologischen Beziehungen der Chakras kann mit einem hohen Grad von Gewißheit nur ausgesagt werden, daß die vier oberhalb des Muladhara in Beziehung stehen zu den Absonderungen der Genitalien und den Verdauungs-Funktionen wie zu der Tätigkeit des Herzens und den Atem-Funktionen, und daß die beiden oberen Zentren, das Ajna-Zentrum (mit den zugehörigen Chakras) und das Sahasrara verschiedene Arten der Hirntätigkeit aufzeigen, die in die Ruhe des durch Yoga erlangten reinen Bewußtseins einmündet. Die Nadis an jeder Seite, die Ida und Pingala genannt werden, sind die linken und rechten Sympathikus-Stränge, die das Rückgrat von einer Seite zur anderen kreuzen. Im Ajna-Zentrum bilden sie mit der Sushumna zusammen einen dreifachen Knoten, Triveni genannt. Dies ist der Ort in der Medulla, an dem sich die beiden Nerven-Stränge treffen, und aus dem sie entspringen. Zusammen mit der doppelt geschlungenen Ajna und der Sushumna gleichen die Nadis dem Schlangenstab des Gottes Merkur, der nach Ansicht einiger ihr Abbild ist.

Um diesen Yoga mit anderen zu vergleichen, muß nach den Grundgedanken gefragt werden, auf denen die oben beschriebene Yoga-Übung beruht. Wie vermag das Erwachen der Kundalini-Shakti und ihre Vereinigung mit Shiva den Zustand der ekstatischen Vereinigung (samadhi) und die damit verbundene geistige Erfahrung hervorzurufen?

Der Leser, der mit den Hauptgedanken vertraut ist, die im Vorangegangenen zusammengefaßt wurden, wird die Antwort, falls er sie nicht bereits erraten hat, bereitwillig anerkennen.

Zuerst: Es gibt zwei Haupt-Arten von Yoga, den Dhyana- oder Bhavana-Yoga und den Kundalini-Yoga, der Gegenstand dieser Arbeit ist. Zwischen beiden besteht ein wesentlicher Unterschied. Durch die erste Yoga-Art wird die Ekstase (samadhi) mit Hilfe von gedanklicher (kriya-jnana) Meditation und ähnlichem erreicht. Hierbei können noch Mantra- oder Hatha-Yoga (der ein anderer ist, als das Erwecken der Kundalini-Shakti) und der Pfad der Loslösung von der Welt Anwendung finden. Die zweite Yoga-Art steht für sich allein. Sie ist ein Teil des Hatha-Yoga, in dem ohne Vernachlässigung gedanklicher Bemühungen die schöpferische und erhaltende Shakti des ganzen Körpers tatsächlich und wirklich mit ihrem Herrn, dem Bewußtsein, vereint wird. Der Yogi, den sie zu ihrem Herrn führt, genießt durch sie die Seligkeit der Vereinigung. Obgleich er sie erweckt, schenkt sie ihm Jnana, die sie selbst ist. Der Dhyana-Yogi erfährt den höchsten Zustand nur in dem Maße, als es seinen eigenen Kräften möglich ist, und kennt nicht die Freude der Vereinigung mit Shiva in seiner ursprünglichen Körperkraft und durch sie.

Diese beiden Formen des Yoga unterscheiden sich in Methode wie Erlebnis. Der Hatha-Yogi hält seinen Yoga und dessen Früchte für das höchste. Der Jnani-Yogi mag ähnliches von seinem Yoga denken. Kundalini-Yoga aber ist so berühmt, daß viele ihn kennenlernen wollen. Nachdem ich diese Yoga-Lehre erforscht habe, wurde ich oft gefragt, ob man ohne sie weiterkommen könne. Hierauf ist die Gegenfrage zu stellen, was man erreichen will? Will man die Kundalini-Shakti erwecken und durch sie die Glückseligkeit der Vereinigung von Shiva-Shakti und die damit verbundenen Kräfte (siddhi) erlangen, dann ist es offensichtlich, daß zu diesem Ziel – wenn überhaupt – nur der hier beschriebene Yoga führen kann. Wird aber Befreiung ohne den Wunsch nach Vereinigung durch Kundalini erstrebt, dann ist dieser Yoga nicht nötig. Denn Befreiung kann durch reinen Jnana-Yoga erlangt werden, indem man Loslösung und Abschalten des Denkorgans übt, ohne daß die zentrale Körperkraft hierbei eine Rolle spielt. Anstatt von der Welt auszugehen und sich in ihr mit Shiva zu vereinen, löst sich der Jnani-Yogi, um sein Ziel zu erlangen, von der Welt. Der eine ist der Pfad der Freude, der andere jener der Enthaltsamkeit.

Samadhi kann aber auch auf dem Pfad der Hingabe erreicht werden (bhakti), die in ihrer höchsten Form (parabhakti) nicht von der Erkenntnis verschieden ist. Beide führen zur Verwirklichung. Befreiung kann auf beiden Wegen erreicht werden, aber dennoch bestehen Unterschiede. Ein Dhyana-Yogi sollte seinen Körper nicht vernachlässigen, da er weiß, daß er sowohl Denkorgan wie Materie ist und beide aufeinander einwirken. Vernachlässigung oder Abtötung des Körpers wird eher ungeordnete Einbildungen als echte geistige Erfahrung hervorrufen.

Der Dhyana-Yogi beschäftigt sich nicht im gleichen Maße mit dem Körper wie der Hatha-Yogi. Er kann diesen Yoga erfolgreich üben und doch schwach von Körper und Gesundheit sein und eine kurze Lebensdauer haben. Sein Körper, nicht sein Wille, bestimmt, wann er sterben soll. Obgleich er schon im Samadhi ist, schläft die Kundalini-Shakti noch im Muladhara, und kein körperliches Anzeichen, keine seelische Glückseligkeit, auch nicht die Kräfte (siddhi), die ihr Erwecken begleiten, treten in Erscheinung. Die Ekstase, die er »Befreiung schon im Leben« nennt (jvanmukti) ist nicht ein Zustand echter Befreiung. Er kann noch immer einem leidenden Körper unterworfen sein, dem er erst im Tode entflieht, wenn er überhaupt Befreiung findet. Seine Ekstase gleicht einer Meditation, die in die Leere (bhavanasamadhi) übergeht, die hervorgerufen wird durch die Verneinung aller Denkformen (chitta-vritti) und die Loslösung von der Welt.

Dies ist ein negativer Vorgang, an dem die positive Erweckung der zentralen Körper-Kraft keinen Anteil hat. Das Denken, das durch Kundalini als Prakriti-Shakti hervorgerufen ist, wird aus eigener Kraftanstrengung zusammen mit den weltlichen Begierden zur Ruhe gebracht, so daß der Schleier, den die Denktätigkeit bewirkt, vom Bewußtsein abfällt. Im Laya-Yoga bewirkt Kundalini selbst, wenn sie vom Yogi erweckt ist (denn solch ein Erwecken ist sein Tun und Anteil), diese Erleuchtung für ihn.

Aber – so mag man fragen – warum soll man sich um den Körper und seine Zentralkraft kümmern, zumal hier ungewöhnliche Gefahren und Schwierigkeiten mit eingeschlossen sind? Die Antwort wurde bereits gegeben: Vollkommenheit und die Gewißheit der geistigen Verwirklichung ist durch die Vermittlung jener Kraft gewährleistet, die Erkenntnis selbst ist. Ebenso werden unmittelbare Kräfte (siddhi) erworben und die endgültige Freude. Diese Antwort kann als eine Grundlehre des Shakta-Tantra noch sinnvoll ausgeführt werden.

Das Shakta-Tantra erhebt den Anspruch, sowohl Freuden (bhukti) in der Welt als auch Befreiung (mukti) von allen Welten zu schenken. Dieser Anspruch beruht auf einer sehr tiefen Wahrheit, der Advaitavada zugrunde liegt. Wenn die letzte Wirklichkeit der Eine ist, der in zwei Aspekten in Erscheinung tritt – als tatenlose Freude in der Befreiung von allen Formen und in der aktiven Freude an den Gegenständen, das heißt, als reiner Geist und als Geist der Materie –, dann fordert eine vollkommene Einheit mit der Wirklichkeit die Vereinigung mit beiden

Aspekten. Man muß beides erfahren, das »hier« (iha) und das »dort« (amutra).

Wenn richtig angewendet und geübt, dann ist die Lehre, man solle das Beste aus beiden Welten machen, wahr. Es gibt keinen wirklichen Unterschied zwischen beiden, wenn man im Einverständnis mit dem alles umfassenden Gesetz der Offenbarung handelt. Falsch ist hiernach die Lehre, daß Seligkeit nach dem Tode nur den erwartet, der sich aller Freuden enthalten oder freiwillig Leiden und Abtötung gesucht hat. Ein und derselbe Shiva erscheint als höchste Seligkeit und im Leben des Menschen als eine Mischung von Freude und Leid. Beides – Glück auf Erden und die Seligkeit der Befreiung hier und danach – sind zu erreichen, wenn die Gleichheit dieser Aspekte Shivas in jeder menschlichen Handlung erkennbar wird; das heißt, wenn jede menschliche Handlung ohne Unterschied zu einem religiösen Akt des Opfers und der Verehrung (yAjna) wird.

Die Notwendigkeiten des Körpers vernachlässigen, sie leugnen oder für gottlos halten, heißt das größere Leben, an dem er teilhat, leugnen und die erhabene Lehre von der All-Einheit und der letztgültigen Identität von Materie und Geist fälschen. Selbst die niedrigsten körperlichen Notwendigkeiten sind von kosmischer Bedeutung. Der Körper ist Shakti. Was er bedarf, ist auch der Shakti Bedürfnis. Freut sich der Mensch, so freut sich Shakti durch ihn. In allem, was er erblickt und tut, sieht und handelt die Mutter. Seine Augen und Hände sind die ihren. Der ganze Körper und alle seine Funktionen sind ihre Manifestation. Sie vollkommen erfahren, bedeutet, diese besondere Manifestation zu ihr, die er selbst ist, vollkommen machen.

Wenn der Mensch versucht, Herr seiner selbst zu sein, versucht er dies auf allen Ebenen, auf der körperlichen, mentalen und geistigen. Sie sind nicht voneinander zu trennen, da sie, als verschiedene Aspekte des einen allesdurchdringenden Bewußtseins, miteinander verbunden sind. Wer ist göttlicher? Jener, der seinen Körper vernachlässigt und das Denkorgan zu einer eingebildeten geistigen Überlegenheit aufstachelt, oder jener, der beide als Erscheinungen des einen Geistes werthält?

Im allgemeinen nimmt man an, daß es im Yoga keinen Bhoga (Freude) gibt; nach der Kaula-Lehre aber ist Yoga Bhoga und Bhoga ist Yoga. Die Welt wird zum Sitz der Befreiung (yoga-bhogayate, mokshayate samsarah).

Auf den niederen Stufen des Hatha-Yoga wird das Erlangen eines vollkommenen Körpers erstrebt, der auch ein vollkommenes Werkzeug für die Denkfunktion ist. Das vollkommene Denkorgan nähert sich dem reinen Bewußtsein und versinkt darin im Samadhi. Der Hatha-Yogi erstrebt einen Körper, der stark, stahlhart, gesund, frei von Leiden und deshalb von langer Lebensdauer ist. Als Herr seines Körpers ist er auch Herr über Leben und Tod. Sein strahlender Körper erfreut sich jugendlicher Frische. Er lebt so lange er will und genießt die Welt der Erscheinungen. Sein Tod ist ein »gewollter« (ichchha-mrityu); mit der weiten, wunderbar ausdrucksstarken Gebärde der Auflösung (samhara-mudra) scheidet er auf großartige Weise. Dennoch werden die Hatha-Yogi krank und sterben.

Die vollkommene Körperzucht ist ein Wagnis und kann nur unter der Führung eines erfahrenen Gurus ausgeführt werden. Wie die Goraksha-Samhita darlegt, kann diese Übung, wenn sie ohne Hilfe und ohne Erfolg ausgeführt wird, nicht nur zu Krankheiten, sondern auch zum Tod führen. Wer den Herrn des Todes zu besiegen sucht, geht das Wagnis ein, zu versagen und auf schnellste Weise von ihm besiegt zu werden.

Nicht alle, die diesen Yoga üben, sind erfolgreich oder erlangen das gleiche Maß an Erfolg. Wer aber versagt, erfährt nicht nur die Unzulänglichkeiten des gewöhnlichen Menschen, sondern noch andere, die durch schlecht ausgeführte oder ungeeignete Übungen ausgelöst werden.

Der Erfolg ist verschiedenartig. Man kann sein Leben bis zu dem gesegneten Alter von 84 oder 100 Jahren, vielleicht noch länger ausdehnen. Der Lehre nach verlassen die vollkommenen Hatha-Yogi diese Welt, wann sie wollen. Alle aber haben nicht die gleiche Fähigkeit oder Möglichkeit, weil ihnen die Körper- oder Willenskraft fehlt, oder weil die Umstände dagegen sprechen. Auch werden nicht alle die strengen Regeln, die für den Erfolg notwendig sind, befolgen wollen oder können. Überdies bietet das heutige Leben meist nicht die Möglichkeit zu einer solchen vollkommenen Körper-Schulung.

Es werden auch viele dieses Leben gar nicht wünschen oder es einer solchen Mühe für wert halten. Manche werden den Wunsch haben, so schnell wie möglich von ihrem Körper befreit zu werden. Deshalb heißt es, es sei leichter, Befreiung als Unsterblichkeit zu erlangen. Ersteres kann durch Selbstlosigkeit und Loslösung von der Welt, durch sittliche und geistige Zucht erreicht werden, aber den Tod zu besiegen ist weit schwieriger, hierzu gehören nicht allein solche Eigenschaften und Handlungen. Wer dies vermag, hält in der einen Hand das Leben und – wenn er ein erfolgreicher Yogi ist – in der anderen Hand die Befreiung. Hat er Freude und Befreiung erlangt, dann ist er der Herr der Welt und besitzt eine Seligkeit, die alle Welten übertrifft. So schätzt der Hatha-Yogi jede andere Sadhana niedriger ein als den Hatha-Yoga.

Der Hatha-Yogi, der an seiner Befreiung arbeitet, tut dies mit Hilfe der Yoga-Sadhana, die hier beschrieben wurde. Sie gibt beides: Freude und Befreiung. In jedem Zentrum, zu dem der Yogi die Kundalini hinaufführt, erfährt er eine besondere Form der Seligkeit (ananda) und gewinnt besondere Kräfte (siddhi). Erreicht die Kundalini Shiva im Zentrum des Gehirns, so erfreut er sich der höchsten Seligkeit. Diese ist ihrer Natur nach die Seligkeit der Befreiung; und wenn sie unaufhörlich wirksam ist, die Befreiung selbst, in der sich Geist und Körper auflösen. Sie, die im Zentrum seines Körpers »wie eine Lichterkette erglänzt«, wie ein leuchtender Blitz, ist die »innere Frau«, auf die sich die Worte beziehen: »Was brauche ich eine irdische Frau, wenn ich in mir selbst eine Frau besitze.«

Der Vira-(der heroische)Sadhaka, der sich als eine Verkörperung Shivas erkennt (shivo'ham), vereinigt sich mit der Frau als der Verkörperung Shaktis auf der physischen Ebene. Der Divya-(göttliche)Sadhaka oder Yogi vereint in sich selbst das weibliche und männliche Prinzip, die »das Herz Gottes« sind (hridayam paramashituh) oder Shakti und ihr Gottesbewußtsein, Shiva. Beider Verbindung ist die mystische Vereinigung (maithuna) der Tantras.

Es gibt zwei Arten von Vereinigung (samarasya): die erste ist die grobstoffliche Sthula) der physischen Verkörperungen des höchsten Bewußtseins, die zweite ist die feinstoffliche (sukshma) oder die Vereinigung der untätigen und der aktiven Kräfte im Bewußtsein selbst. Diese zweite ist die Befreiung.

Die kosmische Shakti ist die Zusammenfassung (samashti) aller unbewegten und bewegten Energien des Weltalls, während Kundalini ihre individuelle Kraft (vyashti) in den besonderen Körpern ist. Da der Körper ein Mikrokosmos (kshudrabrahmanda) ist, befindet sich in ihm während der Lebensdauer die gleiche Polarisation wie im Kosmos. Aus Mahakundalini ist das Weltall entstanden. In ihrer höchsten Form ist sie, im Zustand der Ruhe, um den Shivabindu gerollt und eins (als Chidrapini) mit ihm. Dann beginnt sie sich aufzurollen, um in Erscheinung zu treten. Die drei Windungen, von denen die Tantras sprechen, sind die drei Gunas, und die dreieinhalb Windungen, auf die das Kubjika-Tantra anspielt, sind Prakriti mit ihren drei Gunas und die Vikritis. Ihre fünfzig Windungen sind die Buchstaben des Alphabetes.

Wenn sie sich weiter entrollt, gehen aus ihr die Tattvas und Matrikas, die Mütter der Varnas hervor. So bewegt sie sich weiter und setzt die Bewegung auch nach der Schöpfung in den erschaffenen Tattvas fort. Denn aus der Bewegung geboren, fahren diese fort, sich zu bewegen. Die ganze Welt (jagat) ist, wie es das Sanskritwort ausdrückt, in Bewegung. Kundalini verharrt in schöpferischer Tätigkeit, bis Prithivi, das letzte der Tattvas, geboren ist. Zuerst erschafft sie das Denkorgan, dann die Materie, die immer mehr an Dichte zunimmt. Es wurde vermutet, daß die Mahabhutas die Dichtigkeit sind, von der die heutige Wissenschaft spricht: die Dichtigkeit der Luft, verbunden mit der höchsten Schnelligkeit der Erdschwere; die Dichte des Feuers, verbunden mit der Schnelligkeit des Lichtes, die Dichte von Wasser oder Flüssigkeit zusammen mit der Schnelligkeit der Moleküle und der

Schnelligkeit der Erdumdrehung; die Dichtigkeit der Erde, des Basalts zusammen mit der Newtonschen Schnelligkeit des Schalls.

Wie dem auch sei: Es ist klar, daß die Bhutas eine zunehmende Dichtigkeit der Materie darstellt, bis diese ihre dreidimensionale feste Form erreicht hat. Wenn Shakti dieses letzte, das Prithivi-Tantra erschaffen hat, bleibt ihr nichts mehr zu tun. Dann rollt sie sich wieder zusammen, das heißt: sie ruht. »In Ruhe« sein bedeutet, daß sie eine statische Form annimmt, denn Shakti ist niemals erschöpft, sie hat sich niemals in eine ihrer Gestalten entleert.

Darum ist die Kundalini Shakti an diesem Punkt der Ruhe gewissermaßen die zurückgelassene Shakti (die doch immer Fülle ist), nachdem Prithivi, das letzte der Bhutas, erschaffen wurde.

Die Mahakundalini ruht als Chidrupini-Shakti im Sahasrara, dem Ort der absoluten Ruhe. Der Körper aber, in dem das relativ statische Zentrum die ruhende Kundalini ist, und die körperlichen Kräfte bewegen sich um dieses Zentrum. Sie sind Shakti, ebenso wie es Kundalini ist. Der Unterschied zwischen beiden besteht nur darin, daß sie Shakti in besonderen, unterschiedlichen Formen und in Bewegungen sind, Kundalini-Shakti aber der ungeschiedene Rest der Shakti im Zustand der Ruhe, das heißt, zusammengerollt ist. Sie ist im Muladhara zusammengerollt als tragende Grundlage. Dies ist zugleich auch der Sitz der Prithivi, des letzten festen Tattva, und die Stätte der Shakti oder Kundalini.

Der Körper kann so mit einem Magneten und seinen beiden Polen verglichen werden. Muladhara, als Sitz der Kundalini-Shakti, ist mit seiner vergleichsweise groben Form von Chit (als Chit-Shakti und Maya-Shakti) der statische Pol in Beziehung zum übrigen Körper, der dynamisch ist. Das »Wirken«, das heißt, der Körper setzt notwendigerweise eine solche statische Stütze voraus, daher der Name Muladhara. In einem Sinn muß die statische Shakti im Muladhara mit der erschaffenden, sich entwickelnden Shakti des Körpers zusammen bestehen, da der dynamische Aspekt oder Pol niemals ohne seinen statischen Gegenspieler existieren kann. Im anderen Sinn ist es die Stätte des Shakti nach ihrer Wirksamkeit.

Was aber geschieht im vollkommenen Hatha-Yoga? Die statische Shakti wird durch Pranayama und andere Yoga-Vorgänge beeinflußt und erwacht zur Tätigkeit. Ist die Dynamik vollkommen wirksam – das heißt, hat Kundalini sich mit Shiva im Sahasrara vereint –, dann tritt die Polarisation des Körpers ein. Die zwei Pole vereinen sich in einem, und der Zustand des Bewußtseins, der Samadhi genannt wird, ist erreicht. Die Polarisierung geht natürlich nur im Bewußtsein vor sich. Der Körper bleibt tatsächlich – allen sichtbar – bestehen. Er führt sein organisches Dasein fort. Aber das Bewußtsein des Körpers und aller anderen Gegenstände ist nicht mehr vorhanden. Das Denkorgan hat seine Tätigkeit eingestellt und sich in seinen Urgrund zurückgezogen, der sein Bewußtsein ist.

Wie wird nun der Körper erhalten? Wenn auch Kundalini-Shakti das statische Zentrum des gesamten Körpers als eines vollkommen bewußten Organismus ist, so hat doch jeder Körperteil mit seinen Zellen eigene statische Zentren, die dies erhalten. Überdies lehren die Tantriker, daß Kundalini aufsteigt, und der Körper als Gesamtorganismus durch den »Nektar« erhalten wird, der aus der Vereinigung von Shiva und Shakti im Sahasrara fließt. Dieser Nektar ist ein Ausfluß der Macht, die aus dieser Verbindung entsteht. Der von mir schon öfter angeführte Freund ist jedoch der Meinung (und es mögen auch Gründe hierfür sprechen), daß die Möglichkeiten der Kundalini-Shakti nur zum Teil in die Tätigkeit der Shakti umgewandelt werden. Da Shakti selbst im Mula-Zentrum unendlich ist, bleibt ihre potentielle Fülle stets unerschöpflich. In diesem Falle ist die dynamische Entsprechung nur die teilweise Umwandlung einer Art von Energie in eine andere. Würde sich dagegen die im Mula eingerollte Macht völlig entfalten, dann würden sich die drei Körper – der grobe, der feinstoffliche und der ursprüngliche – auflösen, und Videha-Mukti wäre erlangt. Der statische Hintergrund, der in Beziehung steht zu einer besonderen Daseinsform, fiele nun ganz fort. Dies würde die Starre des Körpers erklären, wenn Shakti ihn verläßt. Denn diese ist nicht auf die Erschöpfung oder den Fortfall der statischen Kraft im Muladhara zurückzuführen, sondern auf die Konzentration oder den Zusammenfluß der gewöhnlich über den ganzen Körper verstreuten dynamischen Kraft. Das dynamische Gleichgewicht, das sich gegen den statischen Hintergrund der Kundalini-Shakti abhebt, ist hernach nur der zerstreute fünffache Prana, der sich aus den Geweben des Körpers zurückgezogen und nun längs der Wirbelsäule gesammelt und konzentriert hat. Die gewöhnliche Entsprechung der Kundalini-Shakti ist der in alle Gewebe verstreute Prana, der aber im Yoga gesammelt und zur Mittelachse hingeführt wird. In beiden Fällen bleibt die statische Entsprechung der Kundalini-Shakti erhalten.

Einige Teile des bereits verfügbaren dynamischen Prana werden im Yoga an der Basis der Wirbelsäule in geeigneter Weise aktiviert. Hierdurch wird das unterste Zentrum, der Muladhara, sozusagen übersättigt und reagiert auf die gesamte zerstreute dynamische Kraft (prana) des Körpers, indem es sie aus den Geweben zurückzieht und an der Wirbelsäule entlang sammelt. Was nach dieser Ansicht aufsteigt, ist nicht die ganze Shakti, sondern ein Ausstrom, einem Blitzstrahl gleich, der das Parama-Shivasthana erreicht. Hier taucht die zentrale Kraft, die das persönliche Welt-Bewußtsein aufrechterhält, in das höchste Bewußtsein ein. Das begrenzte Bewußtsein, das die vergänglichen Vorstellungen des weltlichen Lebens überschreitet, erfaßt unmittelbar die unwandelbare Wirklichkeit, die der ganzen Flut der Erscheinungen zugrunde liegt.

Wenn die Kundalini-Shakti im Muladhara schläft, ist der Mensch offen für die Welt; wenn sie erwacht und sich mit dem höchsten statischen Bewußtsein – Shiva – verbindet, dann zieht sich das Bewußtsein für die Welt in Schlaf zurück und vereint sich mit dem Licht aller Dinge. Läßt man alle Einzelheiten beiseite, scheint folgendes der Hauptgedanke zu sein: Wenn erwacht, hört Kundalini-Shakti selbst (oder wie mein Freund es ausdrückt: in ihrem Ausstrom) auf, eine statische Kraft zu sein, die das Welt-Bewußtsein trägt. Ihr Inhalt bleibt also nur so lange erhalten, als sie »schläft«. Einmal in Bewegung geraten, wird sie zu dem anderen statischen Zentrum im tausendblättrigen Lotus (sahasrara) hingezogen, das sie selbst in Vereinigung mit dem Shiva-Bewußtsein oder dem Bewußtsein der Ekstase jenseits der Welt der Erscheinungen ist.

Ich möchte, ohne weitere Auseinandersetzungen, zu diesem Thema nur noch hinzufügen, daß Schüler dieses Yoga den Anspruch erheben, daß er jedem anderen überlegen und der durch ihn erlangte Samadhi (Ekstase) von größerer Vollkommenheit sei. Der Grund, den sie hierfür angeben, ist folgender: Im Dhyana-Yoga tritt die Ekstase durch die Loslösung von der Welt und eine geistige Konzentration ein, die alle gedankliche Tätigkeit (vritti) aufhebt, oder in der das reine Bewußtsein aufsteigt, ungehindert von den Beschränkungen des Denkorgans. Wieweit dieses Bewußtsein entschleiert wird, hängt von den Kräften der Meditation (jnana-shakti) des Sadhaka ab und von dem Ausmaß seiner Loslösung von der Welt.

Auf der anderen Seite bewirkt Kundalini, die alle Shaktis auch Jnana. Shakti ist, wenn sie vom Yogi erweckt wird, vollkommenes Jnana. Hinzukommt, daß im Samadhi des Dhyana-Yoga keine Seligkeit und keine besonderen Kräfte (siddhi) durch das Aufsteigen oder die Vereinigung von Kundalini-Shakti ausgelöst werden. Der Samadhi des Kundalini-Yoga wird nicht nur durch Meditation erreicht, sondern durch die zentrale Kraft des Jiva, die Körper und Denkorgan verstärkt. Wenn auch in beiden Fällen das körperliche Bewußtsein schwindet, so wird im Kundalini-Yoga nicht nur das Denkorgan, sondern auch der Körper, insofern er durch seine zentrale Kraft (oder ihren Ausstrom) dargestellt wird, tatsächlich mit Shiva vereint. Er empfindet eine Seligkeit (bhukti), die dem Dhyana-Yogi nicht zuteil wird. Wenn auch der Divya-Yogi wie der Vira-Sadhaka Freude erfahren, so soll die Seligkeit es Divya-Yogi doch unendlich viel stärker sein, weil es die Erfahrung der Seligkeit selbst ist. Die Freuden des Vira-Sadhaka sind nur ihr Widerschein auf der physischen Ebene, ein Durchbrechen der wahren Seligkeit durch die starren Hüllen und Fangnetze der Materie.

Wenn ich nun dieses Thema verlasse, geschieht es in der Hoffnung, daß andere die Erforschung weiter fortführen werden, die ich hier begonnen habe. Diese wie auch andere Fragen des Tantra-Shastra scheinen mir, was immer auch ihr Wert sein mag, einer Erforschung würdig, die ihnen noch nicht zuteil wurde (vgl. *Geheimnisvolle Kundalini* von Dr. Rele, Taraporevala, Bombay, und *Die Chakras* von Dr. Leadbeater, Theosophisches Verlagshaus, Madras).

RUDOLF STEINER

Die Aura des Menschen

Ich möchte heute davon ausgehen, eine Art Skizze zu geben von der menschlichen Seele, so wie diese menschliche Seele in ihrem Verhalten zur Welt und zu sich selbst ist. Ich möchte diese Skizze so halten, daß man etwa sagen kann: Wir sehen uns den Menschen als Seelenwesen an im Profil. Also, damit wir uns verstehen: Wie wenn wir uns den physischen Menschen – nicht das Seelenwesen – so ansehen würden, daß wir ihn etwa nicht en face, sondern im Profil haben würden, meinetwillen nach rechts hinüberschauend. Betrachten wir ihn einmal so. Natürlich müssen wir, wenn wir versuchen, so etwas skizzenhaft zu entwerfen, uns immer klar darüber sein, daß wir es mit imaginativer Erkenntnis zu tun haben, daß also das Wirkliche, das hinter einer solchen Sache steht, durch ein Bild wiedergegeben ist. Das Bild deutet auf die Sache hin, und man macht ja auch das Bild so, daß es in richtiger Art auf die Sache hindeutet. Aber natürlich darf man sich eine Zeichnung, eine Skizze, welche darstellen soll ein Seelisch-Geistiges, nicht so denken, wie man sich irgend etwas vorstellt, das in naturalistischer Art eine äußere sinnenfällige Wirklichkeit kopiert. Dessen, was ich jetzt sage, muß man sich schon fortwährend bewußt sein. Ich werde also alles, was den physischen und den niederen ätherischen Organismus des Menschen betrifft, fortlassen, werde nur das Seelische, das Seelisch-Geistige zu skizzieren versuchen (siehe Zeichnung).
Wie Sie ja aus den verschiedenen Darstellungen, die gegeben worden sind, wissen, steht dieses Seelisch-Geistige mit der seelisch-geistigen Umwelt mehr in einem unmittelbaren Zusammenhang als der physische Mensch mit der physischen Umgebung. Der physische Mensch ist ja gegenüber der physisch-sinnenfälligen Umgebung ein ziemlich abgeschlossenes Wesen. Man möchte sagen: Dieser physisch-sinnliche

Mensch ist wirklich auch real in seiner Haut eingeschlossen. – So ist es nicht bei dem, was man als den geistig-seelischen Menschen bezeichnen kann; da muß man sich einen fortdauernden Übergang denken in den Strömungen, die im seelisch-geistigen Inneren des Menschen pulsieren, und in all den Bewegungen und Strömungen, die in der allgemeinen, universellen geistig-seelischen Welt bestehen.

Wollte ich nun zunächst von der einen Seite her charakterisieren, wie dieses Verhältnis des menschlich Geistig-Seelischen zu dem Geistig-Seelischen der universellen Umgebung ist, so müßte ich das vielleicht in der folgenden Weise tun. Ich müßte dasjenige, was aus dem Universum, also aus der Unendlichkeit des Raumes in geistig-seelischer Weise hereinkommt, zunächst in dieser Art malen. Eigentlich müßte ich den ganzen Raum so ausmalen, aber das ist ja nicht nötig, ich werde nur dasjenige, was zunächst Umgebung des Menschen ist, ausmalen. Das ist also jetzt dasjenige, was als Umwelt aufzufassen ist (siehe Zeichnung oben, blau). Denken Sie sich also in seelisch-geistiger Bildhaftigkeit das, worin der Mensch hineingestellt ist. Der Mensch ist ja jetzt noch nicht da, sondern es ist nur das, was er der Umgebung angrenzt, mit diesem Blau gekennzeichnet. Denken Sie sich das wie ein in sich wogendes blaues Meer, das den Raum aber ausfüllt. Wenn ich sage: Blaues Meer –, ist das natürlich so aufzufassen, wie ich das öfter in den Büchern, die Ihnen ja vorliegen, charakterisiert habe, so wie Farben als Bezeichnung des Aurischen, des Seelisch-Geistigen aufzufassen sind.

Schwimmend, möchte ich sagen, oder schwebend getragen, wie eine Woge getragen, ist nun ein anderes Geistig-Seelisches. Das ist dasjenige, welches ich jetzt etwa in der folgenden Weise darstellen müßte. Wir können also, wenn wir von der universellen Umwelt zum Menschen übergehen, uns und das menschliche Geistig-Seelische etwa wie schwebend auf diesem Rot denken. Da hätten wir zunächst einen Teil des Geistig-Seelischen; davon müßten wir nur, wenn wir etwa der Wirklichkeit gemäß die Skizze machen wollten, den oberen Teil in einem etwas ins Violettliche, ins Lila fallenden Rot geben. Das würde nur richtig gegeben sein, wenn hier oben das Rot sich violett abstumpfte.

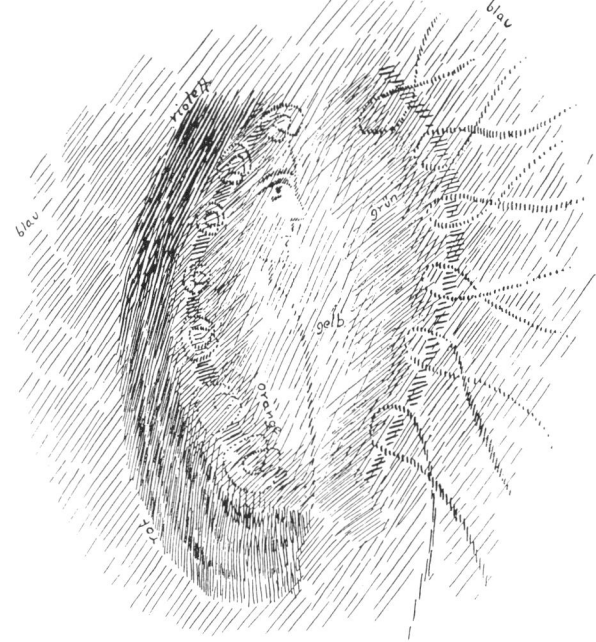

Damit habe ich Ihnen zunächst, ich möchte sagen, den einen Pol des Geistig-Seelischen des Menschen gegeben. Den anderen Pol bekommen wir, wenn wir das, was hier an das universell Geistig-Seelische sich anschließend gegen das physische menschliche Antlitz zu schwimmend-schwebend sich verhält, etwa in der folgenden Weise eingliedern: Gelb, Grün, Orange; Grün geht ins Blaue noch hinein.

Damit haben Sie eine, ich möchte sagen, Normalaura des Menschen im Profil, also von der rechten Seite aus gesehen. Ich sage ausdrücklich: eine Normalaura von der rechten Seite aus gesehen. Dasjenige, was sich dem Schauen so darstellen würde, daß das Schauen eben diese Figur vor sich hätte, das charakterisiert das Hineingestelltsein des Menschen in seine geistig-seelische Umgebung. Es charakterisiert aber auch die Stellung des Menschen, des Seelisch-Geistigen des Menschen zu sich selber. Man kann, gerade wenn man dasjenige studiert, was durch diese Figur dargestellt ist, so recht sehen, wie der Mensch nach zwei Seiten hin ein begrenztes Wesen ist. Diese zwei Seiten, nach denen hin der Mensch ein begrenztes Wesen ist, die werden im Leben immer bemerkt; allein sie werden nicht richtig gedeutet, sie werden nicht richtig ins Auge gefaßt, werden wenigstens nicht verstanden. Sie wissen ja, daß man in der äußeren Naturwissenschaft davon spricht, daß der Mensch, wenn er die Welt betrachtet, wenn er sich Erkenntnisse verschaffen will von der Welt, mit seiner Wissenschaft, mit seiner Erkenntnis an bestimmte Grenzen kommt. Wir haben öfter von diesen Grenzen gesprochen, von diesem berühmten »Ignorabimus« – wir werden niemals wissen –, welches von seiten der Naturforscher, von seiten mancher Philosophen geltend gemacht wird. Man sagt, der Mensch komme eben zu bestimmten Grenzen seines Erkennens, seines Anschauens der Außenwelt. Ich habe Ihnen wohl auch schon den berühmten Ausspruch angeführt, den Du Bois-Reymond auf der Leipziger Naturforscherversammlung in den siebziger Jahren getan hat: In die Regionen hinein, so sagte ungefähr dazumal Du Bois-Reymond, in denen Materie spukt, wird das menschliche Erkennen niemals dringen. Man würde richtiger über diese Erkenntnisgrenzen des Menschen sprechen, wenn man vielleicht sagen würde: Der Mensch ist genötigt, indem er die Welt betrachtet, gewisse Begriffe sich festzusetzen, welche er mit seinem naturwissenschaftlichen Erkennen, auch mit seinem gewöhnlichen Philosophenerkennen nicht durchdringt. Sie brauchen ja nur zu denken an solche Betrachtungen wie den Begriff des Atoms. Vom Atom redet die Naturwissenschaft. Aber das Atom hat natürlich nur dann einen Sinn, wenn man eigentlich nicht davon reden kann, wenn man nicht sagen kann, was ein Atom ist; denn in dem Augenblicke, wo man anfangen würde, das Atom zu beschreiben, wäre es nicht mehr ein Atom. Es ist ein schlechthin Unnahbares. Und so ist es eigentlich schon die Materie, der Stoff selber. Es müssen gewisse Begriffe festgesetzt werden, an die man nicht herankommt. So ist es mit dem Erkennen der Außenwelt. Es müssen Begriffe festgesetzt werden, wie Materie, Kraft und so weiter, an die man nicht herankommt.

Daß solche Begriffe festgesetzt werden müssen, das beruht einfach darauf, daß jenes innerlich geistig-seelisch Leuchtende des Menschen hier nach draußen in ein Dunkles hinein sich erstreckt. Das, was da konstatiert wird als Erkenntnisgrenze, das kann man, ich möchte sagen, aurisch wirklich richtig sehen. Es liegt hier dem Menschen eine Grenze vor. Das Wesen, das er selbst ist, wird hier dargestellt durch dasjenige, was ich aurisch habe verlaufen lassen als hellgrün ins Blauviolett übergehend (siehe Zeichnung Seite 110). Aber indem es ins Blauviolette übergeht, ist es nicht mehr der Mensch, da ist es das Universelle der Umgebung. Da gelangt der Mensch mit seinem Wesen, das die innere Kraft seines Anschauens der Welt ist, an eine Grenze, da gelangt er gewissermaßen an das Nichts, und da muß er solche Begriffe wie Materie, Atom, Stoff, Kraft festsetzen, die keinen Inhalt haben. Das gelingt in der menschlichen Organisation, das liegt im Zusammenhange des Menschen mit dem ganzen Weltenall. Da geht wirklich die Verbindung des Menschen mit dem Weltall vor sich. Man kann, wenn man im Sinne geisteswissenschaftlicher Vorstellung diese Grenze da bezeichnet, das so machen, daß man sagt: Diese Grenze läßt den

Menschen in bezug auf seine Seele in Berührung kommen mit dem Universum. – Man kann, indem man die Richtung nach dem Universum hin mit der einen Schleife einer Lemniskate bezeichnet, das, was dem Menschen angehört, mit der andern Schleife bezeichnen; nur geht das, was aus dem Menschen herausgeht, in das Universum, in das Unendliche hinein. Man muß daher die Schleifenlinie, die Lemniskate, auf der einen Seite offenlassen, und auf der einen zumachen, und man muß dann diese Schleifenlinie so zeichnen: Hier ist die Schleifenlinie geschlossen, hier geht sie ins Unendliche hinaus. Es ist dieselbe Linie, die ich dort gezeichnet habe, nur gehen die Schenkel hier ins Unendliche hinaus.

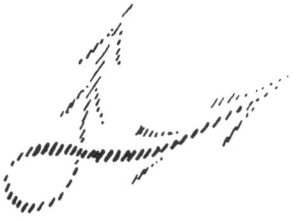

Was ich hier so zeichne als offene Lemniskate, als offene Schleifenlinie, das ist nicht bloß etwas Ausgedachtes, das ist etwas, was Sie tatsächlich wie ein- und auslaufende Blitze in einer sanften, aber sehr langsamen Bewegung als Ausdruck des Verhältnisses des Menschen zum Universum sehen können. Die Strömungen des Universums nähern sich fortwährend dem Menschen; er zieht sie an, sie verschlingen sich in seiner Nähe und gehen wieder heraus. Also, es strömt so etwas dem Menschen zu, verschlingt sich, geht wieder heraus. Der Mensch ist von solchen dem Universum angehörenden Strömungen durchsetzt, die sich hier vor ihm aufhalten. Dadurch ist der Mensch, wie Sie sich vorstellen können, von einer Art welligem Aurischen umgeben; es

kommen diese Strömungen vom Universum herein, machen hier einen Wirbel, grüßen gleichsam den Menschen, indem sie einen Wirbel vor ihm machen, so daß er hier von einer Art aurischer Strömung umgeben ist. Das ist wesentlich ein Ausdruck des Verhältnisses des Menschen zum Universum, zur geistig-seelischen Umwelt.
Nun aber können Sie dasjenige, was Sie eigentlich als in Ihrem Bewußtsein liegend empfinden, hier dargestellt finden als bläulich-grünlich-gelblich, nach innen zu orange verlaufend. Aber das stößt hier auf; im Inneren des menschlichen Seelischen stößt dieses Gelblich-Orange auf das auf, was auf dem blauen Meere als das Geistig-Seelische des unteren Menschen schwingt, des niederen Menschen. Was ich hier rot und im Übergang ins Orange gezeichnet habe, das gehört zu den unterbewußten Teilen des Menschen, entspricht ja auch denjenigen Vorgängen im Physischen, die sich hauptsächlich als Verdauungstätigkeit und Ähnliches abspielen, woran das Bewußtsein keinen Anteil hat. Dasjenige, was mit dem Bewußtsein zusammenhängt, das würde aurisch charakterisiert sein in den hellen Partien, die ich hier dargestellt habe (siehe Zeichnung Seite 110). So wie hier zusammengestoßen des Menschen Geistig-Seelisches mit dem Geistig-Seelischen der Umwelt, so stößt nach innen des Menschen Geistig-Seelisches mit seinem Unterbewußten – also auch eigentlich dem Universum angehörig – zusammen. Dieses Zusammenstoßen muß ich in den Strömungen so zeichnen, daß die einen Strömungen ins Unendliche hinausgehen; anders muß ich dieses Zusammenstoßen im Inneren des Menschen zeichnen. Da muß ich auch eine Schleifenlinie zeichnen, aber diese

muß ich so zeichnen, daß sie nach innen verläuft. Geben Sie acht: Ich zeichne durchaus eine Schleifenlinie, aber ich nehme die untere Schleife und schlage sie um, so daß die Schleifenlinie so wird: Also, ich schlage die untere Schleife um (siehe Zeichnung unten). Im Gegensatz zu hier (siehe Zeichnung Seite 115), wo ich die eine Schleife ins Unendliche verlaufen lasse, also ins Unendliche vergrößere, schlage ich nun die untere Schleife um. – Dann habe ich dadurch bildlich bezeichnet die Stauungen, die sich ergeben da, wo das Geistig-Seelische hier innen auf das unterbewußte, also auch universelle Geistig-Seelische auftrifft. Ich muß also diese Stauungen, die im Menschen entstehen, wenn ich sie entsprechend denen hier zeichne, in dieser Weise charakterisieren (sieben Lemniskaten mit umgeschlagener Schleife). Das sind die Stauungen, welche entsprechen einer inneren Welle im Menschen. Wenn Sie diese innere Welle tatsächlich verfolgen wollten, so würde die Hauptrichtung dieser Welle – aber eben nur die Hauptrichtung – so verlaufen, daß sie entlangliefe dem Zusammenstoßen von den, wie Sie

wissen, unrichtig benannten, aber sogenannten sensitiven und motorischen Nerven im Menschen. Das nur nebenbei gesagt, denn ich will heute hauptsächlich das Geistig-Seelische der Sache erörtern.

Sie sehen daran den starken Gegensatz, der besteht in dem Verhältnis des Menschen zur geistig-seelischen Umwelt und zu sich selber, zu dem Stück, das er aus der geistig-seelischen Umwelt als sein Unterbewußtsein hereinnimmt, und das ich hier durch die rötliche Woge, die auf dem allgemeinen blauen Meere des geistig-seelischen Universums schwimmt, zu skizzieren gehabt habe.

Wir haben gesagt, daß diese Welle hier (siehe Zeichnung Seite 110, rechts) gewissermaßen der Schranke entspricht, auf die der Mensch aufstößt, wenn er die Außenwelt erkennen will. Aber auch hier (links) ist eine Schranke; im Inneren des Menschen selbst ist eine Schranke. Wäre diese Schranke nicht vorhanden, dann würden Sie immer in Ihr Inneres hinuntersehen. Jeder Mensch würde in sein Inneres hinunterschauen. So wie, wenn diese Schranke (rechts) nicht vorhanden wäre, der Mensch in die Außenwelt hineinschauen würde, so würde er, wenn diese Schranke (links) nicht vorhanden wäre, in sein Inneres hinunterschauen. Er würde allerdings, so wie der Mensch im gegenwärtigen Entwicklungszyklus einmal ist, wenn er so in sein Inneres hinunterschauen würde, wenig Freude haben über dieses sein Inneres, weil das, was er da sehen würde, ein höchst unvollkommenes, chaotisches, brodelndes Gewoge der inneren Menschennatur ist, etwas, worüber der Mensch keine große Freude haben könnte; aber es ist dasjenige, in welches die phantastischen Mystiker glauben hinunterschauen zu können, wenn sie von Mystik sprechen. Dasjenige, was sehr häufig von phantastischen Mystikern als das Erstrebenswerte angesehen wird, was namentlich bei sehr vielen solchen Mystikern – ich habe sie im Vorjahre charakterisiert –, die wirklich glauben, indem sie in ihr Inneres schauen, das Universum erkennen zu können, als Mystik figuriert, das ist beim Menschen gerade durch diese Stauwelle zugedeckt, richtig zugedeckt. Der Mensch kann nicht in sein Inneres hinunterschauen. Dasjenige, was sich hier innerhalb dieser Region bildet (links), das staut sich und spiegelt sich, kann sich wenigstens in sich selbst zurückspiegeln, und die Erscheinung dieses Zurückspiegelns, das ist die Erinnerung, das Gedächtnis. Jedesmal, wenn ein Gedanke oder ein Eindruck, den Sie gefaßt haben, wiederum zurückkommt in der Erinnerung, so kommt er dadurch zurück, daß diese Stauung hier zu funktionieren beginnt. Wenn Sie diese Stauwelle nicht hätten, so würde jeder Eindruck, den Sie von außen bekommen, jeder Gedanke, den Sie fassen, durch Sie hindurchgehen, nicht in Ihnen bleiben können und in das übrige geistig-seelische Universum hineingehen. Nur dadurch halten Sie die Eindrücke auf, die Sie empfangen, daß Sie diese Stauwelle haben. Dadurch sind Sie aber imstande, durch gewisse Vorgänge, die wir noch charakterisieren werden, die Eindrücke wiederum zurückzubekommen. Und das drückt sich aus im Funktionieren des Gedächtnisses, im Funktionieren der Erinnerung. Sie können sich also vorstellen, daß Sie in sich etwas haben wie eine Tafel, was hier im Profil gezeichnet ist – denn es ist ja im Profil gezeichnet, nicht wahr, es ist solch eine Ebene, die in Ihnen ist –, da wird zurückgeschlagen dasjenige, was nicht durchgehen soll. Sie bleiben, wenn Sie wachend sind, mit der Außenwelt vereint, sonst würde alles in wachem Zustande durch Sie durchgehen. Sie würden eigentlich von den Eindrücken nichts wissen, Sie würden die Eindrücke bekommen, aber könnten sie gar nicht festhalten.

Das ist also dasjenige, was auf die Erinnerung deutet. Und das, was gewissermaßen als die Fläche dieser Stauwelle unsere Erinnerung bewirkt, deckt dasjenige zu, was der phantastische Mystiker gern in sich sehen möchte. Was da drunten ist, davon könnte man schon sagen: Für den, der die Dinge wirklich kennt, gilt das Wort: Der Mensch »begehre nimmer und nimmer zu schauen, was sie [die Götter] gnädig bedecken mit Nacht und Grauen«. – Doch die Mystiker sind phantastisch und wollen da hinunterschauen. Aber sie können es ja ohnedies nicht, weil sie das normale Bewußtsein so durchlöchern, so korrumpieren würden, daß sich die Gedächtniswelle nicht zurückschlüge. Dasselbe, was unsere Erinnerung ausmacht, was wir so notwendig brauchen zum äußeren Leben, das bedeckt uns dasjenige, was die phantastischen Mystiker wohl schauen möchten, was aber der Mensch nicht schauen soll. Unter Ihrem Gedächtnis, unter Ihrer Gedächtnisursache, unter Ihrer Gedächtnisfläche liegt etwas Wesenhaftes vom Menschen. Aber geradeso wie die Hinterwand eines Spiegels, wie der Belag eines Spiegels das, was vorn ist, zurückwirft, so geht, was also in Ihrem Bewußtsein ist, nicht da hinten hin; das wird wieder zurückgeworfen und kann deshalb fortwährend als Erinnerung da sein. So kann überhaupt unser ganzes Leben sich als Erinnerung spiegeln. Und im wesentlichen ist ja dasjenige, was wir das Leben unseres Ich nennen, das Spiegeln dieser Erinnerung.

Sie sehen also, unser bewußtes Leben leben wir eigentlich zwischen dieser Welle hier (rechts) und zwischen dieser Welle (links). Wir wären also Schläuche, die alles durch sich hindurchlassen, wenn wir nicht diese Stauwelle hätten, die der Erinnerung zugrunde liegt, und wir sähen in die Geheimnisse jenseits der Erkenntnisgrenze hinein, wenn wir nicht genötigt wären, außerhalb des Gebietes des Sinnenfälligen Begriffe zu setzen, für die wir keinen Inhalt mehr haben. Wären wir so organisiert, daß wir diese Stauung hier nicht erzeugen könnten, so würden wir Schläuche sein. Wären wir so organisiert, daß wir nicht genötigt wären, diese gewissermaßen unausgefüllten Begriffe, diese dunklen Begriffe vor uns hinzusetzen, so wären wir liebeleere und lieblose Wesen; steinerne Naturen wären wir, trockene Naturen. Wir könnten nichts in der Welt gern haben, wir wären alle Mephistophelesnaturen.

Daß wir so organisiert sind, daß wir an gewisses Geistig-Seelisches unserer Umgebung nicht herankommen können mit unseren abstrakten Begriffen, mit unserem Fassungsvermögen, das bewirkt, daß wir lieben können. Denn was wir lieben sollen, an das sollen wir nicht so herankommen, daß wir es analysieren im gewöhnlichen Sinne des Wortes, daß wir es zergliedern, daß wir es behandeln wie der Chemiker im Laboratorium die chemischen Stoffe. Man liebt ja nicht, wenn man chemisch analysiert oder chemisch synthetisiert. Erinnerungsfähigkeit,

Liebefähigkeit, das sind die zwei Fähigkeiten, die zugleich entsprechen zwei Grenzen der menschlichen Natur. Der einen Grenze nach innen entspricht die Erinnerungsfähigkeit; was jenseits der Erinnerungszone liegt, ist unterbewußtes menschliches Inneres. Die andere Zone entspricht der Kraft der Liebefähigkeit; was jenseits dieser Zone liegt, entspricht dem Geistig-Seelischen des Universums. Das Unbewußte der menschlichen Natur liegt also jenseits dieser Zone, soweit das menschliche Innere reicht; das Geistig-Seelische des Universums geht unbegrenzt in die Weiten hinaus von der andern Zone an.

Wir können also sprechen von Liebeszone, von Erinnerungszone und können dasjenige, was das menschlich Geistig-Seelische ist, innerhalb dieser Zonen einschließen; müssen aber jenseits der einen Zone da drüben (siehe Zeichnung Seite 110, links) dasjenige suchen, was unbewußt bleibt, und was deshalb, weil es unbewußt bleibt, gerade sehr stark zusammenhängt mit der menschlichen Körperlichkeit, mit den körperlichen Verrichtungen. Natürlich sind die Dinge in der Wirklichkeit nicht so einfach, wie man sie darstellen muß, weil alles ineinandergreift. Das, was hier rot ist (siehe Zeichnung Seite 110), das greift in Dinge hinein, das verändert sich; und wiederum dasjenige, was grün und blau ist, das verändert sich auch. In der Wirklichkeit greifen die Dinge alle ineinander ein. Aber trotzdem ist in der Hauptsache die skizzenhafte Zeichnung richtig und entspricht den Tatsachen.

Daraus aber ersehen Sie, daß für das physische Leben auf der Erde hier ein starkes, bewußtes Geistiges ist. Hier (links) ist ein unbewußtes Geistiges, das eigentlich mit dem Universum zusammen verschwimmt. Diese zwei Stücke des Menschen unterscheiden sich sehr deutlich voneinander. Dieses Geistige (in der Mitte), das ist daher zunächst für das irdische Leben ein solches, das sehr fein gewoben ist. Wie fein gewobenes Licht, möchte ich sagen, ist alles hier (gelb). Würde ich am Menschen zu zeigen haben, wo dieses fein gewobene Licht ist, so würde in das hinein, was ich jetzt umfassend so umschreibe, das menschliche Haupt fallen. Also, was ich so umschrieben habe, was ich dorthin als das Gelbe, Gelb-Grünlich, Gelb-Orange nach der anderen

Seite gezeichnet habe, das ist fein gewobenes, wenn ich so sagen darf, Geistlicht. Das hat keine starke Verwandtschaft mit der irdischen Materie; das hat eine möglichst geringe Verwandtschaft mit der irdischen Materie. Deshalb, weil es wenig Verwandtschaft hat, kann es auch nicht mit der Materie sich gut verbinden, und so bleibt es zum großen Teile unverbunden mit der Materie; es wird diesen Teil gegeben eine solche Materie, die eigentlich immer jeweils aus der vorigen Inkarnation des Menschen stammt. Das Haupt, das, was das menschliche Haupt formt, die Formungskräfte des menschlichen Hauptes, wird im wesentlichen hereingetragen aus der vorigen Inkarnation, und da ist nur eine lose Verbindung zwischen diesem feingewobenen Geistig-Seelischen und dem Körperhaften, das eigentlich von der vorigen Inkarnation zusammengehalten wird. Ihre Physiognomie tragen Sie ja eigentlich nach Ihren Verrichtungen und Eigenschaften in der vorigen Inkarnation. Und derjenige, der sich gut versteht auf Deutungen von Menschen, der sieht gerade durch das Physiognomische des Hauptes hindurch; nicht durch dasjenige, was von dem luziferischen Inneren stammt, sondern mehr durch die Anpassung an das Universum. Man muß ja die Physiognomie so sehen, als wenn sie in den Menschen hineingedrückt wäre. Nicht so sehr, als ob sie herausginge, sondern man muß gewissermaßen das Negativ des Seelischen sehen; das sieht man in diesem Negativ des Gesichts. Wenn Sie einen Abdruck machen würden von jedem Gesicht, da würden Sie eigentlich die Physiognomie sehen, die ein furchtbarer starker Verräter ist desjenigen, was Sie in der vorigen Inkarnation angestellt haben. Dagegen ist alles, was ich da unten wie nur zusammenhängend mit dem wogenden Meere des Geistig-Seelischen der Welt skizziert habe, was so aufzufassen ist, daß es des Menschen Unterbewußtem oder Unbewußtem entspricht, stark verwandt mit der Körperlichkeit; das durchsetzt die Körperlichkeit. Diese Körperlichkeit, die verbindet sich so mit dem Geistigen, daß das Geistige als Geistiges gar nicht erscheinen kann. Daher würde man, wenn man hinunterschaute, dieses Ineinanderbrodeln von Geistigem und Leiblichem schauen, was hinter der Schwelle der Erinnerung liegt.

Das ist das, was vorbereitet das Haupt der nächsten Inkarnation, das ist das, was sich metamorphosieren will zu dem, was in der Zukunft erst feste materielle Form bekommt, erst Haupt sein wird in der nächsten Inkarnation. Denn das Haupt des Menschen ist ein über das Maß seiner Entwicklung Hinausgeschrittenes. Daher ist das Haupt – wie Sie sich erinnern aus den früheren Vorträgen, die ich hier gehalten habe – eigentlich mit dem siebenundzwanzigsten, achtundzwanzigsten Jahre des Menschen in seiner Entwicklung schon abgeschlossen. Da ist schon Überbildung des Menschen, in der Hauptesform.

Aber der übrige Mensch, der ist auch ein Haupt, so sonderbar das aussieht; nur ist er noch nicht so weit als das Haupt. Wenn Sie sich den Menschen geköpft denken, so ist das, was übrigbleibt, auch ein Haupt des Menschen, aber auf einer noch sehr zurückgebliebenen Stufe. Wenn es sich weiter entwickelt, dann wird es auch Haupt, während das, was Sie als Haupt des Menschen haben, der übrige Organismus gewesen ist in früherer Inkarnation. Wenn Sie dann dasjenige entleiblicht sich denken, vom Leibe befreit, was in Ihrem gegenwärtigen Organismus noch nicht Haupt ist, wenn Sie sich also das Haupt wegdenken vom gegenwärtigen Organismus, der erst in der nächsten Inkarnation Haupt wird – aber dieser Ihr Organismus ist ja ein Abbild, alles Physische ist ein Abbild eines Geistigen –, wenn Sie sich dafür das Geistige denken, was also in seiner äußeren Form nicht bis zum Menschen vorgeschritten ist: Da sehen Sie es sich nun an unserer luziferischen Figur bei der Gruppe drüben an, da haben Sie es!

Und jetzt denken Sie sich all das Geistig-Seelische, das bei Ihnen zurückgehalten ist von Ihrem Haupte, in den Menschen hineingefügt, also all das, was beim Menschen eine Grenze ist, was er nicht durchdringen kann (rechts, siehe Zeichnung Seite 110), in den menschlichen Kopf hineingepreßt: Dann wird der Mensch nicht nur ein so altes, ehrwürdiges Haupt haben, wie er es ohnehin schon hat, sondern er wird ein ganz verknöchertes Haupt haben, wird überhaupt ganz verknöchern, wie die Ahrimanfigur bei unserer Gruppe drüben.

Wenn Sie sich also dasjenige, was hier unter der Erinnerungsgrenze ist, ausgegossen denken über das Innere des Menschen, bekommen Sie alles Luziferische. Wenn Sie sich alles dasjenige, was jenseits dieser Stauwelle ist (rechts), hereinergossen denken in die menschliche Figur, bekommen Sie die ahrimanische Form. Und der Mensch ist zwischen beiden.

Was ich Ihnen da auseinandergesetzt habe, das hat nicht nur eine große Bedeutung für das Verständnis des Menschen, sondern das hat auch eine große Bedeutung für das Verständnis der geistigen Vorgänge in der Menschheitsentwicklung. Man versteht nicht, wie das Christentum und der Christus-Impuls in die Menschheitsentwicklung hereingekommen ist, wenn man nicht gründlich diese Dinge versteht. Man versteht auch nicht, welche Funktionen die katholische Kirche hatte, welche Funktionen Jesuitismus und ähnliche Strömungen haben, welche Osttum und Westtum haben, wenn man sie nicht im Zusammenhange betrachten kann mit diesen Dingen.

Über diese Strömungen, die eigentlich richtig erst verstanden werden können, wenn man diese Grundlagen des geistig-seelischen Menschen sich einmal anschaulich vor das Auge führt, Ost-, Westtum, Jesuitismus, Amerikanismus und so weiter, werde ich mir morgen erlauben, ein weniges zu sprechen.

Definition des Begriffs »Chakra«

Chakra (Cakra), Sanskrit, wörtlich: »Rad, Kreis«; 1. Im Hinduismus ein Kreis von Gottesverehrern. 2. Bezeichnung für die Zentren subtiler oder »feinstofflicher« Energie (Prana, Kundalini) im Energieleib (Astralkörper) des Menschen. Sie sammeln, transformieren und verteilen die sie durchströmende Energie. Wenn die Chakras auch Entsprechungen auf der grobstofflichen, körperlichen Ebene haben (z. B. Herz oder *Solarplexus),* so sind sie mit diesen Entsprechungen jedoch nicht identisch, sondern gehören einer anderen Ebene der phänomenalen Wirklichkeit an. Die Chakras sind Punkte, an denen Seelisches und Körperliches ineinander übergehen und sich durchdringen. Die sieben Haupt-Chakras des indischen Kundalini-Yoga (diese Zentren sind unter anderen Namen auch in anderen Kulturen bekannt) liegen entlang der Sushumna, des durch die Wirbelsäule aufsteigenden Hauptkanals subtiler Energie, durch den die Kundalini im Verlauf des geistigen Erwachens eines Menschen emporsteigt.

Die ersten sechs Chakras liegen innerhalb des grobstofflichen Körpers, das siebte Chakra außerhalb von diesem über dem Scheitelpunkt des Kopfes. Erwacht die Kundalini, was i. allg. durch besondere Übungen eines auf diesem System aufbauenden Yoga herbeigeführt wird, so steigt sie vom ersten, untersten Haupt-Chakra, ein Chakra nach dem andern aktivierend, zum siebten, obersten auf. In jedem Chakra, zu dem der Yogi die Kundalini hinführt, erfährt er eine besondere Art von Glückseligkeit (Ananda), erwirbt er besondere psychische Kräfte (Siddhi) und verwirklicht er eine besondere Form der Erkenntnis – weshalb die Chakras auch als Zentren des Bewußtseins (Chaitanya) bezeichnet werden. Von jedem Chakra strahlt eine bestimmte Zahl von Energiekanälen (Nadi) aus.

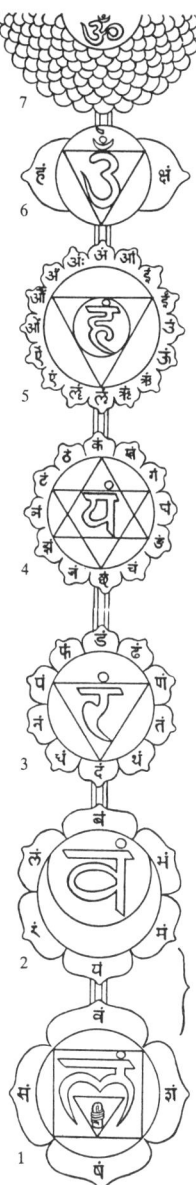

Diagramm der 7 Chakras mit ihren wichtigsten Symbolen

Medial begabte Menschen, die den Astralkörper des Menschen sehen können, beschreiben die Chakras als »Lotosblüten« mit unterschiedlich vielen Blütenblättern, und so werden sie auf Abbildungen traditionellerweise dargestellt. Die Zahl der Blütenblätter entspricht der Zahl der von dem jeweiligen Chakra ausstrahlenden Nadis. Diese »Lotosblüten« befinden sich in kreisender Bewegung, wodurch der Eindruck eines »Rades« (wie bei einem wirbelnden Feuerrad) entsteht; daher die Bezeichnung »Chakra«. Nach dem System des Kundalini-Yoga entsprechen jedem Chakra bestimmte geistig-körperliche Eigenschaften, die durch verschiedene Symbole (Formen, Farben, mantrische Silben, Tiersymbole, Gottheiten usw.) ausgedrückt werden. Die sieben Haupt-Chakras und ihre wichtigsten Zuordnungen sind:

1. *Muladhara-Chakra;* es liegt an der untersten Stelle der Sushumna, zwischen der Wurzel des Zeugungsorgans und dem Anus. Im Muladhara-Chakra ruht (im unerweckten Zustand) die Kundalini, die als zusammengerollte Schlange dargestellt wird (weshalb man auch von »Schlangenkraft« spricht) und allen Chakras Macht und Energie verleiht. Vier Nadis gehen von diesem Chakra aus und stellen die vier Blütenblätter dieses »Lotos« dar; die symbolische Form ist das Quadrat, seine Farbe ist Gelb, die zugeordnete »Keimsilbe« (Bija) ist LAM, das Tiersymbol ein Elefant mit sieben Rüsseln, die Gottheiten sind Brahma und Dakini, die Brahma als Shakti zugeordnet ist.

Der Yogi, der in das Muladhara-Chakra durch geistige Übung eingedrungen ist, hat die Erd-Eigenschaft *(prithivi-tattva)* besiegt und hat keine Furcht mehr vor dem körperlichen Tod. Indem er sich auf dieses Chakra konzentriert und darüber meditiert, erlangt er »vollkommene Erkenntnis der Kundalini und damit die Mittel, diese zu erwecken. Ist sie erwacht, empfängt er Darduri-Siddhi, die Kraft, sich vom Boden zu erheben und den Atem, das Bewußtsein und den Samen zu beherrschen. Sein Prana tritt in die mittlere Brahma-Nadi ein. Seine Sünden werden ausgelöscht. Er erkennt Vergangenheit, Gegenwart und Zukunft und erfreut sich der natürlichen Glückseligkeit *(sahaja-ananda).*« (Zitiert nach Sivananda, 1953, S. 71 f.)

2. *Svadhishthana-Chakra;* es liegt im Energiekanal Sushumna an der Wurzel der Genitalien. Es entspricht Bhuvarloka, und seine körperliche Entsprechung ist der *Plexus hypogastricus,* der die inneren Organe der Ausscheidung und Fortpflanzung beherrscht. Von seiner Mitte gehen sechs Nadis (oder »Blütenblätter«) aus. Die symbolische Form ist der Halbmond, seine Farbe ist Weiß, die Keimsilbe VAM, das Tiersymbol das Krokodil, die zugeordneten Gottheiten sind Vishnu und als Shakti die niedere Gottheit Rakini.

»Wer sich auf dieses Chakra konzentriert und über die Devata meditiert, hat keine Furcht vor dem Wasser und beherrscht das Wasserelement vollkommen. Er erwirbt verschiedene psychische Kräfte, intuitive Erkenntnis, vollkommene Beherrschung seiner Sinne und Erkenntnis der astralen Wesenheiten. Begierde, Zorn, Gier, Täuschung, Stolz und andere Unreinheiten sind ausgelöscht. Der Yogi wird zum Sieger über den Tod [Mrityuñjaya-Siddhi].« (Zitiert nach Sivananda, 1953, S. 73f.)

3. *Manipura-Chakra;* es liegt im Energiekanal Sushumna in der Nabelgegend. Das ihm entsprechende körperliche Zentrum, der *Solarplexus,* beherrscht Leber, Magen usw. Von diesem Chakra gehen zehn Nadis aus, die die Blütenblätter dieses »Lotos« darstellen. Die symbolische Form ist das Dreieck, seine Farbe ist Rot, die Keimsilbe ist RAM, das Tiersymbol der Widder, die beherrschenden Gottheiten sind Rudra und Lakini.

»Der Yogi, der sich auf dieses Chakra konzentriert, erlangt Satala-Siddhi und vermag verborgene Schätze zu finden. Er ist von allen Krankheiten befreit und kennt keine Furcht vor Feuer. Selbst wenn er in brennendes Feuer geworfen wird, bleibt er ohne Todesfurcht am Leben.« (Zitiert nach Sivananda, 1953, S. 74 f.)

4. *Anahata-Chakra;* es liegt in der Herzgegend innerhalb des Energiekanals Sushumna. Das dem Anahata-Chakra entsprechende körperliche Zentrum ist der *Plexus cardiacus;* er beherrscht das Herz. Von diesem Chakra strahlen fünfzehn Nadis aus, die die Blütenblätter dieses »Lotos« darstellen. Die symbolische Form ist das Hexagramm, seine

Farbe ist Graublau, die Keimsilbe ist YAM, das Tiersymbol die Gazelle, die beherrschenden Gottheiten sind Isha und Kakini.

»In diesem Zentrum wird der Klang Anahat [Anahata-Shabda], der Klang des Shabda-Brahman, offenbar. Man vernimmt ihn sehr deutlich, wenn man sich auf dieses Zentrum konzentriert... Wer über dieses Zentrum meditiert, beherrscht in vollkommener Weise Vayu-Tattva (Luft-Eigenschaft), die voller Sattvas (harmonische Eigenschaften) ist. Er vermag durch die Luft zu fliegen und in den Körper anderer einzudringen *(bhuchari-siddhi, kechari-siddhi, kaja-siddhi)*. Kosmische Liebe und andere göttliche Eigenschaften werden ihm zuteil.« (Zitiert nach Sivananda, 1956, S. 76.)

5. *Vishuddha-Chakra;* es liegt in der Sushumna-Nadi am unteren Ende des Halses und ist das Zentrum des Äther-Elements. Von diesem Chakra, dem als körperliches Zentrum der *Plexus laryngeus* entspricht, gehen sechzehn Nadis aus, die den Blütenblättern des »Lotos« entsprechen. Die symbolische Form ist der Kreis, seine Farbe ist Weiß, die Keimsilbe ist HAM, das Tiersymbol ein Elefant mit sechs Stoßzähnen, die beherrschenden Gottheiten sind Sada-Shiva und die Göttin Shakini.

»Die Konzentration auf die Eigenschaften *(tattva)* dieses Chakra heißt Akashi-Dharana. Wer diese Konzentration übt, wird selbst beim Untergang des Kosmos (Pralaya) nicht vergehen, denn er erlangt die höchste und vollkommene Erkenntnis der vier Veden. Er wird zu einem Trikala-Jñani [Trikala-Jnana], der Vergangenheit, Gegenwart und Zukunft kennt.« (Zitiert nach Sivananda, 1956, S. 77.)

6. *Ajna-Chakra;* es liegt in der Sushumna-Nadi und hat seine physische Entsprechung im Zwischenraum zwischen den beiden Augenbrauen. In westlichen esoterischen Systemen wird dieses Chakra als das »Dritte Auge« bezeichnet. Dieser »Lotos« hat zwei Blütenblätter, d. h. es strahlen zwei Nadis von der Mitte des Chakra aus. Seine Farbe ist ein milchiges Weiß, die Keimsilbe ist das kurze A, die zugeordneten Gottheiten sind Parama-Shiva in der Form von Hamsa und die Göttin Hakini. Dieses Chakra, dem als körperliches Zentrum der *Plexus cavernosus* entspricht, wird als Sitz des Bewußtseins angesehen.

»Wer sich auf dieses Chakra konzentriert, zerstört alles Karma aus vergangenen Leben. Deshalb sind die Wohltaten solcher Meditation, die den Yogi zum Jivanmukti [Jivanmukta], zu einem im Leben Befreiten macht, unbeschreiblich bedeutsam. Der Yogi erwirbt alle höheren und die zweiunddreißig niederen Siddhis.« (Zitiert nach Sivananda, 1953, S. 78.)

7. *Sahasrara-Chakra;* dieses Chakra liegt über dem Scheitelpunkt des Kopfes, also außerhalb des grobstofflichen Körpers, über dem oberen Ende der Sushumna. Wie der Name des Chakra besagt, hat dieser »Lotos« tausend Blätter, d. h. es strahlen tausend oder »unzählige« Nadis von ihm aus. Die physische Entsprechung des Sahasrara-Chakra ist das Gehirn, seine Keimsilbe ist OM, der heilige Laut (Pranava). Die fünfzig Buchstaben des Sanskrit-Alphabets laufen auf den tausend Blütenblättern dieses Lotos zwanzigmal rundum, so daß diese Lotosblüte die Gesamtheit aller Keimsilben und Chakras darstellt, die das Sahasrara-Chakra als allen anderen übergeordnetes Chakra umfaßt. Es strahlt ein Licht »wie zehn Millionen Sonnen« aus und gehört zu einer höheren Ebene der Wirklichkeit als die sechs anderen Haupt-Chakras, die als die Sechs Chakras *(shat-chakra)* die Chakras im engeren Sinn des Wortes ausmachen.

Das Sahasrara-Chakra, das als die Behausung des Gottes Shiva angesehen wird, entspricht dem kosmischen Bewußtsein. »Ist Kundalini mit dem Gott Shiva im Sahasrara-Chakra vereint, erfährt der Yogi höchste Glückseligkeit (Paramananda), Überbewußtsein und höchste Erkenntnis. Er wird ein Brahmavid-Varishtha, ein vollkommener Jñani.« (Zitiert nach Sivananda, 1953, S. 78.)

Eine ausführliche Darstellung der Chakras und ihrer vielfältigen Aspekte nach der Lehre des Kundalini-Yoga findet sich in: Arthur Avalon, *Die Schlangenkraft,* Bern 1982.

Im Hinduismus ausgebildet, spielt das System der Chakras jedoch auch im Buddhismus, vor allem im tantrischen Buddhismus (Tantra, Vajrayana, Tibetischer Buddhismus) eine Rolle. Vom grundlegenden Entwurf her ist das System der Energiezentren (Chakras) und der sie verbindenden Energiekanäle (Nadis) hier dasselbe wie im Kundalini-Yoga. Die Symbolik, die sich damit verbindet, ist jedoch der buddhistischen Ikonographie entnommen, und die darauf aufbauende meditative Praxis unterscheidet sich in vieler Hinsicht wesentlich von der des Kundalini-Yoga. Eine Darstellung des buddhistischen Chakra-Yoga findet sich in: Lama Anagarika Govinda, *Grundlagen tibetischer Mystik,* Bern 1985.

II. Teil

Die Chakras

Die sieben Chakras

HANNEKE KORTEWEG / HANS KORTEWEG

Die sieben Stufen

> »Jedes dieser Zentren liegt auf einem Rad. Um die Achse eines solchen Rades gruppieren sich konzentrisch viele Kreise, wie die Kreise im Wasser, wenn ein Stein hineinfällt. Der Mittelpunkt ist der Weltenlehrer; der äußerste Kreis, die Felge des Rades also, ist das Bild der Materie. Unser Bestreben ist es, von der Peripherie ins Zentrum vorzudringen, von der Bewegung zur Ruhe, von der Vielfalt zur Einheit, vom Wissen zur Weisheit. So muß der Mensch sieben Stufen zurücklegen, um die sieben Weisheiten des Weltenlehrers zu erfahren. Das ist die Aufgabe, die ihm von der Natur auferlegt wurde und der er sich nicht entziehen kann.«
>
> Hans-Ulrich Rieker, *Als bedelmonnik door India*

Man kann so viel über die sieben Zentren schreiben, daß der Leser schließlich den Wald vor lauter Bäumen nicht mehr sieht. Man kann jedem Chakra eine Farbe zuordnen, einen Klang, ein Mantra, eine geometrische Form, eine Zahl, ein Tier, einen Edelstein, einen Ton usw. usw. Wir beschäftigen uns in diesem Buch nicht so sehr mit der Symbolik der Chakren als vielmehr mit ihren psycho-physischen Eigenschaften. Auf Seite 136/137 haben wir eine Anzahl dieser Eigenschaften in einer Tabelle erfaßt, im vorliegenden Kapitel jedoch beschränken wir uns hauptsächlich auf die folgenden Gesichtspunkte:

Die Bereiche, in denen die einzelnen Chakren ihre Wirkung entfalten

Man kann den Menschen in sieben Zonen unterteilen. Jedes Chakra bildet den Kernpunkt einer solchen Zone. Bei der Beschreibung eines jeden Chakras geben wir an, welcher physische und psychische Bereich unter seinem Einfluß steht.

Die Ringe des Trichters

Ein Chakra läßt sich mit einem Trichter vergleichen. Je tiefer man in den Trichter hinabsteigt, um so mehr kommt man mit der tieferen Bedeutung, der Essenz, dem Willen und dem Schöpfungsgedanken des betreffenden Zentrums in Kontakt. Der gleiche Prozeß spielt sich ab, wenn man, ausgehend von der eigenen Reaktion auf ein Ereignis, sich »zentriert«, unter den ersten oberflächlichen Emotionen den eigenen wahren Gefühlen begegnet und schließlich, während man noch tiefer nach innen geht, den ursprünglichen kreativen Impuls erreicht, den Keimgedanken des Ereignisses. Man könnte sagen, daß der äußerste Ring eines Chakras dem dazugehörigen physischen Bereich entspricht und daß die weiter innen liegenden Ringe dem jeweiligen astralen, mentalen und kausalen Bereich entsprechen. Bei der Darstellung der einzelnen Chakren haben wir versucht, diese verschiedenen Ringe und die Übergänge zwischen ihnen zu beschreiben.

Offenheit und Geschlossenheit

Jedes dieser sieben Zentren kann in unterschiedlichem Maße geöffnet oder geschlossen sein. Nicht umsonst werden die Chakras oft mit Rosen oder Lotusblüten verglichen; sie können knospen, gerade dabei sein, sich zu öffnen, oder völlig geöffnet sein.
Es wird einleuchten, daß ein Chakra im Laufe seiner Entwicklung verschiedene Phasen der Offenheit durchläuft. Ein völlig geöffnetes Zentrum hat eine gewaltige Transformationskraft. Dabei ist es bedeutsam, inwieweit die verschiedenen Chakren miteinander harmonieren, mit anderen Worten, ob sie alle gleich weit geöffnet sind. Wenn ein weit geöffnetes Chakra von Chakren umgeben ist, die gerade aufbrechen, so kann sich dies negativ auswirken, so wie alles, was sich nicht im ausgewogenen Verhältnis entwickelt, negative Folgeerscheinungen nach sich zieht.

Vom Herzen aus

Einen absoluten Standpunkt, von dem aus man die Dinge betrachten und für alle Zeiten endgültig beschreiben kann, gibt es nicht. Der eigene Standpunkt bestimmt in starkem Maße, wie man etwas wahrnimmt. Wer am Fuße eines Berges steht, hat eine andere Aussicht als derjenige, der auf dem Gipfel angelangt ist, und der Alpinist sieht einen anderen Berg als der Geologe. So ist jeder Mensch stets Teil dessen, was er wahrnimmt.

Dies gilt zweifellos auch für eine Beschreibung der Chakraleiter. Auch in diesem Fall ist die Position, die man innehat, von ausschlaggebender Bedeutung. Es ist, wie wir im vorangegangenen Kapitel erläutert haben, unmöglich, ein Chakra unabhängig von allen anderen zu beschreiben. Die Zentren sind Teil eines Ganzen; zusammen bilden sie auf einer bestimmten Ebene einen einzigen Organismus.

Den Mittelpunkt eines solchen Chakra-Organismus bildet dasjenige Chakra auf der großen Lebensleiter, das man gerade im Begriff ist, vollständig zu verwirklichen. Dieses ist das für den betreffenden Menschen zentrale Chakra, zu welchem die sechs übrigen Zentren in einer Beziehung stehen.

Wenn wir daher ein bestimmtes Zentrum beschreiben, so tun wir dies nicht in einer abstrakten Weise, sondern wir orientieren uns dabei konkret an demjenigen, der sich bemüht, alle seine verschiedenen Lebensbereiche vom Herzen aus miteinander in Einklang zu bringen und zu integrieren.

Außerdem tritt bei der Beschreibung der einzelnen Chakren noch die Schwierigkeit auf, daß das oberste und das unterste Zentrum, also das Kronen-Chakra und das Wurzel-Chakra, sich jeder verbalen Eingrenzung entziehen – ersteres, weil es jenseits von Zeit und Sprache liegt, letzteres, weil es vor aller Zeit und Sprache liegt.

	Wurzel-Chakra *Muladhara*	**Sexual-Chakra** *Svadhisthana*	**Solarplexus** *Manipura*
Schlüsselwörter	Lebenswille, reine Energie, pulsierendes Leben, Erde als Mutter, Ur-Materie	physische Schöpfung, erste Dualität, Genießen und Unterscheiden, Herde	Trieb wird »ich«, Begierde und Angst, Grenzen setzen, Person werden
Kernbotschaften	Ich verkörpere und ich habe	Ich kenne und ich fühle	Ich diene und ich kann
Funktionen	Überleben, Erdung	Verlange, Sexualität	natürlicher Wille, Beherrschung
harmonisch geöffnet	Liebe zu Bewegung und Rhythmus, Genießen des Irdischen und Körperlichen	sich selbst als Frau oder Mann genießen, sich frei auf den anderen zubewegen	instinktiv wissen, was zu tun ist, klar, wach, energievoll, tatkräftig
physischer Bereich	Füße, Beine, Gedärme	männliche/weibliche Geschlechtsorgane, Nieren, Blase	Muskelsystem, Verdauungssystem
unverhältnismäßig stark geöffnet	Materialismus, zu großer Einsatz von Kraft, Grobheit	Sexualität als isolierte Spannung, Anhänglichkeit, Entladung vor dem Erleben	reaktiv, Grübeln über Vergangenheit, sich sorgen um morgen, Lust- und Unlustgefühle
unverhältnismäßig stark geschlossen	Mangel an Lebenskraft, Mangel an Realismus	Freudlosigkeit, Verkniffenheit in Motorik und Stimme, überkritisch	Unsicherheit, kein Daseinsrecht, zu nachgiebig, Spielball der Umgebung
Charakterstrukturen	unterentwickelt: schizoid, oral	überentwickelt: rigide unterentwickelt: schizoid, oral, masochistisch	überentwickelt: o+m+r+p unterentwickelt: schizoid
Strahl	siebter Strahl	fünfter Strahl	sechster Strahl
Bogen zum	Kronen-Chakra	Kehl-Chakra	Herz-Chakra
Funktion im Bogen	physischer Wille, da zu sein	physische Fortpflanzung	Individualität, Interesse an der eigenen Person
physisch über	Nebenniere	Geschlechtsdrüsen	Bauchspeicheldrüse
Sanskrit-Übersetzung	Wurzel-Basis	der eigene Ort	Stadt des Juwels
Anzahl der Blätter	vier »Blütenblätter«	sechs	zehn

Herz-Chakra *Anahata*	Kehl-Chakra *Visuddha*	Stirn-Chakra *Ajna*	Kronen-Chakra *Sahasrara*
Selbstlosigkeit unter Beibehaltung der Identität, Geben, Harmonisieren, Zirkel von Menschen	Zielgerichtetheit, Geschöpf wird Schöpfer, das lebendige Wort, zu einem Netzwerk verbundene Zirkel	integrierte Persönlichkeit, unmittelbares Sehen, Visualisierung	Bewußtsein, alle Materie wird zu Licht, dauerhaft nach oben gerichtet, Einheit
Ich verbinde und ich liebe	Ich realisiere und ich spreche	Ich schaffe Einheit und ich sehe	Ich führe den Willen aus und ich weiß
Liebe, Gleichgewicht	Kommunikation und Kreativität	Intuition, Imagination	umfassendes Wissen
Liebe, betet an, was da ist und läßt frei, Integration, Gruppenbewußtsein	Originalität, Unterscheidungsvermögen, Kreativität, Treffsicherheit	klar sehend, läßt sich nicht in Dualität verstricken, Beruf ist Berufung	ruhiges Vertrauen, Bewußtsein des Behütet-Werdens, Wille im Dienste des (einen) Willens
Herz, Lungen, Arme, Hände	Mund, Kehle, Nacken, Schulter, Ausdruck der Hände und Arme	Augen und der Bereich um die Augen, die linke Gehirnhälfte	rechte Gehirnhälfte, zentrales Nervensystem
Schwerpunkt: sozialer Aspekt, Macht mittels Gruppenzwang, Unterdrücken der eigenen Bedürfnisse	Geltungsdrang, Sich-Übernehmen, verspricht das Blaue vom Himmel, aufdringlich	fieberhafte mentale Aktivität, Stolz, betrachtet das Leben als Schachspiel	Vermeidung der Schattenseiten, Abgehobenheit, Weigerung zu inkarnieren
egoistische Interessen, Besonders-sein-Wollen, keine Integration	Gefühle der Hilflosigkeit, Abhängigkeit, Unzulänglichkeit, machtlos	selbständiges Denken unterentwickelt, Orientierung an Vorbildern, übermäßig bescheiden	Vermeidung der Lichtwelt, Isolation, Mißtrauen dem Intuitiven gegenüber
überentwickelt: masochistisch unterentwickelt: oral, rigide	überentwickelt: rigide unterentwickelt: schizoid, oral, masochistisch	überentwickelt: oral, rigide, psychopathisch	überentwickelt: schizoid unterentwickelt: rigide
zweiter Strahl	dritter Strahl	vierter Strahl	erster Strahl
Solarplexus	Sexual-Chakra	(zus. m. Kronen-Chakra)	Wurzel-Chakra
Gruppenbewußtsein	bewußte Fortpflanzung	Integration der Persönlichkeit	Ich führe den Willen aus
Thymus	Schilddrüse	Hypophyse	Zirbeldrüse
nicht aus zwei	vollkommen Gereinigter	Befehl, Auftrag	tausendblättriger
zwölf	sechzehn	zwei	»tausend«

JES BERTELSEN

Die Elementsymbole

Der klassische Text zur Beschreibung der Chakren des hinduistischen Tantra ist Sir John Woodroffes berühmtes Buch *Die Schlangenkraft,* aus dem hervorgeht, daß zu jedem Chakra ein Element-Symbol und ein geometrisches Symbol und zu den fünf unteren Chakren auch ein Tiersymbol gehört. Der von Woodroffe wiedergegebene und kommentierte Text geht auf einen Tantriker namens Purnananda zurück, der dieses inhaltsreiche Werk vermutlich um 1577 schrieb.

Das Symbol des Erdelementes

Dem untersten Chakra, Muladhara oder Wurzelchakra, ist das Symbol des Erdelementes verbunden. Der körperliche Referenzpunkt dieses Chakras ist der unterste Teil des Rückgrats, das Steißbein. Die Energie, die in diesem untersten Teil des Leibes pulsiert, ist mit der Ausscheidung des Erdelementes aus dem Körper verbunden, das heißt dem Defäkationsprozeß, in dem nicht umsetzbarer fester Stoff ausgeschieden wird. Hier befassen wir uns ausschließlich mit dem symbolisch-psychologischen Entwicklungsaspekt dieses Basischakras.
Erde symbolisiert das Feste, die physische, reale tägliche Wirklichkeit, in der wir leben, in der wir uns als physische Wesen bewegen.
Das Grundelement der weitaus meisten Träume ist das Erdsymbol. Alles Feste und Physische in Träumen gehört dieser Ebene an. Die Erde, auf der wir im Traum gehen und stehen, die in ihm auftretenden wirklichen Personen in ihrer stofflichen Erscheinungsform, Häuser, Städte, Geräte, Gegenstände, Autos, Fahrräder – all das ist Stoff, Erde, feste, physische Dinghaftigkeit.

Das Erdelement symbolisiert Energie in fester, physischer Gestalt. Es hat mit der Bewußtseinsform zu tun, die ein Erlebnis unserer selbst und unserer Umwelt als physische Gegebenheiten, als konkret umgrenzte lebende oder tote Objekte ermöglicht.

Psychologisch im Wurzelchakra zentrierte Menschen erleben das Physische als das Wahre, als das, was zählt. Jede materialistische oder realistische Lebensform hält sich an diese Grunderfahrung: Basis ist die Materie; das Physische ist die höchste Wirklichkeit, und Bewußtsein und Wissen um das Physische – Menschen, Natur und Dinge – und Kontakt mit ihm sind das Entscheidende.

Unser Körper mit seinen Muskeln, Zellen und Knochen ist Erde. Bindet ein Mensch sein Bewußtsein ganz an das Materielle, so kann es sich nicht von seiner Erdgebundenheit lösen. Wird alle Energie ins Physische projiziert, in Dinge und in Menschen als Dinge, so wird Entwicklung kaum stattfinden können. Die Bedingung für Entwicklung ist, daß die Identifikation mit der Erde – mit dem Körper, den Dingen, anderen – gelöst wird.

Soll sich das Bewußtsein über die Begrenzung und Geschlossenheit, die die Folge der Fixierung an das Physische ist, hinaus erweitern, so ist Energie notwendig, und diese muß zunächst aus der aktuellen Überbetonung des Physisch-Materiellen gezogen werden.

Selbstverständlich benötigt der Körper ein gewisses Optimum an Energie und Aufmerksamkeit für seine Funktionen, ebenso wie ein Funktionieren im physischen Alltag ein gewisses Maß an Energie erfordert. Es ist aber leicht festzustellen, daß die meisten Menschen unglaublich viel mehr an Energie auf das Materiell-Physische verwenden als notwendig und recht ist. Unsere Wohlstandsgesellschaft konsumiert Stoffliches in unerhörten Mengen: Nahrung, Kleidung, Dinge. Der Westen häuft Materielles jenseits alles Berechtigten um sich herum auf in Form von Grundbesitz und Wert- und Luxusgegenständen.

Der einzelne Mensch scheint oft vom Physisch-Materiellen hypnotisiert; es ist wie ein Hunger, ein unersättliches Verlangen nach Stofflichem. Und soviel man auch konsumiert und zu füllen versucht – das

Loch, die Leere bleibt so groß wie zu Beginn. Stoff für die Ernährung, Neuigkeiten, Zeitungsstoff, Stoff für Kleidung, Stoff für Sachen. Kunststoff und Stoff für Rauschzustände. Der unausgeglichene Verbrauch von Stoff gehört zum Symbol des Erdelements und zeigt die Fixierung an das unterste psychologische Zentrum auf, das die niedrigste Bewußtseinsform repräsentiert, die der Mensch entfalten kann.

Beginnt ein Mensch die selbsterschaffene Begrenzung zu verstehen, die darin liegt, sich nur mit dem Materiellen zu beschäftigen, so ändern sich die Träume. Wenn Energie und Bewußtsein sich aus dem physischen, materiellen Umsatz zurückziehen, verursachen sie Träume von drastischen oder fruchtbaren Änderungen im Erdelement, wie zum Beispiel Träume von Pflügen, von Aussaat; große Ausgrabungsarbeiten, Greifbagger, die die Landschaft verändern. Dramatischer zeigen sich diese Prozesse der Freisetzung von Energie als Abriß von Häusern, Zerstörung von Städten, Erdbeben und andere physische Katastrophen.

Wird die Identifikation mit dem stofflichen Erdelement gelöst, so ändern sich die Energieinvestitionen im Alltag. Übertriebene Beschäftigung mit Essen, Karriere und Gegenständen wird in Richtung eines ausgeglicheneren und gelasseneren Engagements geändert.

Psychologisch zeigt sich die Identifikation mit Erde in starren Meinungen, einem rigiden Wesen und einer blockierten, gepanzerten Körperlichkeit.

Das Ideal der erdgebundenen Lebensform ist die Vorstellung einer gleichmäßigen Verteilung der basalen physischen Güter: Nahrung, Kleidung, Wohnung, Geld.

Wenn Loslösungen von den Energieinvestitionen in der physischen Wirklichkeit beginnen, öffnen sich Bewußtsein und Lebensform für eine fließendere und freiere Daseinsform. Transformation im Erdelement setzt die Symbolerscheinungen des Wasserelementes frei.

Der Beginn einer solchen Entwicklung bewahrt selbstverständlich ein gewisses ausgeglichenes Engagement im physischen Aspekt der Wirklichkeit. Das ist, was man wohlverstanden die Erdverbundenheit eines Menschen nennt. Die Fähigkeit, diese normale Wirklichkeit klar und

gegenwärtig zu erleben und in ihr zu sein, ist eine Bedingung für einen harmonischen Entwicklungsprozeß.
Wie weit Entwicklung auch einen Menschen führen mag – geht sie regelmäßig voran, wird sie seine Fähigkeit zu totalem Handeln und Fühlen im gewöhnlichen, konkreten Aspekt der Wirklichkeit nicht vermindern. Entwicklung ist: genau sehen können, was gegeben ist – nicht mehr und nicht weniger.

Das Symbol des Wasserelementes

Das Symbol des Wassers ist mit dem Chakra der Bauchmitte verbunden, ein paar Zentimeter unter dem Nabel. Die Sanskritbezeichnung dieses Chakras ist Svadisthana, besser bekannt ist es aber unter seinem japanischen Namen Hara. In Zen wie auch im Karate ist dieses Chakra wohlbekannt und wird als genereller Zentrierungs- oder Schwerpunkt des Körpers und der Psyche benutzt. Das größte System des Körpers zur Umsetzung von Wasser – Niere und Blase – liegt in diesem Bereich.
Das Wasser ist, wie Jung gezeigt hat, eines der umfassendsten Symbole für das Unbewußte an sich. So bildet sich das persönliche Unbewußte in Träumen von relativ geschlossenen Wassersystemen ab, von Seen, Fjorden, Buchten; das Meer hingegen symbolisiert das kollektive Unbewußte.
Jeder, der sich in einem Individuationsprozeß befindet oder sich nach innen gewandt hat, wird regelmäßig Träume von Wasser haben.
Verschmutztes Wasser drückt selbstverständlich innere psychische oder körperliche Verschmutzung aus, emotionales Chaos, nicht erkannten Schatten usw. Je klarer und sauberer das Wasser ist, desto mehr Durchsichtigkeit findet sich in der Persönlichkeit. Zu Eis oder Schnee gefrorenes Wasser symbolisiert im allgemeinen blockierte, gefrorene Energie, zum Beispiel Körperblockierungen oder steife, eingefrorene Verhaltensweisen, neurotische Strukturen und ähnliches. Eine Begeg-

nung mit dem Meer entspricht der Begegnung des Ich-Bewußtseins mit den gewaltigen unbewußten Bereichen der Persönlichkeit. Je nach Einstellung des Ich-Bewußtseins zeigt sich das Meer in Träumen friedlich, aufgewühlt, faszinierend oder lebensbedrohend. Die Gefahr, daß das Bewußtsein vom Inhalt des Unbewußten überwältigt wird und in ihm ertrinkt, zeigt sich in Träumen von sintfluthaften Wassermassen. Der reinigende Aspekt des Wassers erscheint in Träumen von Bädern oder Waschungen, von Taufe und reinigenden Regenschauern.
Psychologisch ist Wasser Symbol für eine fließendere und situationsnähere Daseinsform. Wird die Identifikation mit dem erdhaft Dinglichen gelöst, so beginnt sich die materielle Geschlossenheit zu öffnen. Ist man materialistisch eingestellt, wird man andere Menschen als in sich geschlossene Gegenstände erleben. Das Innere eines anderen Menschen bleibt unbekannt, seine Gedanken, heimliche Gefühle, Phantasien usw. Nur wenn der andere selbst berichtet, ist Kontakt mit seinem Inneren möglich. Wird nun aber die Identifikation mit dem Physischen gelockert, erweitern sich die Grenzen der Persönlichkeit. Statt den anderen und sich selbst vor allem als abgeschlossene Form zu erleben, beginnt ein Erleben des Energiefeldes in dem und um den anderen und um die eigene Person. Und die Ausstrahlung, die uns umgibt, unser Energiefeld, ist nicht derart dinghaft umgrenzt und voneinander getrennt. Im Gegenteil, Menschen fließen, energetisch gesehen, ineinander. Dies bedeutet nicht, daß ein Mensch, der von Wasser träumt, automatisch diese Erlebnisse von Energiefeldern hat. Es bedeutet, daß sich die Bedingung für einen Wechsel der Erlebens- oder Bewußtseinsform allmählich im Unbewußten rührt und im Traumleben spiegelt. Profitiert der Betreffende nicht durch meditative Übung von diesen Möglichkeiten, so wird sich das Bewußtsein in seinen Erfahrungen nicht entscheidend erweitern.
Bisweilen kann die hier charakterisierte Erlebensform sozusagen einen Menschen überkommen. So kann man zum Beispiel ein Verschmelzen mit der Natur erleben oder, in sexuellem Zusammenhang, ein Verschmelzen mit einem anderen Menschen. Solche Ereignisse deuten die

Bewußtseinsform an, deren Symbol das Wasser ist, oder sie greifen ihr vor.

In einer gegebenen Situation wird es einem der Energiestruktur des Erdelements verbundenen Menschen wesentlich erscheinen, in seiner Getrenntheit dazustehen, mit seinen festen Meinungen und unverrückbaren Standpunkten. Es erscheint ihm wichtig, zu argumentieren, den anderen zu gewinnen, zu überzeugen, Widerstand zu leisten, Contra zu geben usw. Die eigene Identität wird in den Unterschiedlichkeiten gesehen. Wenn die nächste Erlebensform von Energie die Persönlichkeit zu prägen beginnt, wird es attraktiv erscheinen, in einer Situation so zu sein wie Wasser in einem Krug: Dann geht es darum, die Situation zu füllen, flexibel und gegenwärtig zu sein.

Die Intensität, die in der Selbstidentifikation durch Unterschiedlichkeit, durch Geschlossenheit gegenüber anderen und der Situation entsteht, ist wesentlich geringer als die Lebensqualität, die durch Betonung spontaner, fließender, existentieller Gegenwärtigkeit entsteht. Ein erdgebundener Mensch antwortet und reagiert aus vergangenheitsbezogenen und -bedingten festen Verhaltensweisen; ein wassergeprägter Mensch fließt in die augenblickliche Situation aus ihr heraus.

Es ist wichtig zu verstehen, daß die hier beschriebene Bewußtseinsform und Erfahrungsweise nicht dem wohlbekannten Zerfließen gleicht, einer vagen Nachgiebigkeit. Es geht nicht darum, nur mit dem Strom zu schwimmen, wie die anderen zu handeln. Wie andere zu handeln, ist im Gegenteil eine sehr verbreitete verdinglichende und abgeschlossene Verhaltensweise. Wie andere handeln, Mitläufer sein, heißt, sich in der Masse, in der Mode zu verlieren. Es bedeutet Verschwinden, die eigene Gegenwärtigkeit in der Situation zu reduzieren.

Geht das Bewußtsein dagegen in ein Energiefelderlebnis ein, so wächst die Gegenwärtigkeit, alles wird neu und lebendig. Kontakt zwischen einer Situation und der eigenen Person oder anderen wird vertieft. Es findet eine radikalere Begegnung statt. Zerfließendes Mitläufertum erfolgt gerade dann, wenn der einzelne nicht gegenwärtig ist; es zeigt fehlenden Mut zur Präsenz in der eigenen Andersgeartetheit. Es ist die negative Entsprechung der festen Ich-fixierten Getrenntheit eines erdgebundenen Menschen. Das Energiefelderlebnis ist eine höhere, sinnerfülltere Form des Kontaktes.

Diese beiden Arten, Energie zu erleben – fest oder fließend – schließen sich nicht aus, sondern ergänzen und bereichern einander. Nicht entweder-oder, sondern sowohl-als-auch.

Eine Betrachtung des Körpers zeigt, daß Energie in sich selbst auf Festes und Physisches ausgerichtet ist. Die Persönlichkeit hat selbst die Skelettstruktur des Körpers gebildet, womit ihre Energie eine physische und materielle Form gewählt hat. Es ist diese Tendenz, deren Fortsetzung die physisch fixierte erdgebundene Bewußtseinsform darstellt, die dazu neigt, die flexiblen Körperstrukturen in Blockierung zu binden. Je stärker ein Mensch sich mit dem erdgebundenen Bewußtsein identifiziert, desto mehr neigt der Körper zu Erstarrung, zu Panzerung. Zahlreiche Formen muskulärer Erstarrung, Gicht, Verkalkung, liegen begründet in der übertriebenen, ungleichgewichtigen Identifikation mit erdgebundener, zum Materiellen neigender Energie, mit erdgebundenem Bewußtsein. Bringt auf der anderen Seite Selbstentwicklung einen Menschen dahin, daß er an der eigenen blockierten Körperlichkeit arbeitet, zum Beispiel in Form intuitiver Massage, bioenergetischer Übungen usw., so wird oft eine Auflösung der Blockierungen erlebt; bislang feste, zu Stillstand und Absterben tendierende Energie beginnt zu strömen, zu pulsieren und zu fließen. Der Körper wird lebendig, ein Durchströmen von Leben wird fühlbar.

Das Meer bildet, wie Jung es beschrieben hat, im allgemeinen das kollektive Unbewußte ab. Nun hat das kollektive Unbewußte die oft übersehene Eigenschaft, daß es kollektiv ist; es ist transindividuell. Im kollektiven Unbewußten sind die Menschen unmittelbar und von Anfang an miteinander verbunden. Das Ich ist ein späteres Getrenntsein, eine Isolation von einem ursprünglich kollektiven Feld.

Beginnt ein Mensch, regelmäßig vom Meer zu träumen, so bedeutet dies eine Öffnung in das kollektive Unbewußte. Werden diese Traumerfahrungen meditativ ins Bewußtsein eingearbeitet, so wird sich das

Bewußtsein erweitern und auch dieses kollektive Feld erfassen. Solange das kollektive Unbewußte ein Begriff zur Erläuterung von Träumen und Archetypen bleibt, wird das Bewußtsein seine Erlebnisform nicht ändern.

Wird das Bewußtsein dagegen meditativ geändert, so daß es die Erlebnisqualität des Wassersymbols erfaßt, erfolgt ein Bewußtwerden von Teilen des kollektiven, bisher unbewußten Feldes. In diesem Fall schließt das Bewußtsein in wachem Zustand Teile des kollektiven Feldes ein, die sich bisher nur in Träumen und Symbolen manifestierten. Dies ermöglicht eben die genannten Erlebnisse energiefeldhafter Natur, in denen der einzelne über das Bewußtwerden des bisher kollektiv Unbewußten kollektive Strukturen direkt um die anderen und sich selbst herum, in ihnen und zwischen ihnen erlebt.

Ein entscheidendes Verschieben der psychologischen Zentrierung vom Symbol des Erdelementes im Wurzelzentrum zu dem des Wassers im Harachakra erweitert das Bewußtsein, so daß es die bisher unbewußte Kollektivität einschließt. Das Bewußtsein – wenn es im Hara zentriert ist – erlebt die Zusammenhänge zwischen Menschen voll bewußt, die einem psychologisch im tieferliegenden Chakra zentrierten Menschen unbewußt sind.

Das Symbol des Feuerelementes

Das Feuersymbol ist mit dem Bereich des Solarplexus dicht unter den Rippen verknüpft. Dieses Chakra wird Manipura genannt, und seine Energiezirkulation ist mit dem körperlichen Feuer verbunden, wie es in der Verbrennung der Verdauung arbeitet. Träume, deren zentraler Inhalt Feuer ist, sind, wenn auch noch recht häufig, so doch wesentlich seltener als Träume von Wasser.

Das Feuer hat drei Hauptfunktionen. Sein deutlichster Aspekt ist der zerstörende: Feuer verbrennt stets etwas, um sich selbst zu erhalten. Eng mit diesem Aspekt verknüpft ist die reinigende, läuternde Funktion des Feuers. Der dritte Aspekt ist der transformative: Feuer als Bild der Triebkraft des Entwicklungsprozesses, das Feuer der Aufmerksamkeit, oder das der Meditation. Dieser Aspekt ist aus der westlichen Alchemie bekannt, deren Transformationen von einem stetigen, aber ruhigen Feuer genährt werden. Außerdem ist dieser Aspekt auch als Kundalini- oder Schlangenfeuer bekannt, das den yogischen oder tantrischen Prozeß in Gang hält.

Wenn etwas brennt, wird die latente oder unsichtbare Energie im Feuer sichtbar. Feuer ist ein Symbol für die Energiemenge, die ein System oder ein Gegenstand enthält. Stets wird Feuer eng mit seiner Grundlage verknüpft gesehen, es flammt um den brennenden Gegenstand. Folglich symbolisiert Feuer ein Energieerlebnis, in dem die in einem gegebenen System oder Gegenstand enthaltene oder investierte Energie sichtbar gemacht wird.

In seinen niedrigeren Aspekten bildet Feuer das emotionale Engagement und die sexuelle Leidenschaft ab. Brennt daher etwas in Träumen, entspricht dies einer Änderung des Energieeinsatzes in diesem Phänomen, oft einer Änderung in Form eines Rückzugs. Steht der Arbeitsplatz im Traum in Flammen, bedeutet dies in der Regel, daß sich das Engagement in dieser Arbeit ändert, vermutlich so, daß die Libido sich zurückzieht. Der Zusammenhang des Traumes zeigt, ob es sich um einen unwiderruflichen Rückzug der Energie handelt – rein destruktive Träume; oder um eine Änderung des Engagements – läuternde, verwandelnde Feuerträume. Brennt etwas im Traum, so wird die in diesem Phänomen eingeschlossene Energie befreit oder sichtbar gemacht. Dieses Sichtbar- oder Bewußtwerden wird eine Änderung des Engagements in diesem Phänomen herbeiführen.

Da Feuer eng mit dem Emotionalen verbunden ist, wird ein Mensch, der eingehender mit diesem Bereich zu arbeiten beginnt, im allgemeinen Feuerträume im Gedächtnis behalten. Die Arbeit in diesem Bereich besteht vor allem darin, den gewaltigen Umfang des Emotionalen zu erkennen und zu erleben. Es gehört mit dem Sichtbar- und Bewußtwerden der Energieinvestitionen in Gegenstände und Personen der Umwelt zusammen, eigene Emotionen zu sehen und ihr inneres Feuer zu erleben.

Zunächst ist das Sehen und Erkennen der Emotionen notwendig. Darauf folgt emotionale Katharsis. Schließlich sind Kontrolle und Verwandlung des emotionalen Energieausdrucks möglich. Träume, in denen Explosionen, Vulkanausbrüche und dergleichen vorkommen, fordern zur Katharsis auf. Werden die emotionalen Stürme gestillt und der dramatische, destruktive Aspekt der Feuerträume tritt in den Hintergrund, so stellen sich transformative Feuerträume ein. Die Radikalität der Verwandlung läßt sich an der Radikalität der zerstörerischen und reinigenden Feuerträume ablesen.

Handelt es sich um eine partielle Verwandlung, können einzelne wohldefinierte Bereiche oder Gegenstände brennen: der Arbeitsplatz, die Arbeitsmontur oder das Auto, ein Bekannter, ein Tier usw. Stehen entscheidende Veränderungen bevor, so brennt das eigene Haus, die Familie, die Eltern, man brennt selbst oder, als Kulmination, die ganze Welt – alles um einen herum steht in Brand. Solche radikalen Träume kündigen umfassende Änderungen im gesamten Energiehaushalt an: In den grundlegenden emotionalen und allgemein libidinösen Investitionen treten Regulierungen und Veränderungen, die eigene Person (das Ich) und die Umwelt betreffend, ein. Dies wird entscheidende Änderungen der Einstellung mit sich bringen, neue Richtlinien, neue Werte und Lebensformen.

Diese Art von Feuerträumen ist grundsätzlich zu beachten. Versteht das Bewußtsein nicht, was geschieht, und ist das Ich nicht zu großer Selbstrelativierung bereit, so können sich diese Träume zu chaotischen oder psychotischen Zuständen in der Persönlichkeit entwickeln. Wird dieser Prozeß aber von den transformativen Feuerträumen abgelöst, so beginnen sich die Fortschritte in der Entwicklung zu zeigen. Solche Träume bilden künstliches Feuer ab: kontrollierte Brände, Feuer in Öfen und Kaminen; Herdfeuer und alchemistische Feuer. Dies wird oft die Wirkung der Entwicklungstechnik aufzeigen, die ein Mensch benutzt. Wird mit Meditation gearbeitet, so bildet sich deren Wirkung,

Balance oder Schädlichkeit oft direkt in Träumen von Feuer dieser Art ab. Höhere Transformations- oder Entwicklungsträume zeigen den göttlichen Aspekt des Feuers: zum Beispiel eine brennende Lotusblume, die dennoch nicht verzehrt wird, oder eine flammende Aura um einen Meditierenden oder eine Weisheitsgestalt.

Träume von Feuer bedeuten die Möglichkeit eines neuen Energieerlebens. Auch hier gilt, daß das bloße Vorkommen dieser Träume nicht automatisch Bewußtseinsveränderungen mit sich bringt, die Energie sichtbar machen könnten. Werden die betreffenden Träume – besonders natürlich ihre eventuellen höheren transformativen Feuersymbole – aber in meditativem Bewußtseinstraining weiter bearbeitet, kann das Symbol des Feuers den Zugang zu einer weiteren Dimension des Erlebens und Bewußtwerdens von Energie eröffnen.

Das Feuersymbol bedeutet die Sichtbarmachung der in einem Phänomen enthaltenen Energie. Ein psychologisch im Feuerchakra zentrierter Mensch wird folglich die in einer Situation oder Persönlichkeit enthaltenen Energiemengen und verschiedenen Energiebewegungen und Qualitäten fühlen können, zum Beispiel unmittelbar die emotionale Ausstrahlung eines anderen Menschen empfinden, wahrnehmen, fühlen oder sehen. Wie das Feuer die sichtbar gewordene Energieaura um ein brennendes Phänomen ist, so ist die Ausstrahlung, die Aura, das sichtbar gewordene Energiefeld in einem Menschen und um ihn herum.

Das Bewußtsein kann in einer materiell-physischen Energieauffassung gebunden sein; in diesem Fall wird ein anderer Mensch fundamental als ein geschlossener Gegenstand erlebt, dessen Inneres verborgen und unsichtbar ist. Das Bewußtsein kann aber auch einer fließenden Auffassung von Energie folgen, wodurch Erlebnisse des Energiefeldes möglich werden. Es ist dann vorstellbar, durch einen anderen Menschen hindurchzufließen oder mit ihm zu verschmelzen oder die gemeinsame, kollektive Grundlage zu erleben. Schließlich kann das Bewußtsein sich für eine Energieauffassung von der im Feuer symbolisierten Art öffnen; hierdurch wird das Energiefeld um einen anderen

Menschen als sichtbar erlebt, eine dem Bewußtsein zugängliche und symbolisierbare Ausstrahlung.

Feuer ist ein stärker gegenwärtiges Element als Wasser. Es existiert nur im Augenblick, nur solange es in seinen Flammen sichtbar ist. Es verwandelt sich ständig. Selbst eine ruhige Flamme ist eine konstante Produktion gleichartiger Flammen. Feuer ist ein Prozeß. Die im Feuersymbol dargestellte Erlebnisqualität ist ebenso ein ständig wechselndes, aber dennoch intensiv aufmerksames Bewußtsein von Wesen und Inhalt einer Situation. Dieses Bewußtsein deutet nicht aufgrund von Vergangenem oder Bekanntem, es verhält sich nicht gewohnheits- oder erwartungsgemäß zur Situation. Vielmehr sieht es die einmalige Energiekonstellation des Augenblickes und antwortet spontan, stets neu, direkt auf die spezifische Eigenart der jeweiligen Situation bezogen.

Ein Mensch in einem Entwicklungsprozeß zu höherem Bewußtsein im allgemeinen wird diese verschiedenen Energieaspekte in bunter Mischung und anfangs in kurzen Momenten erleben. Erst nach langdauernder Übung lassen sich die verschiedenen, einander ergänzenden Energieaspekte kontrollierter anwenden. Ein derart geübtes Bewußtsein vermag je nach Bedarf den gewünschten Energieaspekt und die entsprechende Erlebnisweise zu benutzen. Auf ähnliche Weise kann das normale Ich-Bewußtsein den einen oder den anderen der gewöhnlichen fünf Sinne wahlweise betonen: man hört, sieht, riecht usw. Ebenso kann sich das höher entwickelte Bewußtsein entscheiden, den physisch-dinghaften Aspekt, das Erfahren von Energiefeldern oder die aurische Sichtbarmachung von Energie zu akzentuieren.

Das Symbol des Luftelementes

Der physische Reflexionspunkt des vierten Chakras liegt im Bereich des Herzens, umgeben vom Lungensystem. Mit diesem sogenannten Herzzentrum oder Anahata-Chakra ist das Luftsymbol verbunden. Ein-

atmen und Ausatmen, Ausweitung und Zusammenziehen des Herzens, Diastole und Systole, gehören zum Fokuspunkt dieses Bereichs.
Unter den Träumen, deren wichtigstes Symbol das Element Luft ist, gibt es solche vom Fliegen, sei es in Flugzeugen, Raumfahrzeugen oder auch ohne Hilfsmittel, tief oder aber hoch in der Atmosphäre, von wo aus die Erde in ihrer blaugrünen Gänze überblickt werden kann. Entscheidend wichtig ist es, zu verstehen, warum man in diesen Träumen fliegt.
So kann unterdrückte Sexualität dieses Fliegen bewirken. Fand ein Aufbau sexueller Energie statt, ohne daß diese Energie ausgelöst wurde, zeigt es sich oft, daß sich diese aufgestaute, nicht gelöste Energie in Träumen von ekstatischem Fliegen entlädt. In solchen Fällen hat sich die sexuelle Energie, da ihr der direkte Ausweg versperrt war, »erhoben« und »Flügel« bekommen. Aus Notwehr entdeckt sie in einer Art glücklicher Verzweiflung eine Verwandlungsmöglichkeit in Richtung auf Vergeistigung.
Eine ähnliche Art von nicht in echter Weise luftsymbolischen Träumen sind solche, in denen Menschen in einer ausweglosen Situation (zum Beispiel von Gangstern in einem Hochhaus bedroht) in Angst oder Panik durch das Fenster springen und auf diese Weise zufällig entdecken, daß man in Träumen fliegen kann.
Diese beiden Arten von Flugträumen sind nicht zu den natürlichen Formen entwicklungsorientierter Träume zu rechnen.
Echte Flugträume sind nämlich dadurch gekennzeichnet, daß das Fliegen aus einem Befreiungsgefühl heraus erfolgt und nicht aus Angst, Fluchttrieb oder unterdrückter Sexualität. Fliegen ist ein Überwinden der physischen Schwere, eine Erhöhung, Vergeistigung, die darauf beruht, daß die Identifikation mit den tieferen, stärker physisch gebundenen Elementen und Energieformen für eine gewisse Zeit aufgehoben ist. Ein solches Fliegen wird sich oft, wenn auch nicht immer, in Richtung auf eine Symbolisierung der Ebene der Weisheit bewegen, was auf eine Verwandtschaft zwischen Weisheit und Herzzentrum hindeutet.

Allein die Tatsache des Fliegens im Traum bewirkt bisweilen eine Änderung des Traumbewußtseins. Selbst zu fliegen ist physisch unmöglich, und das Bewußtsein darüber sitzt so tief, daß die Tatsache des Fliegenkönnens im Traum bisweilen den Träumer ahnen läßt, daß er träumt. Hierdurch ändert sich die Bewußtseinsform; sie wird, was man luzid oder astral nennt.

Astrales Bewußtsein ist eine Zwischenform oder Kombination von Wachzustand und Traum. Kennzeichen des wachen Bewußtseins ist, daß man weiß, wer und wo man ist. Das Traumbewußtsein dagegen ist dadurch gekennzeichnet, daß man nur ganz schwach, oft gar nicht, weiß, wer man ist, und daß man entschieden nicht weiß, wo man sich befindet. Man glaubt, man sei in Afrika, und in Wahrheit liegt man daheim im eigenen Bett. Im normalen wachen Bewußtsein ist es unmöglich, das Innere, Unbewußte, Verborgene zu sehen. Im Traum dagegen ist alles Innere prinzipiell äußerlich sichtbar. Ich kann von meinen Stimmungen als gemalten Bildern träumen, von uralten, vergessenen, verborgenen Geschehnissen. In Träumen werden die inneren Organe, Zellen, Blutkörperchen usw. sichtbar. Die astrale Bewußtseinsform gleicht der wachen darin, daß ich weiß, wer und wo ich bin: nämlich schlafend in meinem Bett. Gleichzeitig ist es aber auch dem Traum ähnlich, denn alles Innere, Verborgene, Unbewußte wird direkt äußerlich sichtbar erlebt. Astrale Träume sind wache Träume.

Bei Halluzinationen und vielen psychotisch bedingten Wahrnehmungen handelt es sich um unkontrolliertes astrales Bewußtsein. Astrale Klarsichtigkeit dagegen ist kontrolliertes astrales Bewußtsein.

Etliche Flugträume gleiten in astrales Bewußtsein über – durch das Bewußtsein des Träumens im Traum. In solchen astralen Träumen werden klare Bildgestaltungen der eigenen Emotionalität, der eigenen Schattenseiten und Körperblockierungen erlebt. In höheren astralen Zuständen erfolgen Begegnungen mit dem eigenen höheren Selbst, wodurch diese höheren astralen Träume wiederum ihre Verwandtschaft mit den nicht astralen Weisheitsträumen zeigen.

Das wesentliche Kennzeichen des Luftsymbols ist seine Affinität zu

Weisheit, Geist und Selbst. Solange ein Mensch das Ich und das Ich-Bewußtsein als Zentrum der Persönlichkeit erlebt, bleibt er an die Psychologie und die Erlebensformen der unteren Chakren gebunden. Führt Entwicklung eines Menschen zu einem klaren Erlebnis der Tatsache, daß es ein höheres, übergeordnetes Zentrum gibt – das Selbst –, so beginnt sich das Herzzentrum zu öffnen; Erlebnisse und Gefühle stellen sich ein, die diesem Bereich zuzuschreiben sind. Nach Jung tendiert der Individuationsprozeß bekanntlich gegen ein an sich hypothetisches Ziel: ein Selbst zu sein. Jung meint in der Praxis, der höchste ihm bekannte Zustand sei ein klares Gefühl des Ichs von seiner Relativität, davon, eine Funktion des höheren Zentrums des Selbst zu sein. Jung meinte aber, der Mensch könne seine Bewußtseinsform nicht entscheidend zum Selbst hin ändern. Darum lehnte er es ab, sich mit Meditation und höherem Bewußtsein zu befassen.

Jung hat, so kann man sagen, den Individuationsprozeß als zum Kontakt mit dem Herzzentrum tendierend beschrieben, zu einer Öffnung dieses Zentrums im Fühlen des Selbst. In seinen Publikationen sah er es aber nicht als rechtens an, von Zuständen zu sprechen, in denen das Bewußtsein nicht nur ein Gefühl des eigenen Selbst hat und sich zuhörend zu ihm verhält, sondern den Standort entscheidend ändert und sich direkt im Selbst zentriert.

Erfahrungen scheinen nun aber zu zeigen, daß Träume von Weisheit, vom Geist, vom Luftsymbol und vom Selbst meditativ verwendbar sind und dadurch den Weg zu einer neuen Erlebensform von Energie öffnen können:

Feuer symbolisiert das Erleben von Energie, sichtbar geworden als aurische Ausstrahlung eines Menschen.

Luft symbolisiert das Erleben von Energie in freier Form, nicht mehr gebunden an ihren physischen Aspekt.

Diese Weise, Energie zu erleben oder ihrer gewahr zu sein, ermöglicht, daß man sich eines Energiefeldes bewußt wird, ohne daß der physische Aspekt dieses Feldes – wenn es einen solchen gibt – gegenwärtig sein muß. In dieser Bewußtseinsform ist es möglich, die Ausstrahlung oder das Energiefeld eines Menschen zu erkennen und zu berühren, ohne daß dieser Mensch physisch sichtbar oder gegenwärtig ist. Oder man kann in dieser durch das Luftsymbol angedeuteten Bewußtseinsform mit dem eigenen Bewußtsein das eigene höhere Selbst direkt umfassen und folglich direkt Information von diesem höheren Selbst empfangen. Diese Zustände, die aus dem Fokuspunkt des Herzzentrums und seinen Symbolisierungen beschreibbar sind, liegen auf der Grenze zu deutlich höheren Bewußtseinszuständen.

Erlebnisse eines vollkommenen Heraustretens des Bewußtseins aus dem Ich-Mechanismus beginnen in diesem Chakra. Eine solche Erfahrung entsteht durch einen Bewußtseinswechsel vom Ich zum Selbst, vom Äußerlich-Zufälligen, dem Charakter und den Eigenschaften, zur Essenz.

Das Symbol des Lautelementes

Das Lautelement ist über die Stimme mit dem Halszentrum verbunden, dem Vishudda-Chakra, dessen physischer Reflexionspunkt im Schilddrüsenbereich liegt. Träume oder besser: Zustände aus diesem Zentrum kommen recht selten vor. Sie finden sich fast nur bei Menschen, die bewußt und über längere Zeit an ihrem Entwicklungsprozeß gearbeitet haben. Charakteristisch ist, daß Laut bzw. Klang in diesen Erlebnissen eine alles beherrschende Rolle spielt. Musik, der Klang von Glocken, kosmische Klänge, die sogenannte innere Stimme der Weisheit, sphärische Töne – all dies sind Traumarten des Hals-Chakras.

Das sich mit diesen Träumen und mit dem Entwicklungsaspekt des Hals-Chakras verbindende Gefühl ist kosmisch, und was sich in diesen Lautsymbolen abbildet, sind kosmische Vibrationen. Dieses Gefühl drückt aus, daß der Kosmos Kosmos ist und einen Klang hat; ein Gefühl, das alles, was ist, von einer Grundvibration getragen wird, wie es in der Einleitung des Johannesevangeliums ausgedrückt ist: »Im Anfang war das Wort, und das Wort war bei Gott, und das Wort war Gott.«

Energie als durch Laut symbolisierte Vibration entspricht einem höher bewußten Erleben des Energiefeldes. Von hier aus werden Phänomene als in ihren kosmischen oder universalen Zusammenhang eingefügt erfahren. Immer noch gibt es Geteiltheit, immer noch Dualität, aber es existiert Gleichgewicht, beide sind vom Gleichen durchströmt, und Einheit läßt sich ahnen.

Das Symbol des Lichtelementes

Das Licht ist mit dem Auge und der Zirbeldrüse verbunden. Der physische Reflexionspunkt dieses Zentrums – des Ajna-Chakra – ist der Bereich zwischen den Augenbrauen. Träume aus diesem Bereich sind – wie die des Halszentrums – nicht Träume im gewöhnlichen Sinn. Ist das nächtliche Bewußtsein so erweitert, daß durch Klang oder Licht symbolisierte Zustände von ihm erfaßt werden, so tritt mit dem Erwachen nicht die nach Träumen sonst typische charakteristische Bewußtseinsverstärkung ein. Erwachen bedeutet ja den Übergang von einer gedämpfteren Bewußtseinsform, dem Traum, zu einer klareren, dem Wachsein. Werden Zustände des Laut- oder Licht-Chakras erlebt, so hat das »Erwachen« oder, richtiger, die Rückkehr in den Normalzustand die Form des Zusammenziehens, einer oft schmerzhaften Verengung des Bewußtseins zurück in den wachen Normalzustand.
Solche höheren Träume sind von Licht erfüllt, und Erlebnisse dieser Art sind illuminativ. Lichtströme oder Lichtvisionen machen das Wesen des Traumes oder Erlebnisses aus. Dies sind eindeutig höhere Bewußtseinszustände, in denen Einheit, oder auch Erlebnisse von Einheit, die Bewußtseinsform konstituieren.
Ebenso wie sich in gewöhnlichen Träumen, in denen Laute – Stimmen oder Elemente der Musik – vorkommen, Zustände des Hals-Chakras widerspiegeln können, kann sich auch das Licht des Ajna-Chakras in gewöhnlicheren Träumen spiegeln.
Ob ein Traum spezifisch oder typisch für diese beiden Chakren ist, läßt

sich an der Art des Erwachens nachprüfen. Das Kriterium ist eine Einschränkung des Bewußtseins. Der Traum ist höher als das wache Bewußtsein. Man kann sagen, daß ein Erlebnis der Laut- oder Lichtsymbolisierungen die wache Wirklichkeit, das wache Ich-Bewußtsein wie eine gedämpfte, traumartige Bewußtseinsform erscheinen läßt.
Erlebnisse der Bewußtseinsdimensionen des Hals- oder Augenbrauenchakras sind unverkennbar; denn diese Zustände transzendieren – in blitzhaften Andeutungen – jedes wohlbekannte Ich-Bewußtsein.
Reflexionen oder Schattierungen des Lichts vom Ajna-Chakra finden sich aber bisweilen auch in normalen Träumen. Das Licht, das den normalen Traum für den Träumer sichtbar macht, rührt teils von dem zum Traum-Ich reduzierten Ich-Bewußtsein her, teils von der den Archetypen eigenen Luminosität und teils vom überwältigenden Licht des höheren Bewußtseins. Dieses Licht des höheren Bewußtseins symbolisiert sich manchmal in Träumen von der Sonne. Erscheint diese in einem Traum, wird hier stets ungewöhnlich viel Licht und Klarheit sein. Die Sonne scheint in Träumen letztlich ein Repräsentant, ein ferner Abglanz des Lichtes vom Ajna-Chakra zu sein.
Manchmal gibt es auch Träume, in denen man die Sonne ansieht. Auf diese Weise läßt sich ein gewöhnlicher Sonnentraum in einen klareren Lichttraum überführen oder erweitern; und damit nähert er sich den typischen und reinen Träumen des Lichtzentrums. Sieht man im Traum die Sonne an, so ändert sie sich zunächst; und fortgesetztes Schauen verwandelt das sehende Bewußtsein in ein anschauendes, ein höheres, lichterfülltes Bewußtsein.

Das siebente Zentrum, das Kronen-Chakra oder Sahasrara, liegt über dem Scheitel; es hat mit endgültiger Transzendenz und Erleuchtung zu tun. Da eine Harmonisierung und Entwicklung der anderen sechs Chakren dieses Chakra automatisch entwickelt, wollen wir es hier nicht genauer beschreiben oder behandeln.

Technik

Wie wir sahen, erscheinen die Elementsymbole im Verlauf des allmählich intensiveren Individuationsprozesses spontan in Träumen. Begnügt sich die betreffende Person mit einem rein deutenden Verständnis oder einer entsprechenden Integration dieser Träume, so wird sich das Bewußtsein nicht verändern, und seine Entwicklung wird über die erste, die integrative und ausgleichende Stufe der Individuation nicht hinausgehen. Werden die Elementträume nur gedeutet, so wird, wie Jung gezeigt hat, die Entwicklung der Persönlichkeit zum Selbst im Herzzentrum als einem hypothetischen Ziel tendieren. Durch eine meditative Arbeit mit diesen Symbolen kann dagegen eine Ausbildung des Bewußtseins zu spezifisch höheren, Ich-transzendenten Zuständen einsetzen.

Die Technik ist in gewisser Hinsicht einfach. Zunächst wartet man, bis der Traumprozeß von selbst deutliche Träume der vier unteren Zentren – Erde-Wasser-Feuer-Luft – abgebildet hat. Da es ohne meditative Übung schwierig ist, typische Träume des Laut- oder Licht-Chakras im Gedächtnis zu behalten oder zu erleben, sind, wenn solche fehlen, auch die schwächeren Träume, zum Beispiel von Musik oder von der Sonne, verwendbar. Fehlt auch Erinnerung an derartige Träume, ist im Hals-Chakra der Klang von Stille zu verwenden und im Licht-Chakra Stille an sich.

Wichtig ist, mit dieser Meditation nicht zu beginnen, bevor der Traumprozeß eine innere Bereitschaft zu ihr hat erkennen lassen. Daher ist unbedingt zu warten, bis deutliche Erde-Wasser-Feuer-Luft-Träume von der ausführlich beschriebenen Art hervorgebracht wurden. Die innere Bereitschaft ist wichtig, denn diese Meditationsform ist von tiefgehender Wirkung auf das Chakrasystem und die Struktur des Bewußtseins.

Die Technik sieht folgendermaßen aus:
- In entspannter meditativer Position wird das den Träumen entnommene Erdsymbol im untersten Chakrapunkt imaginiert.

➤ Der entsprechende Reflexionspunkt liegt im Damm, zwischen Anus und Geschlechtsorganen (nicht im Steißbeinbereich, dem zweiten Reflexionspunkt des Erd-Chakras). Der Dammpunkt wird benutzt, weil er für die Regulierung der Energie nach unten durch die Beine von Bedeutung ist. Er reguliert energetisch die Verbindung zur Erde, das grounding.
➤ In diesem Punkt läßt man das Erdsymbol etwa zwei bis fünf Minuten verharren.
➤ Dann richtet sich die Aufmerksamkeit auf das Hara-Chakra, in dem ein Wassersymbol zwei bis fünf Minuten verharrt.
➤ Darauf meditiert man ein Feuersymbol im Solarplexus, dann ein Luftsymbol im Herzzentrum, einen Laut im Hals und schließlich Stille oder Licht im Augenbrauenbereich.
➤ Das dem jeweiligen Chakra zugehörende Elementsymbol wird imaginiert, und die meditative Aufmerksamkeit verbleibt dort jeweils zwei bis fünf Minuten.
➤ Hat die Meditation auf diese Weise auch das sechste Chakra zwischen den Augenbrauen erfaßt, so wendet sie sich in entgegengesetzter Richtung wieder abwärts. Diesmal genügt es allerdings, Chakrapunkt und Elementsymbol jeweils kurz zu streifen, um sogleich weiterzugehen.
➤ Die Meditation endet dort, wo sie begann, im Damm-Reflexionspunkt des Wurzel-Chakras. Sie dauert also etwa 30 Minuten und sollte auch nicht weiter ausgedehnt werden.

Wendet man diese Meditation über einen längeren Zeitraum (z. B. drei bis sechs Monate) an, so wird der Traumprozeß im allgemeinen neue Elementsymbole produzieren, die dann fortlaufend in die Meditationsübung aufgenommen werden, so daß diese immer die jeweils aktuellen Elementsymbole der Träume enthält.
Diese Technik bewirkt zweierlei: Zum einen werden das Bewußtsein von und die Sensibilität der physischen Reflexionspunkte der Chakren verstärkt. Dies hat eine ausgleichende und das Selbstverständnis stär-

kende Wirkung. Zum anderen wird das Bewußtsein darin geübt, innerhalb der immer subtileren Aspekte des Energieerlebens und der Energiemanifestationen, die die Elemente symbolisieren, freier zu arbeiten. Dies ist Vorbereitung und Übung für eine Bewußtseinserweiterung zu entschieden höherem Bewußtsein.

Abschließend sei darauf hingewiesen, daß von einem Spielen oder Experimentieren mit dieser Technik unbedingt abzuraten ist. Mit ihr zu arbeiten, ist nur dann ratsam, wenn volles Verständnis für die Konsequenzen und völlige innere Bereitschaft gegeben sind.

GÉRARD EDDE

Visualisierung zur Erweckung der »Fünf Sinne«

Die Konzentration und die Visualisierung sind für den ayurvedischen Therapeuten zwei wichtige Qualitäten. Obwohl die folgende Übung aus der tantrischen Tradition Indiens kommt und nicht aus dem formalen medizinischen System des Ayurveda, sind wir der Ansicht, daß sie für das intuitive Verständnis des Begriffs der Fünf Kosmischen Elemente von unmittelbarem Interesse ist. Diese Visualisierungsmethode stammt aus einer tantrischen Abhandlung des achten Jahrhunderts, dem *Chakrasambhara Tantra*. Sie hat das Ziel, die Wahrnehmungsfähigkeiten der fünf physischen und feinstofflichen Sinne zu erwecken.

»Nimm an einem ruhigen Ort eine dir angenehme Haltung ein. Stelle dir die Leerheit des Raumes vor, woraus alles entstanden ist, und suche in deinem inneren Raum (Chidakasha) einen Zustand von Bewußtheit und Glückseligkeit zu realisieren.
Visualisiere, daß Lichtstrahlen aus dem Zentrum deines Herzens (Chakra Anahata) hervorströmen und den ganzen dich umgebenden Raum erhellen …
Lenke diese Strahlen zu dir zurück und konzentriere sie in deinem Innern: den männlichen Atem rechts von deinem Herzzentrum und den weiblichen Atem links davon. Denke, daß du ein Held bist, ein furchtloser Halbgott, und visualisiere deine Meister über deinem Kopf. Bitte sie um ihre Hilfe bei deinem inneren Erwachen.
Stelle dir nun im Herzzentrum, in der Mitte deines Brustkorbs, eine rote und weiße Scheibe vor und darauf einen leuchtenden Punkt von der Größe eines Sesamkorns, worin dein ganzes Bewußtsein konzentriert ist. Laß deinen Atem ruhig und ganz ausgewogen werden. Halte deine Konzentration aufrecht, dann wird sich ein wohltuender Zustand der

Bewußtheit einstellen. Wende deine Aufmerksamkeit dann den fünf Sinnesorganen zu:
Halte deine Augen geschlossen und visualisiere zwei funkelnde weiße Punkte vor deinem inneren Auge. Dann, wenn du richtig konzentriert bist, öffnest du die Augen wieder und betrachtest die dich umgebenden Gegenstände, wobei du die Wahrnehmung der beiden Punkte beibehältst ... Lenke die beiden Punkte dann in dein Herzzentrum zurück.
Richte dein Bewußtsein auf deine beiden Ohren. Visualisiere im Innern jeden Ohres einen tiefblauen Punkt ... Fahre mit der Wahrnehmung dieser beiden Punkte fort, wenn du dich an einen geräuschvollen Ort begibst. Die Ohren werden dadurch empfänglicher ... Lenke die beiden Punkte in dein Herzzentrum zurück.
Visualisiere einen kleinen gelben Punkt im Innern eines jeden Nasenlochs und meditiere darauf ... Geh dann an einen Ort, wo Gerüche vorherrschend sind, und behalte die Konzentration auf die beiden Punkte bei ... Lenke die beiden Punkte dann wieder in dein Herzzentrum zurück.
Visualisiere einen roten Punkt an der Wurzel deiner Zunge und meditiere darauf ... Koste dann Dinge von verschiedenem Geschmack. Halte deine Aufmerksamkeit dabei auf diesen Punkt gerichtet, und lenke ihn dann wieder in dein Herzzentrum zurück.
Visualisiere einen grünen Punkt im Sexualbereich, zwischen dem Anus und den Geschlechtsorganen (Chakra Muladhara) und meditiere darauf ... Versuche dann, verschiedene Gegenstände mit den Händen zu berühren, wobei du deine Konzentration auf den grünen Punkt gerichtet hältst. Lenke deine Bewußtheit dann auf dein Herz und stelle dir vor, wie die Gegenstände, die du berührt hast, einer nach dem anderen miteinander verschmelzen und sich schließlich in die Leerheit auflösen.
Verweile in diesem Zustand des inneren Friedens und laß alle Punkte aus deinem Herzzentrum in die verschiedenen Sinnesorgane zurückkehren, die damit gereinigt und gestärkt sind ... Diese Erfahrung erfüllt das Wesen mit Glückseligkeit.«

AMY WALLACE / BILL HENKIN

Die Chakras öffnen und schließen, reinigen und ausrichten

Gewöhnlich wird Leuten, wenn wir ihnen sagen, wir lernen jetzt die Chakras öffnen und schließen, ganz mulmig zumute, wenn sie sich vorzustellen versuchen, wovon wir eigentlich sprechen, und sie sind sicher, daß sie es – egal was es ist – nie schaffen werden. Doch das Öffnen und Schließen der Chakras ist nur eine Sache des Zulassens: Du tust es einfach. Du kannst dazu ein geistiges Bild zu Hilfe nehmen. Gewöhnlich betätigst du deine Chakras automatisch, durch eine Art astraler Vorrichtung, die den Energiefluß in und aus deinem psychischen System reguliert, genauso wie dein autonomes Nervensystem deinen Atemfluß und deinen Blutkreislauf reguliert. Manchmal ist es jedoch von Vorteil, wenn du die Energie, die in deinen psychischen Haushalt hereinkommt, kontrollieren oder ein bestimmtes Chakra öffnen und schließen kannst.
Wir haben bereits auf die Unannehmlichkeiten hingewiesen, die du bekommst, wenn dein zweites Chakra weit offen ist. Wenn derselbe Freund, der so viele Probleme hat, mit dir Kaffee trinken will, und du willst im helfen, ohne dabei seine Depressionen aufzusaugen, dann brauchst du nur dein zweites Chakra mindestens zur Hälfte zu schließen, und es ist sehr viel weniger wahrscheinlich, daß du dich in Mitgefühl mit ihm verlierst. Dann bist du frei, dir seine Schwierigkeiten anzuhören, und wenn ihr das beide wollt, kannst du ihm Rat und Hilfe anbieten. Und wenn du dann gehst, fühlst du dich immer noch wohl: Du hast dir nicht sein psychisches Gepäck aufgeladen.
Deine Energien sollen dir dienen und nicht im Widerstreit mit dir sein. Deine Energiezentren sollen so funktionieren, wie es der jeweiligen Situation angemessen ist. Wenn du zum Beispiel über eine lange Zeit

hinweg auf »Überleben« eingestellt warst, um mit deiner Miete, deiner Arbeit, deinem Lebensunterhalt usw. klarzukommen und eines Tages hast du eine Menge Geld, und dein Vermieter schickt dir einen Strauß Rosen, dann ist es nicht mehr angemessen, mit dem ersten Chakra zu leben. Du überlebst wunderbar. Dein erstes Chakra weiß das aber vielleicht nicht auf Anhieb. Es hat wochen- oder monatelang auf Hochtouren gearbeitet und ist es gewohnt, hundertprozentig offen zu stehen.

Es wird sich allmählich von selber schließen, aber du läufst in der Zwischenzeit vielleicht immer noch ängstlich und angespannt herum, weil du noch auf Überleben eingestellt bist. Viel einfacher ist es, das Chakra zu schließen, wenn du weißt, es ist an der Zeit, und es bei Bedarf wieder zu öffnen. Und das ist für alle Chakras so.

Hier ist eine kleine Übung, die dir ein Gefühl dafür geben soll, wie es ist, wenn die Chakras sich öffnen und schließen. Es ist ein bißchen so, wie wenn du die Flügelklappen an einem Flugzeug ausprobierst. Wenn du dich an diese Fähigkeit, die Energiezentren zu öffnen und zu schließen, gewöhnt hast, kannst du sie jederzeit auf- oder zumachen.

- ➣ Sitze in der beschriebenen Grundhaltung, leere dein Bewußtsein und erde dich.
- ➣ Konzentriere deine Aufmerksamkeit auf das erste Chakra. Die Chakras erscheinen als kleine runde Scheiben, etwa in der Größe eines Silberdollars, und sind von stumpfer Färbung. Wenn deine anders aussehen, braucht dich das nicht zu beunruhigen: Wir haben Chakras gesehen, die sahen aus wie runde Stecknadeln, wie alte Münzen, Kronkorken, Pyramiden und alle möglichen anderen Formen. Wenn du dein Chakra nicht sehen kannst, dann tu einfach so, als ob du es könntest, und stell dir vor, wie es aussehen würde, *wenn* du es sehen könntest.
- ➣ Stell dir vor, daß dein erstes Chakra sich wie eine Kameralinse öffnet oder wie eine Blume, die ihre Blütenblätter entfaltet.

Die Chakras öffnen und schließen, reinigen und ausrichten 163

- Wenn es so weit offen ist, wie es bequem geht, dann stell dir vor, wie sich das Chakra langsam schließt, bis es ganz zu ist.
- Nun stell dir wieder vor, wie es sich öffnet.
- Stell dir wieder vor, wie das Chakra sich schließt.
- Wiederhole Öffnen und Schließen so lange, bis du ein klares Gefühl hast, wie es ist, wenn dein erstes Chakra offen ist, und wie es ist, wenn es zu ist.
- Wiederhole die ganze Übung mit allen sieben Haupt-Chakras, dann mit den Handchakras und dann mit den Fuß-Chakras. Nimm dir so viel oder so wenig Zeit, wie du zu jedem Schritt brauchst. Nach und nach wirst du merken, daß du jedes Chakra sofort öffnen oder schließen kannst, indem du es einfach zuläßt.
- Wenn du mit dieser ganzen Übung fertig bist, wirf noch einen letzten Blick auf jedes deiner Chakras und entscheide, wie weit es offen sein soll – ganz, halb, viertel, 10 Prozent oder sonstwie –, und laß das Chakra das wissen. Schließe im Augenblick noch keines deiner Chakras vollständig.
- Komm aus der Trance.

Das Reinigen der Chakras kann, ob du nun andere heilst oder dich selber, von allen übersinnlichen Techniken die eindrucksvollsten Resultate hervorbringen. Hier eine Methode, wie du deine eigenen Chakras reinigen kannst:

- Erde dich und gehe in Trance.
- Sei in deinem dritten Chakra. Stell dir vor, daß jedwede schlechte Energie, alle Bilder oder sonstiger Müll vom dritten in dein zweites Chakra hinuntergespült werden; dort wird auch alles aufgesammelt, und dann geht es ins erste Chakra, wo dasselbe geschieht. Spüle alles, was du in diesen Chakras aufgelesen hast, durch die Erdungsschnur in die Erde. Es ist nicht nötig, daß du anschaust, was du bei dieser Übung aufsammelst, aber du kannst es natürlich tun, wenn du willst.

➤ Sei in deinem vierten Chakra und wiederhole den Vorgang in die andere Richtung. Ziehe allen physischen Müll aus dem vierten ins fünfte, sechste und siebte Chakra herauf, und laß ihn aus dem siebten Chakra hinausfliegen. Stell dir vor, daß er aus deiner Aura herausgesaugt wird und sich draußen in neutrale Energie auflöst.
➤ Sei jetzt in deinem ersten Chakra. Fülle dieses Zentrum mit sauberer, orangefarbener Energie, und stell dir vor, wie sie durch das ganze Chakra wirbelt und glüht. Du hast gerade den Müll entfernt, und immer, wenn du einen Raum gereinigt hast, mußt du ihn mit sauberer Energie auffüllen. Die Natur verabschaut ein Vakuum im psychischen Raum ebenso wie im physischen, und wenn du deinen Raum leer läßt, kannst du nie wissen, was sich darin ansammeln wird.
➤ Wiederhole den letzten Schritt mit dem zweiten und dritten Chakra. Dann schließe die drei unteren Chakras bis auf eine angenehme Öffnung.
➤ Fülle die vier oberen Chakras eines nach dem anderen mit orangefarbener Energie. Orange ist immer eine wirksame Farbe, aber wenn du das Gefühl hast, du hättest eine andere lieber, dann nimm die. Laß die vier oberen Chakras offen.
➤ Komm aus der Trance.

Das Reinigen der Chakras ist eine flexible Technik. Du kannst es so intensiv oder oberflächlich durchführen, wie du willst, je nachdem, wie gründlich die Heilung sein soll, die du dir gibst, oder wieviel Zeit du hast.

Wenn du jemand anderen mit dieser Methode heilen willst, dann erde dich und ihn, halte deine Hand über sein drittes Chakra und stell dir vor, daß sie den Dreck durch die unteren Chakras in seine Erdungsschnur schiebt und von dort in die Erde.

Dann halte deine Hand über das siebte Chakra deines Freundes und stell dir vor, daß du den Abfall aus seinem vierten Chakra durch die oberen Chakras heraufziehst und auf dem Weg alles unerwünschte

Zeug mitnimmst. Zieh alles herauf und durch sein siebtes Chakra heraus, und ende damit, daß du jedes Chakra mit frischer Energie auffüllst.

Jedes Chakra ist mit einem kleinen Energie-Stengel an einen Haupt-Energiekanal angeschlossen, der hinter und parallel zu der Wirbelsäule im Energiekörper verläuft. Manchmal hängt eine körperliche Krankheit damit zusammen, daß ein bestimmtes Chakra sich von dem Energiekanal getrennt hat oder die Ausrichtung auf ihn verloren hat. Manchmal setzen sich Bilder aus vergangenen und zukünftigen Leben oder Bilder aus diesem Leben, die der Mensch nicht losgelassen hat, in einem Chakra fest und sind der Energie im Wege. Wenn du deine Chakras oder die deines Freundes gereinigt hast, dann kannst du einen Blick auf den Hauptenergiekanal werfen und überprüfen, ob die verschiedenen Chakras damit verbunden sind. Ein Heiler kann oft sehr viel bewirken, indem er einfach die Chakras wieder zentriert, die ihre Ausrichtung verloren haben, und die, die sich vom Energiekanal getrennt haben, wieder anschließt.

- Erde dich für die Übung und geh in Trance.
- Dann reinige die Chakras wie in der vorhergehenden Übung.
- Als nächstes stellst du dir den Stengel vor, der jedes Chakra mit dem dahinter verlaufenden Energiekanal verbindet; du nimmst dir vom ersten bis zum siebten jedes Chakra einzeln vor und gehst erst zum nächsten, wenn du mit dem vorhergehenden fertig bist.
- Ist der Stengel fest mit dem Energiekanal verbunden?
- Wenn die Verbindung lose ist, dann stell dir vor, daß du sie wieder festmachst, so wie du eine Glühbirne in den Sockel schrauben würdest.
- Wenn überhaupt keine Verbindung da ist, dann stell sie einfach wieder her.
- Wenn du sicher bist, daß alle Chakras mit dem Energiekanal verbunden sind, dann komm wieder zum ersten Chakra zurück.

➤ Stell dir vor, daß du beim Hineinschauen in das Chakra direkt in den Kelch einer Blüte schaust. Wenn der Kelch in irgendeiner Weise geneigt ist, so daß du nicht von Auge zu Stempel hineinschauen kannst, dann ergreife ihn sanft, aber bestimmt mit deinen übersinnlichen Fingern und stelle ihn wieder auf.
➤ Mach mit allen anderen Chakras dasselbe.
➤ Dann laß durch dein siebtes Chakra eine riesige goldene Sonne hereinkommen und laß dieses Licht deinen ganzen Energiekörper durchfluten und den der Person, mit der du arbeitest, und dann durch die Erdungsschnur hinauslaufen.
➤ Dann komme aus der Trance.

ROSALYN L. BRUYERE

Chakra-Meditation

Eine der ältesten Yogalehren über Chakras besagt, daß sie sich öffnen, wenn wir einatmen, und daß sie sich schließen, wenn wir ausatmen. Das ist jedoch nicht ganz zutreffend. Gemeint ist, daß wir, wenn wir tief atmen, einen besseren Zugang zur Prana-Energie oder zur Chi-Energie (auch Ki-Energie, Vitalkraft oder Lebenskraft genannt) haben, als wenn wir flach atmen.
Um dies zu demonstrieren, möchte ich Sie bitten, einmal tief einzuatmen.

- Halten Sie den Atem an. Atmen Sie aus. Atmen Sie sogleich wieder schnell ein. Halten Sie den Atem an. Atmen Sie aus. Atmen Sie ein. Halten Sie den Atem an. Atmen Sie aus.
- Atmen Sie nun wieder so normal, wie Sie können. Wenn Sie sich bei geschlossenen Augen wohler fühlen, dann schließen Sie sanft die Augen.
- Stellen Sie sich als nächstes eine Energie vor, die aus der Erde kommt und durch Ihre Füße in Ihren Körper eintritt. Wenn die Energie anfängt, vom Boden in Ihren Körper zu fließen, dann achten Sie darauf, ob Sie sie in einem Fuß stärker spüren als im anderen. Bringen Sie die Energie dann durch Ihre Knie in das Zentrum Ihres Körpers.
- Wenn die Energie in den Rumpf Ihres Körpers einzudringen und sich entlang der Wirbelsäule aufwärts zu bewegen beginnt, dann visualisieren Sie Rot im Bereich des ersten Zentrums. Vielleicht atmen Sie einmal extra tief ein, um das innere Bild zu festigen, und anschließend lassen Sie den Atem ausströmen.
- Beim nächsten Einatmen bewegen Sie sich zum zweiten Zentrum

weiter. Visualisieren Sie im zweiten Zentrum Orange. Atmen Sie aus.
- Atmen Sie ein, begeben Sie sich ins dritte Chakra, visualisieren Sie dort Gelb, und atmen Sie aus.
- Atmen Sie ein, bewegen Sie sich weiter aufwärts ins Herzchakra, visualisieren Sie Grün und atmen Sie aus.
- Atmen Sie ein, bewegen Sie sich zum Kehlchakra, visualisieren Sie Blau und atmen Sie aus.
- Fahren Sie fort mit dem Atmen, währen Sie sich zum dritten Auge begeben, und visualisieren Sie dort ein wunderschönes Violett. Atmen Sie aus.
- Atmen Sie noch einmal ein, und werden Sie sich des obersten Punktes Ihres Kopfes bewußt. Visualisieren Sie weißes Licht um Ihren Körper. Atmen Sie aus.
- Werden Sie sich erneut des ersten Chakras und der roten Farbe bewußt, die sich dort befindet. Visualisieren Sie sie als ein plasmaartiges rotes Energiefeld, in welches Sie hineinsehen können. Schauen Sie in die Farbe hinein, und achten Sie darauf, ob Sie in jenem Licht ein Element wahrnehmen können. Können Sie irgendeinen Edelstein mit dem roten Licht assoziieren? Welche Art von tierischer Form assoziieren Sie mit dieser Farbe? Achten Sie auf die Farbe des Tieres. Ist es rot, oder ist es von der Farbe Rot umgeben?
- Fragen Sie sich nun, ob es in Ihrem derzeitigen Leben Menschen gibt oder ob es in Ihrem Leben jemals Menschen gegeben hat, die spontan in Ihrem Bewußtsein auftauchen, während Sie in diesem ersten Zentrum verweilen. Machen Sie sich im Geiste eine Notiz davon, wenn dies der Fall ist.
- Holen Sie anschließend tief Atem, visualisieren Sie wieder weißes Licht um Ihren Körper, und atmen Sie aus.
- Konzentrieren Sie sich nun auf Ihr zweites Chakra und auf das orangefarbene Licht, das Sie dort vorfinden. Schauen Sie in das Feld hinein, und achten Sie darauf, welches Element Sie mit dem orangefarbenen Licht assoziieren. Halten Sie nach einem Edelstein

Ausschau, den Sie mit dieser Frequenz assoziieren. Versuchen Sie, während Sie durch ihn hindurchschauen, auszumachen, welche tierische Form Sie in diesem Licht sehen. Achten Sie darauf, um welche Art von Tier es sich handelt und von welcher Farbe das Tier ist. Ist es orangefarben, oder ist es von Orange umgeben? Halten Sie nach Menschen Ausschau, die Sie kennen, gekannt haben oder kennen werden, welche spontan in diesem Zentrum auftauchen. Machen sie sich im Geiste eine Notiz über diese Welt, und holen Sie tief Atem.

➢ Umgeben Sie sich erneut mit weißem Licht, und lassen Sie den Atem ausströmen.

➢ Bewegen Sie Ihr Gewahrsein zum dritten Zentrum, und betrachten Sie das gelbe Licht, das von dort ausgeht. Schauen Sie in dieses Lichtfeld. Welche Elemente assoziieren Sie damit? Gibt es einen Edelstein, den Sie mit diesem Zentrum in Verbindung bringen? Welche Art von tierischer Form taucht hier auf? Von welcher Farbe ist das Tier, wenn es nicht gelb ist? Welche Menschen assoziieren Sie spontan mit diesem Zentrum?

➢ Atmen Sie noch einmal tief ein. Umgeben Sie sich mit weißem Licht. Atmen Sie aus und entspannen Sie sich.

➢ Konzentrieren Sie sich auf Ihr Herz und auf das Herzzentrum, und schauen Sie tief in das wunderbare grüne Licht, das sich dort befindet. Assoziieren Sie ein Tier mit jenem Zentrum? Gibt es einen Edelstein, den Sie mit Ihrem Herzzentrum in Verbindung bringen können? Welche Menschen erkennen Sie spontan, wenn Sie in Ihr eigenes Herzchakra schauen?

➢ Holen Sie wieder tief Atem. Umgeben Sie sich mit weißem Licht. Atmen Sie aus und entspannen Sie sich.

➢ Bewegen Sie sich nun aufwärts zum Kehlzentrum, und visualisieren Sie ein wunderschönes blaues Licht, das von dort ausgeht. Wenn Sie tief in jenes Licht schauen, welches Element assoziieren Sie mit diesem Zentrum? Welchen Edelstein assoziieren Sie damit? Welches Tier visualisieren Sie hier? Gibt es irgendwelche Men-

schen aus Ihrem derzeitigen Leben oder aus Ihrer Vergangenheit, die Sie mit diesem Zentrum assoziieren? Machen Sie sich im Geiste eine Notiz von dem, was Sie dort gefunden haben.
➤ Atmen Sie erneut tief ein. Umgeben Sie sich mit weißem Licht. Atmen Sie aus und entspannen Sie sich.
➤ Konzentrieren Sie sich jetzt auf das dritte Auge, das sechste Zentrum. Achten Sie auf das violette Licht, das von dort ausgeht. Schauen Sie tief in jenes Licht. Welches Element assoziieren Sie mit diesem Zentrum? Gibt es auch hier einen Edelstein? Können Sie auch mit diesem Zentrum ein Tier in Verbindung bringen? Fallen Ihnen spontan irgendwelche Personen ein, während Sie sich auf dieses Chakra konzentrieren?
➤ Atmen Sie erneut tief ein. Umgeben Sie sich mit weißem Licht, atmen Sie aus und entspannen Sie sich.
➤ Konzentrieren Sie sich jetzt auf das Kronenzentrum, und betrachten Sie das weiße Licht, das von dort ausgeht. Schauen Sie tief in das weiße Licht. Welche Elemente assoziieren Sie mit diesem Zentrum? Gibt es einen Edelstein, den Sie mit diesem Licht in Verbindung bringen? Gibt es ein Tier, das in diesem weißen Licht erscheint? Wenn Sie tief in das weiße Licht schauen, welche Menschen treten Ihnen dann spontan vor Augen? Machen Sie sich eine geistige Notiz von dem, was Sie gesehen haben.
➤ Atmen Sie noch einmal tief ein. Umgeben Sie sich mit einem Kreis von weißem Licht, atmen Sie aus und entspannen Sie sich. Während Sie sich entspannen, lassen Sie alle Spannungen los und lassen sie in jenem weißen Licht zurück.
➤ Lassen Sie Ihre Hände aufwachen. Lassen Sie Ihre Füße aufwachen. Leiten Sie die Energie wieder durch ihre Wirbelsäule abwärts.
➤ Konzentrieren Sie Ihr Gewahrsein auf den Raum.
➤ Öffnen Sie die Augen.

Wenn Sie in dieser Übung nicht die traditionell mit den Chakras assoziierten Elemente oder Tiere gesehen haben, so machen Sie sich darüber keine Sorgen. Wenn Sie beispielsweise statt einer Schlange im ersten Chakra ein Pferd visualisieren, so spielt das keine Rolle. Der Zweck dieser meditativen Übung sowie anderer ist der, uns zu unserem eigenen inneren Ort der Stille zu geleiten, wo wir wie der Regenbogenkrieger anfangen können, uns der Chakras und ihrer feinstofflichen Energien bewußt zu werden. Nachdem wir diese Art von Gewahrsein erreicht haben, können diese Energiezentren zu positiven und wirksamen dynamischen Kräften in unserem Leben und Bewußtsein werden.

HARISH JOHARI

Die Erweckung der Kundalini

Die wesentliche Voraussetzung zur Erweckung dieser schlafenden Energie ist die Reinigung des Körpers: die Reinigung der Nerven und die Klärung des Geistes. Reinigung ist ein Mittel, um das gesamte System von angesammelten Giften zu befreien. Da Körper und Geist immer zusammenarbeiten, hilft die Reinigung des Körpers auch dem Geist und umgekehrt.

Die Reinigung des Körpers

Es gibt viele Methoden, die den Körper tiefgreifend reinigen. Manche Methoden sind in zahlreichen unterschiedlichen Kulturen gleichermaßen bekannt, die verschiedenen Medizinsysteme haben ihre eigenen Methoden. Ayurveda, die indische Wissenschaft der Medizin, hält das Fasten für die wirksamste Methode. Dreitägiges Fasten mit ausschließlich lauwarmem Wasser reinigt den Körper von Giften und heilt gesundheitliche Störungen ohne Medikamente. Hatha-Yoga bietet ein ausgefeiltes System, die *Kshata-Karmas* (*Kshata,* sechs; *Karmas,* Handlung) oder »Sechs reinigenden Handlungen«. Sie wurden von Hatha-Yogis entwickelt, um Körper und Geist gleichzeitig zu reinigen. Die Kshata-Karmas sind: Dhauti, Vasti, Neti, Trataka, Nauli und Kapalabhathi.

Wenn diese sechs Übungen unter der richtigen Anleitung sachgerecht durchgeführt werden, sind sie sehr wirkungsvoll. Es ist empfehlenswert, sie an einem sauberen und ruhigen Ort auszuführen, *und es wird eindringlich geraten, sie ausschließlich unter der Aufsicht eines erfahrenen Meisters auszuführen, der diese Übungen selbst beherrscht.*

Gemäß der Anweisungen der Yogis sollten die Yoga-Eingeweihten die eigentlichen Techniken der Kshata-Karmas unter sich geheimhalten.

1. Dhauti:
Die Reinigung des Halses

Man nimmt ein Stück reinen Baumwollstoff, vier Finger breit und fünfzehn Spannen lang, gemäß den Anweisungen des Meisters. (Eine Spanne gleicht der Länge der Hand vom Zeigefinger bis zum Handgelenk.) Im Falle dieser Übungen ist es wichtig, das individuelle Spannenmaß abzumessen, da es sich von Person zu Person unterscheidet. Ein langer Stoffstreifen aus weichem, neuen Musseline wäre auch sehr gut geeignet. Dann befeuchtet man es mit warmem Wasser, schluckt es langsam die Kehle hinunter und zieht es dann langsam und behutsam wieder heraus. Am ersten Tag schluckt man nur eine Spanne und steigert dies dann täglich um eine Spanne mehr. Es ist wichtig, daß das Tuch warm ist, wenn man es hinunterschluckt.

Die Dhauti-Übung dauert fünfzehn Tage. Personen, die unter Krankheiten der Schleimansammlung leiden, können die Übung noch länger praktizieren. Dhauti reinigt den Verdauungskanal, heilt Bronchialkrankheiten, Asthma, Krankheiten der Milz, Hautkrankheiten und alle Krankheiten, die durch Phlegma (Schleim) verursacht werden.

2. Vasti:
Reinigung des Anal- und unteren Eingeweidebereichs

Dazu wird eine weiche, frische Bambusröhre, etwa sechs Fingerbreit lang und eine halbe Fingerbreite im Durchmesser verwendet. Um das Ende des Bambusrohrs weich zu machen, wird Butterschmalz (Ghee) aufgetragen. Dann sitzt man in einer bis zum Nabel mit Wasser gefüllten Wanne und nimmt die Haltung des *Utkatasana* ein (in der Hocke sitzend, balanciert man den Körper auf den Zehen) und führt die Röhre etwa vier Fingerbreit in den Anus ein. Die Analmuskel müssen zum

Wasser einziehen zusammengezogen werden. Nun wird das Wasser im Inneren geschüttelt und dann wieder ausgestoßen. Das ganze wird mehrere Male wiederholt.

Vasti reinigt den unteren Verdauungstrakt. Es regt den Appetit und das gastrische Feuer (die Verdauungskraft) an, kann Drüsenvergrößerungen und Vergrößerungen der Milz sowie Wassersucht und andere Magenkrankheiten heilen. Vasti hilft bei allen Krankheiten, die durch übermäßigen Körperwind, zuviel Galle oder zuviel Schleim verursacht wurden. Die richtige Ausübung von Vasti verbessert die allgemeine gesundheitliche Verfassung, schärft die Sinnesorgane und reinigt die inneren Organe.

3. Neti:
Reinigung der Nase und Nebenhöhlen

Hierzu wird ein Stück Faden ohne Knoten weich gemacht, indem man ihn mit *Ghee* (Butterschmalz) einfettet. Dann wird ein Ende des Fadens in ein Nasenloch gesteckt und das andere Nasenloch mit einem Finger verschlossen. Nun atmet man durch das geöffnete Nasenloch ein und durch den Mund wieder aus. Durch mehrmaliges Wiederholen dieses Vorganges wird der Faden bis in den Hals eingezogen. Danach zieht man den Faden vorsichtig und sanft wieder heraus. Anschließend wird der Vorgang, beginnend mit dem anderen Nasenloch, wiederholt. Es ist nun möglich, den Faden durch ein Nasenloch einzuführen und durch das andere vorsichtig herauszuziehen. Damit ist der Reinigungsprozeß beendet.

Neti reinigt die Nasengänge, die Sinushöhlen, den Frontallappen und den gesamten vorderen Kopfbereich. Es stimuliert das gesamte Nervensystem, verbessert die Sehkraft und befähigt einen, subtile Dinge mit den Augen wahrzunehmen. Eine weitere Methode, Neti auszuführen, ist die, daß man Wasser durch die Nase einzieht und durch den Mund wieder ausspuckt. Diese Methode wird *Jala-Neti* (Jala = Wasser) genannt.

4. Trataka:
Die Augenreinigungsübung

Trataka ist eine Yogaübung, bei der man mit offenen Augen und festem Blick bei vollkommener Aufmerksamkeit, ohne die Wimpern zu bewegen, auf ein winziges Objekt starrt, bis die Tränen fließen. Wenn die Tränen zu fließen beginnen, schließt man die Augen und visualisiert den nachträglichen Eindruck auf der Netzhaut solange, bis auch er verschwindet.

Durch Trataka erreicht man Zielgerichtetheit des Geistes. Trataka hilft, Krankheiten der Augen zu heilen und fördert Wachstum und Entwicklung der Zirbeldrüse. Mit Hilfe von Trataka entwickelt sich auch das »Zeugen-Bewußtsein«, ein Bewußtheitszustand, in dem man die inneren und äußeren Abläufe neutral und emotionslos wahrnehmen kann.

5. Nauli:
Die Bauch-Übung

Diese Kriya (Übung) ist die Krönung des Hatha-Yoga. Sie ist schwierig und erfordert viel Übung. Am Anfang mag es sogar unmöglich erscheinen, sie auszuführen, doch mit Ausdauer und Willenskraft kann Nauli gemeistert werden.

Man beginnt die Übung, indem man sich leicht nach vorne beugt, die Beine sind leicht gespreizt und die Hände ruhen auf den Knien. Dann wird alle Luft aus den Lungen ausgestoßen. Die Bauchmuskulatur wird zusammengezogen, dabei zieht man sie so weit wie möglich nach innen. Zwei Nadis (Nerven) werden in den Vordergrund treten. Diese dreht man mit Hilfe der Bauchmuskeln nach rechts und links, und das in der Geschwindigkeit eines schnell kreisenden Strudels. Nach der Drehung wird eingeatmet. Die Übung wird mehrere Male wiederholt. Nauli stimuliert das Magenfeuer, erhöht die Verdauungskraft, bewirkt Freude, gleicht Störungen aus, die durch ein Ungleichgewicht der Körperluft, Galle und des Schleims entstehen, vermehrt den gesunden Glanz der Haut und stimuliert das Nervensystem.

6. Kapalabhati:
Blasebalg-Atemübung

Bei dieser Übung atmet man schnell und gleichmäßig ein und aus, wie der Blasebalg eines Schmiedes. Sobald man merkt, daß einen die Übung anstrengt, sollte man sofort damit aufhören. Kapalabhati beseitigt alle Krankheiten, die durch Schleim verursacht werden.

Dies sind die Kshata-Karmas, wie sie im Hatha-Yoga-System vorgeschrieben werden. Eine weitere, davon unabhängige Reinigungs-Übung wird ebenfalls im Hatha-Yoga beschrieben. *Gaja-Karni* wird durchgeführt, indem Apana durch die Kehle hochgezogen wird und alle Substanzen, die sich im Bauch befinden (Nahrung, Wasser etc.) erbrochen werden. Wer sich diese Bauchreinigungsübung allmählich aneignet, bringt den Atem und sämtliche Nadis unter Kontrolle.

Die Reinigung des Geistes

Das Yoga-System empfiehlt einen achtfachen Weg zur Reinigung des Geistes. Die *Hatha Yoga Pradipika,* ein Standardwerk des Hatha-Yoga, beschreibt die Stufen dieses Weges folgendermaßen: Yama, Niyama, Asana, Pranayama, Pratyahara, Dharana, Dhyana und Samadhi.

1. Yama

Die zehn Yamas sind: Gewaltlosigkeit, Wahrhaftigkeit, Ehrlichkeit, sexuelle Enthaltsamkeit, Nachsicht, Standhaftigkeit, Freundlichkeit, Offenheit, Mäßigung beim Essen und körperliche Sauberkeit. Gewohnheitsmäßiges Praktizieren der Yamas reinigt Gedanken, Worte und Taten.

2. Niyama

Die zehn Niyamas sind Einfachheit, Zufriedenheit, Glaube an Gott, Nächstenliebe, Verehrung des Gottes, die Beschäftigung mit den Aussagen alter Lehren und Schriften, Mäßigkeit, Urteilskraft, regelmäßige Gebete und religiöse Opferbereitschaft, Ausführung religiöser Opfer. Das regelmäßige Befolgen der Niyamas erzeugt eine spirituelle Lebenseinstellung und erweckt das Zeugen-Bewußtsein (den inneren Beobachter). Durch das Praktizieren dieser Disziplinen wird der Geist automatisch von der unnötigen Bindung an weltliche Objekte entwöhnt und er wird fähig, sich zu konzentrieren.

3. Asana

Asanas sind Haltungen (wörtlich: »Sitzpositionen«). Im Hatha-Yoga werden vierundachtzig solcher Positionen beschrieben, doch werden nicht alle Positionen zu jeder Zeit und Gelegenheit empfohlen. Die Wirbelsäule wird gerade gehalten, Kopf und Hals aufrecht und in einer Linie mit dem Körper. Der Körper sollte bequem bewegungslos verharren können. Die richtige Haltung harmonisiert und beruhigt die im Körper wirkenden Kräfte, verlangsamt die Atemrate und die Blutzirkulation. Der richtige Asana gibt dem Körper Sicherheit und Ausdauer, erleichtert die Meditation und heilt Krankheiten und Ruhelosigkeit des Geistes. Einige Asanas aktivieren verschiedene Nervenzentren und stimulieren den Körper, Wachstumshormone auszuschütten und Antikörper zu produzieren. Wenn der Adept in der Lage ist, lange Zeit ruhig und bequem in einer Haltung zu sitzen, findet eine Energiebewegung in die höheren Zentren statt. Durch die Beständigkeit des Asana bleibt auch der Geist beständig.

Padmasana (der Lotossitz) und *Siddhasana* sind zwei vielgelobte Asanas. Patanjali gibt zwei Ratschläge zur Meisterung eines Asana:
1. Verharre für lange Zeit bewegungslos in ein und derselben Körperhaltung, allmählich wirst du die Haltung durch deinen Willen meistern,

und: 2. Meditiere über die Unendlichkeit Gottes, der in Form der großen Weltenschlange Shesha die Erde trägt und im Gleichgewicht hält.

4. Pranayama

Pranayama heißt Kontrolle, Steuerung der Lebensenergie (Prana). Prana ist die magnetische Strömung im Atem. Sie ist der Träger des Geistes; ohne Prana kann der Geist nicht funktionieren. Und auch das Bewußtsein, das sich durch den Geist ausdrückt, ist ohne Prana wahrnehmungs- und funktionsunfähig. Prana sorgt für das Gleichgewicht im Körper und liefert ihm die Lebenskraft.
Tiefes Atmen ist nicht gleich Pranayama, obwohl es gut für die Gesundheit ist. Die wohltuende Wirkung der Tiefenatmung ergibt sich aus der erhöhten Sauerstoffaufnahme, die auch das Prana des Körpers beeinflußt. Eigentliches Pranayama beginnt, wenn der Atem zwischen dem Einatmen und Ausatmen eine Zeitlang gehalten wird. Einatmen heißt *Puraka,* das Anhalten des Atems heißt *Kumbhaka* und das Ausatmen heißt *Rechaka.* Kumbhaka beeinflußt den Pranafluß auf grundlegende Weise. Sobald der Adept Pranayama gut beherrscht, kann er die pranischen Strömungen durch den Zentralkanal der Wirbelsäule lenken, um das Aufsteigen der Kundalini zu fördern. Die Zeiträume, in denen der Atem angehalten wird, sollten nur allmählich und vorsichtig verlängert werden. Alternierendes Atmen wirkt auf die pranischen Strömungen, reinigt die feinstofflichen pranischen Kanäle (Nadis), öffnet Sushumna, kühlt die rechte und die linke Hemisphäre des Gehirns, erzeugt innere Ruhe, da es Gehirn und Geist von ihren Aktivitäten befreit und den inneren Dialog zum Schweigen bringt. Pranayama bereitet den Geist auf die Praxis der Visualisierung und der Konzentration vor.

5. Pratyahara

Pratyahara ist der Rückzug von der Welt der sinnlichen Wahrnehmungen und dabei werden alle Verbindungen zur Außenwelt abgebrochen.

Es sieht so aus, als sei Pratyahara die Kontrolle der Sinne durch den Geist. Doch besteht die eigentliche Methode darin, daß sich der Geist in sich selbst zurückzieht. Ein Mensch, der völlig in seine Arbeit vertieft ist, vergißt die Welt um sich herum, da der Geist völlig in sich versunken ist. Die Sinnesorgane nehmen keinerlei Signale von außen wahr. An diesem Beispiel wird klar, daß ein Entzug von Geist und Sinnen möglich ist, es bedarf nur vollständiger Konzentration in Verbindung mit tiefer Versenkung.

Regelmäßiges Üben von Pratyahara führt zur Verinnerlichung des Geistes. Die Sinne beruhigen sich und geben ihr Verlangen nach äußeren Objekten auf. Durch Pratyahara erlangt der Adept vollständige Beherrschung der Sinne.

6. Dharana

Dharana ist Konzentration, Beruhigung des Geistes und Fixierung des Geistes auf einen einzigen Punkt. Traditionsgemäß ist das Herz das Hauptgebiet, auf das sich der Geist fixieren soll, da es als Zentrum oder Sitz des individuellen Bewußtseins gilt, das im Sanskrit *Jiva* genannt wird. Das Gehirn ist das Zentrum des Geistes und der Sinne, das Herz ist das Zentrum des Lebens. Das Gehirn kann seine Aktivität einstellen (zum Beispiel im Samadhi), aber wenn das Herz *vollständig* aufhört zu arbeiten, kann das Leben nicht länger aufrechterhalten werden.

Gemäß Kundalini-Yoga befindet sich das Herz im vierten, dem zentralen Chakra. Drei Chakras befinden sich darüber, drei darunter. Im Dharana wird jedes Chakra zum Fixpunkt für den Geist. Die Konzentration auf jedes einzelne Chakra sollte in der richtigen Reihenfolge ausgeführt werden, das heißt, beginnend mit dem ersten, dem Muladhara-Chakra, und allmählich fortschreitend bis zum siebenten, dem Sahasrara, dem Sitz des Bewußtseins. Durch diese Übung gewöhnt der Geist sich daran, seine Aufmerksamkeit auf einen einzigen Punkt zu »fokussieren«. Jedes Chakra hat eine Beziehung zu dem einen oder anderen der fünf Elemente, und die Fixierung auf jedes einzelne Zentrum hilft dem Adepten, sich auf die Elemente zu konzentrieren.

Auch diese Konzentration auf die Elemente hilft, daß sich der Geist auf einen Punkt ausrichtet. Doch ist die Fixierung des Geistes nicht das endgültige Ziel, das es zu erreichen gilt, sondern nur eine Methode, um in den Zustand der tiefen, andauernden Meditation zu gelangen, den Zustand, den man Dhyana nennt.

7. *Dhyana*

Dhyana ist andauernde, kontinuierliche Meditation ohne Objekt. Auf der vorhergehenden Stufe, *Dharana,* konzentriert man sich auf ein beliebiges Objekt, ein Bild, ein Chakra oder Zentrum. Durch beständiges Üben von Dharana beruhigt sich der Geist, und der Adept wird fähig, wahrhaftig zu meditieren. Wenn der Geist wirklich fixiert ist, verliert er sein Selbstbewußtsein und wird ruhig. Man nimmt einen kontinuierlichen Energiestrom in der Wirbelsäule wahr, und die Ruhe wird weder von Gedanken noch von einem inneren Zwiegespräch unterbrochen. Erst im Zustand des Dhyana kommt der innere Dialog völlig zum Schweigen.

Während Dharana konzentriert man sich auf die Chakras; Dhyana hingegen ist reine Meditation, das Bewußtsein der Chakras verschwindet. Während Dharana kann es noch geschehen, daß der Geist gelegentlich abgelenkt wird. Selbst das Visualisieren der Chakras verursacht Ablenkung. Während Dhyana jedoch hört diese Visualisierung auf. Es herrscht ein Zustand völliger geistiger Stille und Gedankenleere. In diesem Zustand beginnt das Erlebnis der Glückseligkeit. Das Bewußtsein tritt nun in einen vierten Zustand ein, der anders ist als die drei normalen Zustände: Wachbewußtsein, Traumbewußtsein und Tiefschlaf. In der Terminologie neuzeitlicher Psychologie bezeichnet man diesen vierten Zustand als »veränderten Bewußtseinszustand«; von Yogis wird er *Turiya* genannt. Dhyana ist die Frucht des Dharana, so wie die Frucht des Dhyana der Zustand des Samadhi ist.

8. Samadhi

Der Begriff Samadhi setzt sich aus drei Bestandteilen zusammen: *Sam* (gleich, ausgewogen, vollständig), *A* (ewig) und *Dhi (Buddhi*, Erkenntnis oder Wissen). Wenn der Zustand völligen Gleichgewichts erreicht ist, herrscht Samadhi. Für das individuelle Bewußtsein ist Samadhi Selbsterfahrung – frei von Selbstbewußtheit, frei von Zeit oder Raum. Durch regelmäßiges Üben von Pratyahara gewöhnt sich der Geist daran, sich aus dem Bereich der Sinneswahrnehmung und Veränderungen zurückzuziehen. Der Geist lernt, sich in sich zurückzuziehen und in sich aufzugehen. In seinem unnatürlichen Verlauf erschafft der Geist Dualität, mit dem Rückzug des Geistes in sich selbst endet diese Dualität. Wenn alle mentalen Veränderungen ein Ende finden, erreicht das Bewußtsein (das von diesen Veränderungen eingeschränkt wurde) seinen natürlichen nondualen Zustand.

Das Bewußtsein ist unendlich, der Geist schränkt es ein. Durch den Geist wird das Bewußtsein in das individuelle Bewußtsein, das Selbstbewußtsein des »Ich«, »Mir« und »Mein« gesperrt. Pratyahara hilft dem individuellen Bewußtsein, in einen zentrierten Geisteszustand zu gelangen, da es in ihm die Gewohnheit entwickelt, sich aus der Welt der Phänomene zurückzuziehen.

In der Sprache des Kundalini-Yoga ist Samadhi die Vereinigung von Shakti, dem weiblichen Prinzip, mit Shiva, dem männlichen Prinzip. Der Sitz der Shakti, die Kundalini-Shakti genannt wird, ist das Muladhara-Chakra (Nervengeflecht des Beckens), und die Wohnstatt Shivas ist das Sahasrara-Chakra (befindet sich im Großhirn). Die Kundalini schläft im Muladhara-Chakra. Wenn die Sehnsucht nach Selbstverwirklichung in einem Menschen erwacht – und er dem Achtfachen Pfad folgt (nachdem er durch entsprechende Übungen die Nerven reinigt, die Kernlaute rezitiert und Visualisierungsübungen macht) –, erwacht die Kundalini und steigt durch das zweite, dritte, vierte, fünfte und sechste Chakra auf und erreicht das Sahasrara-Chakra, um sich mit ihrem Gemahl, Kameshvara, dem »Herrn der Liebe«, zu vereinigen.

KLAUSBERND VOLLMAR

Tabellarische Chakra-Übersicht

Chakra	Mantra	Element	Körperteile	Endokrine Drüse
Kronen-Chakra *Sahasrara*	Aum	(Licht)	oberes Hirn, Auge rechts	Epiphyse
3. Auge *Ajna*	Aum	(Geist)	unteres Hirn, linkes Auge, Nase, Ohren	Hypophyse
Kehl-Chakra *Vishuddha*	Hang	Akasha = Äther	**Mund**	Schilddrüse
Herz-Chakra *Anahata*	Yang	Luft	**Penis,** Herz, Kreislauf, Lunge	Thymusdrüse
Nabel-Chakra *Manipura*	Rang	Feuer	**Anus,** Magen, Leber, Galle	Pankreas
Sakral-Chakra *Svadisthana*	Vang	Wasser	**Hände,** Muskeln	Keimdrüsen
Wurzel-Chakra *Muladhara*	Lang	Erde	**Füße,** Wirbelsäule, Nägel, Zähne	Nebennieren

Temperament	Lernaufgabe	Therapeutischer Effekt
Meister	Verbindung höheres und niederes Selbst	Hirnzerfall im Alter
erleuchtet	Intuition, Überkommen des Nihilismus	Spannungen, Sorgen, Angst, Alpträume, Störung der endokrinen Drüsen
geistig erwacht	reine Kommunikation, Verbindung Fühlen und Denken, Abbau von Hast	Funktionsstörung der Schilddrüse, Depression, Sprachstörung
melancholisch	Dienen, Überwindung von Distanz, Haß, Unruhe	Angina Pectoris, Kreislaufstörung
sanguinisch	Wünsche, Verlangen und Macht, Ehrgeiz zu beherrschen	Verdauung, Zucker, Krebs, Anankasmus, Keuchhusten
cholerisch	Hingabe, Einlassen, Ausscheiden, was nicht verdaut werden kann	Störungen im Flüssigkeitshaushalt (Urogenitalbereich, Ödeme, Arthritis, Fettsucht)
phlegmatisch	Loslassen, Erdung, Überwindung von Freudlosigkeit	Beruhigung ZNS, Abbau der Verspannungen der Wirbelsäule, Sexualstörungen

Chakra	Atmung	Sinne	Farbe	Astrologie
Kronen-Chakra *Shasrara*			Purpur	
3. Auge *Ajna*	Pause nach Einatmen		Violett	Jungfrau Fische
Kehl-Chakra *Vishuddha*	Pause nach Einatmen	Hören	Blau	Zwilling Schütze
Herz-Chakra *Anahata*	verbundenes Atmen	Tasten	Grün	Löwe Wassermann
Nabel-Chakra *Manipura*	verbundenes Atmen	Gesicht	Gelb	Widder Waage
Sakral-Chakra *Svadisthana*	Pause nach Ausatmen	Geschmack	Orange	Stier Skorpion
Wurzel-Chakra *Muladhara*	Pause nach Ausatmen	Geruch	Rot	Krebs Steinbock

	TAROT		POLUNG			
Pingala	*Sushumna*	*Ida*	Frau	Mann	*Steine*	*Götter*
Die Sonne	Das All	Die Auferstehung	neutral		Diamant, Onyx	die Dualität Animus/Anima ist aufgehoben
Der Turm	Der Mond	Der Stern	+	−	Koralle, Zirkon	Param-Asiva, Hakini
Der Tod	Der Teufel	Das Maß	−	+	Topas, Karneol	Ardana-Resvara, Sakini
Das Glück	Der Gehängte	Die Kraft	+	−	Rubin	Isa, Kakini
Der Wagen	Der Eremit	Die Gerechtigkeit	−	+	Jade, Saphir, Perlen, Hesamit	Maharudra, Lakini
Der Herrscher	Die Liebenden	Der Hohepriester	+	−	Smaragd	Vishnu, Rakini
Der Magier	Die Herrscherin	Die Hohepriesterin	−	+	Smaragd	Brahma, Dakini
TAT Asana	ERKENNTNIS Meditation	LIEBE Pranayama				

Muladhara Chakra
मूलाधार चक्र

HARISH JOHARI

Das erste Chakra (Muladhara)

Bedeutung des Namens: »Basis«

Lage im Körper: Beckenplexus, Gebiet zwischen Anus und Genitalien, an Basis der Wirbelsäule; die ersten drei Wirbel

Bija- (Kernlaut)Farbe: Gold

Bija-, Blütenblätter-Klänge: »Vang«, »Shang«, »Kshang«, »Sang«

Orientierung: Nahrung und Unterkunft (Schutz, Obdach)

Tattva (Element): Erde

Farbe des Tattva: Gelb

Form des Tattva: Quadrat

Vorherrschende Sinneswahrnehmung: Geruch

Sinnesorgan: Nase

Arbeitsorgan: Anus

Vayu (Luft): Apana-Vayu, Luft, die u. a. den Samen aus dem männlichen Geschlechtsorgan ausstößt, Urin beider Geschlechter aus der Blase befördert und das Kind bei der Geburt aus dem Mutterleib schiebt.

Loka (Ebene): Bhu Loka (physische Ebene)

Vorherrschender Planet: Mars (solar, männlich)

Yantra-Form: Ein chromgelbes Quadrat mit vier scharlachroten (zinnoberroten) Blütenblättern. Das Quadrat deutet auf das irdische Bewußtsein hin, es repräsentiert die Erde selbst, die vier Dimensionen und die vier Himmelsrichtungen. Die Form des Erdelements ist geradlinig, und die vier Eckpunkte bilden die vier Pfeiler oder Ecken dessen, was man als quadratische Erde kennt. Die Vier ermöglicht Vollendung, und die Erde beinhaltet alle Elemente und Voraussetzungen für die ganzheitliche Entwicklung des Menschen und seine Vollendung auf allen Ebenen. Dieses Yantra ist der Sitz des Bija-Klanges, der Klang verbreitet sich in alle acht Richtungen. Erde ist das dichteste aller Elemente, es ist eine Verbindung der vier anderen Elemente Wasser, Feuer, Luft und Akasha.

Der Kreis mit vier Blütenblättern: Die vier Lotos-Blätter repräsentieren Ganglien (Nervenknoten), die sich an vier wichtigen Nervenenden gebildet haben. Ihre Farbe ist Scharlachrot, mit einer Spur Karminrot vermischt.

Das Dreieck: Der Sitz der vitalen Lebenskraft, Kundalini-Shakti, wird auf unterschiedliche Weise dargestellt: in Form einer zusammengerollten Schlange, als Lingam oder als Dreieck. Die Kundalinischlange ist dreiundeinhalb Mal um den Svayambhu (»aus sich heraus geboren«) Lingam gewunden. Mit ihrem nach oben zeigenden, geöffneten Schlund ist sie mit dem Pfad des Sushumna verbunden, dem mittleren Nervenkanal, der entlang der Wirbelsäule verläuft. Die schlafende Kundalini-Shakti bleibt zusammengerollt, um den Lingam herum gewunden und hält ihren eigenen Schwanz im Maul. Wenn ihr geöffneter Schlund nach unten gerichtet ist, fließt die Energie abwärts. Sobald man an dem ersten Chakra zu arbeiten beginnt, erhebt diese schlafende Energie ihren Kopf und fließt ungehindert in den Sushumna-Kanal.
Das nach unten zeigende Dreieck ist das Yantra des Lingam und der Kundalini. Es verweist auf die abwärtsgerichtete Bewegung und die drei Hauptnerven Ida, Pingala und Sushumna. Die Vereinigung dieser Nerven im Muladhara-Chakra bildet ein auf der Spitze stehendes Dreieck, das ebenfalls die Energie veranlaßt, nach unten zu fließen. Die Farbe des Lingam ist rauchig-grau, manchmal wird seine Farbe auch als die eines frischen Blattes beschrieben.

Bija-Laut: »Lang«. Dieser Klang wird erzeugt, indem man die Lippen entspannt zu einem Viereck formt und die Zunge ebenfalls breit wie ein Viereck gegen den Gaumen drückt. Der Kernlaut vibriert am Gaumen, im Gehirn und im obersten Bereich der Schädeldecke.

Wenn der Kernlaut »Lang« richtig intoniert wird, stimuliert er die Nadis (Leitkanäle der Lebensenergie) im ersten Chakra und errichtet eine Sperre, die ein Abwärtsfließen der Energie verhindert. Die Energie beginnt sich aufwärts zu bewegen, wenn der zweite Teil der Silbe, »...ang«, im oberen Bereich des Kopfes vibriert. Die Wiederholung dieses Lautes befreit den Adepten von den Unsicherheiten, die dem ersten Chakra zugeordnet sind und gewährt ihm finanzielle Sicherheit, Geistesgegenwart und innere Stärke. Man sagt, daß der Kernlaut »Lang« vier Arme hat. Mit Hilfe seiner Vibrationen läßt sich im Innern des Brahma-Nadi ein Durchgang schaffen, durch den die Energie leichter fließen kann.

Der Träger des Bija: Der Elefant Airavata. Indra, der Gott des Firmaments, reitet auf seinem Elefanten Airavata. Die Hautfarbe dieses Elefanten ist von zartem Grau, wie die Farbe der Wolken. Die sieben Rüssel Airavatas bilden den Regenbogen der sieben Farben. Jeder Mensch hat sieben Aspekte, die erkannt und in Harmonie mit den Naturgesetzen entwickelt werden müssen, diese sind:

1. der Klang (der Mensch hört mit dem Sinnesorgan »Ohr«)
2. das Fühlen (er fühlt durch das Sinnesorgan »Haut«)
3. die Sicht (er nimmt die Welt optisch durch das Sinnesorgan »Auge« wahr)
4. der Geschmack (er nimmt den Geschmack durch das Sinnesorgan »Zunge« wahr)
5. der Geruch (er nimmt den Geruch durch das Sinnesorgan »Nase« wahr)
6. die Ausscheidung (er scheidet durch das Arbeitsorgan »Anus« aus)
7. der Sex (er reproduziert sich durch die Arbeitsorgane »Genitalien«)

Des weiteren bilden sieben »Dhatus« (Grundbestandteile) den physischen Körper:

1. Raja – Ton, Erde
2. Rasa – Säfte
3. Rakta – Blut
4. Mansa – Fleisch, Nervenfasern, Gewebe
5. Medha – Fett
6. Asthi – Knochen
7. Majjan – Knochenmark

Die sieben Grundbedürfnisse des Menschen (nach Sicherheit, Fortpflanzung, einem langen Leben, Teilen mit anderen, Wissen, Selbstverwirklichung und Einheit) werden als sieben Elefantenrüssel in sieben Farben dargestellt. Sie werden auch den sieben Chakras, den sieben Noten in einer Oktave und den sieben großen Hauptplaneten zugeordnet. Der Elefant repräsentiert die Eigenschaft der lebenslangen Suche nach Nahrung für Körper, Geist und Herz. Jemand, der das erste Chakra aktiviert hat, schreitet mit dem festen und sicheren Schritt eines Elefanten durchs Leben. Er wird sich nach ganzen Kräften bemühen, seine physische Kraft zu erhöhen. Er wird seine Arbeit mit der Bescheidenheit eines einfachen Arbeiters leisten, der die ständigen Befehle anderer ausführt. Von jemandem, der seine *Indriyas* – die Sinnes- und Arbeitsorgane – kontrollieren kann, sagt man, er wird zum Indra.

Die Gottheit: Bala Brahma (das Kind Brahma). Brahma, der Herr der Schöpfung, herrscht über den Norden. Er ist der Aspekt der göttlichen Energie, der im ersten Chakra vorherrscht. Er wird als strahlendes Kind mit vier Köpfen und vier Armen dargestellt. Seine Haut hat die Farbe des Weizens. Er trägt einen gelben Dhoti (das traditionelle indische Tuch, das den Unterkörper bedeckt) und einen grünen Schal. Mit den vier Köpfen sieht Brahma in alle vier Himmelsrichtungen gleichzeitig. Jeder Kopf repräsentiert einen der folgenden vier Aspekte des menschlichen Bewußtseins:

1. Das physische Selbst: die Beziehung des Körpers zu Nahrung, Bewegung, Schlaf und Sex. Das physische Selbst manifestiert sich mit Hilfe der Erde, Materie und der Mutter.
2. Das rationale Selbst: der Intellekt oder die konditionierte Logik, die den Denkprozeß des Individuums bestimmt.
3. Das emotionale Selbst: die Stimmungen und Neigungen, die sich in einer Person ständig wandeln. (Verliebtheit und Treue werden vom emotionalen Selbst beeinflußt.)
4. Das intuitive Selbst: die innere Stimme, die im Bewußtsein jedes Menschen ist.

In seinen vier Armen hält Brahma folgende Gegenstände: In der oberen linken Hand hält er eine Lotosblume, das Symbol der Reinheit, in der zweiten linken Hand die heiligen Schriften, die das Wissen der gesamten Schöpfung enthalten (Brahma kann, wenn er auf die richtige Weise erweckt wird, geheimes Wissen vermitteln), in einer rechten Hand hält er eine Vase, die Nektar enthält, Amrita, die kostbare Flüssigkeit der Lebenskraft, die vierte Hand formt die Mudra des Gewährens der Furchtlosigkeit.

Brahma erscheint in den Zwielichtstunden zwischen Dämmerung und Sonnenaufgang. Wer ihn visualisiert, erweckt eine friedvolle Stille im Geist. Alle Ängste und Unsicherheiten werden durch Gott Brahma gelöst, den allzeit wachsamen Schöpfer.

Shakti: Dakini. Die Energie der Dakini Shakti vereinigt in sich die Kraft des Schöpfers, des Erhalters und des Zerstörers (der Dreizack, den sie in einer ihrer linken Hände hält, symbolisiert diese drei Kräfte).

In ihrer anderen linken Hand hält sie einen Totenschädel, der auf die Befreiung von der Todesangst hinweist – dem psychologischen Grundproblem des ersten Chakras.

Ihre obere rechte Hand hält ein Schwert, mit dem sie die Angst beseitigt, die Ignoranz besiegt und dem Sadhaka hilft, alle Schwierigkeiten zu überwinden.

In ihrer anderen rechten Hand hält sie einen Schutzschild, der die Kraft verleiht, sich vor Problemen zu schützen.

Dakini Shakti hat rosafarbene Haut und trägt einen Sari von entweder pfirsichgelber oder zinnoberroter Farbe. In einigen Texten wird sie als zornig blickende, furchteinflößende Gottheit dargestellt, doch sollten die Bildnisse der Götter und Göttinnen während der Meditation stets mit ihren freundlichen Stimmungen visualisiert werden. Die Augen der Dakini Shakti sind von strahlend roter Farbe.

Herrscher: Ganesha. Der Elefantenköpfige Gott Ganesha, der Gott aller Anfänge, wird erweckt, um allen Unternehmungen Schutz zu verleihen. Ganeshas Gestalt mag zwar sehr reizvoll sein, doch fällt es unserem rationalen Verstand schwer, ihn als wichtige Gottheit zu akzeptieren. Zur Verehrung Ganeshas gehört, daß man akzeptiert, daß er der Beseitiger von Hindernissen ist. Damit besiegt man den rationalen Verstand, bzw. die linke Gehirnhälfte, die von Natur aus analytisch und kritisch ist, und befreit die rechte Gehirnhälfte, die emotional ist und für alle spirituellen Unternehmungen benötigt wird. Die Visualisierung Ganeshas hilft, den inneren Dialog zum Schweigen zu bringen. Wer sich von der äußeren Erscheinungsform abschrecken läßt, kann die innere Schönheit Ganeshas nicht bewundern. Wer aber durch die physische Realität dringt, kann in Ganesha die Vereinigung von Liebe und Weisheit, Shakti und Shiva, sehen.

Ganeshas Haut ist korallenrot. Er trägt einen zitronengelben Dhoti. Um seine Schultern liegt ein grüner Seidenschal. Er hat vier Arme, die ihm zur Beseitigung von Hindernissen dienen. Ganesha ist der Sohn Shivas und Parvatis (Shakti). Das Swastika, das alte indische Symbol der Vereinigung der vier Himmelsrichtungen, der Aufwärtsbewegung der kreativen Energie und der Sonnenstrahlung, bildet den Hintergrund Ganeshas. In seinen vier Armen hält Ganesha die folgenden Gegenstände: Ein *Ladu,* eine appetitlich duftende Süßigkeit, die Sattva symbolisiert, den feinsten Zustand des Reinen Bewußtseins; es bringt auch Gesundheit und Wohlstand ins Haus, eine Lotosblume, das Symbol der

Tugenden selbstlosen Handelns und eines makellosen Charakters, ein Beil, das die Kontrolle über den »Elefanten der Begierden« symbolisiert und die Fesseln der Verstrickungen in Begierden durchtrennt; es trennt auch Menschen von der falschen Identifikation ihres Selbst mit dem physischen Körper, die vierte Hand erhebt Ganesha in der Mudra (Geste) des Gewährens der Furchtlosigkeit.

Wirkungen der Meditation: Das Muladhara-Chakra repräsentiert die Manifestation des individuellen Bewußtseins in menschliche Form, das heißt die physische Geburt. Die Meditation auf die Nasenspitze bewirkt langsame Bewußtwerdung, Freiheit von Krankheiten, das Gefühl von Leichtigkeit, Inspiration, Vitalität, Kraft, Mut und Sicherheit. Man entwickelt einen Sinn für innere Reinheit, für Nada, die innere Melodie; die Stimme wird weich und freundlich.

Charakteristische Verhaltensweisen im Muladhara-Chakra: Wenn sich ein Mensch weigert, nach den Naturgesetzen zu leben, die seinen Körper beherrschen, wird er weiteres Karma (Handlungen) oder weltliche Verstrickungen verursachen. Seine Sinnes- und Arbeitsorgane werden nur dazu beitragen, im Austausch mit vorübergehender Befriedigung, Verwirrung und Schmerz zu erzeugen. Beginnt er jedoch in Einklang mit diesen natürlichen Gesetzen zu handeln, wird er aufhören, Energie zu vergeuden und seine Sinneswahrnehmungen durch übermäßige Genußsucht zu trüben. Ein solcher Mensch wird weise und maßvoll handeln und entdecken, daß Körper und Geist Werkzeuge sind, um sich aus den niederen Sphären zu befreien.
Jedes Kind im Alter von eins bis sieben Jahren handelt natürlicherweise aus Motiven des ersten Chakras heraus. Die Erde wird als neue Erfahrung begriffen. Das Kleinkind muß sich erden und die Regeln seiner Welt aufstellen, es muß lernen, sich einen richtigen Rhythmus im Essen, Trinken und Schlafen anzugewöhnen, um seine weltliche Existenz sicherzustellen. Das Kleinkind ist in dieser Phase sehr mit sich selbst und mit seinem eigenen physischen Überleben beschäftigt.

Das Hauptproblem eines Kindes oder eines Erwachsenen, der aus Erstchakra-Beweggründen heraus handelt, ist gewalttätiges Handeln aus Unsicherheit. Eine ängstliche Person kann blind und sinnlos um sich schlagen, wie ein in die Enge getriebenes Tier, weil sie das Gefühl hat, daß sie grundlegender Sicherheit beraubt wurde.

Ein Mensch, der vom Muladhara-Chakra beherrscht wird, schläft in der Regel zehn bis zwölf Stunden täglich und liegt dabei auf dem Bauch. Dieses Chakra umfaßt die Ebenen der Genesis, Illusion, des Zorns, der Gier, des Wahns, der Habsucht und der Sinnlichkeit. Diese Aspekte des ersten Chakras sind wesentliche Grundzüge der menschlichen Existenz. Das Bedürfnis, noch mehr Erfahrungen und Informationen zu sammeln, liefert die Motivationskraft, den Grundtrieb zur individuellen Entwicklung.

Das Muladhara-Chakra ist der Sitz der zusammengerollten Kundalini, der Shakti oder Lebensenergie. Die Kundalinischlange ist um den Svayambhu-Lingam gewunden. Das Basis-Chakra ist die Wurzel für jegliches Wachstum und des Bewußtseins des Göttlichen im Menschen.

ROSALYN L. BRUYERE

Übungen

Um die Kundalini zu wecken, müssen wir Flexibilität in den Hüften erlangen. Die Hüften müssen in eine vorwärts- und rückwärtsschwingende rhythmische Bewegung versetzt werden. Manche Schaukelstühle sind sehr nützlich für die Kundalini-Meditation, weil sie die Bewegung des Beckens unterstützen, ihm helfen, in einer leicht gekippten Stellung zu verharren und sich anschließend wieder zu entspannen. Dies ist die Art von Bewegung, die wir erzeugen wollen, weil sie für den Atmungsprozeß förderlich ist.

Ich kenne verschiedene Übungen zur Weckung der Kundalini, bei denen stets Atmung, Bewegung, Konzentration und Gewahrsein eine

Rolle spielen. Tiefe Töne, niedrige Frequenzen und rhythmische Klänge öffnen das erste Chakra, weshalb die Indianer die Herzschlag-Trommel benutzen. All das erscheint so lange mysteriös, bis man es an einem Oszilloskop überprüft hat. Wenn wir auf dem Oszilloskop das Frequenzmuster der Aurafarbe Rot ablesen, so erinnert das Bild an dasjenige, das der Schlag des menschlichen Herzens produziert. Rot ist die einzige Aurafarbe, die ein so langes Wellenmuster mit einer so großen Amplitude erzeugt.

Es folgt nun die Beschreibung einer Übung, die Ihnen helfen soll, die *Kraft* der Kundalini-Energie zu empfinden.

➢ Führen Sie diese Übung auf dem Boden sitzend aus, und versuchen Sie dabei, bequem, aber möglichst aufrecht zu sitzen. Wenn Sie es vorziehen, auf Ihrem Lieblingsstuhl zu sitzen, so rücken Sie ein wenig zur Stuhlkante vor, damit sich Ihr Rücken wirklich in einer aufrechten Haltung befindet.

➢ Wenn Menschen anfangen zu meditieren, glauben sie oft, sie würden sich selbst hypnotisieren, und sie machen sich dann Sorgen darüber, ob sie selbst die Erfahrungen heraufbeschwören, die dabei auftreten. Wenn Sie plötzlich *Energien* spüren, während Sie sich bewegen, werden Sie wahrscheinlich denken, es sei die *Bewegung*, die Sie empfinden. Bewegen Sie sich deshalb erst dann, wenn Sie die *Kraft* der sich bewegenden Energien spüren, und lassen Sie zu, daß diese Kraft Sie bewegt.

➢ Lockern Sie zunächst Füße und Knie. Lassen Sie den unteren Teil Ihres Körpers los, bis Sie eindeutig fühlen, daß Ihr Körper lebendig ist.

➢ Beginnen Sie anschließend damit, sanft zu atmen, bis Sie eine Energie (oder eine Lichtempfindung oder ein Gefühl, das an fließendes Wasser erinnert) verspüren, die durch ihre Füße aufsteigt. Lassen Sie diese Energie durch die Oberschenkel bis ins Zentrum Ihres Körpers fließen.

➣ Wenn viel Energie aufwärts geflossen ist, wird Ihre Wirbelsäule anfangen, sich kreisförmig zu bewegen. Ihre Augen müssen nicht völlig geöffnet sein, aber versuchen Sie, sie zumindest ein wenig offen zu halten.
➣ Richten Sie die Handflächen sanft nach oben, und beobachten Sie, ob dadurch mehr Energie aufwärts und in die Hände fließt.
➣ Konzentrieren Sie sich anschließend auf das, was in Ihrem Kopf geschieht. Wenn Sie auch nur den geringsten Anflug eines Leichterwerdens im Kopf bemerken, dann strecken Sie die linke Hand hoch, und legen Sie sie oben auf den Kopf. Lassen Sie nun los. Denken Sie daran, daß Sie die Energie auch in sich behalten könnten und daß diese sich dann sammeln würde. Möglicherweise werden Sie Hitzewallungen im Gesicht verspüren.
➣ Wenn Sie irgendwo im Bereich der Wirbelsäule Spannungen empfinden, dann lenken Sie mehr Energie, mehr Kraft in diesen Bereich. Lenken Sie sie in den schmerzenden oder verspannten Bereich, und lassen Sie die Energie sich dort schaukelnd bewegen.
➣ Das Folgende mag seltsam klingen, doch möchte ich Ihnen unbedingt empfehlen, es auszuprobieren. Verlagern Sie Ihr Gewicht bewußt auf die rechte Gesäßhälfte, und versuchen Sie die oben beschriebene Übung in dieser Haltung auszuführen.
Wiederholen Sie anschließend das gleiche mit der linken Gesäßhälfte.
Wenn Sie glauben, daß das Gefühl des Fließens in Ihrem Körper verlorengeht, müssen Sie sich selbst aus dem Zentrum bringen, damit Sie spüren, wie der Fluß unterbrochen wird. Zentrieren Sie sich anschließend wieder, damit Sie lernen, zwischen Energie, die sich bewegt, und stagnierender Energie zu unterscheiden.
➣ Wenn Ihr Körper sich an die Wahrnehmung dieser taktilen Empfindung gewöhnt hat, sollten Sie sich testen. Beugen Sie sich vor und versuchen Sie, die Empfindung zu unterbrechen. Zentrieren Sie sich anschließend wieder und beobachten Sie, was Sie nun empfinden. (Die Energie-Empfindung müßte nun sowohl kräftiger als auch

sanfter sein.) Setzen Sie sich schließlich zurück, und machen Sie es sich bequem.

In den meisten Beschreibungen der Kundalini-Kraft finden wir die irrige Vorstellung, daß das Erlebnis dieser Kraft einigen wenigen vorbehalten sei, die besonders intensiv an sich selbst gearbeitet hätten. Wahr ist hingegen, daß jeder Sportler diese Kraft benötigt ebenso wie jeder Schauspieler und jeder Musiker. Jeder Künstler benötigt die Kundalini-Kraft, um völlig bewußt zu bleiben. Und das gleiche gilt auch für jeden von uns.

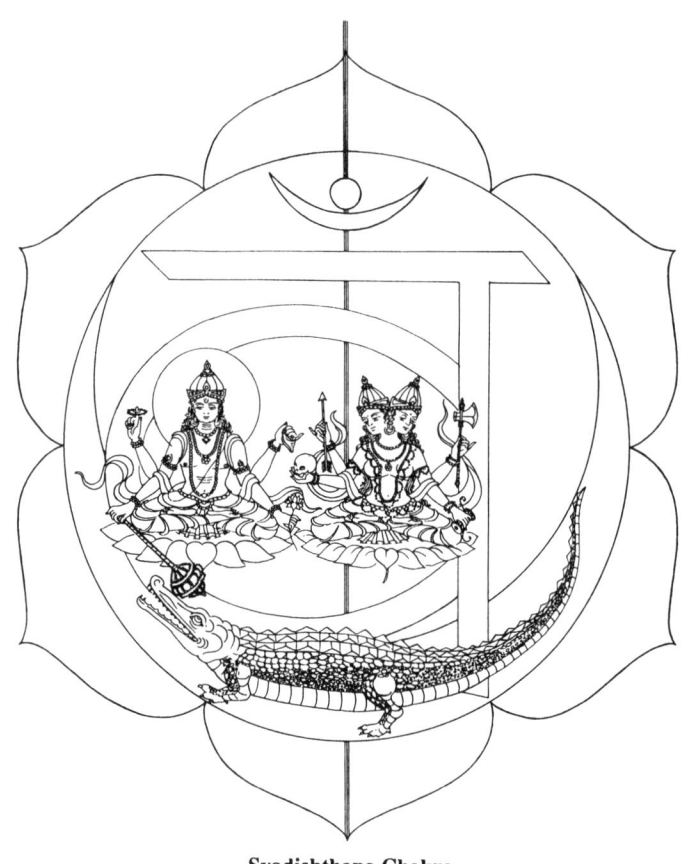

Svadishthana Chakra

स्वाधिष्ठान् चक्र

KLAUSBERND VOLLMAR

Das zweite Chakra (Svadishthana)

Mit dem Svadishthana-Chakra wird astrologisch gesehen die Achse Stier-Skorpion angesprochen, und damit befinden wir uns im Bereich der Sexualität.
Die gestaltastrologisch Interessierten mögen auf das Venus-Hexagramm meditieren (obere und untere Konjunktion der Venus mit der Sonne im Tierkreis) und seine Beziehung zu den sechs Lotosblättern hier.
Wir beginnen die Übungen zu diesem Chakra mit einer Meditation auf die Tarotkarte VI »Die Liebenden«, bisweilen auch »Die Entscheidung« genannt. Nach dieser Meditation, für die wir uns mindestens eine Viertelstunde Zeit nehmen sollten, beginnen wir mit der ersten Körperübung.

- Wir legen uns entspannt auf den Rücken und spüren, wie der Körper auf dem Boden aufliegt.
- Danach ziehen wir die Knie an, so daß die Füße voll auf dem Boden stehen, und heben und senken langsam im Rhythmus der Atmung den Rücken Wirbel für Wirbel, bis wir nur noch mit den Füßen, den Schultern und dem Kopf eine Berührung mit dem Boden haben.
- Bei dieser Übung konzentrieren wir uns auf das Svadishthana-Chakra, in das wir tief mit einer kurzen Pause nach dem Ausatmen hineinatmen.
- Diesen Übungsablauf führen wir etwa fünfmal durch, und danach entspannen wir, indem wir von der Ausgangsstellung ausgehend die Fußsohlen aneinander legen und die Knie einfach ohne Anstrengung nach links und rechts auseinanderfallen lassen.

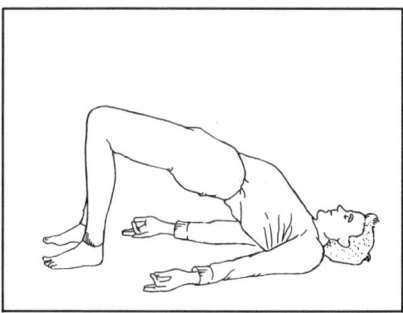

Lockerung der Rückenwirbel

Der Schmetterling

Rückenübung, 1. Phase

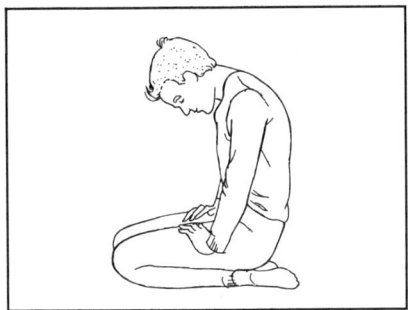

Rückenübung, 2. Phase

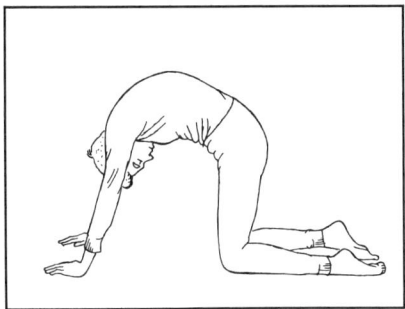

Katzenposition, eingeatmet

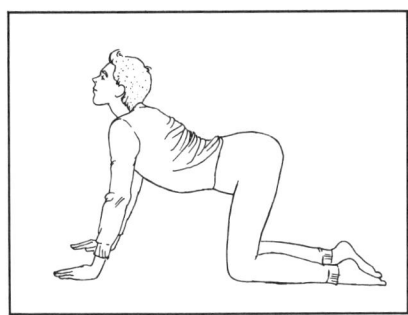

Katzenposition, ausgeatmet

Die nächste Übung wird oft »Der Schmetterling« genannt.

➤ Du sitzt auf dem Boden und legst deine Fußsohlen aneinander.
➤ Die Fersen bringst du so nahe wie möglich an deinen Körper.
➤ Atme ein und strecke deinen Rücken dabei, daß er vollständig gerade ist. Dabei wird die Brust etwas gehoben und herausgestreckt.
➤ Dann wippe mit deinen Knien auf und ab mit dem Rhythmus deiner Atmung.
➤ Konzentriere dich auf das Svadisthana-Chakra und versuche während der gesamten Übung, deine Konzentration dort zu halten.
➤ Führe diese wippende Bewegung einige Zeit lang durch, und du beendest diese Übung, indem du dich beim Ausatmen nach vorne deinen Füßen entgegenbeugst und dann beim Einatmen langsam wieder in die Ausgangsposition hochkommst.
➤ Danach lege dich auf den Rücken und atme tief und regelmäßig, spüre den Energiefluß im unteren Teil deines Körpers.

Du kannst bei dieser Übung auch gut mit deinen beiden Daumen Punkte an der Innenseite deiner beiden Füße drücken. Probiere es selbst aus. Im Rist deiner Fußinnenseite liegt zum Beispiel als wichtigster Akupunkturpunkt SP 4 (Wirbelsäule 4), aber mache dich selbst auf die Suche.

➤ Anschließend – nach genügender Entspannung – knie dich wieder hin und sitze auf deinen Hacken, lege die Hände auf deine Knie.
➤ Atme tief ein, drücke dabei deinen Rücken konkav (nach vorne) durch, wobei du deine Brust etwas hebst und mit herausdrückst.
➤ Beim Ausatmen biege deinen Rücken in die entgegengesetzte Richtung (konvex) und laß dabei deinen Kopf entspannt nach vorne fallen.
➤ Konzentriere dich dabei voll auf dein Sakral-Chakra und versuche, die Konzentration in diesem Punkt zu halten.
➤ Führe diese Übung etwa eine bis zwei Minuten lang aus, wobei du

die Geschwindigkeit der Bewegung von konkaver zu konvexer Rückenbeugung leicht steigerst. Danach entspanne dich tief im Liegen.

Als nächste Übung kommen wir zur »Katzenposition«.

- Wie eine Katze stehen wir auf unseren beiden Händen – mit durchgedrückten Ellenbogen – die Finger zeigen nach vorne, und den beiden Knien auf dem Boden. Der Rücken ist gerade parallel zum Boden, der Kopf leicht gehoben.
- Wir atmen in dieser Stellung tief ein und aus mit einer kurzen Atempause nach dem Ausatmen und ziehen unseren Atem dabei in das Svadisthana-Chakra. Wenn wir dieses Chakra deutlich spüren, sei es nun durch Wärme, Pulsieren oder wie auch immer – die Empfindungen sind subjektiv sehr verschieden –, dann halten wir unsere Konzentration dort und biegen beim Einatmen unseren Rücken so weit wie möglich nach oben, machen ihn ganz rund und lassen den Kopf entspannt fallen.
- Beim Ausatmen biegen wir unseren Rücken konkav nach unten gegen den Boden durch und nehmen dabei unseren Kopf so weit wie möglich nach hinten.
- Indem wir die Konzentration auf dem Sakral-Chakra halten, bewegen wir uns wie beschrieben im Rhythmus unseres Atems. Dabei machen wir besonders nach dem Ausatmen eine kurze Atempause und fühlen nach, ob wir ein leichtes Strömen im Svadisthana-Chakra empfinden.
- Diesen Bewegungsablauf führen wir zu Beginn etwa drei Minuten lang durch, später können wir ihn auf fünf Minuten ausdehnen. Je länger wir ihn durchführen, um so deutlicher können wir ein Strömen im Sakral-Chakra besonders in der anschließenden Entspannung spüren.
- Nach dieser Übung legen wir uns flach auf den Rücken und entspannen.

➤ Wir halten dabei weiterhin unsere Konzentration auf das Svadisthana-Chakra und beobachten unsere Atmung, ohne sie auch nur irgendwie zu beeinflussen.
➤ Ganz vorsichtig lassen wir langsam in diese Entspannung die Fragen einfließen: Bin ich hingabefähig? Lasse ich mich auf andere ein?
➤ In der Entspannung mit dem Hauch dieser Fragen im Bewußtsein lasse ich mich tiefer und tiefer fallen und versuche, keinerlei Widerstand zu bieten. Falls Angst aufkommt, akzeptiere ich sie.
➤ An einem bestimmten Punkt wirst du schon allein entscheiden, Schluß zu machen. Gehe aus dieser Entspannung hinaus, indem du dich reckst und streckst und eventuell dabei gähnst. Gähnen erzeugt immer eine tiefe Entspannung.
➤ Falls du Lust hast, schreibe in dein Tagebuch, was du erlebt hast.
➤ Dann stelle dich hin, bringe deine Füße etwas über schulterbreit parallel auseinander, lege die Hände auf deine Oberschenkel und suche dir einen Fixpunkt in Augenhöhe.
➤ Beim Einatmen ins Svadisthana-Chakra rolle energievoll dein Becken nach hinten und beim Ausatmen schiebe es mit aller Energie nach vorne.
➤ Halte deine Konzentration auf den Sakralbereich fixiert und mache eine kurze Pause, wenn du mit deinem Becken völlig vorne bist, ehe du wieder beim Einatmen zurückgehst.
➤ Achte bei dieser Übung auf eine gute Erdung.
➤ Nachdem du diese Übung für etwa drei Minuten konzentriert gemacht hast, wende dich direkt anschließend ohne Pause der weiblichen Bewegung zu: Diesmal stellst du deine Füße schulterbreit auseinander und beugst ganz leicht deine Knie.
➤ Nun drehe dein Becken erst sanft und dann immer energetischer, so daß es einen Kreis parallel zum Boden beschreibt.
➤ Kreise dein Becken in beide Richtungen und atme im Rhythmus der Beckenbewegung.
➤ Finde deinen eigenen Rhythmus und halte die Konzentration im Sakralbereich.

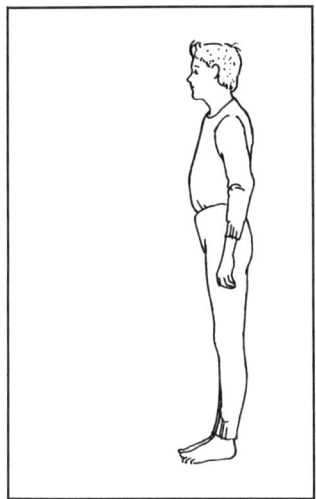

Beckenübung, 1. Phase

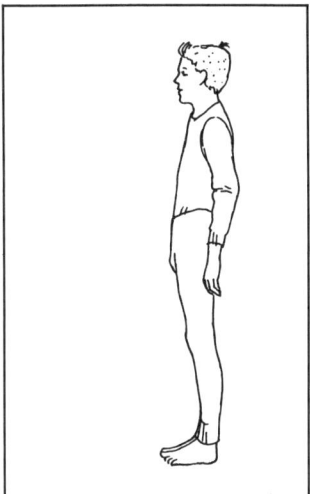

Beckenübung, 2. Phase

- Es mag dir auch dabei helfen, wenn du einen orangefarbenen, warmen Punkt während der Übungen im Svadisthana-Chakra visualisierst. Dies bedarf jedoch einiger Übung und sollte zuerst ohne eine körperliche Übung gelernt werden. Wenn du das einmal kannst, hilft es jedoch sehr, die Konzentration im Sakral-Chakra zu halten.
- Danach lege dich wieder flach auf den Boden auf den Rücken und beobachte deinen Atem. Nach einigen Minuten tiefer Entspannung lege deine linke Hand aufs Svadisthana-Chakra, die rechte auf das Sahasrara-Chakra. Atme tief und verharre einige Minuten in dieser Stellung.
- Danach gehe langsam dazu über, deine Hände zu massieren – die alten Yoga-Sutras verbinden das Sakral-Chakra mit den Händen, und besonders die Innenseite deiner Hände ist mit dem Sakralplexus direkt verbunden. Suche Punkte, die schmerzen, und verweile eine Zeitlang dort, drücke und massiere, bis der Schmerz sich verändert.

Im roten Tantra wird das Sakral-Chakra oft mit der folgenden Übung erweckt:

- Man trinkt auf nüchternen Magen ein Glas Wasser, wartet dann etwa eine Stunde (bis man einen deutlichen Harndrang spürt) und leert die Blase, wobei man den Harnstrom immer wieder dabei anhält.
- Wenn man dies eine Zeitlang praktiziert hat, dann kann man sich auch ohne Harndrang auf den Schließmuskel der Harnröhre konzentrieren (bei Frauen etwas unterhalb der Klitoris, bei Männern am Penisansatz).
- Bei angehaltenem Atem mit halbgefüllten Lungen kontrahiert und entspannt man dann diesen Schließmuskel.
- Diese Übung spricht auch das Muladhara-Chakra mit an.

Die Affirmation zu diesem Chakra lautet:

Das vollständige Einlassen auf meine Umwelt gibt mir täglich neue Ansätze zur Veränderung.

Zur künstlerischen Arbeit mit der Svadisthana-Energie visualisiere eine große Pyramide, in der du bequem sitzen kannst. Dann atmest du tief in deinen Bauch hinein und füllst beim Ausatmen diese Pyramide mit einem orangefarbenen Nebel, der Kraftströme und Wirbel in dieser Pyramide bildet. Nun male dieses Bild.

Manipura Chakra

मणिपूर चक्र

NAOMI OZANIEC

Das dritte Chakra (Manipura)

Ort im Körper: zwischen dem 12. Brust- und dem 1. Lendenwirbel

Sanskrit-Bezeichnung: Manipura, was soviel bedeutet wie »leuchtendes Juwel« oder »Stadt der Juwelen«

Element: Feuer

Funktion: Willenskraft, Macht

Innerer Zustand: intensive Gefühle wie Lachen, Freude, Wut

Körperteile: Verdauungssystem, Leber, Milz, Magen, Dünndarm

Drüsen: Bauchspeicheldrüse

Störung: Magengeschwüre, Zuckerkrankheit, Essensstörungen wie Magersucht und Bulimie, Hypoglykämie

Farbe: Gelb

Keimsilbe: Ram

Sinnesfunktion: Sehen

Blütenblätter: zehn mit den Sanskrit-Silben da, dha, na, ta, tha, da dha, na, pa, pha

Symboltier: Widder

Gottheiten: Rudar, Lakini, Apoll, Agni

*

»Durch das Meditieren über diesen Nabel-Lotus erwirbt man die Macht, zu vernichten und zu erschaffen.«

Sat-Chakra-Nirupana, Vers 21

Wir steigen vom flüssigen Svadisthana-Chakra hoch, um dem Feuer des Manipura-Chakras zu begegnen. Laut Satyananda liegt dieses Chakra zwischen dem 12. Brustwirbel und dem 1. Lendenwirbel hinter dem Nabel. Im Westen wird dieses Chakra das Solarplexuschakra genannt. Das ist eigentlich keine korrekte Bezeichnung, da die Nerven im Brustbereich keinen Plexus bilden, sondern getrennt bleiben.

Manipura kann man mit »leuchtendes Juwel«, »Stadt der Juwelen« oder »mit Juwelen gefüllt« übersetzen. In Tibet wird dieses Chakra Manipadma, das heißt »mit Juwelen besetzter Lotus«, genannt. Dieses Chakra strahlt seine feurige Kraft wie eine helle Sonne aus. Seine Farbe ist Gelb, sein Element das Feuer.

Im Unterleib sitzt das Verdauungssystem, das Nahrung in Energie umwandelt. Wir denken selten über diesen Prozeß nach, außer wenn er in irgendeiner Weise gestört ist. Unsere Nahrung liefert den Brennstoff für den Körper. Ebenso wie das physische Verdauungssystem Energie aus der Nahrung zieht, filtert das Solarplexuschakra Prana aus und speichert es.

Prana ist die Energie, die alles Lebendige durchdringt; wo Prana ist, ist auch Leben. Jedes Chakra ist ein Zentrum für Prana, aber im Manipura-Zentrum wird diese Kraft erzeugt und verteilt. Durch gelenkte Imagination in Verbindung mit handfesten anatomischen Kenntnissen kann Prana jedem Körpersystem zugeführt werden.

Prana Vidya ist die praktische Lehre von der Lebenskraft. Es handelt sich hierbei um einen uralten Zweig der esoterischen Schulung, der in der tantrischen Tradition wurzelt. Schüler lernen die Techniken der Verdichtung, Ausdehnung und Lokalisierung von Prana. Störungen im Strom des Prana durch den Körper werden als die eigentliche Ursache von Krankheiten angesehen. Prana kann von einem Menschen zum anderen gelenkt werden, besonders in einer heilenden Begegnung. Manchmal wird die Energie als heller weißer Lichtblitz wahrgenommen, der von den Händen ausgeht. Während eines Energieaustausches können plötzlich Veränderungen in der Körpertemperatur auftreten, je nachdem, in welche Richtung der Energiefluß geht. Der Heiler, also derjenige, der die Prana-Kraft lenkt, fühlt oft starke Hitze und anschließend extreme Kälte, wenn Prana zuerst angesammelt und dann freigesetzt wird. Derjenige, der Prana empfängt, spürt oft eine allmähliche Erwärmung, während die Prana-Kraft nach und nach assimiliert wird. Im Körper nimmt die Prana-Kraft der Tradition nach fünf Formen an, auch »Winde« genannt: Udana, Samana, Uyana, Apana und Prana. Udana regiert den Bereich oderhalb des Halses und der vier Gliedmaßen, ebenso den Aufwärtsfluß der Energie im Körper. Samana regiert die Nabelgegend und die Verdauungsprozesse. Uyana durchzieht den ganzen Körper, und Apana regiert den Bereich unterhalb des Nabels. Prana regiert schließlich den Bereich zwischen Hals und Zwerchfell und steuert die Atmung und die Sprachfunktion. Der fortgeschrittene Schüler muß lernen, zwischen den fünf verschiedenen Formen von Prana zu unterscheiden und damit umzugehen. Laut Satyananda ist die bewußte Vereinigung von Prana und Apana am Solarplexus eine sehr wichtige Übung, die dazu dient, dieses Zentrum zu erwecken. Wenn die beiden Kräfte an dieser Stelle zusammmentreffen, erzeugen sie eine sehr hohe Energie.

Prana ist allen Lebewesen gemeinsam. Es wird aus lebendiger Nahrung, aus der Luft selbst und aus unverdorbenen natürlichen Landschaften aufgenommen. Damit wird ein Thema angesprochen, das für die heutige Zeit das wichtigste überhaupt ist: die Verschmutzung unserer Umwelt und damit die Beeinträchtigung der Qualität der Luft, die wir atmen, und der Nahrung, die wir zu uns nehmen.

Leslie Kenton, die in ihren zahlreichen Büchern für Gesundheit, Schönheit und Fitneß wirbt, schlägt eine Ernährungsweise vor, die sich auf lebendige Nahrung stützt, das heißt auf frisches Gemüse und frisch gepreßte Säfte als Quellen für Vitamine und Mineralien. Die bioenergetische Nahrung – Samenkerne, Körner, Nüsse und Hülsenfrüchte – hat mit frischem Gemüse und Obst eine Eigenschaft gemeinsam: Jedes dieser Nahrungsmittel strahlt Lebenskraft aus. Die Kirlian-Photographie hat uns hierzu einige faszinierende Einsichten geliefert. Ist organische Materie frisch, so hat sie eine kräftige, helle Ausstrahlung. Mit zunehmendem Alter verliert diese Ausstrahlung an Helligkeit und verschwindet schließlich ganz. Nahrungsmittel, denen es an jeder Spur von Lebenskraft mangelt, wirken auf lange Sicht zerstörerisch auf den Körper. Lebendige Nahrung fördert das Wohlergehen des ganzen Organismus. Eine Ernährungsweise, die sich auf lebendige Nahrungsmittel stützt, wird über längere Zeit dazu beitragen, die Schwingungen der feinstofflichen Energien auf ein höheres Niveau anzuheben.

Diesem Energiezentrum wird in den traditionellen japanischen Lehren eine besondere Bedeutung beigemessen. Dort wird es Hara genannt, was wörtlich »Bauch« bedeutet. Es ist der Mittelpunkt, an dem alle Dinge, sichtbar wie unsichtbar, ins Gleichgewicht kommen. Traditionsgemäß hat das Hara seinen Sitz drei Fingerbreit unter dem Nabel. Wenn dieses Chakra als Gravitationspunkt des Seins funktioniert, werden Gefühle nicht nur empfunden, sondern auch ausgedrückt. Sind die Kräfte dieses Zentrums unterdrückt, so können ernsthafte Diskrepanzen zwischen dem wirklichen Fühlen und dem Handeln auftreten. Magersucht ist beispielsweise eine Störung, bei der die tief empfundenen Gefühle verleugnet und von einem falschen Selbstbild überlagert werden. Ist das Hara hingegen aktiv, so folgt daraus ein vereinheitlichter Ausdruck in Wort, Tat und Körpersprache. In Japan wird ein Mensch als nicht vertrauenswürdig und unaufrichtig eingestuft, wenn seine Stimme nicht aus dem Hara kommt.

Das *Obertonsingen* ist eine faszinierende und uralte Methode, um die Energien des Hara anzuzapfen. Es kann befreiend, ja sogar als Katharse wirken.

- Dazu stellt oder setzt man sich mit geradem Rücken hin.
- Man beginnt mit der Yogi-Atmung.
- Legen Sie dabei die Zungenspitze an den Gaumen, wenn Sie einatmen.
- Lassen Sie beim Ausatmen die Zunge sich leicht nach hinten wölben.
- Lassen Sie die Luft geräuschlos ausströmen.

➤ Sie sollten den Mund so halten, daß sich zwischen Zunge und Gaumen ein kleiner Raum bildet. Die Zungenspitze ist nach hinten gerichtet. Die Seiten der Zunge berühren ganz leicht die oberen Zähne.
➤ Jetzt können Sie versuchen, einen Oberton zu erzeugen.
➤ Wählen Sie einen für Sie angenehmen Ton und lassen Sie ihn aus dem Hara kommen.
➤ Sobald der Klang erzeugt ist, können Sie ihn auch variieren, indem Sie die Lage der Zunge im Mund und die Öffnung der Lippen verändern.
➤ Beim Erzeugen des Obertons hört man zwei Töne gleichzeitig, und es ist ein Schwingen im Kopf festzustellen. Obertonsingen kann, besonders wenn es in der Gruppe praktiziert wird, zu einem wunderbaren Erlebnis werden.

Man kann auch ein Bewußtsein für dieses Zentrum entwickeln, indem man die *Hara-Atmung* praktiziert.

➤ Dabei lenkt man die Aufmerksamkeit auf dieses Zentrum und baut gleichzeitig einen Atemrhythmus auf.
➤ Die Hände werden über das Energiezentrum gelegt.
➤ Gleichzeitig wird die Zunge an den oberen Gaumen geführt. Dadurch werden die Lenker- und Konzeptionsmeridiane miteinander verknüpft, was das Fließen von Prana aus dem Zentrum heraus erleichtert.
➤ Während man tief einatmet und dabei bis fünf zählt, stellt man sich vor, wie ein strahlendes Licht mit der Luft einströmt.
➤ Der Atem wird bis fünf angehalten, und dabei spürt man, wie sich die Energie im Bauchzentrum ansammelt.
➤ Dann wird die Luft wieder auf fünf ausgeatmet.
➤ Mit der Zeit sollte ein ungebrochener Atemrhythmus erreicht werden. Die Übung kann im Liegen etwa zwanzig Minuten lang durchgeführt werden. Sie verleiht ein Gefühl von großer Körperwärme und persönlicher Energie.

In Tibet entwickelt man eine fortgeschrittene Methode zur Erzeugung von körperlicher Wärme. Diese Methode heißt Tummo. Dabei wird Prana aus den unermeßlichen natürlichen Quellen herausgezogen und im menschlichen Körper zur Erzeugung von Körperwärme gespeichert. Bei diesem System werden komplizierte Meditationstechniken und Visualisationen, Körperhaltungen und Atemübungen eingesetzt. Der Übende baut die Form eines goldenen Lotus am Nabel auf und benutzt das Bija-Mantra, um das Feuerelement anzurufen. Am Scheitel wird ein Feuer visualisiert, das dann zum Nabelzentrum herabsteigt. Vor dem geistigen Auge wird die Sushumna (der Wirbelsäulenmeridian) so weit vergrößert, bis sie die ganze physische Form umfaßt. Damit wird sie zur Feuerbahn im wahrsten Sinne. Nach einer langen und rigorosen Schulung wird der Aspirant von seinem Lehrer geprüft. Alexandra David-Neel, die lange in Tibet reiste und studierte, beschrieb die Ausübung von Tummo, wie sie sie beobachten konnte: »Die Schüler sitzen nackt im Lotussitz. Leintücher werden in eisiges Wasser getaucht. Jeder der Männer wickelt sich in ein nasses Tuch ein und muß es am eigenen Körper trocknen. Sobald das Tuch trocken ist, wird es wieder in Wasser getaucht. Der Vorgang wiederholt sich auf diese Weise bis zum Tagesanbruch, und dann wird derjenige, der die meisten Leintücher an seinem Körper getrochnet hat, als Sieger des Wettbewerbs geehrt.« (Alexandra David-Neel, *Leben in Tibet*, S. 163)

In der tibetischen Sprache bedeutet *repa* »der in Baumwolle Gekleidete«. Der große Lehrer Milarepa meisterte die Tummo-Praxis unter der Anleitung seines Lehrers Marpa. Einmal mußte Milarepa in einer eisigen Höhle überwintern. Über seine Erfahrungen schrieb er ein Gedicht, das mit folgenden Zeilen endet:

»Man konnte dort den Kampf des Kriegers um Leben und Tod sehen,
Und ich, der ich den Sieg errang, hinterließ einen Markstein für die
    Eremiten,
Mit dem ich die große Tugend von Tummo erwies.«

                      (Alexandra David-Neel, *Leben in Tibet*, S. 161)

Es ist schwer zu sagen, ob solche Traditionen mit der Vernichtung der tibetischen Lebensart verlorengingen, aber es gibt genügend Beweise für die völlige Meisterschaft der früheren Meister über Wärme und Kälte. Sie ist lediglich ein Ausdruck der Kräfte des Manipura-Chakra, des Solarplexus, der persönlichen Sonne.

Das Solarplexuschakra ist der Ort, von dem aus wir Macht in der Welt ausüben. Es ist unser persönlicher Energiespeicher. Sind seine Vorräte erschöpft, so fehlt es uns an der nötigen Antriebskraft, um uns kraftvoll in die Welt hinauszuprojizieren. Wenn wir den Kontakt zur Willenskraft verlieren, die ein direkter Ausdruck des inneren Seins ist, werden wir zu Opfern des Schicksals und der Umstände. Der Wille ist grundlegend für das Wohlergehen und die persönliche Erfüllung; durch ihn wird die innere Natur in den äußeren Ausdruck übersetzt, durch ihn können wir schwierige Lebensumstände meistern. Hat ein Mensch einen schwachen Willen, so ist seine Fähigkeit zur Selbstbestimmung und Selbstausrichtung unterentwickelt. Ein solcher Mensch läßt sich leicht von anderen Menschen beinflussen und von seinem Kurs abbringen. Ist ein Mensch hingegen eigenwillig, übt er Macht ohne jede Rücksicht auf andere aus. Durch die Art, wie wir unseren Willen ausdrücken, erschaffen wir unsere eigene Realität; unsere Macht in der Welt ist ein Ausdruck unserer Willenskraft. Der menschliche Wille wurde von vielen esoterischen Autoren als Spiegelung einer göttlichen Eigenschaft betrachtet, des Urwillens, der die Schöpfung zum Leben erweckt. Durch den menschlichen Willen werden Veränderungen zum Guten oder zum Schlechten ins Leben gerufen. Wir verfügen über freien Willen; das gibt uns eine Wahl und lehrt uns den Wert der Differenzierung. Durch den bewußten Einsatz des Willens gestalten wir unser Leben.

Ist der Wille blockiert, erleben wir ein Gefühl der Frustration, mit dem oft eine Verengung im ganzen Solarplexusbereich einhergeht. Wenn wir unser Gefühl der persönlichen Macht verlieren, wird uns ganz flau im Magen. Unsere Kraft verschwindet, unser Feuer ist gelöscht. Im Idealfall sollte es einen freien Energieaustausch geben zwischen dem persönlichen Willen und der Freiheit, ihn in die Welt hinauszuprojizieren, doch dieser Fluß ist oft blockiert. Es kann sich um eine vorübergehende Blockade handeln, die durch eine persönliche Auseinandersetzung entstanden ist, oder es kann um einen länger andauernden Zustand der Unterdrückung gehen. Eine Übereinstimmung zwischen dem inneren Begreifen des persönlichen Willens und der äußeren Freiheit des Ausdrucks ermöglicht es der Energie des dritten Chakras, gleichmäßig zu strömen. Wenn der Wille blockiert ist, sei es am Ursprung oder aber von außen, kann das Chakra die Energien nicht frei weitergeben, und sie beginnen, sich anzustauen. Dann wirkt das Chakra wie ein Staudamm, der Gefühle, Energien, Bedürfnisse und Triebe zurückhält. Innerer Aufruhr, unterdrückte Wut und zurückgehaltene Gewalt sind die Folge. Schließlich zerreißt irgend etwas, und es gibt eine emotionale Szene, eine Krise, sogar einen Zusammenbruch. In diesem Chakra stecken unsere unverblümten Emotionen. Werden die Gefühle frei ausgedrückt, gehen sie leicht von uns in die betreffende Situation über und werden als Teil unseres gesamten Wesens integriert. Werden Gefühle aber, aus welchem Grund auch immer, nicht ausgedrückt, sondern nach innen gerichtet, sitzen sie in diesem Chakra fest, bis eine Katharse stattfinden kann. Besonders die Wut kann dort viele Jahre lang gespeichert werden.

Der Magen reagiert sehr empfindlich auf plötzliche Veränderungen der Gefühle. Wenn wir Schmetterlinge im Bauch haben, erleben wir Angst oder extreme Aufregung. Ein plötzlicher Schock kann uns wie ein Schlag in den Magen treffen, und es kann uns dabei körperlich übel werden. Wenn wir aufgeregt sind, fällt es uns schwer zu essen. Diese körperlichen Empfindungen sind wie Spiegelbilder der Aktivität des Chakras selbst.

Dieses Chakra stellt eine wichtige Stufe in der Entwicklung des menschlichen Bewußtseins dar. Im Gegensatz zu den zwei untersten Chakras trägt es keine Spur unserer gemeinsamen tierischen Vergangenheit. Aus diesem Grund betrachten manche tantrische Lehren dieses Energiezentrum als Ausgangspunkt für die höhere menschliche Entwicklung. Satyananda bezeichnet es als den Ort des »nicht wieder umkehrbaren Erwachens«, was darauf hinweist, daß die Kundalini, wenn sie diese Ebene erreicht hat, nicht mehr in die niedrigeren Zentren zurücksinken wird.

Traditionsgemäß heißt es, daß das Erwecken dieses Chakras die Macht verleiht, verborgene Schätze zu entdecken. Das ist eine interessante Entsprechung zum eigentlichen Namen dieses Chakras, »leuchtendes Juwel«. Darin mag auch die symbolische Bedeutung stecken, derzufolge die spirituelle Wirklichkeit an sich den verborgenen Schatz darstellt. das Erwachen dieses Chakras soll die Meisterschaft über das Feuer verleihen. Das bezieht sich auf das innere Feuer sowie auf die Erzeugung psychischer Wärme durch den kontrollierten Gebrauch natürlicher Energie. Die Fähigkeit, den Körper von innen zu sehen, soll sich bei zunehmender Entwicklung der Funktionen dieses Energiezentrums ebenfalls entfalten. Das ist besonders wichtig, wenn wir an die Disziplin von Prana Vidya denken, bei der man durch Visualisierung der inneren Anatomie Bahnen für das Fließen von Prana erschafft. Der Adept, der auf dieser Ebene angelangt ist, soll Prana zum Sahasrara-Chakra schicken können und völlige Freiheit von jeder Krankheit genießen. Das ist nur möglich, wenn man es zu einem beträchtlichen Ausmaß an Herrschaft über Prana gebracht hat.

Wenn wir die traditionellen Bilder zu diesem Chakra betrachten, finden wir zehn Blütenblätter, grün-blau gefärbt wie eine Regenwolke. Auf jedem Blütenblatt steht in hellem Blau eine Sanskrit-Silbe. Im Mittelpunkt befindet sich ein nach unten gerichtetes rotes Dreieck, der Bereich des Feuers, mit zusätzlichen T-förmigen Projektionen an jeder Kante, um auf Bewegung hinzudeuten. Das Bija-Mantra bzw. die Keimsilbe für dieses Chakra ist Ram und ebenfalls rot. Der Widder, das Reittier Agnis, des Feuergottes verkörpert die feurigen Eigenschaften dieses Chakras. Eine der Gottheiten dieses Chakras ist Rudra, der Gott der Stürme. Rudra hat sowohl eine rachsüchtige als auch eine gutmütige Seite, was darauf hinweist, daß Macht sowohl positiv als auch negativ eingesetzt werden kann. Rudra wird auch »der Rote« genannt.

Er wird oft mit rötlicher Gesichtsfarbe, aber auch mit einem weißen, mit Asche beschmierten Gesicht dargestellt.

Shakti Lakini ist eine Form von Lakshmi, der Göttin des Glücks und der Schönheit. Sie wird meist stehend oder auf einem Lotus sitzend dargestellt. Hierzu sitzt Lakini auf einem roten Lotus. Sie selbst ist blau und hat drei Gesichter mit je drei Augen. Das dritte Auge symbolisiert die zunehmende mediale Kraft, die mit dem Erwachen dieses Chakras einhergeht. Die Göttin hat vier Arme und hält ein Vajra, einen Donnerkeil, der Macht symbolisiert, und ein brennendes Feuer. Sie macht eine Geste, die gleichzeitig Segen spendet und Ängste vertreibt. Sie hat grimmig hervorstehende Zähne und ißt gern Reis und Dhal, mit Fleisch und Blut vermischt. Womit wir wieder bei der Farbe Rot wären.

Die überwältigende visuelle Symbolik dieses Chakras richtet den Geist auf das Feuerelement und die Farbe Rot.

Körperlich gesehen, hat dieses Chakra mit dem ganzen Bauchbereich und dem Verdauungssystem zu tun. Das Manipura-Chakra regiert Leber, Gallenblase, Magen und Milz. Störungen des Chakras können Eß- oder Verdauungsstörungen nach sich ziehen. Magengeschwüre, die oft mit einem hohen Maß an Streß einhergehen, sind eine klassische Störung dieses Energiezentrums.

Wenn die Energien dieses Chakras aktiv und ausgewogen sind, erfreut sich der Mensch guter Gesundheit und hat eine klare Vorstellung von seiner persönlichen Bestimmung.

Übungen zur Orientierung

1. Setzen Sie sich mit dem Begriff der persönlichen Macht auseinander, indem Sie sich darüber Gedanken machen, wie Sie Macht in der Welt ausüben.
2. Meditieren Sie über das Feuerelement.

Pranayama-Übung

Die Ströme verbinden

1. Setzen Sie sich mit aufrechter Wirbelsäule hin.
2. Atmen Sie tief ein. Stellen Sie sich vor, wie Prana mit der Luft eingesogen wird und über den Hals zum Nabel hinabfließt.
3. Stellen Sie sich gleichzeitig vor, wie Apana vom Muladhara-Chakra zum Nabel hochfließt. Führen Sie die Mulabandha-Kontraktion (Wurzel-Verschluß) durch und visualisieren Sie dabei, wie sich die beiden Ströme am Nabel vereinigen.

Sie können auch versuchen, mit der Feueratmung und der Hara-Atmung zu arbeiten.

Asanas

1. Das Becken strecken

1. Sitzen Sie mit ausgestreckten Beinen, die Hände flach auf dem Boden und senkrecht unter Ihren Schultern.
2. Heben Sie den Körper, indem Sie das Becken hochheben.
3. Bilden Sie eine gerade Linie mit dem ganzen Körper, von den Zehen bis zum Kopf.
4. Lassen Sie das Becken wieder sanft auf den Boden zurückfallen und wiederholen Sie die Übung.

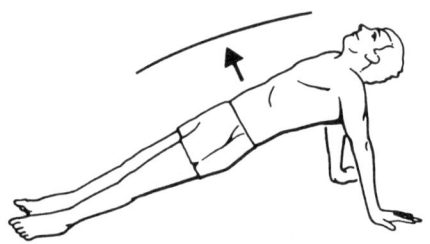

Das Becken strecken

2. Die Wirbelsäule dehnen

Diese Übung dehnt die Wirbelsäule in beide Richtungen.
1. Sitzen Sie auf den Fersen mit den Händen auf den Knien und wölben Sie den Rücken nach außen, indem Sie die Schultern nach vorn fallen lassen.
2. Atmen Sie ein und drücken Sie die Schultern nach hinten. Drücken sie dabei den Brustkorb nach oben und vorn.
3. Atmen Sie aus, während Sie den Rücken wieder nach außen wölben und die Schultern nach vorn fallen lassen.

Wiederholen Sie den Zyklus.

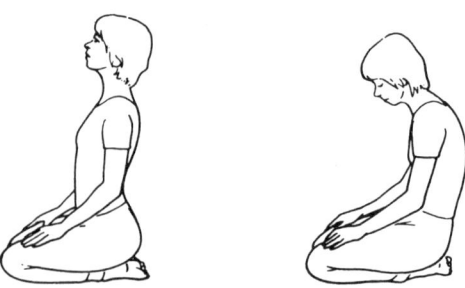

Die Wirbelsäule dehnen

3. Rumpfbeuge im Sitzen (Paschimottanasana)

1. Setzen Sie sich mit ausgestreckten, geschlossenen Beinen und den Händen auf den Oberschenkeln auf den Boden.
2. Biegen Sie langsam Ihren Oberkörper nach vorn und lassen Sie dabei die Hände an den Beinen entlanggleiten.
3. Beugen Sie sich soweit nach vorn, wie es Ihnen bequem ist; das Ziel ist, mit der Stirn die Knie zu berühren.

Visualisierung: Der Sonnengruß

Stellen Sie sich vor, wie Sie auf einer hohen Felsklippe in einer unwirtlichen, kahlen Landschaft stehen. Es ist noch sehr dunkel, kurz vor Sonnenaufgang. Ihr Standort ermöglicht es Ihnen, weit über das Land hinauszublicken. Sogar bei diesem Licht können Sie eine weite Wüstenebene erkennen, die sich in jede Himmelsrichtung erstreckt. Hier und da sehen Sie riesige Felsklippen, die wie ausgestreckte Finger in den Himmel ragen. Weit entfernt, am Rande des Horizonts, beginnt die Sonne aufzugehen. Sie sehen zu, wie die große Feuerkugel allmählich sichtbar wird. Sie erscheint rot, wie sie da über den Horizont tritt. Sie heben Ihre Arme zur Begrüßung, während dieses riesige Wesen aus dem Dunkel der Nacht hervortritt. Das Sonnenlicht beginnt, die Landschaft zu überfluten, erhellt die scheinbar unendliche Ebene. In dem Moment, in dem die Sonnenstrahlen länger werden, spüren Sie eine warme Berührung auf dem Gesicht.
Während die Sonne höher in den Himmel hinaufklettert und ihre Farbe sich dabei von Rot in ein brennendes Gelb verändert, scheint sie den Funken in Ihrem eigenen Feuerzentrum anzuzünden. Ihr Geist füllt sich mit dem Bild eines leuchtenden Kreises tief im Kern Ihres Seins. Er strahlt mit einer Leuchtkraft, die sich immer weiter nach außen ausbreitet, während Sie dort auf Ihrer hohen Klippe stehen. Sie steigt in Ihnen hoch wie eine große, feurige Kugel, die vom Schlaf erwacht. Sie

beginnen tief zu atmen, trinken die Sonnenstrahlen in sich hinein wie flüssiges Gold. Indem Sie einatmen, werden Sie von einer leuchtenden Kaskade erfüllt. Indem Sie ausatmen, strahlen Sie diese göttliche Kraft auf andere Lebewesen ab. Während Sie in der zunehmenden Helligkeit eines neuen Tages stehen, sind Sie sich der Lebendigkeit der ganzen Landschaft bewußt. In der Frische des neuen Tages strahlt alles Leben aus. Während Sie weiter tief ein- und ausatmen, scheinen Ihre Atemzüge Sie mit der Lebensenergie des Landes, der Steine, des Sandes und der Luft zu verbinden. Indem Sie einatmen, haben Sie das Gefühl, die Kraft in sich aufzusaugen, die das Land Ihnen geben kann, am täglichen Zyklus der Erneuerung teilzuhaben. Diese Kraft füllt Ihr Machtzentrum, überflutet Sie mit vitaler Lebenskraft. Sie fühlen sich gänzlich lebendig, ermächtigt, belebt. Ihr eigenes Reservoir ist jetzt zum Bersten voll. Nehmen Sie diese Kraft mit in Ihr Leben und setzen Sie sie ein, um Erfüllung zu finden.

Traumbilder

Dieses Chakra ruft ein breites Spektrum an feurigen Bildern hervor: Feuer machen; ein Ritualfeuer bereiten; zusehen, wie ein Haus in Flammen aufgeht; selbst in Flammen aufgehen, aber dabei paradoxerweise nicht verletzt werden, vergleichbar mit dem Bild des brennenden Busches. Bilder des Sonnenaufgangs oder andere solare Bilder können auf ein Erwachen auf dieser Ebene hinweisen.

Bach-Blütenessenzen

Aspen	2	Ängste überwinden
Hornbeam	17	Persönliche Ziele erreichen
Impatiens	18	Geduld
Larch	19	Selbstkenntnis
Scleranthus	28	Inneres Gleichgewicht
Star of Bethlehem	29	Fähigkeit, aus Freude heraus zu handeln

Musik

Dieses Chakra hat mit dem Gefühlsausdruck zu tun. Wenn Gefühle nicht zum angemessenen Zeitpunkt losgelassen werden, setzt sich die Schwingung buchstäblich im Chakra und im Körper fest. Jede Musik, die imstande ist, Gefühlen Ausdruck zu verleihen, kann zum benötigten kathartischen Erlebnis führen. Sie könnten es zum Beispiel mit folgenden Musikstücken versuchen: *Sunrise* von David Sun, *The Enchanter* von Tim Wheater und *Aquamarine* von Stairway.

Anahata Chakra
अनाहत् चक्र

LILLA BEK / PHILIPPA PULLAR

Das vierte Chakra (Anahata)

Anregungen

Das Herz ist der Sitz unseres Kollektivbewußtseins und bestrebt, Harmonie und Einheit herzustellen. Es gibt sich nicht damit zufrieden, etwas nur wahrzunehmen, eine Blume zum Beispiel, es wird selbst zur Blume und verschmilzt mit ihrem Wesen. Es hat auch Interesse an allem, was nicht direkt etwas mit uns zu tun hat, es hebt uns sozusagen über uns selbst hinaus. Achten wir mehr auf seine Signale, und zwar nicht nur, wenn es plötzlich rast oder in den Ohren dröhnt.

- Versetzen Sie sich in Ihr Herz, stellen Sie sich auf Ihren Herzschlag ein.
- Versuchen Sie herauszufinden, wie Sie es am effektivsten reinigen können. Zuerst müssen alle groben Teilchen entfernt werden.
- Seien Sie sich selbst gegenüber ehrlich: Wenn Sie versuchen, Schmerzen und Negativität in diesem Bereich zu leugnen, machen Sie sich etwas vor und beschwören enorme Schwierigkeiten herauf. Ich kenne jemanden, der in seiner Imagination einen operativen Eingriff an seinem Herzen vornahm und alle Negativität daraus entfernte.
- Wichtig ist, daß das, was Sie vorhaben, in Ihrem Geist Form annimmt.
- Das Herz ist durch die Atmung manipulierbar. Gründliches, kräftiges Ausatmen stärkt es in besonderem Maße.
- Atmen Sie also ein, und beim Ausatmen entspannen Sie das Herz.
- In diesem Fall ist es vielleicht nötig, die Übung öfter als siebenmal zu wiederholen.
- Entspannen Sie nach und nach die Schultern, Ellbogen und Hände

sowie das Gesicht und die Ohren. Lösen Sie Verkrampfungen im Nacken und Reste von Verspannungen in den Schultern auf, die die richtige Atmung behindern würden.

➤ Wenn das Herz wirklich entspannt ist, breitet sich in Ihnen unweigerlich ein Gefühl der Ruhe und des Friedens aus.

Weitere unterstützende Maßnahmen sind Streck- und Dehnübungen.

➤ Heben Sie die Arme seitlich in Schulterhöhe – der Brustkorb weitet sich –, dann weiter über den Kopf, und ballen Sie dabei die Hände zu Fäusten, die sie mehrmals lösen, ballen, lösen etc.
➤ Atmen Sie hörbar aus.
➤ Gähnen Sie ausgiebig.
➤ Unterdrücken Sie weder Ihre eigenen Tränen noch die von Kindern. Weinen entkrampft und hört ganz von selbst auf, wenn die Anspannung abgebaut ist.
➤ Versuchen Sie, an die wohltuende grüne Schwingung der Natur zu denken, baden Sie in ihr, und entspannen Sie darin. Auch dies ist eine reinigende, kräftigende und heilsame Übung.

Atmung und Energieaustausch im Herzchakra

Wieviel wir aus unserer Atmung machen, ob wir wirklich alles aus ihr herausholen, hängt von unserer Konzentration ab. Üben wir also bewußtes Atmen, indem wir uns sagen: »Dieser Atemzug gibt mir die Stärke, die ich brauche.« Verfolgen Sie den Weg des Atems: Er dringt in die Lunge ein, wo es zu einem Austausch kommt. Die roten Blutkörperchen transportieren den Sauerstoff im Blut zu jeder einzelnen Zelle, so daß, bildlich gesprochen, der ganze Körper atmet.

➤ Versenken Sie sich in Ihren Atem, und mit jedem Einatmen lassen Sie sich tiefer in die Bereiche Ihres Ich-Bin-Bewußtseins hinabsinken.
➤ Verschmelzen Sie mit Ihrem Herzen, atmen und entfalten Sie das

Gefühl der Liebe. Wenn Sie bewußt atmen und sich in das Gefühl der Liebe hinein entspannen, wird Ihre innere Schönheit immer mehr erstrahlen.
- In Ihrer Vorstellung stehen Sie nun sich selbst gegenüber.
- Versuchen Sie zu spüren, was Sie Ihrem eigenen Gegenüber »entgegenatmen«.
- Spüren Sie dann, daß dieses Gegenüber alles annimmt, weil Sie beide eins sind.
- Stellen Sie sich nun ein fremdes Gegenüber vor. Statt Zuneigung spüren Sie seinen Zorn, seine Nervosität, und sogleich wird sich die Qualität Ihres Atems verändern.
- Wir reagieren äußerst empfindlich auf unsere Umgebung und atmen entsprechend, wobei vor allem das Ausatmen beeinträchtigt wird.
- Versenken Sie sich in die ruhige Wellenbewegung des Ein- und Ausatmens, die Ihren Körper trägt, die Kraft der Transzendenz in Ihnen weckt und Sie den Raum mit Schönheit und Liebe erfüllen läßt.

Transformation des Bewußtseins

- Setzen Sie sich bequem hin, und beginnen Sie die Übung, indem Sie sich »erden« und an Erdfarben denken. Braun, Orange, Rot, warme Farben, die Ihnen das Gefühl von Geborgenheit geben.
- Entspannen Sie die Füße, die Zehen; lassen Sie alle Gedanken los.
- Versuchen Sie, keine Bilder aufsteigen zu lassen, denken Sie nur an Ihren inneren Pfad.
- Entspannen Sie die Arme, lassen Sie sie ausruhen. Den Händen ist das Bewußtsein für die Funktion des Festhaltens abhanden gekommen, denn Sie befinden sich jetzt auf einer anderen Bewußtseinsebene, wo sie keine physischen Hände benötigen. Lassen Sie sie ausruhen, ebenso die Schultern.
- Schauen Sie in das Innere Ihres Körpers, und überall, wo Sie Verspannungen bemerken, lösen Sie sie auf.

- Umspülen Sie die inneren Organe mit weißem Licht und dem Gefühl der Liebe.
- Spüren Sie Ihren Atem – Sie atmen im Gleichklang mit dem Universum.
- Spüren Sie die Schwingungen der Zellen – jede einzelne fühlt sich stark und sicher.
- Sie bewegen sich ohne Furcht und problemlos von einer Bewußtseinsebene zur nächsten, nichts hält Sie auf irgendeiner bestimmten Ebene fest; Sie existieren auf allen gleichzeitig.
- Jetzt stehen Sie am Anfang eines Korridors. Am anderen Ende können Sie ein Licht erkennen, und während Sie furchtlos darauf zugehen, haben Sie das Gefühl, sich auszudehnen.
- Um Sie herum nehmen die Schwingungen zu, und Ihre eigenen Schwingungen werden schneller, Sie selbst beginnen, immer schneller zu vibrieren.
- Ihre Füße spüren einen Pfad, dem Sie ohne Schwierigkeiten folgen. Vor Ihnen breitet sich ein Garten aus, Bäume, Blumen, ein schimmernder See. Sie nähern sich den Blumen und entdecken, daß es kleine Energiewirbel sind und daß, wenn Sie sie berühren, Ihre Hände zu vibrieren beginnen und die Energie aufnehmen.
- Spüren Sie nun die gelben und grünen Schwingungen der Sonne und der Felder.
- Werden Sie zu einem Blatt, und spüren Sie die Blattunterseite, seine Zellstruktur. Wie fühlt sich die Sonne auf einem Blatt an? Die Blätter senden grüne und blaue Schwingungen aus, die Sie durchdringen. Entspannen Sie sich, und genießen Sie dieses Entspanntsein eine Weile.
- Versuchen Sie, sich wie ein singender Vogel zu fühlen, der von diesen Schwingungen umgeben ist, und spüren Sie, auf welche Weise er sich der Energien bewußt ist.
- Stimmen Sie sich auf die Bäume ein, und nehmen Sie die grünen Schwingungen in sich auf. Stellen Sie sich die Baumringe vor, und spüren Sie den Wechsel der Jahreszeiten. Spüren Sie mit der Hand

die unterschiedlichen Schwingungen, die von den verschiedenen Ringen ausgehen und die aus der Zeit stammen, als der Baum noch jünger war. Entspannen Sie sich, nehmen Sie die Energien auf.

➢ Wenn Sie den Zeitpunkt für gekommen halten, schauen Sie wieder in die Ferne. Sie erkennen dort ein Gebäude, seine belebenden Schwingungen können Sie bereits spüren. Sie gehen darauf zu und kommen zu einer mit bunten Steinen mosaikartig gepflasterten Auffahrt. Ihre Füße spüren die einzelnen Farben und nehmen ihre Schwingungen auf. An der Eingangstür angekommen, warten Sie kurz, dann gehen Sie hinein.

➢ Treten Sie bewußt ein. Vor Ihnen steht ein Gefäß mit klarem Wasser, und ein weißes Gewand liegt bereit. Sie reinigen sich gründlich und streifen das saubere Gewand über.

➢ Jetzt betreten Sie ganz bedächtig das kreisrunde, riesige Innere des Gebäudes, in dessen Mitte eine Energiefontäne »plätschert«. Sie spüren Myriaden von kleinsten Schwingungen, die von ihr ausgehen. Stellen Sie sich nun Ihre eigene Energie und Aura wie diese Fontäne vor, die sie vollständig einhüllt. Gehen Sie jetzt langsam auf die Fontäne zu, halten Sie Ihre Hände hinein, und versuchen Sie, etwas von ihrer Energie aufzunehmen. Sie spüren die Energie überall und werden selbst zu einem Teil der Fontäne. Verweilen Sie einen Augenblick darin.

➢ Dann beginnen Sie, den Kuppelsaal zu erfühlen. Ihre Augen sind geschlossen, aber Sie können den ganzen Saal trotzdem sehen, auch, was sich hinter Ihnen befindet. Stellen Sie sich nun vor, daß alle Ihnen nahestehenden Personen und Tiere bei Ihnen sind, jemand, der krank oder unglücklich ist, und dem Sie helfen möchten, jemand, mit dem Sie nicht auskommen. Sie hüllen sie alle in einen großen Mantel, der von den Schwingungen der Liebe durchtränkt ist.

➢ Wenn Sie fertig sind, kehren Sie wieder in Ihren Körper zurück.

➢ Spüren Sie die Zehen, die Hände.

➢ Entspannen Sie, und genießen Sie den Frieden, die transformierte Umgebung – und wenn Sie soweit sind, öffnen Sie die Augen.

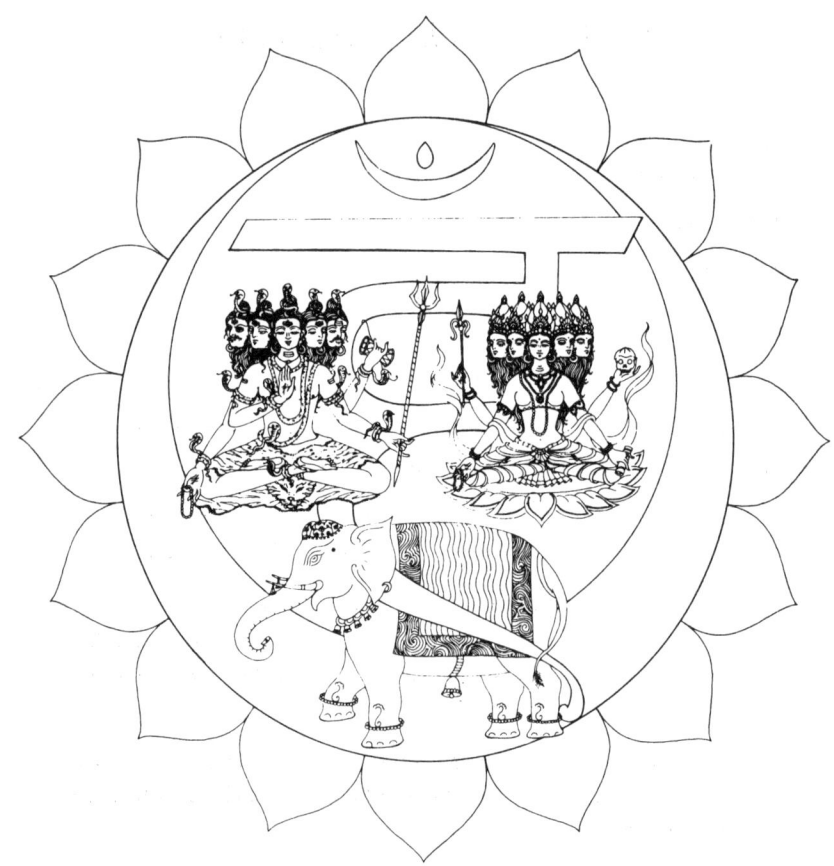

Vishuddha Chakra

विशुद्ध चक्र

SHANTO BROCKMANN / DIPAM STATECZNY

Das fünfte Chakra (Vishuddha)

Betonung auf: Sprechen, Singen

Stoff: Holz

Laut: Haim

Urth-Planet: Neptun

Prinzip: transzendente Freiheit, Nach-Außen-Weisen

Streben: den eigenen Begrenzungen und denen der äußeren Welt zu entkommen, nach Kommunikation auf allen Ebenen

Bedürfnis: nach Einheit mit dem Leben, Aufgehen im Ganzen zu erfahren, kosmische Beziehungen, Anteil am göttlichen Netzwerk

Unterentwickeltes Bewußtsein: selbstzerstörerische Fluchttendenzen, vor Verantwortlichkeiten und den eigenen tiefsten Notwendigkeiten ausweichen, Weigerung, sich seiner Motive bewußt zu werden und sich auf irgend etwas einzulassen

Entwickeltes Bewußtsein: Suche nach Ganzheit, Erkenntnis der spirituellen Dimensionen der Erfahrungen, allumfassendes Mitgefühl, nach einem Ideal leben

Farbe: hellblau bis aquamarinblau

Pflanze: Iris, Veilchen, Schusternagel

Ton: f

Bewußtseinsform: Seelenleben, Kausalkörper, Ursache, Wille, nahezu unsterblich, Erfahrungen prägen die Seele

Kern: Verbindung, Kommunikation, Äußerung und Ausdrucksform

Kristall: Bergkristall, Bernstein, Aquamarin, bläuliche Quarze

Drüse: Schilddrüse und Nebenschilddrüse

Fähigkeit: Treue

Aufgabe: rechte Rede

Schwingung: Widerhall, Kunst

Hüter des Strahls: Hilarion (Durchlässigkeit)

Strahl: Aktivität, Anpassung

Biorhythmus: 23 Tage ab Geburt

Duft: Hyazinthe, Flieder

Kräuter: Pfefferminz, Eukalyptus, Zitronenmelisse, Fenchel

Baum: Buche, Latschenkiefer

Frucht: Süßkartoffel, Nachtschattengewächse

Außenbereich: Hügel

Kontemplationsvorschlag:
1. Was machen Sprache, Töne, Laute mit mir?
2. Was mache ich mit Sprache, Tönen, Lauten?
2. Was ist Sprache, sind Töne, Laute?

Das Kehlkopfzentrum oder Halschakra liegt zwischen Hals und Brustwirbel, aber natürlich vorne. Es ist die Verbindung der vitalen und emotionalen, körperlichen, materiellen und seelischen Zentren, und zwar zum Geistigen hin. Die Farbe ist hellblau bis aquamarinblau; diese Farbe symbolisiert gleichzeitig die Atmung und die Sprache, denn sie steht für den Fluß zwischen innen und außen. Die Energie des Halschakras ist spiralförmig. Es dient gleichzeitig zur Verteilung der kosmischen Energie. Die Entwicklung dieses Chakras ist besonders wichtig, damit wir uns unserer Umwelt gegenüber klar und deutlich äußern können. Seine Bedeutung wird oft unterschätzt, weil seine Steuerfunktion verkannt wird. Diese wichtige enge Stelle kehrt wie ein Katalysator das Innere nach außen.

Das Kehlkopfzentrum bedient die Schilddrüse und die Nebenschilddrüse, ist körperlich zuständig für das Wachstum, den Stoffwechsel, für das Skelett, für körperliche Prozesse und die Beschleunigung von Heilungsprozessen sowie die psychische Hygiene, wenn wir uns zu etwas bekennen.

Das Kehlkopfzentrum unterstützt die Öffnung für die individuelle Verwirklichung, Vollkommenheit, schöpferische Sprache, Kreativität im weitesten Sinne; das geschlossene Chakra zeigt sich in Starre, in der Unfähigkeit, über bestimmte Grenzen zu gehen, im mangelnden Kontakt zu anderen, weil die eigenen Bilder den anderen nicht so erreichen können, wie es gewünscht wird. Einsamkeit ist die Folge.

Das Kehlkopfzentrum ist dafür verantwortlich, daß die Erkenntnisse der anderen Chakren zur Hypophyse gelangen und dort richtig erkannt und eingeschätzt werden. Ist es blockiert, ist es dem Oberbewußtsein unmöglich, Gefühle und Energien zu erkennen und einzuordnen.

Um diese Meditationsübung intensiv zu betreiben, müssen wir das Singen, die Schwingung der Töne in uns so lenken, daß wir die Chakren damit beeinflussen.

1. Übung

- Wir üben das Kehlkopfchakra, indem wir mit der Hand während des Singens des Lautes den Kehlkopf berühren und die nach außen dringende Schwingung beobachten.
- Wir öffnen uns bis zum Wurzelchakra und lassen den Ton wie in einem hohlen Körper resonieren.
- Wir bemühen uns, diese Schwingung zu erhalten, auch wenn der Ton nicht zu hören ist.

2. Übung

➤ Wir nehmen den Ton der Meditationsmelodie auf und lassen uns von demselben Rhythmus der Melodie stärker und schwächer beeinflussen.
➤ Die Melodie schwingt in uns fort, ohne daß ein Laut zu hören ist.
➤ Wir beginnen, den Ton in uns schwingen zu lassen und geben unsere eigene Melodie zu der Melodie der Meditationsübung hinzu.

3. Übung

➤ Wir verbinden das Kehlkopfchakra mit dem Herzchakra und geben den verschiedenen Gefühlen des Herzchakras Ausdruck; auf dieselbe Weise verfahren wir mit allen anderen Chakren.
➤ Wir wiederholen diesen Vorgang, ohne Laute und Töne zu verwenden, erhalten aber wohl die Schwingung.
➤ Die gesamte Schwingung aller geöffneten Chakren pulsiert über unser Halschakra und bestimmt mit den eigenen Tönen und Lauten die Schwingung.
➤ Das dabei entstehende Bewußtsein muß so in uns einsinken, daß es beim Erkennen der Meditationsmelodie sofort anklingt.

KEITH SHEREWOOD

Das sechste Chakra (Ajna)

Das sechste Chakra wird Ajna-Zentrum genannt, das bedeutet in Sanskrit soviel wie »Befehl«. Es wird manchmal auch als *Shiva Netra* bezeichnet, das heißt Shivas Auge, oder als *Jnana Netra* (das Auge der Weisheit). In einigen klassischen Schriften wird es mit der Hypophyse gleichgesetzt. Es liegt zwischen den Augenbrauen, man kennt es im allgemeinen als das »Dritte Auge«. Als symbolische Darstellung des Ajna-Zentrums gilt die Silbe Om, die Anfang und Ende aller Dinge bezeichnet. Von diesem Zentrum aus bringt man alle Kräfte in sich miteinander in Einklang und stellt das Gleichgewicht zwischen Yin und Yang her. Durch die Erweckung des Ajna-Zentrums wird die Wiedervereinigung abgeschlossen, und der Mensch erfährt sich selbst in seiner ganzen Fülle als das »Ich bin«, als die Einheit der Selbste.
Das Dritte Auge erstrahlt in einem tiefen Blau, das bei einer hochentwickelten Persönlichkeit in Violett übergehen kann. Es stellt den Mittelpunkt dar, in dem die verschiedenen Pranaströme zusammentreffen und von dem aus sie verteilt werden. (Der Kanal *Sushumna* geht davon aus, und *Ida* und *Pingala* gehen hindurch, nachdem sie die Abzweigung zu den Nasenlöchern gebildet haben.) Dieses Chakra steuert nicht nur das Sehvermögen der physischen Sinne, sondern auch die Einsicht in höhere Ebenen, die intuitive Einsicht, Hellsichtigkeit und andere paranormale Formen der Wahrnehmung. Es ist der Sitz der göttlichen Intelligenz. Das Ajna-Zentrum regelt alle höheren mentalen Aktivitäten. Dazu gehören das intuitive Denken, das rationale Denken und das Erinnerungsvermögen. Das intuitive Denken umfaßt alle Formen paranormaler Aktivität.
Wenn der Schüler das Dritte Auge aktiviert hat, gelangt er über das Stadium hinaus, in dem Energiefelder und Atmosphäre nur gefühlt

Ajna Chakra
आज्ञा चक्र

werden. Er ist nun in der Lage, durch mentale Projektion hellsichtig, kommunikativ, telepathisch und heilend zu sehen. Noch wichtiger ist, daß er sich durch die Kraft des eigenen Geistes selbst neue Realitäten auf der physischen Ebene schaffen kann. Die objektive Realität, die wir in der physischen Welt wahrnehmen, ist die physische Manifestation der subjektiven Realität, die zuvor auf der mentalen Ebene erzeugt wurde. Ehe das sechste Chakra aktiv wird, verläuft dieser Prozeß weitgehend unbewußt. Für den aber, der sein sechstes Chakra aktiviert hat, wird der Prozeß vollkommen bewußt, und kraft seines eigenen Willens und seiner Imagination kann er für sich neue Realitäten schaffen, die mit seinem Dharma im Einklang stehen und ihn schneller an sein Ziel der Ganzheit und der bedingungslosen Freude bringen. Ein Mensch, dessen sechstes Chakra aktiviert ist, gelangt über die irdischen Ziele und die irdischen Bindungen hinaus, die die meisten davon abhalten, ihr Dharma zu erfüllen. Ein Mensch, der das Ajna-Zentrum erweckt hat, nimmt wahr, daß die neuen Realitäten, die er mental erzeugt hat, ohne jede Verzögerung in die physische Realität übertragen werden. Wenn das sechste Chakra geöffnet ist, dann verschmelzen Bewußtsein und Unbewußtes miteinander, und welche Kluft davor auch immer bestanden hat, sie ist nun auf Dauer aufgehoben. Es kommt zur vollständigen Integration. Der Mensch sieht sich als Einheit der Selbste, als »Ich bin«. Der Mensch in diesem Zustand erlebt und spürt sich selbst in jedem Stadium seines Lebens von der Wiege an und kommt zur Wiedererfahrung all jener individuellen Energiefelder, die sich vereinigt haben, um sein persönliches Energiefeld zu erzeugen. Dazu gehören auch die beiden wichtigsten Felder »Mutter« und »Vater«. Da seine Wiedererfahrung vollständig ist, kann er das Stadium des Entsetzens überwinden, den Augenblick, in dem er zum erstenmal die Trennung vom universellen Kraftfeld wahrgenommen hat, und bis zu einer Zeit vorstoßen, in der es nur Einheit und bedingungslose Liebe gab. Auf diese Weise wird er zu seiner eigenen Mutter und zu seinem eigenen Vater.

Hermann Hesse hat diese Entwicklung intuitiv erfaßt, als er in *Siddharta* schrieb: »Siddharta ... beugte sich übers Wasser ... und im still ziehenden Wasser sah er seinen Geist gespiegelt, und in diesem gespiegelten Gesicht war etwas, das ihn erinnerte, etwas Vergessenes, und da er sich besann, fand er es: dies Gesicht glich einem anderen, das er einst gekannt und geliebt und auch gefürchtet hatte. Es glich dem Gesicht seines Vaters, des Brahmanen.«

Die Ajna-Meditation

Bei der Ajna-Meditation finden Sie die Verbindung zu dem Prinzip, das alles in Ihnen zur Harmonie führt.

- Suchen Sie sich eine bequeme Position, der Rücken bleibt gerade.
- Schließen Sie die Augen und gehen Sie zur Yogi-Atmung über. Atmen Sie tief durch die Nase, achten Sie darauf, daß keine Unterbrechung zwischen Ein- und Ausatmung entsteht.
- Fühlen Sie, wie Sie sich entspannen. Nehmen Sie sich Zeit.
- Werden Sie sich Ihres Körpers bewußt, indem Sie etwa fünf Minuten lang nur Ihrem Atem nachgehen.
- Nach fünf Minuten richten Sie Ihre Aufmerksamkeit auf das sechste Chakra zwischen den Augenbrauen. Dann führen Sie den Atem zum sechsten Chakra. Fühlen Sie, daß bei jedem Einatmen die im Dritten Auge konzentrierte Energie wächst. Sie spüren sie als Hitze und Intensität, die bei jedem Atemzug ansteigen.
- Während die Energie ständig an Kraft zunimmt, visualisieren Sie diese Energie als eine Kugel aus indigofarbenem Licht. Spüren und visualisieren Sie zwei bis drei Minuten lang, wie dieser Lichtball immer kräftiger und heller strahlt.
- Dann spüren Sie, daß Ihr Bewußtsein nach oben steigt, bis es einen Punkt zwischen den Augenbrauen erreicht. Sie fühlen, wie sich Ihr Bewußtsein in der Energiekugel konzentriert.
- Sie werden selbst zu dieser Energiekugel und fühlen, wie Sie von diesem Zentrum aus durch Ihren Körper in die äußere Umgebung ausstrahlen. Fühlen Sie sich als die Einheit Ihrer Selbste.
- Fühlen Sie, wie Ihr Geist gleichzeitig nach allen Richtungen ausstrahlt und wie Sie den ganzen Raum mit Ihrem Bewußtsein erfüllen.
- Achten Sie darauf, wie Sie sich physisch, emotional und mental fühlen.
- Je stärker Sie im Dritten Auge konzentriert sind, um so vollkom-

mener ist die Einheit zwischen Bewußtsein und Unbewußtem. In diesem Zustand werden Sie etwas spüren, das wie ein elektrischer Strom durch Ihren physischen Körper läuft, und Ihr ganzer Kopf wird von dem Glühen erfaßt, das vom Zentrum des Dritten Auges ausgeht.

➤ Nehmen Sie sich mindestens zehn Minuten Zeit für diesen Teil der Meditation. Nach zehn Minuten oder sobald Sie sich dazu bereit fühlen, atmen Sie tief durch die Nase, und beim Ausatmen gebrauchen Sie die mentale Affirmation: »Jedesmal wenn ich diese Bewußtseinsebene erreiche, lerne ich, meinen Geist kreativer zu gebrauchen.«

➤ Dann gehen Sie wieder zur normalen Atmung über, setzen den Energieball und die damit verbundenen bildhaften Vorstellungen durch das sechste Chakra frei, kehren mental in den Raum zurück und entspannen sich.

➤ Nach einigen Augenblicken zählen Sie mental von eins bis fünf, und wenn Sie bei der Fünf angekommen sind, öffnen Sie die Augen.

➤ Sie fühlen sich hellwach, vollkommen entspannt und besser als zuvor.

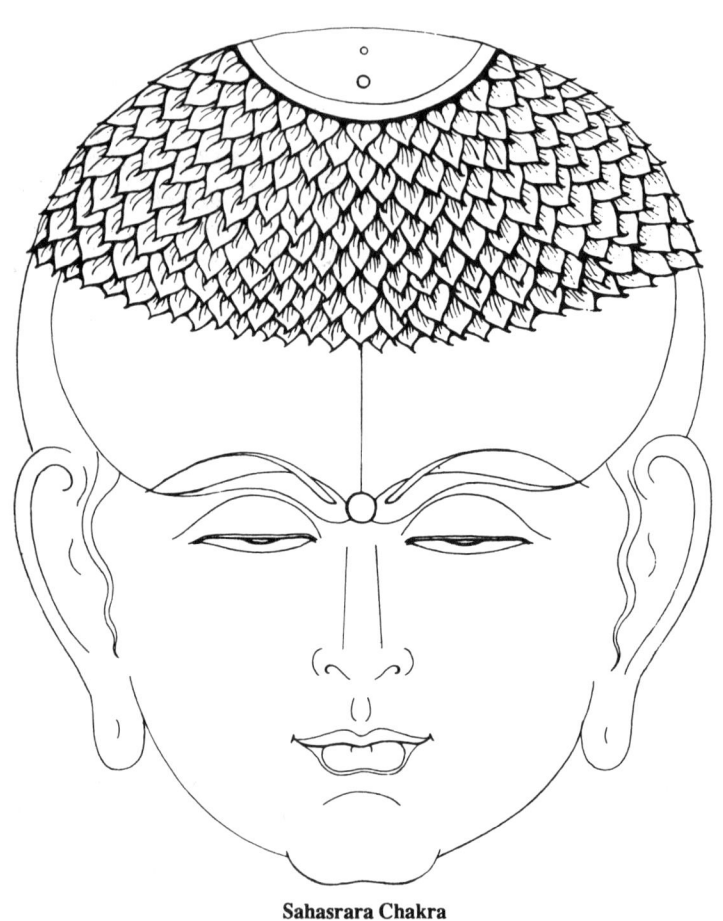

Sahasrara Chakra
सहस्रार चक्र

NAOMI OZANIEC

Das siebte Chakra (Sahasrara)

Ort im Körper: auf dem Scheitel

Sanskrit-Bezeichnung: Sahasrara, »tausendfach«

Element: keinem Element zugeordnet

Funktion: Vereinigung

Innerer Zustand: Seligkeit

Körperteile: Großhirnrinde, Gehirn, der ganze Körper

Drüse: Zirbeldrüse

Störung: Entfremdung

Farbe: Violett

Klang: keinem Klang zugeordnet

Sinnesfunktion: keiner Sinnesfunktion zugeordnet

Symboltier: die aufgestiegene Schlange

Gottheit: Shiva

*

»Die Weisen beschreiben es als die Wohnstätte des Vishnu, und die Gerechten nennen es den unbeschreiblichen Ort des Wissens um das Atma oder den Ort der Befreiung.«
Sat-Chakra-Nirupana, Vers 49

Jetzt sind wir an unserem Ziel angelangt. Wir sind beim letzten Chakra angekommen, und unsere Reise ist beendet. Wir haben das Sahasrara-Chakra erreicht, das als ein vielschichtiger Lotus mit tausend weißen Blütenblättern dargestellt wird. Jede Schicht ist mit fünfzig Sanskrit-Buchstaben versehen, und die Blütenblätter liegen dicht am Kopf, um die kosmischen Kräfte zu symbolisieren, die nun wie eine Kaskade am Menschen herabströmen.

Das Sahasrara-Chakra ist einzigartig unter den Chakras. Ihm ist weder ein Bija-Mantra noch ein Element zugeordnet. Seine Funktionen und Eigenschaften werden von den tausend Blütenblättern sowie von den Symbolen beschrieben, die in der Fruchtwand des Lotus enthalten sind. Hier finden wir Mandalas für Sonne und Mond, Surya und Chandra. Auf unserer Reise wurden wir von den solaren und lunaren Strömungen in Form von Ida und Pingala begleitet. Diese Zwillingskräfte fließen am Stirnchakra in die Sushumna ein. Jetzt kommt ihr endgültiges Ziel zum Vorschein. Innerhalb des Mond-Mandalas befindet sich ein blitzähnliches Dreieck. Dies wird beschrieben als fein wie der hundertste Teil einer Lotusfaser. Innerhalb dieser Form liegt die Nirvana-Kala. »Sie ist so fein wie der tausendste Teil einer Haarspitze. Sie ist der ewige Bhagavati, die der Devata ist, der alle Wesen durchdringt. Sie verleiht göttliches Wissen und ist leuchtend als das Licht aller Sonnen, die zugleich scheinen« *(Sat-Chakra-Nirupana).* Innerhalb von Nirvana-Kala ist der Para-Bindu, der sowohl Shiva als auch Shakti umfaßt. Innerhalb des Bindu ist die Leere.

Diese Bilder erinnern an die ineinander geschachtelten russischen Holzpuppen. Der Unterschied liegt in der Größenordnung und der Bedeutung. Wir werden aufgefordert, uns die Manifestierung des unendlich Großen durch das unendlich Kleine vorzustellen. Wir werden mit dem Mikrokosmischen wie auch mit dem Makrokosmischen konfrontiert; die Leere ist kleiner als der tausendste Teil eines Haares, und doch wird sie auch die »Hauptwurzel der Befreiung« *(Sat-Chakra-Nirupana)* genannt.

Die diesem Chakra zugeordneten Bilder und Symbole repräsentieren das, was sich jenseits des rationalen Verständnisses befindet. Wörter, Beschreibungen und Begriffe weisen uns lediglich in die Richtung jener Wirklichkeitserfahrung, die der Beschreibung trotzt.

Sahasrara bedeutet »tausendfach«. Diese Vorstellung symbolisiert die Schöpfung in ihrer Gesamtheit. Dieses Zentrum trägt das gesamte Klangpotential des ganzen Sanskrit-Alphabets: Auf jeder der zwanzig Schichten sind jeweils fünfzig Sanskrit-Buchstaben geschrieben. Insgesamt ist das Bild darauf ausgerichtet, die Vorstellung von Ganzheit, Vollendung und Verwirklichung zu vermitteln.

Dieses Energiezentrum liegt vier Finger breit oberhalb des Scheitels. Wenn Sie sensitiv sind, können Sie die Ausstrahlung dieses Chakras spüren, indem Sie für kurze Zeit die Hand mit der flachen Handfläche über den Kopf halten. Selbst nachdem Sie die Hand weggenommen haben, können Sie noch ein Kribbeln oder Prickeln spüren, das oberhalb des Kopfes seinen Ursprung hat, aber auch am Scheitel gespürt werden kann. Bei Menschen, die dieses Chakra auch nur geringfügig geöffnet haben, ist dies ein äußerst sensibler Punkt. In der lebendigen spirituellen Tradition des tibetischen Buddhismus wird in den strengen Vorschriften hinsichtlich der Erziehung der Tülküs (reinkarnierter Lamas) dieser Tatsache Rechnung getragen. Lama Ösel, der erste anerkannte Tülkü, der im Jahre 1985 außerhalb Tibets geboren wurde, wird heute mit großer Sorgfalt erzogen. Eine der Vorschriften, die von denen, die ihn begleiten, gewissenhaft beachtet wird, ist, daß er nicht unnötig berührt werden soll, besonders nicht am Scheitel. Es handelt sich um eine klare Aufforderung, sich vom Kronenchakra fernzuhalten, das bei einem solchen Wesen besonders sensibel und in einem Zustand der Reinheit ist.

Es ist interessant zu beobachten, daß ein Segen traditionsgemäß über den Scheitel erwiesen wird.

Olivia Robertson, selbst in hohem Maße sensitiv, berichtet in ihrem Buch *The Call of Isis,* wie ihr Kronenchakra ganz zufällig aktiviert wurde, und zwar in genau der Weise, die die auf Vorsicht bedachten tibetischen Vorschriften vermeiden möchten. Sie saß in einem Restaurant mit einer Freundin, die ihre Worte gern mit extravaganten Handgesten unterstrich. Die Freundin beschrieb die Aufwärtsbewegung eines Mannes, der nach einem an einem Baum hängenden Stück Obst griff. Offensichtlich fuchtelte sie mit Arm und Hand zu nahe an Olivias Kopf herum. »Als sie das tat, spürte ich einen leichten Energiestrom wie einen Wasserfall durch meinen Kopf schießen. Dieses Erlebnis bereitete mich auf meine spätere, viel stärkere Erfahrung vor.«

Die Autorin ist für solche Erfahrungen besonders empfänglich, und ihre spontane Reaktion ist nicht typisch für die Art und Weise, wie dieses Chakra normalerweise anspricht. Das Öffnen des Kronenchakras ist meist das Endergebnis einer nachhaltigen spirituellen Entwicklung über einen längeren Zeitraum hinweg. Dieser Zeitraum ist selten auf die Spanne eines einzigen Lebens beschränkt. Wenn spirituelles Wachstum tief in die Gesamtheit des Wesens eingebettet ist, kann sich das Erwachen eines Zentrums spontan und fast mühelos vollziehen. Oder, um auf die von der Freundin der Autorin sehr passend gelieferte Metapher zurückzugreifen: Die reife Frucht fällt, weil sie dazu bereit ist.

In der christlichen Kunst wird dieser Zustand der spirituellen Reinheit ikonographisch dargestellt. Heilige und große Lehrer werden ausnahmslos mit einem Heiligenschein aus goldenem Licht um den Kopf herum abgebildet. Diese Konvention der sakralen Kunst hat sich inzwischen so stark eingebürgert, daß sie selten für das gesehen wird, was sie ist, nämlich die genaue, wenn auch stilisierte Darstellung des erwachten Kronenchakras selbst. Ein leuchtender Heiligenschein ist nicht bloß eine künstlerische Laune. Über das Licht im Kopf schreibt Alice Bailey: »Das Seelenlicht dringt in den Bereich der Zirbeldrüse ein und erzeugt dort eine Ausstrahlung der Ätherenergien des Kopfes. Oft sprechen Schüler von einem diffusen Licht oder Glanz; später berichten sie unter Umständen davon, eine Art Sonne zu sehen.«

Es ist keine Seltenheit, daß man bei einem Menschen in tiefer Meditation Lichter um den Kopf herumflattern sieht. Olivia Robertson schreibt: »Ich habe einmal einem Mystiker beim Meditieren zugese-

hen; sein Scheitel öffnete sich wie ein Vulkan.« Sobald sich der Geist bewußt mit spiritueller Arbeit befaßt, wird das Kronenchakra in irgendeiner Weise aktiv. Wenn die spirituelle Betätigung in den Alltag integriert wird, öffnet sich das Kronenchakra unter dem Impetus der spirituellen Richtungsweisung langsam aber beständig weiter. Wenn die spirituelle Aktivität nachläßt, ruhen die Funktionen des Chakras.
Das Kronenchakra wird die Wohnstätte Shivas genannt. Es ist das Endziel der aufgestiegenen Kundalini, der Ort, an dem sich Shiva und Shakti vereinigen. Es ist der Ort der Vereinigung, an dem die Vermählung gefeiert wird. Shakti, die Mutter der Form, erhebt sich, um Shiva, dem Bewußtsein, zu begegnen. Zwei entgegengesetzte Kräfte treffen sich und verschmelzen miteinander. Die Vereinigung der Gegensätze ist ein Thema, das in der Alchimie immer wieder auftaucht. Dabei werden die Partner König und Königin oder Sol und Luna genannt. Diese gegensätzlichen Kräfte werden schließlich nach Vollendung separater Reinigungs- und Verwandlungsprozesse vereinigt. Sowohl in der Alchimie als auch in der hinduistischen Metaphysik wird der Mikrokosmos als ein Abbild des Makrokosmos betrachtet: »Wie oben, so unten.« Mit anderen Worten, die universalen Kräfte finden im Individuum ihren spezifischen Ausdruck. Die Kräfte, die durch Shiva und Shakti dargestellt werden, sind sowohl kosmisch als auch persönlich. Sind diese beiden Kräfte voneinander getrennt, so wird das menschliche Bewußtsein durch den vorherrschenden Zustand der Dualität eingeschränkt. Werden Shiva und Shakti vereint, so wird das menschliche Bewußtsein verwandelt. Ein Zustand der Einheit herrscht vor. Ramakrishna brachte das sehr klar zum Ausdruck, als er aus seiner persönlichen Erfahrung heraus schrieb: »Der Unterschied zwischen dem Subjekt des Bewußtseins und dem Objekt des Bewußtseins löst sich auf. Es ist ein Zustand, in dem die Selbstidentifizierung und das Bewußtseinsfeld zu einem unzertrennlichen Ganzen verschmelzen.« Ganz einfach gesagt, der Unterschied zwischen »Ich« und »Du« verschwindet.
Dieser Zustand bringt die endgültige Befreiung aus dem Rad der

Wiedergeburt mit sich. Die Wiedergeburt kann keinen Zweck mehr erfüllen, wenn kein Gefühl des Selbst mehr vorhanden ist. Die Reinkarnation wird traditionsgemäß als ein Prozeß betrachtet, mittels dessen das Bewußtsein nach und nach von zahlreichen beschränkenden Illusionen befreit wird. Wenn diese Aufgabe erfüllt wurde, ist das Bewußtsein befreit oder erleuchtet. »Jener Erhabenste unter den Menschen, der seinen Geist beherrscht und diesen Ort kennengelernt hat, wird nie wieder in das Wandern hineingeboren, da es in den drei Welten nichts gibt, was ihn fesselt« (Arthur Avalon). Der Bindu, jener Punkt der Leere, wird als die wichtigste Wurzel der Befreiung bezeichnet. Im *Shiva Samhita* heißt es im Vers 152: »Sobald die Menschen diesen allergeheimsten Ort entdecken, werden sie von der Wiedergeburt in dieses Universum befreit.«

Die Bewußtseinsebene, die das erwachte Kronenchakra repräsentiert, ist an sich die Krönung der menschlichen Existenz. Der Zyklus der Wiedergeburt, der das Bewußtsein immer und immer wieder in die Inkarnation zurückdrängt, wird endlich überwunden. Sämtliche spirituelle Traditionen weisen auf ein letztendliches Ziel beziehungsweise einen Endpunkt hin. Das Ziel des Yoga ist die Vereinigung. Im Hinduismus wird es Moksha – Befreiung – genannt. Im Buddhismus heißt es Nirvana, das Erlöschen allen Begehrens. Die Entsprechung im Sufismus ist Baqa, Vereinigung mit Gott. Das Erwachen des Kronenchakras ist der Kern solcher transzendenten Erfahrungen.

Die Leere selbst ist keine Verneinung, kein Vakuum, keine Abwesenheit des Seins. Sie wird vielmehr als der Urgrund des Seins, die Wurzel der Manifestierung erachtet. Im Vers 161 des *Shiva Samhita* heißt es: »Die große Leere, deren Anfang Leere ist, deren Mitte Leere ist, deren Ende Leere ist, hat die Leuchtkraft von zehn Millionen Sonnen und die Kühle von zehn Millionen Monden. Über die Kontemplation dessen gelangt man zum Erfolg.«

Der Buddhismus liefert uns das Paradoxon: »Leere ist Form, Form ist Leere.« Das Wissen um die Leere ist der Kern der buddhistischen Lehren. Die Erkenntnis der Leere wird als der einzige Weg erachtet, um der Ursache des menschlichen Leidens auf den Grund zu gehen und das Unwissen an der Wurzel auszurotten. Die direkte Erkenntnis der Leere ist der Weg zur Befreiung aus dem Kreislauf der Existenz. Wenn wir die Leere voll und ganz erkennen, nehmen wir sehr klar die Art und Weise wahr, wie Phänomene an sich existieren. Die übliche Einstellung ist, zu glauben, daß Phänomene genau so existieren, wie sie uns erscheinen. Dann halten wir an dieser Erscheinung fest, übertreiben ihre Bedeutung auf völlig unrealistische Weise und säen dabei immer mehr karmische Samen für die Zukunft.

Die vollständige Erkenntnis der Leere wird als äußerst schwierig erachtet und erfordert die Weisheit durchringender Einsicht sowie hohe Konzentration und ethisches Verhalten. Die Meditation über die Leere wird mit dem Einfangen einer Giftschlange verglichen: Wird die Leere falsch verstanden, so kann ihre Erkenntnis mehr Unheil anrichten, als Gutes tun. Der Nihilismus, der Glaube, daß nichts existiert, gilt als ein solcher Irrtum, da er jeden angesammelten Wert zunichte macht. Die Leere ist nicht die Erkenntnis der Nicht-Existenz, sondern die Erkenntnis der letztendlichen Natur der Phänomene. Die Erkenntnis der Leere wird als Erleuchtung betrachtet.

Sind wir selbst nicht erleuchtet, können wir uns die Erleuchtung unmöglich vorstellen. Es handelt sich um die reine und direkte Erfahrung der Wirklichkeit. Erleuchtung muß keineswegs ein jenseitiger Zustand sein. In der östlichen Tradition heißt es, daß Nirvana in Samsara sei. In der westlichen Tradition sagt man, daß Kether in Malkuth ist, ebenso wie Malkuth in Kether ist. Das bedeutet, daß die Erleuchtung nicht von der Manifestation getrennt, sondern ein Teil von ihr ist. Die Erleuchtung bringt jedoch eine völlig andere Perspektive im Hinblick auf sämtliche Erfahrungen des Alltags mit sich.

Der nicht-erleuchtete Zustand, in dem die meisten von uns leben, wird oft als Gefängnis bezeichnet. Wenn wir nicht in der Lage sind, selbst auszubrechen, bricht möglicherweise jemand ein, um uns zu befreien. Rinpoches, buddhistische Lehrer, sind für ihre unerwarteten und manchmal sogar bizarren Handlungen bekannt, die herkömmliche Normen messerscharf durchschneiden. Im tibetischen Buddhismus gibt es sogar eine sehr alte Tradition des göttlichen Narren. Die Meister der sogenannten »verrückten Weisheit«, die selbst erleuchtet sind, entscheiden sich zu bizarren, außergewöhnlichen Handlungen, um die Illusionen der anderen zu durchbrechen. Es gibt viele Geschichten über die offenbar verrückten Taten von Drukpa Kunley und dem bekannteren Milarepa, die alle Schüler daran erinnern sollen, daß Erleuchtung nicht darin besteht, selig lächelnd im Schneidersitz dazusitzen. Ganz im Gegenteil, denn Menschen, die erleuchtet sind, haben den anderen Menschen in der Welt sehr viel mehr zu geben.

Es heißt, daß nur die Erfahrung der physischen Inkarnation die Gelegenheit zur Erleuchtung bietet. Erreichen wir keinen erleuchteten Zustand, solange wir hier auf dieser Welt und in diesem unserem Körper sind, so werden wir ihn niemals in irgendeiner himmlischen Nachwelt erlangen.

Oft wird die Weitergabe von Techniken und Methoden zur Arbeit mit dem Sahasrara-Chakra von Lehrern verweigert, die sehr wohl bereit sind, praktische Anleitungen für die Arbeit mit den anderen Chakras zu geben. Manche Lehrer gehen davon aus, daß man keine Techniken vermitteln kann, weil das Sahasrara jenseits einer dermaßen mechanischen Vorgehensweise liegt. Wahrscheinlich werden solche Anweisungen auch nur mündlich überliefert, damit es keine Möglichkeit des Mißbrauchs oder Mißverstehens gibt. Der wichtigste Faktor beim Erwecken des Sahasrara-Chakras ist die tief empfundene Hingabe, die dem Schüler während der langen spirituellen Praxis Kraft gibt und ihn weiterweist, wenn kein äußerer Lehrer da ist.

Motoyama umreißt die Vorteile und Veränderungen, die das Erwecken des Sahasrara-Chakras mit sich bringt. Wenn das Zentrum zu erwachen beginnt, kann es zu ungewöhnlich sensiblen geistigen Zuständen kommen. Diese sind normalerweise kurzlebig und vergehen wieder. Der physische Körper wird gesund. Der Übende erlangt die Kontrolle über seine Gefühle und ist in der Lage, reichere und tiefergehende emotionale Erlebnisse mit anderen zu teilen. Die Kraft der Konzentration verbessert sich, während das Unterscheidungsvermögen tiefer und zuverlässiger wird. Der Geist wird von Anhaftungen befreit; die Einsicht vertieft sich. Die Fähigkeit, wirksame Schritte zur Erreichung bestimmter Ziele zu unternehmen, nimmt zu. Mediale Fähigkeiten werden verstärkt. Es entsteht eine direkte Beziehung zwischen der spirituellen und der alltäglichen Welt auf einer Ebene, die dem spirituellen Zustand des Übenden entspricht. Die daraus resultierende geistige Freiheit ermöglicht es, im Reich der Erleuchtung zu existieren, während man gleichzeitig in der Welt lebt.

Motoyama erlebte persönlich das Erwachen des Kronenchakras. Sein Bericht liefert faszinierende Einsichten in die Funktionsweise des Sahasrara-Chakras. Das Erwachen setzte zunächst ein, als »ein leuchtendes, goldenes Licht über dem Scheitel anfing, in meinen Körper einzudringen und wieder auszutreten; dabei hatte ich ein Gefühl, als würde der Scheitel um zehn bis zwanzig Zentimeter anwachsen.« Als nächstes sah er, wie etwas, was wie der Kopf des Buddhas aussah, auf seinem eigenen Kopf ruhte. Ein goldweißes Licht strömte durch die Öffnung am Scheitel des Buddha-Kopfes ein und aus. »Langsam verlor ich die sinnliche Empfindung meines Körpers, spürte jedoch äußerst klar das Bewußtsein, das Überbewußtsein. Ich hörte, wie eine sehr mächtige, aber gleichzeitig auch sehr zarte Stimme durch das Universum erschallte. Dann erlebte ich einen wahrhaft unbeschreiblichen Zustand, in dem meine ganze spirituelle Existenz von einer außerordentlichen Ruhe erfüllt wurde. Nach einiger Zeit empfand ich es als unerläßlich, in die physische Welt zurückzukehren. Ich stieg auf dem gleichen Weg über das Tor am Scheitel meines Kopfes herab.«

Als Folge seines Erwachens entdeckte Motoyama, daß er aus einem meditativen Zustand heraus die Außenwelt sehen konnte. Er konnte auf den Körper anderer Menschen einwirken und frei jenseits karmischer Einflüsse wirken. Ihm wurde auch der Segen der Vereinigung mit dem Göttlichen zuteil. Das Erwachen des Sahasrara-Chakras wirkte sich auch auf die anderen Chakras aus. Jene Fähigkeiten, die innerhalb der anderen Chakras bereits erweckt worden waren, verstärkten sich und begannen, auf höheren Ebenen zu wirken. Die Chakras, deren Erwachen noch nicht vollständig erfolgt war, entwickelten sich von diesem Zeitpunkt an kontinuierlich.

Motoyamas Erlebnisse führten ihn zu dem Schluß, daß das Erwecken der Chakras einen Prozeß darstellt, der durchlaufen werden muß, wenn die Seele sich entwickeln und zur Erleuchtung gelangen soll. Das Kronenchakra stellt das Potential für die Erleuchtung dar, das uns allen eigen ist. Das siebenfache Muster des Chakrasystems ist der Leitfaden für die spirituelle Entwicklung.

Das Bild des Lotus ist an sich eine symbolische Darstellung der Natur des Menschen. Der Lotus wurzelt im Schlamm, erblüht aber in der Luft an der Wasseroberfläche. Das Sahasrara-Chakra wird durch eine wunderschöne Lotusblüte dargestellt, deren tausend Blütenblätter sich auf dem Kopf des Menschen entfalten.

Asanas zur Orientierung

Machen Sie sich zunächst Gedanken darüber, was Sie sich unter Erleuchtung vorstellen.

1. Kopfstand (Salambasirsasana)

Der Kopfstand wird der König der Haltungen genannt. Stützen Sie sich am Anfang an der Wand ab.
- Legen Sie eine Decke als Unterlage für Ihren Kopf zusammen.
- Knien Sie sich auf den Boden mit dem Gesicht zur Wand. Legen Sie den Kopf auf die Unterlage, falten Sie die Hände und ziehen Sie sie an den Kopf heran.
- Die gefalteten Hände ruhen fest auf der Unterlage, die Handgelenke und Unterarme liefern eine starke Stütze.
- Heben Sie das Gesäß hoch, drücken Sie die Knie durch und machen Sie kleine Schritte zur Wand hin, bis die Schultern die Wand berühren. Strecken Sie dann die Beine nach oben aus.

2. Einswerden mit dem Licht

- Setzen Sie sich mit geradem Rücken hin.
- Ziehen Sie vom Muladhara- zum Sahasrara-Chakra in einem ununterbrochenen Lichtstrom Prana hoch. Atmen Sie dabei ganz langsam ein.
- Stellen Sie sich eine Öffnung am Scheitel vor. Lassen Sie die Energie ins Universum hinausströmen.
- Visualisieren Sie, wie diese Energie mit dem Ursprung allen Lebens verschmilzt, in welcher Form Sie sich diesen Ursprung auch immer vorstellen.
- Nehmen Sie mit der Ausatmung Prana durch den Scheitel auf. Lassen Sie es zum Muladhara hinabsteigen. Führen Sie diese Energie dem gespeicherten Prana am Ende der Wirbelsäule zu, indem Sie sich vorstellen, wie die zwei Kräfte zu einer einzigen verschmelzen.
- Wiederholen Sie diese Muster des Ein- und Ausatmens.

3. Meditation des tausendblättrigen Lotus

- Sitzen Sie mit gerader Wirbelsäule und den Händen auf den Knien. Bringen Sie an jeder Hand die Spitzen des Zeigefingers und des Daumens zusammen.
- Stellen Sie sich einen Lotus auf Ihrem Scheitel vor. Am Anfang sind die Blütenblätter eng zusammengefaltet. Sehen Sie zu, wie die Blüte sich öffnet, bis der Lotus ganz erblüht ist. Während sich der Lotus öffnet, werden Sie möglicherweise in Ihrem Innern einen Klang vernehmen; Sie sehen vielleicht Farbwirbel oder spüren, wie Energie durch den Scheitel einströmt.
- Sequenz zu visualisieren, halten Sie am ersten Tag die Energie in einem einzigen Chakra. Setzen Sie die Sequenz zusammen, indem Sie jeden Tag ein Chakra dazunehmen.
- Es lohnt sich, sich Zeit zu nehmen, um diese Übung zu meistern.

Wenn man sie vollständig durchgeführt hat, ist der Körper mit Energie aufgeladen. Sie ist sehr hilfreich beim Erwecken und Reinigen der anderen Chakras.

4. Siebenfache Atmung

- Setzen Sie sich mit geradem Rücken hin.
- Ziehen Sie mit dem Einatmen Prana vom Muladhara-Chakra bis zum Scheitel hoch und atmen Sie aus.
- Lassen Sie das Prana bei der nächsten Einatmung zum Ajna-Chakra herabsteigen. Halten Sie es dort, indem Sie einen Augenblick lang den Atem anhalten und dann ausatmen.
- Lassen Sie das Prana bei der nächsten Ausatmung zum Vishuddi-Chakra herabsteigen. Halten Sie es dort, indem Sie einen Augenblick lang den Atem anhalten und dann ausatmen.
- Wiederholen Sie diesen Vorgang mit jedem Chakra. Wenn Sie am Muladhara-Chakra angelangt sind, wiederholen Sie die Sequenz und ziehen wieder Prana zum Scheitel hoch. Diese Übung ist besonders gut, um zu lernen, wie man den Prana-Strom lenken kann, und sie steigert die Sensibilität in bezug auf den eigenen Energiefluß.

Es ist nicht zweckdienlich, für dieses Chakra Bach-Blütenessenzen oder Musik zu empfehlen. Statt dessen wollen wir mit einigen Worten aus dem *Shiva Samhita* schließen:
»So wird durch ständiges Üben das von sich aus Leuchtende manifest; hier enden alle Lehren des Gurus (sie können dem Schüler nicht mehr weiterhelfen). Von nun an muß er (sie) sich selbst helfen, sie vermögen nicht mehr, seine (ihre) Einsicht oder Macht zu vermehren; von nun an muß er (sie) durch die Kraft der eigenen Übung die Gnosis erlangen.«

III. Teil

Die Aura

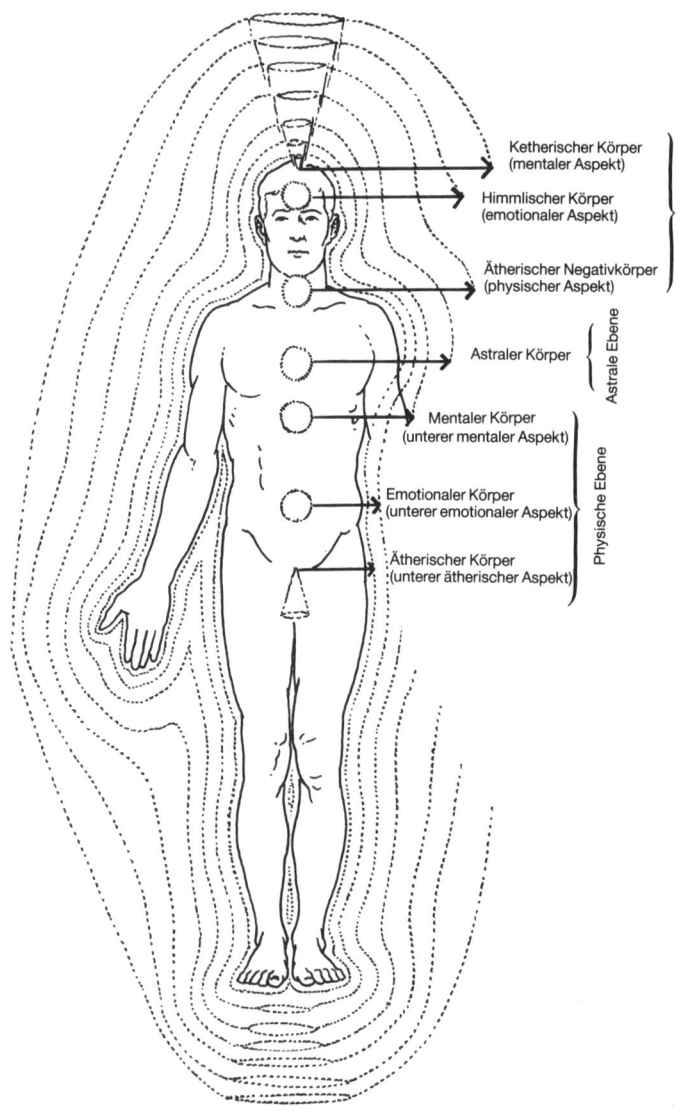

Die sieben Auraschichten

BARBARA ANN BRENNAN

Die sieben Schichten der Aura

Ich nehme sieben Schichten der Aura wahr. Am Anfang konnte ich nur die niedrigeren Schichten sehen, die am dichtesten sind und am leichtesten wahrgenommen werden können. Im Laufe der Jahre konnte ich immer mehr Schichten sehen. Je höher die Schicht, um so mehr muß sich das Bewußtsein erweitern. Um die fünfte, sechste und siebte Schicht wahrnehmen zu können, mußte ich mich in einen meditativen Zustand bringen, meistens mit geschlossenen Augen. Nach vielen Jahren der Übung konnte ich sogar über die siebte Schicht hinaussehen. Meine Beobachtungen der Aura zeigten mir eine interessante, dualistische Struktur. Jede zweite Schicht ist stark strukturiert wie stehende Lichtwellen, während die Schichten dazwischen aus farbigen Flüssigkeiten zu bestehen scheinen, die unaufhörlich in Bewegung sind. Diese Flüssigkeiten bewegen sich zwischen den stehenden, schimmernden Lichtwellen hindurch und an ihnen entlang, sie werden von ihnen gelenkt. Die stehenden Lichtwellen sehen aus wie Schnüre winziger, schnell blinkender Lichter, von denen jedes in einem anderen Rhythmus blinkt. Kleine Energieladungen scheinen sich an diesen Schnüren entlang zu bewegen.
Die erste, dritte, fünfte und siebte Schicht haben also eine feste Struktur, während die zweite, vierte und sechste aus einer Art Flüssigkeit ohne spezifische Struktur bestehen. Sie nehmen dadurch Form an, daß sie zwischen den strukturierten Schichten hindurchfließen und sich ihnen dabei etwas angleichen. Jede höhere Schicht durchdringt alle niedrigeren Schichten, auch den physischen Körper. Der emotionale Körper umschließt also den ätherischen und den physischen Körper. Im Grunde handelt es sich allerdings nicht um »Schichten«, auch wenn wir die einzelnen Körper so wahrnehmen. Vielmehr ist jeder Körper eine

ausgedehnte Form unseres Selbst, die die begrenzteren Formen in sich trägt.

Vom wissenschaftlichen Standpunkt aus kann jede nachfolgende Schicht als eine höhere Schwingungsebene betrachtet werden, die denselben Raum wie die niedrigeren Schwingungsebenen einnimmt, aber darüber hinausreicht. Um die jeweils nächste Schicht wahrnehmen zu können, muß der Beobachter sein Bewußtsein auf die nächste Frequenzebene anheben. So zeigt sich uns ein Bild von sieben Körpern, die gleichzeitig denselben Raum einnehmen, wobei jeder folgende den vorhergehenden überstrahlt – eine Erscheinung, die wir im »normalen« Leben nicht kennen. Viele Leute sind der irrigen Ansicht, daß die Aura einer Zwiebel gleiche, bei der man die einzelnen Schichten abschälen könne. Das ist nicht der Fall.

Die strukturierten Schichten enthalten *alle* Formen des physischen Körpers, mitsamt den inneren Organen, Blutgefäßen etc. *und* zusätzliche Formen, die der physische Körper nicht hat. Es gibt einen vertikalen Energiefluß, der entlang dem Rückenmark im Feld auf und ab pulsiert. Er geht über die Grenzen des physischen Körpers am Steißbein und am Scheitel hinaus. Ich nenne das den senkrechten Hauptkraftstrom. Im Feld befinden sich trichterförmige Strudel, die man Chakras nennt. Ihre Spitze weist zum senkrechten Hauptkraftstrom, und der offene Trichter reicht bis zum Rang der jeweiligen Auraschicht.

Der ätherische Körper (Erste Schicht)

Der ätherische Körper (von »Äther«, einem Zustand zwischen Energie und Materie) besteht aus feinen Energielinien, die sich wie ein glitzerndes Lichtnetz über den Körper ziehen, ähnlich den Linien auf einem Bildschirm. Er hat die gleiche Struktur wie der physische Körper mit allen anatomischen Teilen und Organen. Der ätherische Körper stellt ein Gerüst aus Kraftlinien dar oder eine Energiematrix, die der physischen Materie des Körpergewebes Form und Halt gibt. Der physische

Körper kann nur durch dieses Kraftfeld existieren, das heißt, dieses Kraftfeld ist eine Voraussetzung, nicht eine Wirkung des physischen Körpers. Aus Beobachtungen des Pflanzenwachstums, die Dr. John Pierrakos und ich durchgeführt haben, hat sich diese Aussage eindeutig ergeben. Mit Hilfe erhöhter Sinneswahrnehmung konnten wir sehen, daß die Pflanze zuerst die Matrix des Blattes als Energiefeld projiziert. Erst danach wächst das Blatt in diese schon bestehende Form hinein.

Die netzartige Struktur des ätherischen Körpers ist ständig in Bewegung. Blauweiße Lichtpunkte bewegen sich auf den Energielinien, die den ganzen physischen Körper durchziehen. Der ätherische Körper reicht einen bis fünf Zentimeter über den physischen Körper hinaus und pulsiert fünfzehn- bis zwanzigmal pro Minute.

Die Farbe des ätherischen Körpers geht von Hellblau bis Grau. Das Hellblau zeugt von größerer Feinheit als das Grau, und der ätherische Körper eines sensiblen Menschen mit einem empfindlichen Körper wird mehr ins Blaue gehen, der eines sportlichen, robusten Typs eher ins Graue. Alle Chakras dieser ersten Schicht haben dieselbe Farbe wie die Schicht insgesamt, sie bewegen sich also auch zwischen Blau und Grau. Die Chakras sehen wie Wirbel aus, zu denen sich das Lichtnetz des ätherischen Körpers verdichtet. Man kann all die Organe des physischen Körpers in Gestalt dieses oszillierenden, bläulichen Lichts wahrnehmen. Wie bei der Pflanze, so bildet auch hier die ätherische Struktur die Matrix, in die hinein die Zellen wachsen. Wenn man den ätherischen Körper isolieren könnte, so würde man einen Mann oder eine Frau aus bläulichen, oszillierenden Lichtlinien sehen.

Vielleicht können Sie das Pulsieren des ätherischen Körpers selbst wahrnehmen, wenn Sie die Schulter eines Menschen vor einem weißen, schwarzen oder dunkelblauen, glatten Hintergrund betrachten. Die Energie pulsiert an der Schulter nach oben und fließt dann wie eine Welle den Arm hinunter. Wenn Sie genauer hinschauen, werden Sie zwischen der Schulter und dem blauen Lichtschimmer einen Abstand sehen. Der blaue Schimmer verblaßt nach außen. Aber Achtung: Sobald Sie dieses Licht sehen, verschwindet es wieder, weil es sich so schnell bewegt. Wenn Sie sich vergewissern, um festzustellen, ob Sie sich nicht getäuscht haben, ist es schon den Arm hinunterpulsiert. Versuchen Sie es noch einmal, vielleicht erwischen Sie die nächste Pulsation.

Der emotionale Körper (Zweite Schicht)

Den nächstfeineren Körper der Aura nennt man den emotionalen Körper. Er hat mit dem Gefühlsleben zu tun. Der emotionale Körper folgt im großen und ganzen dem Umriß des physischen Körpers. Seine Struktur ist weit flüssiger als die des ätherischen Körpers und sie ist kein Duplikat des physischen Körpers. Vielmehr scheint der zweite Körper aus farbigen, feinstofflichen Wolken zu bestehen, die ständig in Bewegung sind. Er erstreckt sich drei bis acht Zentimeter über den Körper hinaus.

Der emotionale Körper durchdringt die dichteren Körper, die er umhüllt. Die Farben reichen von hellstrahlenden Tönungen bis zu trübe schmutzigen, je nach Klarheit oder Verwirrtheit der Gefühle oder der Energie, die sie erzeugen. Klare Gefühle mit hoher Energie wie Liebe, Erregung, Freude oder Ärger zeigen sich in leuchtenden und klaren Farben; verwirrte Gefühle drücken sich in dunklen, schmutzigen Farben aus. Wenn sich solche Gefühle differenzieren, sei es durch Energiezufuhr, durch Interaktionen mit anderen Menschen oder durch körperorientierte Psychotherapie, dann differenzieren sich auch die vorher vermischten Farben und zeigen sich in ihrer ursprünglichen Reinheit.

Der emotionale Körper weist alle Farben des Regenbogens auf. Jedes Chakra hat eine andere Farbe, entsprechend der Reihenfolge der Regenbogenfarben, und zwar:

        Chakra 1 = rot
        Chakra 2 = rot-orange
        Chakra 3 = gelb
        Chakra 4 = hell-grasgrün

Chakra 5 = himmelblau
Chakra 6 = indigo
Chakra 7 = weiß

Während Therapiesitzungen werden manchmal farbige Energiebälle nach außen abgestoßen. Das tritt besonders dann auf, wenn in der Therapie starke Gefühle frei werden.

Der mentale Körper (Dritte Schicht)

Die dritte Schicht der Aura ist der mentale Körper. Dieser Körper erstreckt sich über den emotionalen Körper hinaus und besteht aus noch feineren Stoffen, die mit den gedanklichen Prozessen in Beziehung stehen. Er erscheint gewöhnlich als hellgelbes Licht, das vom Kopf und den Schultern ausströmt und den ganzen Körper umfließt. Dieses Licht wird im Zustand der Konzentration heller und dehnt sich weiter aus. Seine Reichweite beträgt acht bis zwanzig Zentimeter.
Der mentale Körper enthält die Struktur unserer Ideen. Er ist überwiegend gelb. In seinem Feld bilden sich Gedankenformen ab, die wie Blasen von unterschiedlicher Helligkeit und Form aussehen. Die Gedankenformen sind mit zusätzlichen Farben überlagert, die von der emotionalen Ebene stammen. Die Farbe zeigt an, welche Emotion jemand mit einer bestimmten Gedankenform verbindet. Je klarer und präziser eine Idee ist, um so klarer und wohlgestalteter ist auch die dazugehörige Gedankenform. Wir führen den Gedankenformen Energie zu, wenn wir uns auf den entsprechenden Gedanken konzentrieren. Fixe Ideen oder immer wiederkehrende Gedanken werden zu mächtig ausgebildeten Kräften, die auf unser Leben wirken.
Diesen Körper wahrzunehmen war für mich am schwersten. Vielleicht hat das auch damit zu tun, daß die Menschen gerade erst anfangen, ihren mentalen Körper zu entwickeln und von ihrem Intellekt einen klaren Gebrauch zu machen.

Jenseits der physischen Welt

In dem System, mit dem ich beim Heilen arbeite, gehören die ersten drei Auraschichten und die durch sie fließende Energie zur physischen Welt. Die oberen drei mit der ihnen zugehörigen Energie gehören zur geistigen Welt. Die Astralebene oder die vierte, die dem Herz-Chakra zugeordnete Schicht, ist der Schmelztiegel, in dem alle Energie auf ihrem Weg von einer Welt in die andere verwandelt wird. Die spirituelle Energie muß durch das Feuer des Herzens in die niedrigeren, physischen Energien verwandelt werden, und die physischen Energien der unteren drei Aura-Schichten werden in diesem Feuer in spirituelle Energien transformiert. Wenn wir beim Heilen mit dem ganzen Spektrum der Aura arbeiten, nutzen wir die Energien aller Schichten und aller Chakras und leiten sie durch das Herz, das Zentrum der Liebe.
Wir haben uns bisher nur mit den drei unteren Schichten beschäftigt. Der größte Teil der körperorientierten Psychotherapie, die ich in den Vereinigten Staaten kennengelernt habe, arbeitet nur mit diesen unteren drei Schichten und dem Herz-Chakra. Bezieht man jedoch die oberen vier Schichten mit ein, verändert sich alles. Sobald sich die Wahrnehmung über die dritte Schicht hinaus öffnet, nimmt man Wesen wahr, die auf diesen Ebenen existieren, und die keinen physischen Körper haben. Aus meinen und den Beobachtungen anderer Hellsichtiger weiß ich, daß es Ebenen der Wirklichkeit – oder »Frequenzbänder der Wirklichkeit« – gibt, die über die physische Welt hinausgehen. Die oberen vier Schichten des Aurafeldes entsprechen vier Ebenen der höheren Wirklichkeit. Wieder muß ich betonen, daß das hier dargelegte System nichts anderes als ein Versuch ist, die beobachteten Phänomene zu erklären. Ganz bestimmt wird es in der Zukunft bessere Systeme geben. Dieses hier hat sich für mich als nützlich erwiesen.
Ich ordne die oberen drei Chakras dem physischen, emotionalen und mentalen Aspekt des Menschen auf der geistigen Ebene zu. Normalerweise machen wir von diesen Teilen unseres Selbst nur sehr begrenzt Gebrauch. Es handelt sich um den höheren Willen, die höheren Gefühle

der Liebe und die höhere Erkenntnis, also um ganzheitliches, augenblickliches Erfassen. Die vierte Ebene ist die Ebene der Liebe. Sie ist das Tor, durch das wir Zugang zu anderen Ebenen der Wirklichkeit finden.
Dies ist jedoch eine Vereinfachung. Jede oberhalb der dritten liegende Schicht stellt eine eigene Ebene der Wirklichkeit dar mit den ihr eigenen Wesen, Formen und Wahrnehmungsmöglichkeiten, die das, was wir normalerweise menschlich nennen, überschreiten. Jede stellt eine eigene Welt dar, in der wir leben und zu der wir durch unser Sein Zugang haben. Die meisten von uns erfahren diese Wirklichkeiten im Schlaf, ohne sich daran zu erinnern. Manche können ihr Bewußtsein durch Meditationstechniken so erweitern, daß sie Zugang zu diesen Ebenen finden. Durch Meditation öffnen sich die Schleusen an den Wurzeln der Chakras, und die verschiedenen Ebenen öffnen sich dem Bewußtsein. Im folgenden werde ich mich auf die Beschreibung der Auraschichten in ihrer begrenzten Funktion beschränken. Später werde ich jedoch noch auf die höheren Ebenen oder »Frequenzen« der Wirklichkeit eingehen.

Die astrale Ebene (Vierte Schicht)

Der Astralkörper ist amorph und besteht aus farbigen Wolken, die noch schöner sind als die des emotionalen Körpers. Der Astralkörper hat zwar die gleichen Farbausprägungen, aber sie sind gewöhnlich mit dem rosa Licht der Liebe durchtränkt. Er erstreckt sich ungefähr fünfzehn bis dreißig Zentimeter nach außen. Die Farben der Chakras entsprechen den Regenbogenfarben des emotionalen Körpers, aber über jedem liegt der rosa Schimmer des Lichts der Liebe. Das Herz-Chakra eines liebenden Menschen ist auf der astralen Ebene ganz mit rosa Licht gefüllt. Wenn zwei Menschen sich lieben, spannt sich ein Bogen von rosafarbenem Licht von Herz zu Herz, und das pulsierende goldene Licht der Hypophyse bekommt einen rosa Schein. Gehen Menschen

Beziehungen zueinander ein, dann bilden sich Bänder zwischen ihren Chakras. Diese Bänder können außer auf der astralen auch auf vielen anderen Ebenen des Aurafeldes bestehen. Je länger und je tiefer eine Beziehung ist, um so mehr solcher Bänder gibt es und um so stärker sind sie. Bei Trennungen zerreißen die Bänder, was manchmal sehr schmerzhaft ist. In der Phase des Überwindens einer Trennung lösen sich die Bänder auf den unteren Ebenen des Feldes und werden ins eigene Feld zurückgenommen. Auf der astralen Ebene kann man zwischen Menschen rege Interaktion beobachten; man sieht große Blasen unterschiedlicher Farbe quer durch den Raum strömen. Das kann mehr oder weniger angenehm sein. Sicher haben Sie schon einmal erlebt, daß es Ihnen unangenehm war, mit einer Person in einem Zimmer zu sein, obwohl diese Sie gar nicht wahrzunehmen schien; auf der Energieebene findet aber durchaus etwas statt. Ich habe beobachtet, wie Menschen, die sich in einer Gruppe gegenseitig gar nicht zu bemerken schienen, auf der Energieebene intensiv miteinander kommunizierten. Es ist nicht nur eine Sache der Körpersprache; es handelt sich tatsächlich um einen Energieaustausch, den man wahrnehmen kann. Wenn sich zum Beispiel ein Mann oder eine Frau auf einer Party vorstellt, mit jemandem ins Bett zu gehen, dann wird auf der Ebene des Energiefeldes getestet, ob die Felder vereinbar sind.

Der ätherische Negativkörper (Fünfte Schicht)

Ich nenne die fünfte Schicht der Aura deswegen den ätherischen Negativkörper, weil sie in einer Art Blaupause alle Formen der physischen Ebene enthält und ähnlich aussieht wie das Negativ eines Photos. Die fünfte Schicht ist sozusagen die Blaupause der ätherischen Schicht, die ihrerseits, wie schon gesagt, Blaupause für den physischen Körper ist. Die ätherische Ebene des Energiefeldes erhält ihre Struktur durch die ätherische Negativform. Sie ist die Blaupause, oder die vollkommene Form, in die sich der ätherische Körper hineinentwickelt. Sie erstreckt sich etwa einen halben Meter nach außen. Wenn in der ätherischen Schicht durch Krankheit Verzerrungen auftreten, ist es notwendig, auf der Ebene des ätherischen Negativkörpers zu arbeiten, damit sich die ätherische Schicht wieder in ihre ursprüngliche Form zurückbilden kann. Dies ist die Ebene, auf der der Klang schöpferische Kraft hat, auf der daher die Verwendung von Klang und Musik zum Zwecke des Heilens am wirksamsten ist. Ich sehe diese Formen als klare, durchsichtige Linien auf kobaltblauem Hintergrund, ganz ähnlich der Blaupause eines Architekten, nur mit dem Unterschied, daß diese Blaupause in einer anderen Dimension existiert. Es ist, als würde die Form aus dem Negativ geschaffen – der Hintergrund wird ausgefüllt, und der leere Raum ergibt Form.

Verdeutlichen wir uns dies, indem wir vergleichen, wie eine Kugel in der Euklidischen Geometrie und wie sie im ätherischen Raum entsteht. In der Euklidischen Geometrie wird zuerst ein Punkt definiert; zieht man von diesem Punkt aus in alle drei Dimensionen einen Radius, so entsteht eine Kugel. Im ätherischen Raum, den man negativen Raum nennen könnte, ist das anders. Eine unendliche Zahl von Ebenen aus allen Richtungen füllt den Raum so, daß in der Mitte ein kugelförmiger Raum frei bleibt. Der Raum, der von den Ebenen nicht gefüllt ist, definiert die Kugel. Auf diese Weise schafft die ätherische Negativform einen leeren oder negativen Raum, in dem die erste oder ätherische Schicht der Aura existieren kann. Um es noch einmal zu sagen: Die ätherische Negativform stellt die Blaupause des ätherischen Körpers dar, der seinerseits den Raster (strukturiertes Energiefeld) liefert, auf dem der physische Körper wachsen kann.

Wenn ich mich nur auf die Schwingungsfrequenz der fünften Ebene konzentriere, kann ich die fünfte Schicht in der Beobachtung isolieren. Sie erstreckt sich ungefähr sechzig bis fünfundsiebzig Zentimeter nach außen und sieht aus wie ein schmales Oval. Diese fünfte Schicht enthält die Struktur des gesamten Aurafeldes, dazu gehören die Chakras, die Organe und die Körperformen, alle in negativer Form. Diese Strukturen erscheinen als transparente Linie vor einem dunkelblauen Hintergrund, dem festen Raum. Wenn ich mich auf diese Ebene eingestellt habe, kann ich wie von selbst auch alle anderen Formen in meiner Umgebung aus dieser Perspektive wahrnehmen, was automatisch vor sich geht. Zuerst richte ich meine Aufmerksamkeit auf die fünfte Ebene im allgemeinen und erst dann auf die Person, deren Energiefeld ich betrachte.

Der himmlische Körper (Sechste Schicht)

Die sechste Schicht ist der emotionale Aspekt der Geistesebene und wird himmlischer Körper genannt. Er erstreckt sich etwa sechzig bis achtzig Zentimeter nach außen. Dies ist die Ebene, auf der wir geistige Ekstase erleben. Durch Meditation und viele andere Transformationsmethoden, die ich in diesem Buch beschreibe, können wir auf diese Ebene gelangen. Wenn wir durch unser Sein an den Punkt gekommen sind, an dem wir wissen, daß wir mit dem ganzen Universum verbunden sind, wenn wir in allem, was existiert, Licht und Liebe sehen, wenn wir in dieses Licht eintauchen und fühlen, daß wir ein Kind des Lichtes sind und das Licht ein Kind von uns, wenn wir uns eins mit Gott fühlen, dann haben wir unser Bewußtsein auf die sechste Ebene der Aura gehoben.
Bedingungslose Liebe kann nur fließen, wenn das offene Herz-Chakra mit dem offenen Stirn-Chakra in Verbindung steht. Wir können dann unsere Liebe zur Menschheit, diesen Grundimpuls zu all unseren Mitmenschen, mit der Ekstase der spirituellen Liebe verbinden, die, über die physische Wirklichkeit hinaus, alle Bereiche der Existenz umfaßt. Wir erleben so die bedingungslose Liebe. Den himmlischen Körper sehe ich in wunderschönen, schillernden Pastellfarben; es liegt ein golden-silberner Schein darüber, ähnlich wie Perlmutt. Die Form des himmlischen Körpers ist anders als die ätherische Negativform: Sie ist nicht strukturiert und erscheint einfach als Lichtstrahlung, die vom Körper ausgeht, wie der Schein einer Kerze. In diesem Schein heben sich einzelne, hellere Strahlen ab.

Der ketherische Negativkörper oder kausale Körper (Siebte Schicht)

Die siebte Ebene ist der mentale Aspekt der Geistebene und wird ketherischer Negativkörper genannt. Er erstreckt sich etwa fünfundsiebzig bis hundertfünf Zentimeter nach außen. Wenn wir unser Bewußtsein auf diese Ebene heben, wissen wir, daß wir eins mit dem Schöpfer sind. Der Umriß der siebten Schicht bildet die Eiform der ganzen Aura; in ihr sind alle Aurakörper enthalten, die sich in der gegenwärtigen Inkarnation eines Individuums manifestieren. Auch dieser Körper ist eine hoch strukturierte Matrix. Ich sehe feine Fäden aus golden-silbrigem Licht, die sehr stabil zu sein scheinen und die ganze Aura zusammenhalten. Auch auf dieser Ebene zeichnet sich die Struktur des physischen Körpers und der Chakras ab.

Wenn ich mich auf diese Frequenzebene einstelle, sehe ich wunderbares goldenes Licht, das so schnell pulsiert, daß ich von »schimmern« spreche. Es scheint aus abertausend goldenen Fäden zu bestehen. Die Spitze der goldenen Eiform ist unten, das obere Ende erstreckt sich, je nach Person, etwa hundertfünfzehn Zentimeter nach außen. Der äußere Rand hat für mich tatsächlich den Charakter einer Eierschale von etwa einem Zentimeter Stärke. Diese äußere Schale ist sehr elastisch und widerstandsfähig und schützt das Feld eines Menschen ebenso wie die Eierschale das Küken. Alle Chakras und Körperformen erscheinen auf dieser Ebene in goldenem Licht. Es ist die stärkste, formbewahrende Ebene des Aurafeldes. Sie kann mit einer stehenden Lichtwelle von sehr komplexer Form verglichen werden, die mit einer sehr hohen Frequenz schwingt. Wenn man sie betrachtet, kann man fast einen Ton hören. Ich bin überzeugt, daß man den Ton wirklich hören kann, wenn man sich meditativ in ein solches Bild versenkt. Auf dieser Ebene tritt auch der Hauptkraftstrom in Erscheinung, der die Wirbelsäule hinauf und hinunter läuft und den ganzen Körper mit Energie versorgt. Der goldene Kraftstrom, der die Wirbelsäule auf und ab pulsiert, läßt Energie durch die Wurzeln der Chakras fließen und verbindet die

Energien, die durch jedes Chakra aufgenommen werden. Vom Hauptkraftstrom fließen goldene Seitenarme senkrecht vom Körper außen; sie verzweigen sich wieder und umfließen das ganze Feld, so daß alle tieferen Schichten in dieser netzartigen Struktur aufgehoben sind. Dieses Netz ist mit der Kraft des goldenen Lichtes ausgestattet, dem göttlichen Geist, der das Feld zusammenhält und in seiner Integrität bewahrt.

Auf der ketherischen Ebene zeichnen sich auch die Spuren vergangener Leben ab. Sie zeigen sich als farbige Lichtbänder, die über die Eischale laufen. Das Band im Bereich von Kopf und Nacken ist meistens Ausdruck jener Inkarnation, die Sie in Ihren gegenwärtigen Lebensumständen bearbeiten. Jack Schwarz spricht über diese Bänder und die Bedeutung ihrer Farben. Die ketherische Ebene ist die letzte Schicht der Aura auf der geistigen Ebene. Sie enthält den Lebensplan und ist die letzte Ebene, die mit dieser Inkarnation in direktem Zusammenhang steht. Danach kommt die kosmische Ebene, die vom begrenzten Standpunkt nur einer Inkarnation nicht mehr zugänglich ist.

Die kosmische Ebene

Zum gegenwärtigen Zeitpunkt kann ich noch zwei Ebenen darüber wahrnehmen, die achte und die neunte. Sie gehören zum achten und neunten Chakra oberhalb des Kopfes. Sie scheinen aus sehr feinen und hohen Schwingungen zu bestehen. Auch sie scheinen dem allgemeinen Muster eines Wechsels zwischen Substanz (achte Ebene) und Form (neunte Ebene) zu folgen. Die achte Ebene erscheint eher flüssig und die neunte als kristalline Negativform aller niedrigeren Ebenen. In der Literatur habe ich keine Hinweise auf diese Ebenen gefunden, was nicht heißt, daß es sie nicht gibt. Ich selbst weiß sehr wenig über diese Ebenen. Mir wurde jedoch von meinen geistigen Führern offenbart, daß hier sehr wirkungsvolle Heilmethoden möglich sind.

Meditationsübungen zur Erfahrung Ihrer verschiedenen Auraebenen

Ich habe festgestellt, daß bestimmte Meditationsübungen in die Erfahrung bestimmter Auraschichten hineinführen.

- Erste Auraschicht: Tiefenentspannung, Meditation im Gehen und meditatives Berühren.
- Zweite Auraschicht: Meditieren über inneren Frieden und Wohlbefinden.
- Dritte Auraschicht: Konzentration auf ein Wort, ein Bild oder einen Gedanken. Meditieren Sie über das rosa Licht der Liebe oder die Liebe zu einer Blume.
- Fünfte Auraschicht: Lauschen Sie auf reale oder imaginäre Töne.
- Sechste Auraschicht: Meditieren Sie über Ihre Verschmelzung mit dem Christusbewußtsein.
- Siebte Auraschicht: Meditieren Sie über das Mantra: »Sei still und wisse, daß ich Gott bin.«

Farbmeditation zur Aufladung der Aura

- Stellen Sie sich aufrecht hin; die Beine in Schulterbreite auseinander, die Füße parallel. Machen Sie langsame Kniebeugen. Jedesmal wenn Sie in die Beuge gehen, atmen Sie aus, und wenn Sie sich strecken, atmen Sie ein. Gehen Sie so weit nach unten, wie Sie können, ohne die Fersen zu heben. Entspannen Sie die Arme. Halten Sie den Rücken gerade und beugen Sie sich nicht nach vorne. Ziehen Sie das Gesäß nach vorne.
- Strecken Sie die Arme nach vorne, mit den Handflächen nach unten. Begleiten Sie die Kniebeugen mit einer Kreisbewegung der Arme. Beim Hochkommen strecken Sie die Arme so weit wie möglich nach vorne; am obersten Punkt ziehen Sie die Arme (Handflächen

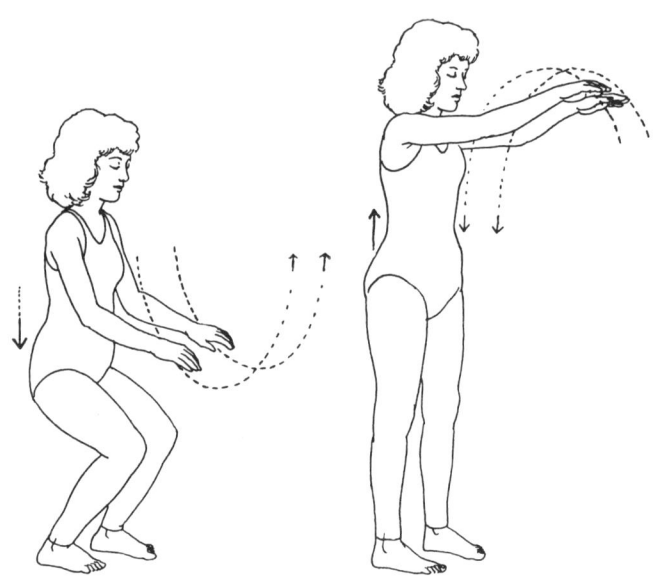

Farbmeditation im Stehen

nach unten) zum Körper und bewegen sie beim Hinuntergehen am Körper nach unten; am untersten Punkt strecken Sie die Arme wieder nach vorne.

➤ Fügen Sie nun noch eine Visualisation hinzu. Beim Einatmen strömen Farben von der Erde und der Luft durch Hände und Füße in Sie hinein, und beim Ausatmen wieder hinaus. Jede Farbe atmen Sie nacheinander mehrmals ein und aus.

➤ Beginnen Sie mit Rot. Wenn Sie am unteren Punkt der Bewegung sind, dann atmen Sie Rot ein. Stellen Sie sich Ihre Aura als Ballon vor, der sich mit Rot füllt. Wenn Sie den Höhepunkt überschritten haben, atmen Sie die Farbe wieder aus. Versuchen Sie es noch einmal. Können Sie das Rot deutlich vor Ihrem geistigen Auge sehen? Wiederholen Sie die Übung so lange, bis Sie es können. Falls Sie

mit einer Farbe Schwierigkeiten haben, so brauchen Sie wahrscheinlich gerade diese in Ihrem Energiefeld. Beobachten Sie einfach die Farbe, die Sie ausatmen, ohne sie zu beeinflussen. Wenn sie hell und klar ist, dann gehen Sie zur nächsten Farbe über.
- Nun atmen Sie beim Hochgehen Rot-orange ein. Atmen Sie die Farbe von der Erde in die Füße ein, in die Hände, und von der Luft in Ihren ganzen Körper. Wenn es Ihnen schwerfällt, die Farben zu visualisieren, dann besorgen Sie sich Farbmuster, und schauen Sie die Farben an. Vielleicht geht es leichter mit geschlossenen Augen. Wiederholen Sie die Übung noch einmal.
- Fahren Sie mit der Übung in folgender Reihenfolge fort: Gelb, Grün, Blau, Violett und Weiß. Ihre ganze eiförmige Aura soll mit der jeweiligen Farbe gefüllt sein, bevor Sie zur nächsten gehen. Falls Sie noch höhere Schwingungen in Ihr Aurafeld bringen wollen, können Sie mit den Farben von Silber, Gold, Platin und Kristall weitermachen und dann zu Weiß zurückkehren. Alle Farben dieser zweiten Gruppe haben eine opalisierende Tönung.

KEITH SHERWOOD

Die Farben der Aura

Vom *British Colour Council* wurden die Farben der Aura untersucht. Man entdeckte dabei, daß es in der Aura des Menschen eine erstaunlich große Zahl von Farben gibt. Bis jetzt wurden 1400 Blautöne, 1000 Rottöne, über 1400 verschiedene Schattierungen von Braun, über 800 Grün, 550 Orange, 360 violette Töne und mehr als zwölf verschiedene Schattierungen Weiß registriert.

Ganz allgemein kam man bei der Erforschung der Aura zu dem Schluß, daß sie ein mehr oder weniger eiförmiges Gebilde ist und gewöhnlich dem Umriß des physischen Körpers folgt, obwohl es hierbei auch Abweichungen geben kann. Menschen von stärkerer Vitalität besitzen eine kräftigere Aura, die infolgedessen auch weiter über den physischen Körper hinausreicht. Überdies ist die Aura bei jedem von uns anders beschaffen. Struktur, Farbe und Umfang scheinen die Grundstimmung des Menschen anzuzeigen. Die Struktur verrät uns oft etwas über seinen Charakter, während Form und Farbe eher auf den Gesundheitszustand und die emotionale Verfassung hinweisen.

Die folgende Zusammenstellung enthält die am häufigsten in der Aura des Menschen entdeckten Farben und gibt an, was sie im Hinblick auf seine emotionale und physische Gesundheit aussagen. Ich empfehle Ihnen, diese Aufstellung nur als einen ersten Hinweis für den Anfang zu benutzen und später aufgrund eigener Beobachtungen Ihre eigene Liste zusammenzustellen.

Beachten Sie jedoch, daß manchmal ein schmaler einfarbiger Streifen innerhalb der ätherischen Aura den physischen Körper umgibt. Er ist gewöhnlich dunkel oder farblos und erscheint oft wie eine Lücke oder ein gewisser Abstand zwischen dem physischen Körper und der ätherischen Aura. Dieses Phänomen ist nicht bei jedem Menschen zu sehen, wenn es aber auftaucht, scheint es keinerlei negativen Einfluß zu haben. Es ist eine interessante Anomalie, die man der Einfachheit halber als physische Aura bezeichnet.

Die Rot-Gruppe

In der ätherischen Aura besitzt die Gruppe der Rottöne die langsamste sichtbare Schwingung. Rottöne haben eine Doppelnatur. In ihrer positiven Form, wenn sie hell und klar sind, stehen sie für Energie, Wärme und Anregung. Ihre negativen Aspekte reichen von Widerspenstigkeit und Streitsucht bis zu Zorn, Bosheit, Destruktion und Haß. Erscheint das Rot sehr dunkel, zeigt es Egoismus und eine wenig vornehme Gesinnung an. Ein tiefes Rot weist gewöhnlich auf Leidenschaft hin. Wird es stumpf und trüb, sind diese Leidenschaften unsauber und ungesund. Rot mit einem Stich ins Braune bedeutet Angst, und wenn das Braun dunkler und schließlich schwarz wird, ist es ein Anzeichen für Böswilligkeit.
Spielt das Rot ins Gelbe, erkennen wir daran unbeherrschte Emotionen und Begierden. Ein helles Rot verrät das nervöse Temperament; ein klares, leuchtendes Rot ist das Kennzeichen für Vitalität, Großzügigkeit und körperliche Gesundheit. Ein rosiges Leuchten beweist kindliche Liebe und Liebe zur Heimat, während ein Rot, das ins Rosa übergeht, Glück und Zärtlichkeit anzeigt.

Die Orange-Gruppe

Orange in seiner klarsten Form ist ein Hinweis auf Kraft und Vitalität. Wird es rötlich, deutet es auf eine Neigung zu Ichbezogenheit.

Die Gelb-Gruppe

Gelb ist die Farbe des Intellekts. Eine stumpfe Gelbtönung zeigt eine der Welt verhaftete Denkweise an. Wird das Gelb leuchtender und geht es in Gold über, ist es zur Erhebung und Läuterung des Intellekts durch den Geist gekommen. Trübes, schmutziges Gelb ist das Zeichen für Verschlagenheit, Habgier, Selbstüberhebung und die Neigung, sich selbst in den Vordergrund zu spielen.

Die Grün-Gruppe

Grün ist die Farbe der Ausgeglichenheit. Es ist auch die Farbe des Herzens. Ein klares, leuchtendes Smaragdgrün ist die Farbe der Heilung. Zeigt sich in der Aura eines Menschen sehr viel Smaragdgrün, deutet das auf ein Interesse an oder eine Beschäftigung mit der Heilkunst hin.
Im Farbspektrum ist Grün die zentrale Farbe; es liegt in der Mitte zwischen den Extremen Rot und Violett. Wenn wir es in der Aura eines Menschen sehen, ist es das Anzeichen für Ausgeglichenheit, Harmonie und Flexibilität. Hellgrün deutet auf Harmonie, Friedfertigkeit und eine Neigung zur Natur und zum Leben im Freien. In seiner negativen Form zeigt Grün extremen Egoismus an. Ist das Grün trüb und schmutzig, gilt es als Zeichen der Hinterlist und Habgier. Spielt es ins Bräunliche, spricht es für Eifersucht.

Die Blau-Gruppe

Der Gruppe der Blautöne wird seit jeher eine Verbindung mit religiösen Gefühlen und intuitiver Einsicht zugeschrieben. Ebenso wie beim Grün sieht man auch einen Zusammenhang mit der Heilung und von daher auch mit dem Herzen. Blau in seiner hellsten Schattierung wird dem dritten Auge, der Inspiration und den höheren Formen des Intellekts zugeordnet. Es ist eine der ersten Farben, die der Heiler sieht. Ousely nennt Blau »des Himmels eigene Farbe« und assoziiert es mit den vornehmsten spirituellen Bestrebungen und mit dem weiblichen Aspekt der Natur, dem subjektiven, intuitiven Geist. Wird das Blau tiefer, geht es ins Indigo, haben wir einen Menschen von großer Hingabe- und Opferbereitschaft und von tiefer Religiosität vor uns. Auf der negativen Skala läßt Blau mit einem Stich ins Braune oder Schwarze auf eine Perversion der religiösen Empfindungen schließen und kennzeichnet eine Faszination durch die dunkleren Seiten der geistigen Welt.

Die Violett-Gruppe

Violett, das sich ja aus Rot und Blau zusammensetzt, weist auf noch erhabenere geistige Ideale und spirituelle Kraft hin. Wer das Violett in seiner Aura hat, der gehört zu denen, die in ihrer spirituellen Entwicklung am weitesten fortgeschritten sind. Violett ist die königliche Farbe und kennzeichnet einen edlen Charakter. In der Aura wirkt diese Farbe isolierend und reinigend. Sie kommt in der Aura des Durchschnittsmenschen gewöhnlich nicht vor. Es ist eine Farbe, die aus den höheren Dimensionen stammt und sich deshalb nur bei geistigen Meistern und Adepten des spirituellen Weges zeigt. Ein Violett, das in Lavendel übergeht, läßt sowohl auf einen hohen Grad der Vergeistigung als auch auf Vitalität schließen. Spielt es ins Fliederfarbene, spricht es für einen mitfühlenden, selbstlosen Charakter.

Violett erscheint zuerst über dem Kopf, ähnlich einem eiförmigen Körper über dem Scheitelchakra. Im Laufe der weiteren Entwicklung des Eingeweihten strahlt das Violett von dort aus und erfüllt schließlich die gesamte Aura mit seinem Licht.

Die Braun-Gruppe

Braun entsteht durch eine Mischung aller Farben, ist aber selbst keine Farbe des Spektrums. Manche Forscher sehen einen Zusammenhang zwischen Braun und Handel und Industrie; sie nennen es die Farbe der Kaufleute. Ich habe ganz allgemein gefunden, daß Braun in der Aura einen negativen Einfluß hat, da es die Farbe ist, die am häufigsten in Verbindung mit körperlicher Krankheit auftaucht. Die meisten Heiler ordnen dem Braun negative menschliche Eigenschaften zu. Es weist in seinen verschiedenen Spielarten auf einen knauserigen, habgierigen Charakter und auf niedrigere materielle Instinkte hin. Nur wenn ein Goldbraun entsteht, steigt die Schwingungsfrequenz und verrät Fleiß und die Fähigkeit, mit System und Methode zu arbeiten.

Schwarz

Schwarz, das ja keine Farbe bezeichnet, sondern die Abwesenheit von Licht, zeigt Dunkelheit auf allen Ebenen an. Als einzige Ausnahme gilt, wenn es in dem schmalen Band erscheint, das oft zwischen dem physischen Körper und der ätherischen Aura liegt und als physische Aura bezeichnet wird. Erfüllt Schwarz die Aura, weist es auf die Negation des Lebens selbst hin. Sind schwarze Streifen in einer sonst normalen Aura zu sehen, haben sie eine verhängnisvolle Wirkung, denn sie neutralisieren die günstigen Aspekte der Aura.

Die Grau-Gruppe

Auch Grau ist eine negative Farbe; sie weist auf einen stumpfen, konventionsgebundenen Charakter hin. Grau läßt auf Schwerfälligkeit auf der physischen Ebene schließen und bezeichnet einen Mangel an Vitalität, der oft mit Krankheit verbunden ist. Tiefe dunkle Grautöne weisen auf Angst, Verwirrung und oft auch auf ein träges, stumpfes, schwerfälliges Wesen hin, manchmal bis an die Grenzen des Krankhaften. Grau in der Aura ist häufig das Kennzeichen eines unzuverlässigen, betrügerischen Charakters.

Weiß

Wir kommen schließlich zum Weiß, der Synthese aller Farben. Es zeigt die völlige Integration sowie Kraft und Fähigkeit zur Vereinigung. Es ist die Farbe des Christusbewußtseins, die Farbe des »Ich bin«. Es ist die Farbe der spirituellen Vollkommenheit und nur bei Menschen zu finden, die die Vereinigung vollzogen haben und zur Erleuchtung gelangt sind.

DORA KUNZ

Die Anatomie der Aura

Größe

Die Aura gleicht einem Ei aus vielfarbigem Licht. Es durchdringt und umgibt den materiellen Körper und ragt etwa dreißig bis fünfundvierzig Zentimeter über dessen Oberfläche hinaus. Das Material der Aura ist sehr elastisch und erlaubt ihr, sich über ihren gewöhnlichen Umfang hinaus beträchtlich auszudehnen, je nach Stärke der freigesetzten Emotionalenergie. Normalerweise reicht die Aura etwa eine halbe Armlänge weit, doch dies kann von Individuum zu Individuum sehr verschieden sein. Der Grund ist darin zu sehen, daß manche Menschen eher nach innen gekehrt sind, andere hingegen mehr nach außen gehen.
Die Bemühung, sich nach außen zu wenden und mit anderen zu kommunizieren, bewirkt immer eine Ausdehnung der Aura. Krankenschwestern und Ärzte beispielsweise richten ihre Aufmerksamkeit und Bemühungen darauf, den Patienten zu helfen; Lehrer versuchen, ihre Schüler nicht nur intellektuell zu erreichen, sondern auch ihr Interesse und ihre Aufmerksamkeit zu wecken; Eltern gehen mit Zuneigung und Fürsorge auf ihre Kinder zu.
Die Aura von Musikern, Schauspielern, Rednern, Politikern usw. dehnt sich während ihrer Tätigkeit aus, ist aber auch sonst immer größer als durchschnittlich, da solche Berufe verlangen, daß man sich Menschen in größeren Gruppen zuwendet. Ich nehme an, daß alle, die öffentlich auftreten, unbewußt versuchen, einen Kontakt mit allen Mitgliedern ihres Publikums herzustellen, selbst mit jenen, die ganz hinten im Saal sitzen. Dieses Bestreben führt zu einer Ausdehnung der Aura. In geringerem Maße tun wir dies alle, wenn wir die Kommunikation mit einer anderen Person aufnehmen möchten, ob wir nun dabei etwas

mitteilen wollen, einen Witz erzählen, oder uns einfach in Freundschaft oder Zuneigung jemandem zuwenden. Elastizität ist also ein Grundmerkmal der Aura. Ansonsten gibt es jedoch große Unterschiede bei der Größe ihrer Auren, und man kann keine Norm-Maße angeben.

Die Aura ist an den Rändern dünn und geht allmählich in das allgemeine Feld über, so daß die Gefühle frei nach außen fließen können. Bei kranken Menschen jedoch bewirken Schmerzen und Angst eine Art Rückzug in die eigene Aura. Eine künstliche Grenze wird geschaffen, da sich ein Teil des Emotionalenergie-Flusses nach innen kehrt, anstatt auf normale Weise nach außen freigegeben zu werden. Die Krankheit nämlich schwächt die Energie des Menschen so, daß dieser sich nicht länger leicht und spontan anderen zuzuwenden und mitzuteilen vermag.

Schon wiederholt wurde mir eine Frage gestellt, die nur schwer zu beantworten ist: Was hält die menschliche Aura zusammen und hindert sie daran, sich ins allgemeine Astralfeld hinaus aufzulösen? Ich glaube, sie wird weitgehend auf die gleiche Weise zusammengehalten wie der physische Körper während seiner Lebenszeit: durch die Anwesenheit des Selbst, des Prinzips oder Zentrums der Integration sowohl der grobstofflichen Systeme des Körpers als auch der höheren Bewußtseinsdimensionen.

Gewiß kann man sagen, daß sich der physische Körper allmählich auflöst, wenn das Bewußtsein sich im Tode entzieht; die Aura zieht sich zurück. Selbst wenn wir die Anwesenheit oder Abwesenheit des Selbst nicht zugeben, müssen wir doch einräumen, daß irgendein integrierender Faktor verschwindet; ohne ihn verliert der Körper seinen Zusammenhalt und bricht zusammen. Obwohl der Zeitmaßstab sehr unterschiedlich ist, ist die Situation hinsichtlich des Astralkörpers oder der Aura ähnlich, denn diese besteht nach dem Tode weiter, und löst sich erst auf, wenn das Selbst oder die Seele sich in höhere Bewußtseinszustände zurückzieht.

Ich wurde auch gefragt, ob die Aura der Schwerkraft oder dem Magnetfeld der Erde unterworfen sei. Das sind schwierige Fragen. Ich kann nur sagen: Wenn es solche Wirkungen gibt, beruhen sie wohl darauf, daß die Aura an den physischen Körper gebunden ist, der diesen Kräften unterworfen ist. Gewiß hat die Aura eine räumliche Ausrichtung; sie hat ein Oben und Unten, und es besteht ein Unterschied zwischen ihren inneren und äußeren Teilen, und zwischen Vorder- und Rückseite – aber auch hier ist wiederum der physische Körper der bestimmende Faktor. Darüber hinaus, glaube ich, spielt das bereits erwähnte Prinzip der Resonanz eine wichtige Rolle bei Zusammenstellung und Zusammenhalt der Aura und ihrer Beziehung zur Mental- und Intuitions-Ebene. Resonanz basiert auf der Tatsache, daß die Schwingungsfrequenz des Emotionalfeldes auf die Energiezustände aller anderen Felder harmonisch oder sympathisch anspricht.

Auf der Suche nach einem passenden Vergleich zur Beschreibung der Erscheinung des persönlichen Emotionalfeldes fällt mir nur eine einzige Analogie ein: »dichtes Licht«. Diese beiden Wörter werden gewöhnlich nicht miteinander kombiniert, aber sie können vielleicht als Bild für die Aura dienen. Wie bereits gesagt, ist das Emotionalfeld ein von farbigem Licht durchschienenes, durchsichtiges Medium. Doch diese Transparenz ist mit keiner anderen vergleichbar, denn das Licht kommt von innen, nicht von außen, das heißt die Aura ist selbstleuchtend. Mit welchem Recht aber nenne ich dieses Licht »dicht«? Ich versuche damit die Vorstellung zu vermitteln, daß es »greifbar« ist.

Vielleicht erscheint diese Vorstellung weniger befremdlich, wenn wir an einen Sonnenstrahl denken, der in einen dunklen Raum fällt, in dem Staubteilchen tanzen, oder an die zarten Farben eines Regenbogens, die nach einem Schauer alles zu verwandeln scheinen, was sie berühren. Ein besserer Vergleich wäre also vielleicht: Die Aura sieht aus wie ein leuchtender Wassernebel – eine regenbogenfarbene Lichtwolke.

Neulich erwachte ich in der Morgendämmerung und sah den ganzen Himmel wie von Farbe getränkt. Spontan fiel mir die Ähnlichkeit mit der Aura auf, die wie der Himmel bei Sonnenauf- und -untergang von vielen Farbtönungen erfüllt ist. Die Aura scheint dicht, weil sie opak aussieht, doch manchmal können wir auch hindurchsehen. Besser vermag ich die Aura nicht zu beschreiben.

Beschaffenheit und Muster

Manche Gefühle jedoch sind offensichtlich »dichter« als andere, das heißt ihre Farben erscheinen gröber und trüber. Die mit dem physischen Körper so eng verbundenen Astralenergien – das heißt mit sinnlichem Erleben verknüpfte Gefühle, zum Beispiel Verlangen und Begierden verschiedener Art – sind »schwerer«, und ihre Farben erscheinen eher körnig, die Schwingungsfrequenz langsamer. Möglicherweise aus diesem Grunde findet man sie in den untersten Teilen der Aura. Diese Energien sind nicht stabil, sondern raschen Veränderungen unterworfen; sie beeinflussen körperliche Faktoren – etwa den Blutdruck –, die sich oft binnen kurzer Zeit verändern können. Negative Gefühle wie Groll, Egoismus und Habgier neigen ebenfalls dazu, zum unteren Teil der Aura abzusinken, obwohl sie sich auch weiter oben zeigen können.
Ich nannte als eines der auffälligsten Merkmale der Aura ihre Dynamik. Sie ermöglicht durch rasche Veränderungen die Anpassung an die Stimmung des Individuums. Gleichwohl entbehrt die Aura nicht einer dauerhaften Struktur. Ebenso wie alle Menschen gewisse körperliche Attribute gemein haben – so unterschiedlich sie auch erscheinen mögen –, teilen auch die Auren von uns allen gewisse Züge, selbst wenn es von Fall zu Fall große Unterschiede und Schwankungen geben mag; manche Elemente können auch von Krankheitszeichen verdeckt sein. Ein wirklich ausgeglichener Mensch ist eine Seltenheit, und die meisten von uns gehen von Zeit zu Zeit durch Phasen von Wut, Unruhe, Enttäuschung, Kummer oder Depression. Solange der Zustand jedoch nicht chronisch wird, sind diese Gefühlszustände vorübergehend und verschwinden gewöhnlich wieder aus der Aura. Sie sind zwar für uns jeweils sehr real, aber sie verändern unseren Charakter nicht grundlegend, solange sie nicht häufig wiederkehren.
Unsere stabilen Muster sind wichtiger, weil manche Gefühle – ob wir uns dessen bewußt sind oder nicht – als Gewohnheiten in uns verankert sind und sich fast täglich viele Male wiederholen. Das regelmäßige Wiederkehren dieser Gefühle bringt es mit sich, daß wir ihnen sehr

leicht unbewußt nachgeben. Auf diese Weise werden sie zu Gewohnheitsmustern, die in der Aura hinter den eher flüchtigen Gefühlen wahrzunehmen sind, die sich im Laufe des Tages ständig verändern. Solche Muster geben einem ein Bild von den grundlegenden Persönlichkeitszügen, die der Mensch im Laufe eines Lebens entwickelt hat.

Farben der Gefühle

Das Farbenspektrum im Emotionalfeld ähnelt dem in der physischen Welt, aber mit einer Vielfalt von Tönungen, Schattierungen, Brillanz und subtilem Ineinanderfließen, die alles übersteigt, was wir in der äußeren Welt erleben. So wie unsere Gefühle »gefärbt« sind von allen möglichen persönlichen Reaktionen, Denkeinstellungen und Einbildungen, spiegeln die Farben unserer Gefühle diese Mischungen wider. Deshalb kann das Rosa der Zuneigung in fast endlosen Variationen erscheinen: mit einer Spur von Besitzergreifen beispielsweise, oder mit Sympathie, Freundlichkeit und Großzügigkeit. Die folgenden Farben zeigen deshalb die Grundgefühle, die sich je nach Einzelfall endlos variieren lassen.

Scharlachrot, hell und kräftig	Wut, Gereiztheit
Rosa, hell oder mittel	Liebe, Zuneigung
Blau, sehr dunkel	Willenskraft
Blau, gemischt mit Grau	Überanstrengung
Blau, helles Himmelsblau	religiöse oder andere Hingabe
Blau, Königsblau	verwendet beim Heilen zur Schmerzlinderung
Blaugrün	Sinn für Ästhetik, künstlerischer Ausdruck
Grün	Arbeit, Tätigkeit

Grün, gelblich	Denktätigkeit
Gelb, goldgelb	Denken, Verstehen
Purpur, dunkel	Meditation mit einem Ziel, Gebet
Lavendel	spirituelles Bemühen und Intuition
Orange	Stolz, Selbstachtung
Braun	Egoismus, Egozentrik
Grau	Depression, Energiemangel

Farben der Aura

Jeder Mensch kommt mit einigen Grundfarben auf die Welt. Im Laufe der Jahre habe ich gelernt, daß diese Farben grundlegende Persönlichkeitsmerkmale anzeigen, die bei der Geburt bereits angelegt sind, im späteren Leben jedoch nicht unbedingt Raum zu weiterer Entfaltung bekommen. Da das Leben nicht vorherbestimmt ist, können Ereignisse diese Entwicklung verändern; die Umstände werden vielleicht so schwierig, daß es einem Menschen unmöglich ist, etwas von seinem Potential zu verwirklichen. Dies alles ist eine Frage des Karmas. Die Grundfarben einer Aura verraten mir jedoch, wie der Mensch mit seiner emotionalen Umgebung umzugehen geneigt ist, und auf welche Weise diese ihn beeinflußt.
Die Farben gehören ebenfalls zur Anatomie der Aura und sind ein Anzeichen für Temperament und Charakter. Das Feld ist dort am hellsten und leuchtendsten, wo unsere Aufmerksamkeit und Interesse konzentriert sind, andere Teile erscheinen weniger lebhaft. Wenn die Farben sich bis zu den Rändern der Aura ausdehnen, gelangen die entsprechenden Gefühle frei zum Ausdruck. Bleiben sie eng am Körper und sind von anderen Farben umschlossen, werden die Gefühle, die sie darstellen, behindert und im täglichen Leben nicht geäußert. Dies mag auf eine neurotische Veranlagung zurückzuführen sein, kann aber auch anzeigen, daß die von der jeweiligen Farbe dargestellte Energie zur Zeit

nicht sehr gebraucht wird. In der Aura von Kindern reichen die Farben nicht bis an den Rand, weil die Gefühle noch nicht eingesetzt werden; doch man kann sehen, wie sie allmählich hervortreten.

Wenn Gefühle in den zwischenmenschlichen Beziehungen gesund, kräftig und aktiv sind, dehnen sie sich bis an die Grenzen der Aura aus und entladen ungehindert ihre Energien.

Aufgrund des oben erwähnten Resonanzprinzips zeigen die Farben der Aura nicht nur Gefühlszustände an, sondern spiegeln auch Charakteristika der höheren Bewußtseinsdimensionen wider. Wenn beispielsweise sehr viel Gelb in einer Aura ist, bedeutet dies nicht nur ein gutes Denkvermögen; es kann auch wie ein Trichter wirken, der Energien von der mentalen in die emotionale Ebene leitet.

Manche Farben in der Aura verkörpern also Qualitäten von höheren Bewußtseinsebenen. Wenn diese frei hervortreten können, kräftigen sie die angelegten Fähigkeiten des Menschen. Dann zeigt sich ein Zustand der Ausgeglichenheit oder Integration zwischen den Gefühlen und den höheren Bewußtseinsebenen – nicht nur der mentalen, sondern auch der Intuitions- und der spirituellen Ebenen.

Die Aura wird grob gegliedert in eine obere und eine untere Hemisphäre. Der obere Teil verkörpert, was ich als die angeborenen Eigenschaften oder den Charakter der Person bezeichnet habe: Anlagen, die im Laufe des Lebens zur Entfaltung gebracht werden (oder nicht). So zeigen diese Farben, was eine Person von Hause aus ist oder sein könnte. Im Gegensatz hierzu verkörpert der untere Teil der Aura das Feld von Erfahrung und Aktion. Hier spiegeln sich Gefühle, die im täglichen Leben gewohnheitsmäßig geäußert werden.

Die grüne Zone

Die beiden Teile der Aura sind verbunden durch eine grüne Zone, die sich um die Mitte des physischen Körpers zieht. Diese Zone ist bei allen normalen Erwachsenen zu finden, wie ich festgestellt habe. (Wie die

Aura-Bilder von Kindern zeigen, erscheint die grüne Zone bei Kindern früher oder später, je nach dem Grad ihrer Beteiligung am Leben und ihrer Fähigkeit, Dinge selbständig zu tun.) Aus meiner Sicht ist die grüne Zone ein struktureller Bestandteil der Aura, obwohl ich sie in anderen Beschreibungen der Aura noch nie gefunden oder erwähnt gesehen habe.

Die grüne Zone ist manchmal schmal und manchmal breit, sie variiert auch in Farbe und Intensität: Sie zeigt unsere Fähigkeit an, Vorstellungen, Gefühle und Interessen in die Tat umzusetzen, mit anderen Worten: unsere Möglichkeiten zu verwirklichen. Ihre Breite und Farbe geben wieder, in welchem Maße wir zum gegebenen Zeitpunkt fähig sind, uns in der Welt Ausdruck zu geben, sei es durch intellektuelle, künstlerische oder körperliche Tätigkeit.

Jeder tut irgendeine Arbeit oder ist zumindest an irgendeiner Aktivität beteiligt. Die Größe, Tönung und Farbintensität der Zone spiegeln sowohl den Grad der Geschicklichkeit als auch das Maß wider, in dem der Mensch an seiner Arbeit interessiert und innerlich beteiligt ist. Die Breite und Brillanz der Zone zeigen die tatsächliche Leistungsfähigkeit, während der Farbton sich auf die Art der geleisteten Arbeit bezieht: Gelbgrün steht für intellektuelle Tätigkeit, Blaugrün für künstlerisch-schöpferisches Wirken, dunkleres Grün für körperliche Arbeit und so weiter.

Klempner wie Musiker beispielsweise arbeiten beide mit den Händen, deshalb werden beide eine breite grüne Zone besitzen. Der Unterschied in der Art ihrer Arbeit jedoch spiegelt sich in den unterschiedlichen Grüntönen wider. Für einen Pianisten ist Musik nicht nur ein ästhetisches Erlebnis oder eine intellektuelle Leistung; sie bedeutet auch sehr viel Üben, Disziplin und harte Arbeit. Dies alles zeigt sich in der Tönung und Breite der grünen Zone.

In vielen Aura-Bildern werden Sie in der grünen Zone verschiedene Symbole und geometrische Figuren, ja sogar Gesichter sehen. Obwohl dieser Bereich der Aura die tägliche Arbeit des Menschen oder seinen Tätigkeitsbereich in der Welt darstellt, reflektieren solche Symbole nicht unbedingt, was er täglich denkt. Sie scheinen sich auf etwas Grundlegenderes und Beständigeres in unserem Leben und Tun zu beziehen – unsere grundsätzliche Einstellung und langfristigen Interessen. Manchmal stehen sie für eine Begebenheit oder eine Episode, die äußerst wichtig oder einflußreich gewesen ist. In anderen Fällen verkörpern sie in symbolischer Form jene Inhalte unseres Unbewußten, die hinter unseren Gedankengängen stehen und unser Handeln beeinflussen. Sie bleiben gewöhnlich recht lange in der Aura, verändern sich allmählich und entwickeln sich nur, wenn wir unsere fundamentalen Interessen und Einstellungen wandeln.

Obere und untere Hemisphäre der Aura

Der »Äquator« der Aura, wie man die grüne Zone nennen könnte, scheint sowohl eine Verbindung als auch eine Trennungslinie darzustellen zwischen den beiden Teilen der Aura: dem oberen, der tiefverwurzelte und anhaltende Eigenschaften wiedergibt, und dem unteren, mit dem man die fortlaufenden Prozesse im Leben und den Verlauf der Zeit assoziiert. Insgesamt ist die obere Hemisphäre viel weniger flüchtig als die untere, aber auch sie kann sich im Laufe eines Lebens verändern. Werden Anlagemöglichkeiten zur Entfaltung gebracht, intensivieren sich die Farben und werden leuchtender; bleiben Potentiale unerfüllt, verblassen die Farben und werden schwächer. Unternimmt man eine tiefgreifende Wendung im Leben und gibt beispielsweise seine Religion auf, verblassen die Farben, die sich auf religiöse Hingabe beziehen, und andere Farben treten allmählich an ihre Stelle.
Wie gesagt, gibt die untere Hemisphäre jene Eigenschaften und Gefühle wieder, die im Augenblick in uns aktiv sind. Aber sie birgt auch die Folgen unserer früheren Erfahrungen, also die vergangenen Ereignisse aus unserem Leben, soweit diese uns – bewußt oder unbewußt – weiterhin beeinflussen. Die Farben, die im mittleren Teil dieses Bereiches erscheinen (das heißt etwa zwischen Taille und Knien) stellen jene

Gefühle dar, von denen wir normalerweise Gebrauch machen; tief unten in der Aura, bis unterhalb der Füße, sind die Überbleibsel unserer früheren Erlebnisse abzulesen.

Erinnerungen an traumatische Ereignisse und schmerzliche Erfahrungen, lange anhaltende Ängste, Befürchtungen und Kummer – sie alle hängen manchmal am Grund der Aura herum, halten sich dort über viele Jahre hinweg und beeinflussen unser Verhalten auf subtile Weise. Wenn wir darüber nachdenken, erkennen wir, daß die Vergangenheit eigentlich vorüber ist; aber die Gefühle, die mit unseren Erinnerungen verknüpft sind, halten bis in die Gegenwart an. Wenn unsere Umstände, Interessen und Aktivitäten sich wandeln, lockert sich der feste Griff der Vergangenheit, und die Spuren jener Erinnerungen beginnen aus unserer Aura zu verschwinden.

Gefühlsmuster

Plötzliche Aufwallungen von machtvollen Gefühlen wie Angst oder Wut können unsere Aura vorübergehend von oben nach unten überfluten, doch in der Regel gehen solche Gefühle vorüber, ohne die allgemeine Gefühlskonfiguration zu verändern. Wenn Menschen jedoch von lang anhaltender Trauer oder Depression überwältigt werden, kann dies ihre gewöhnlichen Gefühle für eine beträchtliche Zeit überdecken, mit dem Ergebnis, daß die emotionalen Energien geschwächt werden und absterben.

Nach meiner Erfahrung sind sich die meisten nicht bewußt, wie stark wir von dem beeinflußt werden, was wir gewohnheitsmäßig denken und fühlen. In der Regel glauben wir, daß nur unser äußeres Tun Konsequenzen habe. Unser Handeln hat zwar Folgen, aber auch unsere Gedanken und Gefühle sind »Taten«, die nicht ohne Auswirkung bleiben, in diesem Falle auf unseren eigenen Charakter. Wenn ich die Aura eines Menschen betrachte, sehe ich ganz deutlich die Folgen solcher innerer Vorgänge. Das heißt, wir sind von Augenblick zu

Augenblick das, was wir erleben, und womit wir auf unser Erleben reagieren. Diese Sicht ist freilich völlig anders als die deterministische Haltung, die da meint, die Persönlichkeit sei das Resultat einer Kombination genetischer Faktoren und gesellschaftlicher Konditionierung. Sie bedeutet nämlich, daß wir uns wandeln können und werden, indem wir die Verhaltensmuster verändern, mit denen wir gewohnheitsmäßig auf Lebenssituationen reagieren.

Wir selbst werden beeinflußt und geprägt von dem, was wir denken und fühlen; unsere Gedanken und Gefühle wiederum sprechen an auf das, was wir erleben. Es steckt also etwas Wahres in dem Satz: »Ich denke, also bin ich«, wenn auch nicht in dem ursprünglich gemeinten Sinne. Nicht unsere Existenz hängt von unserem Denken ab, sondern unsere gewohnten Denkmuster formen und prägen allmählich unseren Charakter. Aber das ist noch nicht alles, denn wir können diesen Prozeß steuern, wenn wir es wollen. »Ich bin, also denke und fühle ich; und was ich denke und fühle offenbart, was ich bin«, wäre vielleicht die genauere Aussage, denn die Bewegung und Beeinflussung erfolgt in beide Richtungen.

Gewalt

Die Erkenntnis, daß das Betrachten von Gewaltszenen in Film und Fernsehen schädliche Folgen hat, verbreitet sich immer weiter. Trotzdem sind wir uns über das ganze Ausmaß der Konsequenzen dieses unheilvollen Einflusses noch nicht im klaren. Kinder sind hier besonders empfindlich. Wenn wir immer wieder solche Szenen betrachten, führt dies dazu, daß wir Gewalt stillschweigend billigen und tolerieren. Damit wächst aber unsere unbewußte Bereitschaft, Tendenzen zur Gewalt nachzugeben, die in uns selbst möglicherweise latent angelegt sind. (Nur wenige sind völlig frei von solchen Neigungen.) Wenn wir dann einmal in chaotische Situationen geraten, ist unsere Widerstandskraft geschwächt, und wir erliegen leichter der Versuchung, uns von der Gewalt anstecken zu lassen.

So hat die Praxis der Meditation und Visualisierung auch langfristige Vorteile. Wenn wir uns einen Prozeß angewöhnen, der regelmäßig Empfindungen wie Frieden, Liebe und Harmonie erzeugt, werden diese zu Gewohnheitsmustern in uns und bestimmen schließlich unser Verhalten gegenüber der Welt und den Menschen in unserer Umgebung. Der untere Teil der Aura zeigt also das Feld unserer Erfahrung – unserer Gefühlssphäre im täglichen Leben – und offenbart damit, was wir gerade fühlen und empfinden.

Organe zum Austausch von Astralenergie

Die Gefühle haben eine sehr starke Wirkung auf uns, selbst wenn wir uns ihrer nicht bewußt sind. Die Menschen meinen oft, ganz ruhig und gelassen zu sein, während sie in Wirklichkeit sehr aufgewühlt sind. Wir wissen, daß wir in einer materiellen Welt leben, deren ständiger Einwirkung wir uns nicht entziehen können. Pausenlos strömen visuelle Reize, Gerüche und Töne auf uns ein, darüber hinaus zahlreiche unsichtbare Kräfte aus der Atmosphäre. Auch auf der astralen Ebene findet ein ständiger Austausch statt, nicht nur mit dem allgemeinen Emotionalfeld, sondern auch mit den persönlichen Feldern der Menschen, mit denen wir in Berührung kommen.
Auf verschiedenste Weise kann uns diese ununterbrochene Aktivität Energie nehmen, uns aufregen, die Nervenkraft erschöpfen und uns aus dem Gleichgewicht bringen, wenn wir nicht ganz stabil sind. Aber ebenso, wie wir ein körperliches Immunsystem besitzen, das uns auf materieller Ebene hilft, Eindringlinge abzuwehren, gibt es auch einen Abwehrmechanismus auf der emotionalen Ebene, der unerwünschte oder negative Gefühle zurückweist. Diesen Abwehrmechanismus besitzen wir alle, deshalb ist er als fester Bestandteil in der Anatomie der Aura anzusehen.
In Aura-Bildern sehe ich eine Reihe kleiner, kegelförmiger Wirbel, die symmetrisch um den Rand der Auren verteilt sind. Diese Wirbel sind

meines Wissens bisher noch nirgends beschrieben worden, aber ich nehme sie wahr, wie sie ihre Aufgabe im Energieaustausch zwischen dem Individuum und dem allgemeinen Emotionalfeld erfüllen. Im Laufe der Jahre habe ich diese »Organe« häufig erwähnt, ohne jedoch einen befriedigenden Namen für sie zu finden. Am passendsten wäre wohl der Begriff »Ventile«, denn sie nehmen Astralenergie aus dem allgemeinen Feld in die Aura herein und stoßen sie wieder aus. Mit anderen Worten: Sie sind so etwas wie Atmungsorgane, die rhythmisch Emotionalenergie »ein- und ausatmen« und den Vorgang der Aufnahme und Abgabe kontrollieren.

Bei einem gesunden Menschen ist dieser Austausch ein automatischer Prozeß, der die Zirkulation der Emotionalenergie aufrechterhält und diese erneuert, wenn sie durch Erschöpfung vorübergehend geschwächt ist. Doch es gibt noch ein weiteres Detail bei diesem Vorgang. Das Meer von Emotionalenergie, das uns ständig umgibt, enthält viele disharmonische, negative und sogar gewaltsame Elemente. Ich habe bereits das Resonanzprinzip erwähnt, das einen großen Teil des Austauschs zwischen den Feldern bestimmt. Mit unserer Aura, dem individuellen Emotionalfeld, treten wir in Resonanz zu jenen Aspekten des allgemeinen Feldes, die unserer eigenen emotionalen Konstitution entsprechen. Ein von Natur aus fröhlicher und heiterer Mensch weist also automatisch alle negativen Gefühle wie Depression und Angst zurück.

Dieser Abwehrmechanismus ist eine Funktion der Astralenergie-Ventile und bewahrt uns davor, unwissentlich von den Gefühlen anderer Menschen beherrscht zu werden, selbst wenn wir krank oder erschöpft sind. Die Ventile sind ein Schutzmechanismus, der automatisch arbeitet, um unser emotionales Gleichgewicht aufrechtzuerhalten.

Wenn wir durch Krankheit geschwächt sind, öffnen sich die Ventile weiter als gewöhnlich, um mehr Energie hereinzulassen; damit geht aber auch ein Teil der Kontroll- und Schutzfunktion verloren. Unter solchen Bedingungen ist der Abwehrvorgang teilweise beeinträchtigt, deshalb sind wir leichter verletzbar durch die Gefühle anderer und weniger in der Lage, negative Emotionen zurückzuweisen. So kann Krankheit dazu führen, daß wir in unseren Gefühlen sehr empfindlich werden und leicht erregbar sind, während wir dem Eindringen negativer Emotionen wie Depression und Angst weniger Widerstand entgegensetzen können. Diese Gefühle wiederum beeinträchtigen unsere Fähigkeit zur Aufnahme von Prana (Lebenskraft) sowie unsere Funktionstüchtigkeit auf der ätherischen Ebene. Auch aus diesem Grunde sollten Patienten im Krankenhaus nicht den Einflüssen zu vieler Besucher ausgesetzt werden.

Gefühlsnarben

Die meisten von uns gehen im Laufe ihres Lebens durch eine Reihe schwieriger Phasen, die wir aber im allgemeinen überwinden, so daß nur sehr wenige Erinnerungen daran zurückbleiben. Wenn das Erlebnis jedoch wirklich traumatisch war, läßt es einen nachteiligen Eindruck zurück, der leicht wieder zutage treten kann, wenn eine vergleichbare Situation eintritt. Wir scheinen den Auswirkungen des Erlebten nicht entrinnen zu können, wenn alle Umstände sich zusammentun, um uns daran zu erinnern. Und so gleiten wir immer tiefer in ein emotionales Wiederholungsmuster.

Diese Wiederholung erzeugt »Gefühlsnarben«, wie ich sie nennen möchte: Wirbel dichterer Energie in der Aura, die selbst dann zurückbleiben, wenn wir nicht mehr bewußt an den Konflikt denken, der sie einst verursachte. Ihre Lage in der Aura zeigt, wie stark der Einfluß des Erlebten noch in der Gegenwart ist. Je geringer der Abstand zur grünen Zone, desto aktiver sind solche Zusammenhänge. Wenn wir beispielsweise eine schwierige Entscheidung gefällt haben, die von Menschen abgelehnt wird, die uns enttäuschen wollen, kann dies zu einem Konflikt führen, der nicht so einfach vorübergeht, weil keine fundamentale Lösung des Problems erreicht wurde. Daher bleibt eine Narbe in der Aura gleich unterhalb der grünen Zone zurück.

Selbst Erlebnisse, die tief in der Vergangenheit liegen, können weiterhin beträchtliche Macht über uns haben, da ihre Auswirkungen tiefer in uns eingeprägt sind, als uns klar ist. In dem Maße, in dem wir Schmerz oder Freude wiedererleben, wenn wir sie uns in Erinnerung rufen, sind sie in uns noch aktiv. Darüber hinaus merken wir kaum, wie häufig gewisse Gefühle und Reaktionen immer wieder hervortreten. Wenn wir über irgend etwas unglücklich sind, verweilen wir in unserem Gefühl und verfestigen es damit als Eindruck in uns. Verstärkt durch die wiederkehrende Erregung kristallisieren sich solche Erinnerungen zu Symbolen oder Narben, die oft wie Windungen oder Schneckenhäuser aussehen, denn es entspricht ihrer Natur, sich in sich selbst zu drehen. Solche Symbole erscheinen häufig recht fest und stabil, denn sie werden »genährt« von der Emotionalenergie, die frei wird, wenn wir über einem Erlebnis »brüten«.

Konfigurationen dieser Art sind eine Aufzeichnung sowohl unserer Gefühle in der Vergangenheit als auch unserer Empfindungen in der Gegenwart; im allgemeinen stellen sie ein Erlebnis dar, das starke Gefühle erregt hat. Doch wenn wir ein Dilemma schließlich überwunden oder uns von einem emotionalen Schock erholt haben, empfinden wir nicht mehr den Zwang, bei der Erinnerung daran zu verweilen. Wir haben uns von ihr befreit.

Dann beginnt die Narbe, die den früheren Konflikt verkörperte, sich langsam aufzulösen, und die Energie, die sie verkapselt hielt, verläßt allmählich die Aura. Wenn wir jedoch eine Emotion wie Angst oder Furchtsamkeit Tag für Tag wiederbeleben, manifestiert sie sich nicht in Gestalt einer Narbe, sondern eher als ein Hemmungsmuster in der Aura.

Es ist auch möglich, daß ein wunderbares Erlebnis so lange zurückliegt, daß die Erinnerung daran nicht mehr lebendig ist, trotzdem bleibt immer noch etwas wie ein Duft davon erhalten. Obgleich eine solche Erinnerung Quelle von Freude und Glück sein mag, stellt sie sich in der Aura ebenfalls als symbolische »Narbe« dar, nun jedoch oberhalb der grünen Zone. Hier kann sie als Hilfe und Inspiration dienen, besonders wenn ihre Bedeutung verstanden wird.

Gefühlsnarben haben nicht in jedem Falle lang anhaltende negative Auswirkungen. Erkennen wir das Problem, das uns so lange beschäftigte, und haben wirklich das Gefühl, seine Ursache zu begreifen und schließlich zu bewältigen, kann sich die frühere Erfahrung auch sehr positiv auswirken. Deshalb legen alle Religionen großen Wert auf die Vergebung – in der Tat eine sehr gute therapeutische Empfehlung. Wenn wir sagen können: »Ich habe etwas gelernt, und auch wenn ich jene nicht wirklich lieben kann, die mich verletzten, vermag ich ihnen doch zu vergeben und ihnen Gutes zu wünschen«, so beginnt damit die Freiheit von der Bindung an eine schmerzliche Erinnerung.

JOHN PIERRAKOS

Das Phänomen der Aura

Einer der ältesten Wünsche der Menschheit ist der, sich von der Erde in den Raum zu erheben, sowohl in den äußeren Raum des Weltalls als auch in den inneren des »unstofflichen« Selbst. Die Sehnsucht nach dem Reisen durch die Lüfte hat seit vorgeschichtlicher Zeit die Mythen nahezu aller Kulturen mit Menschen oder Göttern bevölkert, die die Kunst des Fliegens beherrschen. Dädalus aus der minoischen Sage ist uns weniger aufgrund seiner großartigen architektonischen und bildhauerischen Leistungen bekannt als vielmehr wegen eines Flugapparates, den er entwickelte: jener Flügel, die er für sich selbst und seinen Sohn Ikarus baute. Auch der Sonnengott Ra aus dem ägyptischen Pantheon des beginnenden 4. Jahrtausends v. Chr. ist ein Prototyp jener geflügelten übernatürlichen Wesen, wie sie in allen höherentwickelten Kulturen der Welt immer wieder auftauchen.

Die Menschen im Osten beschäftigen sich schon wesentlich länger und erfolgreicher mit der Erforschung des inneren Raumes als wir im Westen. Die enorme wissenschaftliche Entwicklung im Westen mit ihrer Betonung der überprüfbaren Beweisführungen verwies schon die bloße Vorstellung von einem inneren Raum, von unseren Bewegungen in diesem Raum und von unseren Möglichkeiten, den äußeren Raum hierdurch zu betreten, immer mehr in den Bereich der Mystik und des Okkultismus.

Erst in unserem Jahrhundert gab es in den Naturwissenschaften ernsthafte Versuche zur Erforschung derartiger Phänomene. Während sich heute solche Untersuchungen häufen, stammen die wenigen konkreten Berichte, auf die wir hier zurückgreifen können, hauptsächlich von Beobachtern, deren Arbeit nicht objektivierbar ist, so zum Beispiel die von C. W. Leadbeater, der über das Freimaurertum schrieb, oder die von rein intuitiv arbeitenden Persönlichkeiten, wie das Medium Eileen Garrett und der Heiler Edgar Cayce.

Die Entsprechung zwischen dem inneren und dem äußeren Raum ist jedoch eine physische Realität, die auf dem Prinzip der Reziprozität beruht, jenem Gesetz, das die Bewegung der inneren und äußeren Energie innerhalb aller Größen und Wesen bestimmt. Das Phänomen des Energiepulses hat ungeheuer wichtige Implikationen für das Ziel jedes menschlichen Lebens. Auf den nun folgenden Seiten wird die Wirkungsweise des Pulses im menschlichen Energiefeld, der Aura, untersucht. Hier kann er wesentliche diagnostische Informationen und unschätzbare Anhaltspunkte für den therapeutischen Prozeß liefern.

Die Aura durchdringt den festen Körper und zieht zugleich von außen Energie in den gesamten Organismus hinein. Die grundlegende Lebensenergie, aus welcher sowohl der physische Körper wie auch die Aura und die in den Körper aufgenommene Energie besteht, ist in allen Fällen die gleiche Substanz. Der einzige Unterschied liegt in der jeweiligen Vibrationsfrequenz und in der gebundenen Form. Weil die Pulsfrequenz der Aura sehr viel schneller ist als die des Körpers, zeigt sie genau an, was in allen funktionalen Bereichen des Menschen geschieht, auf der physiologischen, der emotionalen, der mentalen wie auch der spirituellen Ebene. *Wie* dies vonstatten geht, wird im folgenden genauer untersucht. *Was* die Aura mitteilt, kann so zusammengefaßt werden: Die Energiebewegungen in Phase I, der assertiven Phase des Zyklus, und Phase II, der rezeptiven Phase, entsprechen einander vollkommen. Deshalb bestimmt die Funktionsfähigkeit in einer Phase die in der anderen. Aus diesem Grunde wirkt sich auch eine lokale Veränderung des reziproken Energieaustausches im gesamten Organismus und darüber hinaus noch aus.

Meines Wissens stellen die Energiefelder heute den eindeutigsten Beweis für die Existenz der reziproken Energiebewegung dar. Doch kann man die soeben vorgetragenen Sachverhalte mit gleicher Bestimmtheit durch Beobachtungen an festen physischen Körpern feststellen. Denn obgleich die Biophysik und andere Wissenschaftszweige zu neu sind, als daß sie die genaue Beschaffenheit der universalen Lebenskraft schon enthüllen könnten, weist eine ganze Reihe der von den etablierten Naturwissenschaften untersuchten Zusammenhänge auf die Universalität des Reziprozitätsprinzips hin. Bevor wir uns nun der Aura selbst zuwenden, möchte ich noch einige dieser Erkenntnisse beschreiben.

Das Prinzip der Reziprozität im biologischen Organismus

Das Spektrum der wissenschaftlichen Forschung reicht heute vom subatomaren bis zum supergalaktischen Bereich. Jeder Ausschnitt dieses Spektrums bestätigt die universelle Gültigkeit der Erkenntnis, daß bei allen Dingen und Wesen ein rhythmischer Puls existiert, demzufolge in einer Phase innere Substanz abgegeben und in der zweiten äußere Substanz aufgenommen wird. Auf der mikrokosmischen Ebene legte Einsteins Energie-Materie-Gleichung die theoretische Grundlage zur physikalischen Beschreibung dieses Phänomens. Die Atomtechnologie bewies die Richtigkeit seiner Hypothesen, indem sie zeigte, daß es möglich ist, Masse in Energie umzuwandeln und umgekehrt.

Auch im Tierreich reichen die Kräfte, die in jedem Körper wirksam sind, vom Mikrokosmischen bis zum Makrokosmischen. In sehr kleinem Maßstab zeigt sich das Prinzip der Reziprozität in der Brownschen Bewegung, dem Vibrieren mikroskopischer Partikel in gasförmigen oder flüssigen Lösungen. Das Protoplasma, das allgemein als Grenzfall zwischen lebender und nichtlebender Materie angesehen wird, enthält pulsierende Bläschen (Vakuolen), deren rhythmische Periodizität von Alain Rheinberg und Jean Gata genau untersucht worden ist. Die beiden Forscher beschreiben, daß jeder dieser winzigen Körper in eine Membran eingeschlossen ist, die sich zusammenzieht und ausdehnt »nach einem Rhythmus, der von den jeweiligen Milieubedingungen und vom Zustand der Zelle abhängt«.

In komplexeren Zellverbänden schließen sich die Pulse der in den Geweben organisierten Zellen zu reziproken Bewegungsmustern zusammen, aus denen dann die Bewegungsmuster der Organe und Funktionssysteme entstehen. Alle diese Muster verschmelzen zu einem funktionellen Ganzen, das als Einheit vibriert und pulsiert. Diese natürliche Harmonie ist bereits bei der Entstehung des Organismus vorhanden. Das Leben im konventionellen Sinne dieses Wortes beginnt als einzelne Zelle, die sich durch unzählige Teilungen und Permutationen zu einer höheren Lebensform entwickelt. Der Organismus behält jedoch das grundlegende Aktivitätsmuster der Einzelzelle bei – das allumfassende energetische Pulsieren. Dieses Muster wird im Zuge der Entwicklung spezifischer Zellen für die verschiedenen Funktionen innerhalb des Gesamtorganismus differenziert und modifiziert, angefangen bei den einzelligen Phänomenen über die Gewebe, die Organe bis hin zu den Organsystemen des Körpers.

Zu den einzelligen Phänomenen gehören die feinen Härchen, die sich in den Atmungswegen von Säugetieren finden. Sie wiegen sich hin und her wie ein Weizenfeld im Wind. Durch diese Bewegung werden Fremdkörper aus der Lunge entfernt bzw. von ihr ferngehalten. J. L. Cloudsley-Thompson bemerkt dazu: »Diese Pulsation ist oft kontinuierlich im ganzen Leben des Tieres anzutreffen, und der Stimulus dazu entsteht im Protoplasma der Zelle ...« Auch wenn dieser Vorgang unter neutraler Kontrolle vonstatten geht, so wird doch die Bewegung selbst als völlig unabhängig von Nervenimpulsen betrachtet.

In den Nervengeweben gibt es eine dreiphasige Periodizität bei der Weiterleitung der Nervenimpulse. Wenn ein Impuls durch einen Nerv fließt, depolarisiert er die Membran, und diese wird zeitweise reizunempfindlich, so daß keine andere Information den Nerv passieren kann. Nach einer kurzen Ruhephase wird die Membran spontan von neuem polarisiert, was die Reizübermittlung wieder möglich macht. Die rhythmischen Impulse der zerebrospinalen Nervenzellen halten den Muskeltonus und damit die Körperhaltung aufrecht. Die erstaunliche Ergänzung parasympathischer und sympathischer Aktivitäten steuert die inneren Bewegungen der wichtigsten Organe und deren Zusammenwirken. Reich leitete die Funktionen der Lust und der Angst (Expansion und Kontraktion) aus dieser Unterteilung des autonomen Nervensystems her.

Das Prinzip der Reziprozität wird auch im biologischen Organismus sichtbar, wenn wir seine Rezeptivität gegenüber kosmischen Phänomenen in seiner Umwelt untersuchen. Wir haben bereits die Reaktion der Vegetation auf Faktoren wie die Ausrichtung an den Himmelsrichtungen behandelt. Diese Wechselwirkungen sind schon lange im Rahmen umfassenderer physiologischer Beweisführungen dokumentiert worden. Dem Einfluß starker Naturkräfte auf Pflanzen und Tiere galt wohl zu allen Zeiten mehr intensives Forschungsinteresse als jedem anderen Aspekt der biologischen Realität. Der Übergang primitiver sozialer Gruppen von der Jäger- und Sammlerphase zu Ackerbau und Viehzucht beruhte auf einem gewissen Verständnis dieser Kräfte. Wetterveränderungen, deren Auswirkungen auf die Stimmungslage des Menschen im vorigen Kapitel erwähnt wurden, waren bis in unsere Zeit hinein eine für das Überleben wichtige Frage und können es auch jetzt noch sein. Die Auswirkungen nicht nur der Jahreszeiten, sondern auch des Klimas auf die Fruchtbarkeit der Pflanzen wurden im Laufe der Jahrhunderte immer deutlicher erkannt, als Farmer und Siedler den Eroberern und den imperialistischen Kriegen folgten. Im 18. Jahrhundert hatte das Wissen über klimatische Bedingungen als Determinanten biologischen Lebens im Westen zu Theorien über ihre Rolle in sozialen Institutionen geführt. Montesquieus *Esprit des Lois* beispielsweise analysiert den Einfluß des Klimas auf die Herausbildung unterschiedlicher Gesetze und Regierungsformen, die von verschiedenen Gesellschaften zu verschiedenen Zeiten entwickelt wurden.

Der Zusammenhang zwischen dem Menstruationszyklus und den Mondphasen war schon bekannt, bevor man den Zusammenhang zwischen Paarung und Zeugung entdeckte. Doch auch der Breitengrad beeinflußt die Menstruationsperiode. Bei den Frauen aus Feuerland tritt sie normalerweise nur etwa zweimal im Jahr auf, bei Eskimofrauen

viermal. Der Beginn der Pubertät liegt in den tropischen Zonen wesentlich früher als in den gemäßigten.
Schließlich kann man an zahlreichen vitalen Funktionen die Bedeutung des Tageszyklus für die biologische Uhr im Menschen ablesen. In Kulturen, die ihre Nahrungsbeschaffung nicht dem Zufall überlassen, nimmt man gewöhnlich drei Mahlzeiten pro Tag zu sich. Doch auch hier beeinflußt die geographische Lage das Zeitschema: Die abendliche »Teatime« der britischen Tradition liegt etwa fünf Stunden vor der Abendessenszeit in Spanien. Die Menschen auf der ganzen Welt schlafen, wenn es in ihrer jeweiligen Region Nacht ist. Während des Tages steigt und sinkt ihre Aktivität im gleichen Rhythmus, wie die Energiefelder der Erde pulsieren. Der Einfluß von Zeitverschiebungen im Flugverkehr ist bereits so gründlich untersucht worden, daß man daraus Richtlinien für die Arbeitszeiten des Flugpersonals auf Langstreckenflügen entwickeln konnte: Eine Abweichung von fünf oder mehr Stunden von der gewohnten Sonnenzeit hat sich als kritisch erwiesen. Die außergewöhnliche Anpassungsfähigkeit des menschlichen Organismus ermöglicht es ihm, mit starken Wechseln in der Anzahl der Mahlzeiten und den Zeiten der Nahrungsaufnahme, den Schlafgewohnheiten, den normalen geographischen Aufenthaltsorten und ähnlichem zurechtzukommen. Tatsache bleibt, daß unser physiologisches Gleichgewicht nicht nur von angeborenen Faktoren, sondern auch von der Gesamtheit der äußeren Milieubedingungen – bis hin zu den Kräften des Makrokosmos – abhängt.
Alle diese Faktoren werden auf verblüffende Weise in den höheren Vibrationsfrequenzen des Menschen, in seiner Aura, reflektiert. Das Energiefeld des Menschen wie auch das jedes anderen Wesens weist die beiden aktiven Bewegungsphasen auf, die für den reziproken Energiezyklus in der gesamten Natur charakteristisch sind. Dieses Grundmuster zeichnet sich jedoch beim Menschen durch wesentlich feinere Variationen aus als bei allen anderen Gattungen. Die beiden Phasen entstehen aus der assertiven bzw. der rezeptiven Bewegung des menschlichen Cores. Die rezeptive Bewegung fließt hauptsächlich

durch Energietrichter, die auf der Peripherie des physischen Körpers verteilt sind. Die beiden Richtungen des Energieflusses legen es nahe, die Funktionen der Energieaufnahme und der Energieabgabe der Aura jeweils getrennt zu behandeln. Dabei darf man jedoch keinesfalls vergessen, daß die Energie, um die es bei den Bewegungen geht, das Grundmaterial aller Dinge ist: die universale Lebenskraft.

Phase I: Der Ausdruck innerer Energie

Sowohl die gesamte Lebensgeschichte eines Menschen als auch der augenblickliche Zustand seines Organismus spiegeln sich in der Aura wider. Sie kann zum Beispiel einen so tiefen und dauerhaften Schmerz wie das Trauma einer Zurückweisung in der frühen Kindheit oder auch einen so örtlich begrenzten und vorübergehenden Schmerz wie den nach einer Zahnextraktion anzeigen. Jede Art von Affront, ob physische Krankheit oder enttäuschte Erwartung, stört die Aura in bestimmten Mustern, die im folgenden beschrieben werden. Zum Beispiel ist eine bestimmte Art von Blockade im Becken typisch für eine hohe Anfälligkeit für Herz- und Kreislaufkrankheiten. Aus diesem Grunde beobachte ich die Aura der Menschen, mit denen ich arbeite, sehr genau. Ich nutze die so gewonnenen Informationen zur Diagnose der Erkrankung und zur Lokalisierung der muskulären Panzerungen sowie der Charakterblockaden, die aufgelöst werden müssen, um den Menschen zu seiner inneren Integration zu führen.

Außerdem macht die Aura uns oft erstaunlich detaillierte Mitteilungen über die besonderen Begabungen eines Menschen, über die Richtung, die die Kreativität des Cores im Leben eines Menschen nimmt. Solche Erkenntnisse helfen bei der therapeutischen Arbeit, den Menschen in die äußere Welt zu integrieren. Der Grund hierfür liegt darin, daß das Core der Nukleus aller Energieelemente im Organismus ist, angefangen bei den subzellularen Komponenten über die Gewebe und Organe bis hin zu den ganzen Systemen. Das Core ist somit auch bestimmend für die Aura. So wie die menschlichen Fehlfunktionen sich als Verzerrungen der Core-Energie an verschiedenen Stellen des Energiefeldes definieren lassen, lassen sich auch die speziellen Begabungen eines Menschen an den außergewöhnlichen Merkmalen seiner gesunden Aura ablesen, wenn die Funktionsfähigkeit wiederhergestellt ist. In diesem Fall sind Leuchtkraft und Farbe der Aura intensiviert, ihre Schichtung ist klarer, die Pulsationsfrequenz höher, und die Fähigkeit, auf äußere Kräfte zu reagieren, ist vergrößert.

Die Aura eines gesunden Menschen zeigt sich als dreischichtige, wolkenähnliche Hülle, die den Körper umgibt. Ihr allgemeiner Zustand steht in Zusammenhang mit dem gesamten Energiemetabolismus des Organismus, so daß ihre Eigenschaften je nach Faktoren wie Hitzeproduktion, Aktivitätsniveau, emotionale Erregung sowie Atemgeschwindigkeit und Qualität der Atmung variieren. »Aura« läßt sich aus dem griechischen Wort *aura* ableiten, was soviel wie »Brise« bedeutet. Der Mensch scheint in ihr zu schwimmen wie in einer ruhigen See, rhythmisch getönt von brillanten Farben, die ständig glitzern, vibrieren und sich verändern. Denn zu leben bedeutet, farbig zu sein und zu vibrieren. Die aurische Hülle als Ganzes ist blaugrau bis himmelblau, und sie beleuchtet die Umrisse des Körpers so, wie die Strahlen der aufgehenden Sonne die Umrisse dunkler Berge beleuchten. In der ersten Phase ihrer Pulsation schwillt sie 1 bis 2 Sekunden lang vom Körper weg an bis zu einer Entfernung von etwa 60 bis 120 cm. In diesem Zustand ist sie unter normalen Umständen kaum noch zu erkennen und verschmilzt mit der sie umgebenden Atmosphäre. Von vorne und in voller Breite gesehen, hat sie eine fast ovale Form mit ausgefransten Rändern. Diese Form behält sie etwa eine Viertelsekunde lang bei. In der zweiten Phase nimmt sie rapide ab. Innerhalb einer Fünftel- oder gar nur einer Achtelsekunde verschwindet sie vollständig. Die Ruhephase, die dritte Phase des Zyklus, hält 1 bis 3 Sekunden an. Dann beginnt der Expansions- und Kontraktionsprozeß erneut; er wiederholt sich beim Durchschnittsmenschen im Wachzustand etwa 15- bis 20mal pro Minute. Während diese Frequenz unabhängig von jedem anderen bekannten

Körperrhythmus ist, wie beispielsweise Atmung und Herzschlag, steht sie doch in einem sehr direkten Zusammenhang mit dem Erregungsgrad des Organismus. Während des Schlafes sinkt die Pulsationsfrequenz ab, die Aura schrumpft, und die Farbe wird schwächer. Gegen Mittag erreicht die Frequenz ihren Höhepunkt, wahrscheinlich, weil zu dieser Zeit auch die körperliche Aktivität ihren Höhepunkt erreicht hat. Frühmorgens nach dem Aufwachen ist sie geringer, und auch gegen Abend, wenn der Organismus erschöpft ist, nimmt sie ab.

Erregung steigert die Aura in jeder Hinsicht, macht ihre Farbe reichhaltiger, dehnt sie weiter aus und beschleunigt die Pulsation. Wenn beispielsweise ein Patient mehrmals zornig auf die Couch einschlägt, kann die Pulsationsfrequenz bis auf 40 Pulse pro Minute ansteigen. Auch wenn der Patient rhythmisch im Liegen mit den Füßen auf die Couch tritt und dies ein echter Gefühlsausdruck ist, steigt die Frequenz. Wird das Treten jedoch lediglich als Übung angesehen, ohne daß ein echtes Gefühl dahintersteht, so hat es keinen Einfluß auf die Pulsationsfrequenz. Beginnt der Körper infolge tieferen Atmens und starker Emotionen zu vibrieren, so steigt die Frequenz auf die beachtliche Zahl von 45 bis 50 Pulsen pro Minute. Gleichzeitig dehnt sich das Feld weiter aus, und die Farbe wird heller. Die gleichen lebhaften Veränderungen zeigen sich, wenn in einer Gruppe ein starker kommunikativer Austausch stattfindet: Die Auren der Beteiligten erreichen dann mehr als 50 Pulsationen pro Minute und bewegen sich bis zu den Decken und Wänden des Raumes. Dann passiert etwas ganz Phantastisches: Die gesteigerte Bewegung bildet unter den Beteiligten eine prachtvolle neue Energieformation, die sich wie ein Regenschirm über ihnen und um sie herum ausbreitet. Es bildet sich ein neues Bewußtsein heraus, das mehr ist als die Summe seiner Einzelbestandteile und das auch wieder spiralförmig in die Beteiligten zurückfließt und sie durchströmt, als ungeteilter Energiefluß. Jemand, der in der Mitte einer solchen Gruppe steht, kann diese neugebildete Energie zwischen seinen Händen spüren.

In Phase I erreicht die Aura ihre maximale Leuchtkraft, wodurch ihre

Schichten und ihre komplexen Bewegungen leichter zu erkennen sind. Die Leuchtfähigkeit dieser Energie folgt – genau wie die Reziprozität ihres Austausches – einem Naturgesetz, das auch in festen physischen Körpern wahrgenommen werden kann. Verschiedene Gruppen von Lebewesen sind infolge ihrer inneren Bewegungen und ihrer biologischen Prozesse in der Lage, Licht auszustrahlen. Hier sind zum Beispiel einzellige Strukturen wie Bakterien und Pilzarten zu nennen, ebenso aber auch Vielzeller wie Geißeltiere, Schwämme, Fische und Leuchtkäfer. Es ist bekannt, daß bei höherentwickelten Organismen lebenswichtige Funktionen wie die Zellteilung, die Oxidation und andere Stoffwechselvorgänge von Leuchtphänomenen begleitet werden. Der Glanz der Aura ist also ein normaler Ausdruck der Lebensprozesse des Organismus.

Interessanterweise gibt die Schichtung des Energiefeldes uns ebenso wie die Lebensprozesse selbst Hinweise auf den Entwicklungsverlauf des Menschen. Die Aura eines Babys ist von gleichförmigem und unstrukturiertem Hellblau. Die Schichten bilden sich erst im Alter von etwa zwei bis drei Jahren und sind zur Zeit der Pubertät bereits stark differenziert. Im reifen Organismus zeigt das Energiefeld als Ganzes die schon beschriebenen allgemeinen Charakteristika. Von den drei Schichten ist die innerste am schwersten zu erkennen, weil sie fast durchsichtig ist und aus einer Entfernung von mehr als 60 bis 90 cm wie ein leerer, blauschwarzer Raum wirkt. Aus der Nähe und gegen einen dunklen, schwarzen oder mitternachtsblauen Hintergrund gesehen, erscheint sie dem Beobachter wie ein Band von höchstens einem halben Zentimeter Breite, dessen tatsächliche Farbschattierung ungefähr zwischen ultraviolett und violett liegt.

Die zweite oder mittlere Schicht ist sehr schwer zu beschreiben, da sie aus einer Unzahl von Formen besteht. Sie beginnt gut sichtbar an der äußeren Grenze der inneren Schicht und dehnt sich etwa 7 bis 10 cm aus. Ihre Farbe ist ein helles Blaugrau, außer im Kopfbereich, wo ein hellgelber oder weißer Strahlenkranz die Schicht durchdringt. Wir können annehmen, daß dies das Phänomen ist, das einige Zeitgenossen

bei Gestalten mit so außergewöhnlicher Lebenskraft wie Buddha und Jesus als Heiligenschein oder Krone wahrgenommen haben. Doch jeder Mensch hat diese Krone, obgleich Intensität, Größe und andere Eigenschaften je nach Zustand des Organismus variieren.
Die mittlere Schicht hat drei primäre Bewegungsmuster. Die erste ist eine wellenähnliche Form, die die gesamte Schicht bis zu ihren äußeren Rändern homogen ausfüllt, wie Wasser auf Löschpapier. Zweitens gibt es eine korpuskulare Aktivität, die etwa aussieht wie die Brownsche Bewegung von Rauchpartikeln unter einem Mikroskop. Drittens gibt es weiße oder gelbe Strahlen; diese beginnen an der inneren Grenze der Mittelschicht, durchziehen sie auf ihrer gesamten Breite und dehnen sich ein bis zwei Meter und mehr vom Körper weg in den Raum aus, fast bis an die Zimmerwände. Trotz dieser Strahlenbewegung herrschen in der mittleren Schicht, im Rumpf und in den Extremitäten die wellenförmigen Bewegungen vor, die klar erkennbar auf der Körperoberfläche fließen. Insgesamt sieht die Schicht wie eine blaue, schimmernde Flüssigkeit aus, die zwar stark verdünnt ist, aber doch strahlt. Die Erscheinung wirkt wie ein Schwarm von Leuchtkäfern, deren Glanz in schnellen Zeitintervallen aufleuchtet und erlischt und die gleichzeitig in dieselbe Richtung fliegen. Die Strahlen sind am stärksten im Kopfbereich, wo sie den Eindruck einer Umrandung erzeugen. Ihr Muster und ihr Umriß verändert sich mit jeder neuen Pulsation des Organismus, wie die Strahlen des Nordlichts, die zum Himmel aufschießen. Normalerweise bewegen sich die Strahlen senkrecht zur Oberfläche des Körpers.
Die äußere Schicht ist in einem geschlossenen Raum gewöhnlich 15 bis 20 cm breit, im Freien dehnt sie sich jedoch bis zu mehreren Metern aus. In der Nähe des Meeres habe ich sogar Ausdehnungen von bis zu 30 Metern beobachten können. Die Schicht hat einen unbestimmten inneren Teil, der an den Grenzen der mittleren Schicht beginnt. Ihre Konsistenz ist sehr dünn, fast durchsichtig. Sie ist zart himmelblau gefärbt und wird von den weißen oder gelben Strahlen der mittleren Schicht durchzogen. Die dritte Schicht bewegt sich hauptsächlich in

Spiralen oder Strudeln. Es scheint, als ob das den Brownschen Bewegungen ähnliche Schimmern der zweiten Schicht hier den Raum findet, um sich vom Körper weg in alle Richtungen auszudehnen, genau wie sich komprimiertes Gas ausdehnt, wenn das Volumen seines Behälters vergrößert wird. Wie bereits weiter oben erwähnt, verschwimmen die äußeren Grenzen, so daß der Rand der dritten Schicht in der umgebenden Luft nicht mehr klar erkennbar ist.

Nach meinen Beobachtungen bewegen sich die drei Schichten gleichzeitig, und aus der Kombination der verschiedenen Flußrichtungen ergeben sich zwei komplizierte, aber in sich integrierte Grundmuster. Wenn man einen Menschen frontal anschaut, zeigt sich das erste Muster ganz deutlich. Von vorne betrachtet, bewegt sich das Feld vom Boden an der Innenseite der Beine und Oberschenkel entlang bis zum Solarplexus aufwärts. Hier teilt sich das Feld und fließt an beiden Seiten des Rumpfes und den äußeren Rändern von Händen und Armen entlang. Am Halsansatz vereinigen sich die beiden Ströme wieder und fließen dann jeweils an der entgegengesetzten Seite des Kopfes entlang. Dies ist also das erste Segment des Längsflusses, aus der Vorderansicht betrachtet. Das zweite Segment besteht aus einer Bewegung, die an Brust und Bauch hinunterfließt und sich am Solarplexus teilt, um dann weiter an den Hüften und den Außenseiten der Beine entlang bis zum Boden zu strömen.

Diese Aufwärts- und Abwärtsbewegungen der Energie wechseln in den beiden Hälften des Feldes oberhalb und unterhalb des Solarplexus ab. Die beiden Bewegungsrichtungen treten in den beiden Hälften simultan auf, so wie sich Ober- und Unterkörper eines Menschen beim Gehen simultan bewegen. Die Vitalkraft des Organismus fließt also in zwei Kreisläufen, die sich in der Mitte des Rumpfes vereinigen und somit eine Form bilden, die der Ziffer 8 ähnelt. Diese Form und die Bewegungen, die sie entstehen lassen, zeigen sich auch in der Aura, wenn man sie von hinten betrachtet. Aus beiden Perspektiven erscheinen die beiden Teilbereiche der Ziffer 8 beim normalen Menschen etwa gleich groß und von gleicher Stärke.

Die Profilansicht des Energiefeldes macht deutlich, warum die Bewegung in Form einer 8 fließt. Aus der Seitenansicht erkennt man, daß die Energie wie eine Fontäne vom Solarplexus nach außen pulsiert. In dieser Körperregion befinden sich viele lebenswichtige Organe. Deshalb nehme ich an, daß der grundlegende Längsfluß im Zentrum des Rumpfes entsteht. Er geht also wahrscheinlich vom Herzen, von der Lunge, der Leber, dem Darm, der Wirbelsäule und anderen wichtigen Organen aus, durchdringt sie und strömt dann aus dem Körper in den ihn umgebenden Raum hinaus. Das spiral- oder strudelförmige Muster, das in der dritten Schicht des Feldes zu sehen ist, hat wahrscheinlich in der spiralförmigen Gestalt und in den spontanen Drehbewegungen dieser Teile seinen Ursprung. Die Profilansicht der Aura ist ei- oder bohnenförmig.

Die zweite grundlegende Bewegungsform ist sowohl aus der Profilansicht als auch von vorne und hinten zu erkennen. Es handelt sich dabei um eine senkrechte Pulsation, die aus dem Rumpf hervortritt. Auch sie scheint im Körperinneren zu entstehen, bewegt sich jedoch spiralförmig quer durch den Organismus hindurch und formt in den beiden Phasen des reziproken Energiezyklus eine Art Pendelmuster, das sich in Übereinstimmung befindet mit der Fähigkeit des physischen Rumpfes, sich auszudehnen und zusammenzuziehen. Die Strahlen, die vom inneren Rand der zweiten Schicht fließen, bilden die dritte wichtige Bewegungsform, die sich im Energiefeld zeigt. Es gibt auch noch eine ganze Reihe von Unterformen, so zum Beispiel kreisförmige Bewegungen um die einzelnen Glieder und Ausstrahlungen in der Nähe der wichtigen physiologischen Strukturen, wie dem Herzen, der Wirbelsäule und den großen Nervenzentren. Der Ursprung dieser letztgenannten Bewegungen scheint in den inneren Strukturen zu liegen.

Alle physischen Bewegungen des Körpers können auf die beiden Hauptmuster, die sich in der Aura zeigen, reduziert werden, nämlich auf den achtförmigen Längsfluß und auf die senkrechte Pendelbewegung. Wird Druck auf die Stützbasis des Zylinders ausgeübt, so löst dies Geh- oder Laufbewegungen aus. Zum Schlucken sind beide Bewegungsformen erforderlich. Atmung und Verdauung beruhen hauptsächlich auf den Expansions- und Kontraktionsmustern. In Lowens Buch *The Physical Dynamics of Character Structure* wird dieses Thema detailliert behandelt.

Die Emotionen, also die spezifischen energetischen Aktivitäten, die uns entweder zu einer Vereinigung mit der äußeren Realität oder zu deren Zurückweisung treiben, sind offensichtlich Ausdrücke der Expansions-Kontraktions-Pulsation. Aber auch der mit der Ziffer 8 beschriebene Energiefluß steht mit den Gefühlen in einer Wechselbeziehung. Der obere Teil des Rumpfes enthält die Gefühle des Herzens, der untere die sexuellen Gefühle. Wenn der Energiefluß nicht in den oberen Bereich der 8 gelangt, kann die assertive Phase der sexuellen Bewegungen hart, pornographisch und aufdringlich werden. Wenn der Energiefluß nicht in den unteren Bereich gelangt, kann der assertive Ausdruck unnatürlich romantisch, sentimental oder gestelzt wirken. Außerdem machen sich bestimmte Emotionen in bestimmten Körperbereichen besonders bemerkbar. Sie zeigen sich in den entsprechenden Bereichen der Acht. Zärtlichkeit pulsiert beispielsweise hauptsächlich im Hals und in der Brust, Zorn hingegen im Schulterbereich. Allgemein liegen die zärtlichen Gefühle im vorderen und die harten bis aggressiven im hinteren Teil des Körpers.

Auch Farbveränderungen der Aura geben Aufschluß über die Emotionen, die ein Mensch erlebt. Ein intensives Gefühl der Liebe läßt ein sanft rosafarbenes Energiefeld im Brust- und Kopfbereich entstehen. Traurigkeit färbt das Energiefeld über der Brust dunkelblau. Wut färbt die Aura über den Schultern und dem oberen Teil des Rückens rot. Ein ernster und aufrichtiger Gefühlsausdruck zeigt sich als goldener Glanz um den Kopf. Befindet sich der Organismus im Zustand des Schmerzes, so werden die Farben des gesamten Energiefeldes schwächer, und auch die anderen Charakteristika der Aura verändern sich. Dies ist aller Wahrscheinlichkeit nach so, weil die Aktivität des sympathischen Adrenalsystems der Oberfläche des Körpers Blut entzieht.

In ihrer expressiven Phase teilt die Aura also alle Zustände und Prozesse mit, aus denen das menschliche Leben besteht: Frustration oder Befriedigung der Empfindungsfähigkeit, physische Krankheit oder Gesundheit, emotionale Konflikte oder Harmonie, spirituelle Armut oder Erfüllung. Und da die assertiven und die rezeptiven Pulsationen von ein und demselben Energiesystem erzeugt werden, zeigen sich die expressiven Funktionen der Aura auch bei der Energieaufnahme. Diese erfolgt wie bereits erwähnt durch die Energietrichter des Organismus.

Phase II: Die Aufnahme äußerer Energie

Denkmäler, Kunstwerke und die Literatur vergangener Zeitalter zeigen uns, daß für Völker auf der ganzen Welt die Existenz von Energiezentren, durch welche der Mensch in Kontakt zur äußeren Realität tritt, eine Tatsache war. Hierfür gibt es eine ganze Reihe von Zeugnissen: die Krone Buddhas, die »Chakren«, die in den Upanischaden und in den tantrischen Schriften beschrieben werden, die Einstichpunkte bei der Akupunktur, das Auge des Horus und die griechische *speira.* Wir wissen nicht, ob diejenigen, die über solche Energietrichter berichtet hat, diese auch tatsächlich physisch gesehen haben. Fest steht jedoch, daß man sie sehen kann und daß eine Reihe von Beobachtern sie im Laufe der letzten Jahre untersucht und die Ergebnisse veröffentlicht haben. C. W. Leadbeater, der schon zu Anfang dieses Kapitels erwähnt wurde, hat sehr detaillierte Untersuchungsergebnisse vorgelegt, und ich werde in den nachfolgenden Abschnitten einige seiner Erkenntnisse weitergehend beschreiben.

Die Aufgabe der Zentren besteht darin, Energie aus der umgebenden Atmosphäre in den Organismus hineinzuziehen, um ihn energetisch aufzuladen. Diese zentripetale Bewegung ist die Umkehrung und der Ausgleich zu der zentrifugalen Bewegung des Cores, sie ist also etwa vergleichbar mit Diastole und Einatmung beim Herz-Kreislauf-System bzw. bei der Atmung. Aufgrund ihres spiralförmigen Energieverlaufs ist die Form der Zentren mit Trichtern oder Glocken vergleichbar, und ihre Bewegung verläuft wirbel- oder strudelförmig. Der Trichtermund ist nach außen in den Energiekörper gerichtet, während die Spitze die innerste Schicht der Aura durchdringt und die Haut berührt. So wie die gesamte erste Schicht der Aura ist auch diese Spitze sehr schwer zu erkennen, wohingegen der glockenförmige Teil eines solchen Energiezentrums ebenso leicht zu erkennen ist wie das gesamte übrige Energiefeld.

Das Erscheinungsbild dieser Zentren ähnelt tatsächlich dem der »Chakren« in der östlichen Tradition, doch dienen die Energiezentren nicht ausschließlich der spirituellen Erleuchtung. Es handelt sich hier vielmehr um Energieorgane, so wie Herz und Nieren physische Organe sind, und sie sind auf allen Vibrationsebenen, den materiellen wie auch den nichtmateriellen, ebenso lebenswichtig wie die physischen Organe. Die Energie, die sie aufnehmen, wird vom Organismus umgewandelt und im Körper bis in die Zellen hinein verteilt. Außerdem geben die Zentren an ihren Seiten auch die innere Energie ab, aus der sie aufgebaut sind. Diese Ausströmungen vibrieren schneller als die eigentliche aurische Hülle.

Die strudelförmige Grundpulsation in den Trichtern umfaßt auch Nebenströmungen, die aus der einfließenden Energie entstehen. Diese Energie löst sekundäre Kräfte aus, die im rechten Winkel zur Grundpulsation stehen, etwa vergleichbar mit den Induktionsströmen, die ein Magnetstab in einer Induktionsspule erzeugt. Die einströmende Energie breitet sich schließlich auch strahlenförmig zur Peripherie hin aus. Dadurch entsteht ein Gebilde, das mit den Speichen eines Rades oder mit dem Kranz der Blütenblätter einer Blume zu vergleichen ist. Die leuchtenden Strahlen, die in der zweiten Schicht der Aura entstehen, leiten ihre Gestalt wahrscheinlich aus dieser Form her.

In einem gesunden Organismus sind diese radförmigen Anordnungen farblich so schön wie ein Regenbogen. Jedes der Energiezentren und oft sogar jede einzelne Speiche ist von leuchtender Farbe. Befindet sich der Betreffende im Ruhezustand, so sind die Trichter von der Mündung bis zur Spitze mindestens 5 cm lang und haben einen Durchmesser von etwa 8 bis 22 cm. Im Zustand der Erregung hingegen geschieht das gleiche wie bei den Schichten der Aura: Die Trichter vergrößern sich und werden in ihren Bewegungen und in ihrer Färbung intensiver. Meine Mitarbeiter und ich erkennen solche Energieräder über den ganzen Körper verteilt. In ihrer Lage sind sie beispielsweise vergleichbar mit den Akupunkturpunkten und mit der Feinstruktur der Knochen. Die wichtigsten und sichtbarsten Energieräder befinden sich in der Nähe der lebenswichtigen Organe sowie der Hauptzentren des autonomen Nervensystems und der wichtigeren endoktrinen Drüsen.

Bei vier der Haupttrichter handelt es sich um Gefühlszentren. Sie befinden sich im vorderen Teil des Körpers, am Hals, am Herzen, am Solarplexus und am Schambein. Sodann gibt es drei Willenszentren, die sich auf der Rückseite des Körpers befinden. Eines davon liegt über dem Kreuz und wirkt mit dem vorderen Sexualzentrum zusammen. Das zweite steuert zwei Unterbereiche. Es befindet sich zwischen den Schulterblättern und hat sowohl darüber, am Nacken, als auch darunter, an der hinteren Aufhängung des Zwerchfells, eine Art Nebentrichter. Dieses dreigliedrige Gebilde, das insbesondere mit dem nach außen gerichteten Willen in Verbindung steht, wird in der Fachliteratur nur selten erwähnt. Am Hinterkopf befindet sich ein Trichter, der sowohl eine Willens- als auch eine mentale Funktion verkörpert. Er spielt nicht nur zusammen mit den beiden anderen Willenskomponenten im Netzwerk der Trichter für die Handlungsfähigkeit des Menschen eine wichtige Rolle, sondern ist außerdem auch für die ausführenden mentalen Funktionen von großer Bedeutung. Dieses Zentrum ist direkt mit dem niedrigeren der beiden mentalen Zentren verbunden, das sich auf der Stirn zwischen den Augen befindet und dem dritten Auge der östlichen Anschauung entspricht. Am Scheitelpunkt des Kopfes befindet sich ein Wirbel, der die Aufgaben aller vorderen und hinteren Öffnungen einschließt und noch über sie hinausgeht.

Der erste Trichter, der sich an der Kehle befindet, hat etwa 16 Speichen, von denen 8 blau, die übrigen rot, gelb und grün sind. Die Trichterglocke ist etwa 5 bis 8 cm breit. Dieser Trichter hat die Funktion,

Energie für den gesamten Organismus aufzunehmen. Er steht in Beziehung zur Fähigkeit des betreffenden Menschen, Nahrung aufzunehmen, sie zu verdauen und sie umzuwandeln. Dieses Zentrum wird mit der Schilddrüse und der Luftröhre in Verbindung gebracht und spielt bei der Atmung eine wichtige Rolle.

Zentrum 2, das sich am Herzen befindet, hat eine Breite von etwa 8 bis 11 cm und schimmert hauptsächlich in einem leuchtendgoldenen Farbton. Seine 12 Speichen haben eine wellenförmige Bewegung, die Rot und Gelb durch das Gold fließen läßt. Dieses Zentrum aktiviert die Herzensgefühle – damit ist das primäre emotionale Streben gemeint, sich den Kräften des Universums zu öffnen, was zur Identifikation mit dem Leiden und der Liebe anderer Menschen und zum geduldigen Akzeptieren der Höhen und Tiefen des Lebens führt. Dieser Energietrichter steht in Verbindung zu den mentalen Zentren, und er ist für die Komponente des Mitgefühls bei den altruistischen Entscheidungen des Menschen zuständig. Ohne dieses Element laufen selbst die konstruktivsten menschlichen Aktivitäten Gefahr, mechanistisch und abstrakt zu werden.

Der dritte Wirbel befindet sich am Solarplexus und ist ein wunderbares Gebilde von etwa 8 bis 11 cm Breite, an dem Leadbeater 10 Blütenblätter zählte. Die Hälfte von ihnen ist in verschiedenen Rotschattierungen gefärbt, die andere Hälfte zeigt Grüntöne. Das ganze Gebilde ähnelt einer Purpurwinden- oder Hibiskusblüte. Die Funktion des Trichters umfaßt alle expansiven und rezeptiven Bewegungen des Organismus. Er hält nicht nur den Sinn des Menschen für die Freuden des Lebens aufrecht, sondern auch den für die Wahrheit im Selbst und im Kosmos. Somit nährt es die Kräfte der Intuition und der Weisheit.

Das vierte Zentrum befindet sich etwa 3 cm oberhalb der Mittellinie des Schambeins. Seine vorherrschenden Farben sind Gelb und Rot, doch die Blätter leuchten auch in vielen Schattierungen von Blau. Dieser Trichter konzentriert die Fähigkeit des Menschen, sein Selbst in der körperlichen Liebe zu erweitern, loszulassen und Lust auszutauschen, und stellt so eine starke Verbindung zwischen dem Becken und dem Herzen her. Im reziproken Energiezyklus hat dieser Trichter viel mit dem Geben zu tun, während es am unteren Ende der Wirbelsäule hauptsächlich um das Empfangen geht.

Das Zentrum am Schambein übt seine Funktion zusammen mit dem fünften Trichter aus, dem untersten der Trichter. Dieser Strudel am unteren Ende der Wirbelsäule schickt Energie in die Geschlechtsdrüsen und in die Nebenniere. Er wirbelt in vier Quadranten, so daß er wie ein Kegel wirkt, der um ein Kreuz kreist. Seine Farben sind Orange und Rot. Leadbeater nahm entlang den Balken des Kreuzes bis hin zum Rand eine sehr schnell wandernde Bewegung wahr, deren Durchmesser etwa 10 bis 12 cm betrug. Nach Leadbeaters Beschreibung wirkt das Ganze wie ein Korb, der um die vier Balken geflochten ist. Die Funktionen dieses Zentrums gehen über den unmittelbar sexuellen Bereich hinaus. Es verstärkt die Fähigkeit, spontan zu geben und zu empfangen und sich in Übereinstimmung mit den unwillkürlichen Prozessen einschließlich derer des Unbewußten zu bewegen. Seine Aktivität unterstützt somit den freien Energiefluß in den am oberen Teil der Wirbelsäule liegenden Trichtern.

Weiter oben an der Wirbelsäule befindet sich die Gruppe der Willenszentren, die durch den Energiewirbel zwischen den Schulterblättern gesteuert wird. Dieses rotierende Rad mißt etwa 8 bis 10 cm Durchmesser und hat so viele Speichen, daß es mir unmöglich ist, sie zu zählen. Es gibt hier stark variierende Schätzungen. Die Farbe des Haupt-Willenszentrums ist Gelb bis Rot. Sie verstärkt sich in ihrer Intensität, wenn die assertiven und entscheidungstreffenden Funktionen dieser Gruppe von Zentren aktiviert werden. Selbstbehauptung, Autonomie und andere Ausdrucksformen des Ichs stehen mit diesen Strudeln in Verbindung. Die einzelnen Unterabteilungen lenken jeweils bestimmte Kräfte des Ichs. Das Zentrum im Genick nährt das Selbstbewußtsein sowie das Gefühl der Würde und des Selbstwerts. Das Zentrum an der rückwärtigen Aufhängung des Zwerchfells wandelt die für den äußeren Willen bestimmte Energie um.

Das Zentrum am Hinterkopf dient ebenso dem Willen als auch dem

Intellekt und unterstützt sowohl die Funktion des vorderen Energieorgans wie auch die der darunterliegenden Gruppe der Willenszentren. Die wichtigste Aufgabe des Trichters am Hinterkopf besteht darin, Gedanken und Vorstellungen zu entwickeln. Er unterstützt die Fähigkeit zu entscheiden, welche Handlungsweisen bestimmten Wahrnehmungen folgen müssen. Außerdem veranlaßt er die assertiven Funktionen an der Rückseite des Körpers, diese Handlungen auszuführen.

Auf der Stirnplatte befindet sich das achte Energiezentrum, das im Osten als »drittes Auge« bezeichnet wird. Hierbei handelt es sich ebenfalls um einen großen Trichter, der einen Durchmesser von etwa 10 bis 12 cm hat. Seine Farben sind hauptsächlich Gelb und Blau. Seine Erscheinungsform ist ziemlich komplex. Es sind zwei Hälften erkennbar, die wiederum jeweils aus vielen weiteren Segmenten bestehen. Leadbeater ist der Ansicht, daß das gesamte Organ 96 Speichen enthält. Genau wie beim fünften Zentrum spricht er auch in diesem Fall über schnelle, wellenförmige Bewegungen, die um die Linien zwischen den Speichen herum eine Art von Korbgeflecht entstehen lassen. Der frontale Strudel steht mit der Hypophyse in Verbindung und sorgt für geistige Klarheit, eine gut funktionierende Wahrnehmung und die Fähigkeit, das eigene Leben zu planen. Obgleich ich auch dieses Zentrum als mentales Zentrum bezeichne, fördert es doch auch die Anfangsstadien der spirituellen Entwicklung, eine Hauptfunktion des Rades am Scheitelpunkt des Kopfes.

Der oberste Strudel ist der strahlendste von allen. Ein unbeschreibliches Farbspektrum schillert durch die Grundfarbe hindurch, ein leuchtendes Purpurrot und im Zentrum eines sekundären inneren Strudels Gold. Dieser Kern stimmt in seiner Färbung, seinem Aufbau und seiner Form mit dem Herzzentrum überein. Hieraus läßt sich auf die Einheit der Herzenskräfte mit den mentalen und spirituellen Fähigkeiten schließen. Außerdem zeigt dies auch, daß der Kegel am Scheitelpunkt des Kopfes holistische Integration und Aktivierung repräsentiert. Physiologisch gesehen schickt dieses Zentrum Lebenskraft in die Zirbeldrüse und in die Stirnlappen. Dieses Zentrum hat bei einem gesunden Menschen normalerweise den erstaunlichen Durchmesser von 15 bis 20 cm. Seine Pulsationen sind so schnell und komplex, daß die einzelnen Segmente nicht zu erkennen sind. In einigen indischen Schriften wird dieses Zentrum als tausendblättriger Lotus bezeichnet. Ich bin davon überzeugt, daß dieses Organ nicht nur für unsere individuelle Erfüllung, sondern auch für unsere kollektive Evolution zuständig ist. Ich habe bei vielen Patienten in therapeutischer Behandlung beobachtet, daß dieses Zentrum sich im gleichen Maße öffnet und aufblüht wie das Core. Und ich bin davon überzeugt, daß eine Kommunikation von Core zu Core zu unvorhersagbaren befreienden und liebeerfüllten Fortschritten führt.

LEA SANDERS

Austausch und Wandel im Aura-Feld

Negative Energie kann sich nicht mit positiver vermischen, und daraus ergeben sich eine Reihe von merkwürdigen Situationen. Eine von diesen Situationen ist die, in der ein Mensch sich befindet, der sich so weit entwickelt hat, daß seine Aura leicht violett oder weiß ist. Er geht zu einer Massenveranstaltung und fängt sofort an, sich unwohl zu fühlen, und will gleich wieder nach Hause. Wissenschaftlich läßt sich das damit erklären, daß das Höhere immer vor dem Niederen zurückweicht. Höhere Frequenzen werden immer von den niedrigeren Schwingungen verschluckt, und so verliert eine höher entwickelte Person ihre Energie in einer Ansammlung von weniger entwickelten Personen.
Die meisten Leute auf dieser Welt arbeiten noch an den blauen Aura-Strahlen, wo sie lernen, mit anderen umzugehen. Außerdem hat der Durchschnittsmensch einen riesigen Energieblock am untersten Strahl des grünen Chakras. Hier zeigt sich die Beziehung zum Geld. Die meisten Leute haben Gottes Gebot »Du sollst nicht Gott und dem Mammon zugleich dienen« nicht verstanden. In unserer Kultur wird die Anhäufung von Reichtum als die einzig lohnende Beschäftigung betrachtet. Wenn ein solcher Mensch neben einer Person steht, deren Aura frei fließt und sich nicht um Besitz schert, dann saugt der erste dem zweiten die Energie ab. Letzterem wird allmählich fast schlecht, weil er die Energie aus seinem Solarplexus verliert.
Wenn du mir nicht glaubst und jemand bist, der versucht, seine materialistischen Tendenzen auszubalancieren, dann gehe am Sonnabendnachmittag mal in einen Supermarkt, wo Eheleute ihren wöchentlichen Großeinkauf machen. Es wird nicht lange dauern, bis du dich schwach fühlst, und dieses Unwohlsein sitzt direkt unter dem Sonnengeflecht. Das liegt daran, daß so viele Leute um dich herum Angst haben, nicht

genügend Geld für das Essen der nächsten Woche aufbringen zu können. Allein dadurch, daß du neben diesen Leuten stehst, verschmelzen eure Energiefelder, ohne daß du es merkst, und wenn du relativ frei von Geldsorgen bist, dann ziehen sie deine Energie an sich, einfach, weil deine die stärkere und klarere ist. Die Wissenschaft sagt: »Das Größere ernährt das Geringere.«

Manchmal ist das Verhältnis zum Geld, ausgedrückt im untersten grünen Strahl, so gestört, daß es die roten, orangefarbenen und gelben Strahlen zurückhält und mit seinem Grün dominiert. Wenn das geschieht, ergibt sich ein trübes Braun in der Aura. Sieh dir eine Gruppe von Börsenmaklern an, nachdem Wall Street zwanzig Punkte gefallen ist. Wenn sie überhaupt irgendwelche Farben ausstrahlen, dann ein schmuddeliges Braun. Auch das verursacht Unwohlsein in einer Person mit einer klaren Aura.

Ein anderer Fall, in dem sich negative nicht mit positiven Farben vermischen, tritt auf, wenn zwei sehr verschiedenfarbige Menschen heiraten. Heutzutage reicht der höher entwickelte Partner meistens sehr schnell die Scheidung ein, weil dieser Partner seine Energie ständig an den anderen verliert. Meist ist ihm allerdings nicht klar, warum er sich elend fühlt und das Zusammensein mit dem anderen vermeidet, denn er (oder sie) versteht nichts vom Energieaustausch der Auren. Je nachdem, welches Chakra ausgelaugt wird, kann dies dazu führen, daß der höher entwickelte Partner sich weigert, die Familie weiterhin finanziell zu unterstützen. Unterdessen bekommt der schwächere Partner immer mehr Energie für seine Chakren und fängt sogar in seinen blockiertesten Bereichen zu strahlen an. Folgerichtig will der Schwächere die Ehe erhalten, möglichst für immer, denn diesem Partner geht es gut, und er wächst jeden Tag etwas mehr. In der Vergangenheit, als es noch keine Scheidung gab, war die Frau dem Göttlichen oft näher, am weitesten entwickelt und verwandelte sich dann im Laufe der Ehe in einen Hausdrachen, ein Fischweib, das immer an ihrem Ehemann herumnörgelte, weil der Energieverlust sie unglücklich machte. Sie haßte ihren Ehemann, ohne zu begreifen, warum. Die Nachbarn wunderten sich dann, warum ein braver Mann eine solche Frau abbekommen hatte, während dieser in Wirklichkeit jahrelang die Energie seiner Frau abgesaugt hatte und dadurch ein besserer Mensch geworden war. Nehmen wir einmal an, daß der Fall umgekehrt und der Mann der höher entwickelte Partner ist. Für eine Weile macht es ihm Spaß, seine Energie der eher hilflosen Frau zu geben, sein männliches Ego wird dadurch gestärkt. Aber nach einiger Zeit beginnt er einen Widerwillen zu spüren. Zu diesem Zeitpunkt hat er wahrscheinlich auch einen Beruf, der ihn ganz in Anspruch nimmt, und wenn er nach Hause kommt, nimmt ihm die Frau den letzten Rest der Energie aus den Chakren, ohne daß er es recht merkt. Aber seine Liebe schwindet dahin, und zum Schluß verläßt er die Frau. In früheren Zeiten war dies die Sorte von Mann, die ihre Familie aus Gründen, die allen anderen schleierhaft waren, verließ. Heutzutage lassen sich solche Männer einfach scheiden. Wenn die Sexualität dazukommt, sieht man diese Art von Energiediebstahl am ehesten. Im Liebesakt verschmelzen sämtliche Energien beider Partner. Die Bibel nennt es »Einswerden«. Nach dem Geschlechtsverkehr bleiben die Energien für mindestens eine Stunde verschmolzen und halten sich in einer Weise, die selbst mich verblüfft. Als ich zum Beispiel vor ein paar Jahren am College lehrte, leitete ich ein Seminar, bei dem es die Regel war, daß Leute, die sich sexuell zueinander hingezogen fühlten, nicht nebeneinander saßen, um die anderen Schüler nicht zu stören. Eines Tages sah ich zwei Leute zu spät zur Klasse kommen. Meinen alten, hellsichtigen Augen konnte es nicht verborgen bleiben, daß die beiden kurz vorher Geschlechtsverkehr gehabt hatten, denn ihre Auren waren noch verschmolzen. Das Mädchen setzte sich etwa sieben Meter entfernt von ihrem Partner auf einen Stuhl, während die Energiemixtur ihr folgte, sich über die Köpfe der anderen Studenten emporhob und wie ein Regenbogen zwischen den beiden erhalten blieb. Dann verblaßte der Bogen allmählich, und jede Farbe zog sich in den ursprünglichen Eigentümer zurück, eine nach der anderen. Ich hatte diesem Liebespaar schon vorher erklärt, daß sie ruhig an Heirat denken dürften, also ist dies ein etwas außergewöhnlicher Fall, da ihre Farben einander so ähnlich waren, aber dieser Fall verdeutlicht die Kraft der Aura-Energien. Um die Geschichte zu beenden – die beiden heirateten kurz darauf und zogen nach Oregon, wo sie acht Jahre später noch immer glücklich verheiratet sind. Es würde mich sehr wundern, wenn diese Ehe scheitert. Dieses Paar wird gemeinsam wachsen, jeder in der Lage, zu gleichen Teilen zu geben und zu nehmen, während sie zusammen alt werden. Es ist möglich, daß sie im nächsten Leben als *soul mates,* als untrennbare Seelenpartner zurückkommen.

Ein anderer Fall, von dem ich oft berichte, ist meine Freundin. Sie gehörte zu den Menschen, die bereits am violetten Chakra arbeiten, und machte große Fortschritte, als sie einen Mann kennenlernte, der zehn Jahre älter war als sie. Er hatte vier Jungen, die acht, zehn, zwölf und vierzehn Jahre alt waren. Er war ein guter Mensch, aber noch dem Orange des Prestigedenkens, dem Orange der Expansionslust und dem Grün des Strebens nach absoluter Kontrolle verhaftet. Dieses Bedürfnis, alle zu Untergebenen zu machen, ist ein negativer Aspekt des grünen Chakras. Noch vor fünfzig Jahren, als Männer ganz allgemein als der »Herr im Haus« betrachtet wurden, hatten die meisten Männer ganz sicher eine Blockade in diesem Chakra. Wie dem auch sei, dieser Mann hatte den zweiten grünen Strahl ziemlich fest zusammengezogen. Sein gelbes Chakra war einigermaßen klar, weil er intelligent war, aber der gelbe Energiestrahl, der anzeigt, wenn jemand sich Sorgen macht, war ebenfalls verhärtet. Er war einfallsreich, was das Geldverdienen anlangte, und zeigte auch keinen Geiz. Der Rest seiner grünen Strahlen war nicht sonderlich entwickelt, außer dem Strahl, der auf gute Gesundheit hinweist.

Die Kreativität meiner Freundin stand in völligem Gegensatz dazu, denn ihre grünen Farben flogen und strömten nur so aus ihr heraus. Das Blau war bei beiden ziemlich klar; beide liebten das Familienleben, die Kirche und die Gemeinde, aber wiederum war der Strahl, der die Gefühle für Gott und Religion anzeigt, bei dem Mann sehr stark zusammengezogen. Hierin offenbarten sich seine übermäßig traditionelle Einstellung zur Religion und eine Vorliebe für Regeln.

Er lehnte es ab, zu einer meiner Sitzungen zu kommen, weil er meine Hellsichtigkeit für ein Werk des Teufels hielt. Das war vor zwanzig Jahren, und damals wurde alles Ungewohnte als Teufelswerk bezeichnet. Allerdings war ich ihm schon oft genug begegnet, um seine Aura in- und auswendig zu kennen, ungeachtet seiner ständigen Weigerung. Ich falle einfach hin und wieder in einen meditativen Zustand, ob ich will oder nicht. Meine Freundin bat mich um meine Meinung, aber sie war bereits ziemlich verliebt in den Mann und trug seinen Verlobungsring, und ich wußte, daß sie ihre eigenen Pläne ausführen würde, ganz gleich, was ich sagte. Also versuchte ich mit aller Vorsicht, ihr klarzumachen, in welchen Bereichen ihre Energie am meisten angezapft werden würde, und erklärte ihr auch, daß Kinder die größten Energiesauger von allen sind und diese vier Jungen seit Jahren keine Mutterliebe mehr gespürt hatten, also eine Menge erwarten würden.

Die beiden heirateten wie geplant, und für kurze Zeit leuchtete meine Freundin. Dann fiel mir auf, daß ihre Ausstrahlung rapide abnahm und ihre Aura immer kleiner wurde. Ich besuchte sie in ihrem Heim, und mir wurde klar, daß sämtliche Kinder um ihre Aufmerksamkeit kämpften und überall Unordnung herrschte. Wir müssen uns daran erinnern, daß Männer zu dieser Zeit grundsätzlich nicht im Haushalt halfen. Der Vater wünschte nicht, daß seine Söhne sich mit Frauenarbeit abgaben und rührte selbst keinen Finger im Hause. Er verlangte, daß die ganze Familie sonntags, mittwochs und sonnabends zur Kirche ging, und zwar mit gestärkten Hemden und frischgeputzten Schuhen, was eine Menge Arbeit für meine Freundin bedeutete.

Es dauerte kein Jahr und ihre Energie war völlig ausgelaugt. Ihre Schwingungen hatten sich so verlangsamt, daß sie Arthritis bekam. Die Ärzte verschrieben ihr sofort ein Medikament, das ihre Glieder anschwellen ließ, bis sie ein Gesicht wie ein Kürbis hatte. Sie litt unter unerträglichen Schmerzen und konnte überhaupt keine Hausarbeit mehr verrichten, weil sie nun an einen Rollstuhl gefesselt war.

In den ersten sechs Monaten der Heirat hatten der Mann und die Kinder von der Energie meiner Freundin gelebt und selbst zu strahlen begonnen. Dann, wie über Nacht, war sie die Nehmende geworden, und seine Aura verlor an Strahlkraft. Die Auren von Kindern werden nur in Extremfällen, wie Kindesmißhandlung oder wenn die Eltern sterben, kleiner, aber die Auren dieser Jungen wurden ganz still. So ging das drei Jahre lang, in denen ich meine Freundin leiden sah und mit ihr litt. Ich meinte, ich hätte mich doch mehr bemühen sollen, sie vor der Verbindung mit diesem Mann und seinen Kindern zu warnen. Dieser zutiefst religiöse Mann, der die Welt noch immer in Extremen von Schwarz und Weiß betrachtete, war es schließlich eines Tages leid, seine Energie einer Invalidin zu geben und ließ sie mitsamt den Kindern allein. Die Großmutter übernahm die Kinder, und meine Freundin blieb allein in ihrem Rollstuhl zurück. Sie ging dann zu ihrer Schwester, die eine hochentwickelte Seele war und keine Schwierigkeiten hatte, ihre Energie meiner ausgelaugten Freundin zu widmen. Es dauerte keine sechs Monate, und sie konnte den Rollstuhl verlassen, sich die eigenen Mahlzeiten kochen und in jeder Hinsicht für sich selbst sorgen. Ein Jahr später arbeitete sie wieder, und ihre Aura war leuchtender denn je. Diese Erfahrung des gegenseitigen Energiediebstahls hat ihr viel über das Leben gezeigt. Später begegnete sie einem spirituellen Mann, der zu lieben gelernt hatte und verstand, daß man Gott alles Urteilen auf diesem Planeten überlassen sollte. Die beiden sind noch immer glücklich verheiratet, und jeder nährt die Aura des anderen.

Ein anderer Fall, der verdeutlicht, wie Auren verheiratete Leute beeinflussen können, ist der eines meiner spirituellen Freunde. Dieser Mann hat eine der schönsten Auren, die ich je gesehen habe. Gestalten von Mönchen und heiligen Männern strömen aus seiner Aura, was bedeutet, daß er in vielen vergangenen Leben an seiner Seele gearbeitet hat. Die einzig schwachen Stellen in seiner Aura befinden sich im Grün des »Geld-haben-Wollens« und im negativen gelben Strahl der Angst.

Er gründete ein spirituelles Unternehmen und machte aus diesem Geschäft einen der schönsten Träume, die ich je verwirklicht gesehen habe. Er wurde wohlhabend und verbreitete dabei die Botschaft der Liebe und Heilung. Vielleicht waren seine Preise ein wenig höher als notwendig, und vielleicht war er ein bißchen zu sehr auf den eigenen Vorteil bedacht ... Wie gesagt, der grüne Geld-Strahl war zusammengezogen bei ihm, aber gleichzeitig war er weiterhin kreativ. Dann lernte er eine sehr viel jüngere Frau kennen, verliebte sich Hals über Kopf und heiratete. Beide waren in der Bronx (New York) aufgewachsen und hatten viele Gemeinsamkeiten, insbesondere den gelben Angst-Strahl und die grüne Geldgier. Dazu kam, daß die Frau eine Blockierung im orangefarbenen Chakra hatte und zu den oberen Gesellschaftsschichten ihrer kleinen Stadt gehören wollte.

Die Heirat war eine Katastrophe. Beide waren in den gleichen Gebieten blockiert; keiner konnte dem anderen das Gleichgewicht geben, das er brauchte, und so wurden beide immer geldgieriger. Das Bedürfnis der Frau nach gesellschaftlicher Anerkennung blieb dem liebenden Ehemann, der ihr jeden Wunsch von den Augen ablesen wollte, natürlich nicht verborgen. Also wurde sein Geschäft mehr und mehr zum Ausdruck der Habgier, Verlogenheit und Hinterlist – von Manövern, die sich nur ein hochentwickelter Geist wie der seine hätte ausdenken können. Folge davon war, daß viele unschuldige, spirituelle Leute geschädigt wurden, er Tausende von Dollars verlor und bankrott ging. Er wurde verklagt und beschuldigt, Tausende von Dollars buchstäblich von Leuten gestohlen zu haben, die auf seine trickreiche Art hereingefallen waren. So wie ich das sehe, wäre dieser Mann noch heute geschäftlich erfolgreich, wenn er eine Frau geheiratet hätte, die den Strahl des Mutes im gelben Chakra aufweist und deren Grün ungehemmt fließt; kurz, einen Menschen, der die Tatsache erkannt hat, daß Gott den Seinen gibt und uns alles, was wir brauchen, zufließen läßt.

Nichts ist wichtiger für die Seelenentwicklung, als die Liebe zu Gott oder dem Guten (was beinahe dasselbe ist) und ein Partner, mit dem die Energien Tag für Tag verschmelzen. Mein größter Wunsch ist, daß alle einen Partner finden mögen, dessen Aura die eigene ergänzt.

WILLI FRANZ

Die Praxis des Aurasehens*

Voraussetzungen

Wichtig für das Aurasehen ist, daß man den Glauben an den ersten feinstofflichen Körper, die Aura, hat. Genauso wichtig ist aber auch das Wissen um die Bioenergetik und die Biophysik, da man sich ohne diese Kenntnisse in einem luftleeren Raum bewegt und den Boden unter den Füßen verliert. Die Folge ist, daß man zum Phantasten wird und für die Umwelt nicht mehr als normal gilt. Wir Esoteriker sind keine Mystiker, wir sollten die Suchenden sein, die Suchenden nach der Wahrheit des Unendlichen im Kosmos.
Es gibt nichts Übersinnliches, es gibt nur etwas, was zur Zeit noch »über unsere Sinne« hinausgeht und noch nicht erklärbar ist. Jede Frage, die wir beantworten, zieht weitere Fragen nach sich, bis in die Unendlichkeit. Das ist praktische Esoterik. Die letzten Fragen werden wir wahrscheinlich »nie« lösen, und das ist gut so.

Grundlagen

Wahrscheinlich besteht die Aura überwiegend aus Wasserstoff. Russische Forscher nehmen an, daß das Bioplasma aus einem Nebenzweig der »Nukleinsäure«, einem Hauptbestandteil des menschlichen Körpers, besteht. Ein großer Bestandteil der Nukleinsäure ist wiederum Wasserstoff!

---

* Auf Wunsch des lizenzgebenden Verlages soll an dieser Stelle ausdrücklich auf das Buch hingewiesen werden, aus dem der Text entnommen wurde: Willi Franz, *Theorie und Praxis des Aura-Sehens*, Stuttgart: Verlag Stephanie Naglschmidt, 1990².

Wenn wir davon ausgehen, daß die Aura aus Wasserstoffatomen besteht, muß die Dichte der Aura gegenüber der umgebenden Luft geringfügig anders sein. Durch die Art der Beleuchtung, den Lichteinfallwinkel und die Adaption der Augen auf einen Punkt wird das Licht im Bereich der Aura anders gebrochen. Sie erscheint uns als ein »milchig grauer Schimmer«. Daher ist es auch nicht möglich, die Aura im Dunkeln zu sehen, da sie nicht selbstleuchtend ist.

Einführung in die Praxis

Entscheidend für das Sehen der Aura ist, daß sich das Objekt unscharf in unserem Blickfeld befindet. Dazu ist es erforderlich, daß wir einen Punkt »hinter« dem Objekt anvisieren. Wir erhalten dann den sogenannten »Blick in das Unendliche« ähnlich dem »Träumen mit offenen Augen«. Dabei müssen die Umrisse des Objektes unscharf im Blickfeld bleiben. Die Aura wird sofort zu sehen sein.

Die Fingeraura

Alle Versuche erfolgen bei normalem Licht, wobei es gleich ist, ob es sich um natürliches oder Kunstlicht handelt.

1. Versuch: Die Fingeraura gegen einen Hintergrund
- Die Lichtquelle befindet sich im Rücken oder über dem Betrachter. Die Finger müssen voll beleuchtet sein.
- Nehmen Sie einen schwarzen Untergrund, etwa in der Größe 20 x 20 cm. Kleben Sie ein kleines Stück weißen Karton von ca. 0,5 cm–1,0 cm Durchmesser in die Mitte des Untergrundes.
- Halten Sie eine Hand ca. 5 cm bis 8 cm über den Untergrund, und fixieren Sie die weiße Markierung durch die gespreizten Finger an. Die Fingerkonturen müssen unscharf sein.
- Nach wenigen Sekunden erscheint an den Fingern ein »milchig

grauer Saum«. Zwischen den Fingern kann die Aura ähnlich einer »Schwimmhaut« sein.
➤ Versuchen Sie jetzt nicht, um schärfer zu sehen, den Blick auf die Finger zu fixieren, da die Aura sofort verschwinden wird.

2. Versuch: Die Fingeraura bei Gegenlicht
➤ Halten Sie einen ausgestreckten Arm, mit gespreizten Fingern, gegen ein Fensterlicht oder eine Lichtquelle, die nicht blendet.
➤ Fixieren Sie durch die gespreizten Finger hindurch einen Punkt ca. 60 cm bis 80 cm hinter Ihren Fingern an.
➤ Nach wenigen Sekunden erscheint an den Fingern ein »milchig grauer Saum«, die Fingeraura. Zwischen den Fingern kann die Aura schwimmhautähnlich sein.

3. Versuch: Aurafäden zwischen 2 Händen (Fädenziehen)
➤ Anstelle einer Hand nehmen Sie beide Hände und führen die Fingerspitzen bis auf ca. 0,5 cm zusammen. Sobald Sie die Aura sehen, ziehen Sie die Hände ganz langsam und vorsichtig auseinander.
➤ Nach wenigen Millimetern wird die Aura sich in Aurafäden auflösen, die sich zeitweise, in Abhängigkeit Ihrer Bioenergetik, bis auf mehrere Zentimeter ziehen lassen, bevor sie reißen.
➤ Bei diesen Fäden handelt es sich wahrscheinlich um bioenergetische Ströme, die von negativ (linke Hand) nach positiv (rechte Hand) fließen (vergleiche Aura–Energiekörper).

Die Kopf- und Köperaura

Die Kopfaura kann direkt betrachtet werden. Die Körperaura sollte möglichst in einem Badeanzug aus Baumwolle betrachtet werden, da Badeanzüge, Unterwäsche und Kleidung aus Kunst- oder Mischfasern sich statisch aufladen und die Aura durch die Aufladung, die bis zu 50 000 V positiv oder negativ betragen kann, je nach Spannungshöhe und Polarisation, gestört oder verzerrt werden kann.

Die Körperaura kann auch unbekleidet betrachtet werden. Um negative Eindrücke gegenüber Außenstehenden zu vermeiden, sollte jedoch in Gruppen die Körperaura nur mit einem Badeanzug oder mit Bekleidung betrachtet werden.
Die Kopfaura kann im Sitzen, die Körperaura nur im Stehen betrachtet werden.

- Vor dem Versuch sollten sich die Versuchspersonen und die Betrachter durch entsprechende Musik und Übungen entspannen und den Alltagsstreß ablegen, z. B. ein »Mantram« denken oder singen, Aufgaben lösen, transzendentale Übungen ausführen usw.
- Während der Sitzung sollte überhaupt nicht oder nur ganz leise gesprochen werden, um nicht die Atmosphäre zu stören.
- Alle Vereinbarungen sollten vor dem Versuch abgesprochen werden.
- Maximal sollten 10 Personen teilnehmen. Personen, die vorsätzlich stören, sollten höflich aber bestimmt gebeten werden, die Sitzung zu verlassen. Danach muß wieder eine Entspannung erfolgen.

Diese Vorgaben gelten nur für den Lernprozeß und für besondere Übungen. Sobald bei dem Vorgang des Aurasehens keine Schwierigkeiten mehr auftreten und die Hilfsmittel wie Fixierpunkt und Beleuchtung nicht mehr benötigt werden, kann mit dem spontanen Aurasehen, zum Beispiel auf der Straße, begonnen werden. Dabei ist am Anfang zu beachten, daß bei der Person oder dem Objekt, deren Aura betrachtet werden soll, der Lichteinfall von vorn oder von hinten erfolgt. Nach einer gewissen Zeit sollte es dem Aursichtigen möglich sein, die Aura unter allen Bedingungen zu sehen.

1. Versuch: Eigene Aura im Spiegel
- Wie auf der folgenden Abbildung dargestellt, besteht der Versuchsaufbau zur Betrachtung der eigenen Aura im Spiegel aus den Positionen: 1. der Spiegel; 2. die Versuchsperson; 3. die Beleuchtung; 4. die Rückwand; 5. der Fixierpunkt.

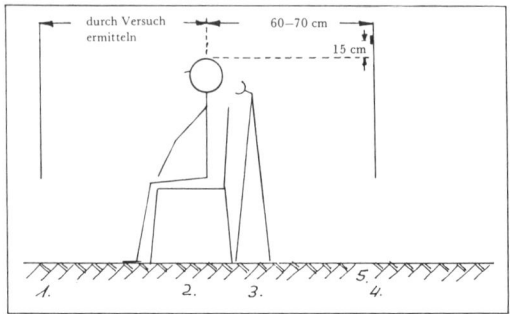

- Der Spiegel sollte so groß und so weit vom Stuhl entfernt sein, daß der Kopf und der Oberkörper bzw. der ganze Körper im Spiegel gut und ganz sichtbar sind.
- Die Versuchsperson sollte gerade und voll aufgerichtet im Stuhl sitzen.
- Die Rückwand befindet sich ca. 60 cm–70 cm hinter der Person und sollte auf allen Seiten mindestens 30 cm–50 cm größer sein als die Person selbst. Die Farbe der Rückwand kann weiß, dunkelblau oder schwarz sein. Die beste Farbe ist durch Versuche zu ermitteln. Sehr gut geeignet und preiswert sind Kartonblätter in den angegebenen Farben, die man in Bastel- oder Büromaterialgeschäften kaufen kann.
- Als Fixierpunkt nimmt man einen im Handel erhältlichen Klebepunkt (10 cm–20 cm Durchmesser); für den weißen Karton in schwarz, für die dunklen Kartons in weiß. Auf gar keinen Fall sollten farbige Punkte genommen werden, da diese bei einer Fixierung farbige Ringe bilden und damit irritieren können. Wie in der Skizze gezeigt, sollte der Punkt ca. 15 cm über den Kopf der Versuchsperson auf den Karton geklebt werden.
- Die Beleuchtung, eine 40–60 Watt Glühlampe, sollte so hinter der Versuchsperson angebracht werden, daß der Kopf-Bereich, um den die Aura erscheinen soll, beleuchtet wird. Dabei darf die Lampe auf gar keinen Fall zu sehen sein oder blenden. Der Kopf muß »indirekt« beleuchtet werden.

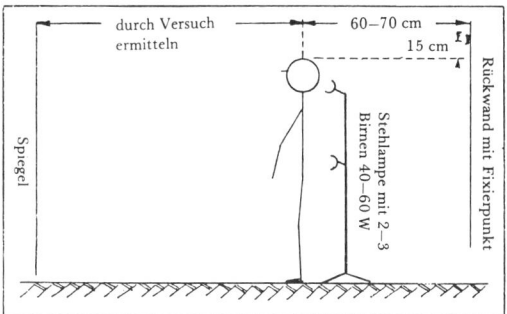

➤ Nachdem die Versuchsperson sich entspannt hat, setzt sie sich auf den Stuhl, mit dem Gesicht zum Spiegel.
➤ Sie fixiert ihren Kopf. Dann geht ihr Blick zu dem Fixierpunkt, so daß der Kopfbereich in dem sie die Aura sehen möchte, unscharf im Blickfeld erscheint.
➤ Auf gar keinen Fall darf der Kopf während der Punktfixierung scharf erscheinen, da dann sofort die Aura verschwindet.
➤ Grundsatz: Die Augen sind auf den Fixierpunkt gerichtet. Der Kopf »muß« unscharf im Blickfeld zu sehen sein. Der Blick sollte entspannt sein und in eine »unendliche Ferne« gehen, träumerisch sein. Jede Anstrengung und Verspannung ist zu vermeiden. Wenn diese Grundsätze eingehalten werden, erscheint sofort die Aura als ein 3–5 cm breiter »milchig grauer Saum«, der sich leicht wie eine Wolke bewegt und pulsiert.
➤ *Der Aura-Test:* Sie sehen Ihre Aura, wenn
der milchig graue Saum, die Aura, bei der Fixierung des Kopfes schlagartig verschwindet,
Sie den Kopf bewegen und der milchig graue Saum, die Aura, den Bewegungen folgt.

Grundsätzlich gelten bei der Betrachtung der eigenen Körperaura die gleichen Bedingungen wie bei der Betrachtung der Kopfaura. Folgendes ändert sich: Das Betrachten der Körperaura sollte wegen der dämpfenden Wirkung aufgeladener Kleidungsstücke im Badeanzug oder unbekleidet erfolgen. Der Abstand zum Spiegel sollte so groß sein, daß der Körper oder der zu betrachtende Körperbereich gut im Spiegel abgebildet wird.

Die Beleuchtung muß so angebracht werden, daß der Körper von hinten, indirekt, ohne jede Blendung ausgeleuchtet ist. Sollte das nicht möglich sein, muß die Ausleuchtung mit zwei oder mehr Glühbirnen erfolgen. Der Abstand zum Hintergrund bleibt 60–70 cm, der Fixierpunkt 15 cm über dem Kopf.

Da es sehr schlecht möglich ist, den ganzen Körper unscharf in das Blickfeld zu bekommen, wenn der Fixierpunkt sich über dem Kopf befindet, können mehrere Fixpunkte, seitlich vom Körper, in 15 cm Abstand angebracht werden. Die Körperaura wird dann in Sektionen/ Abschnitten betrachtet.

2. Versuch: Betrachten der Aura von anderen Personen

➢ Auch hier bleibt alles so wie in dem vorhergehenden Versuch beschrieben.

➢ Anstelle des Spiegels treten die oder der Betrachter. Die Betrachtung der Kopfaura einer Versuchsperson sollte aus einer Entfernung von ca. 1,5–3,0 m erfolgen.

➢ Bei der Betrachtung der Körperaura spielt die Körpergröße der Versuchsperson eine Rolle, so daß der Betrachtungsabstand durch Versuche ermittelt werden muß. Der Abstand beträgt erfahrungsgemäß ca. 2,0–4,0 m.

➢ Der Betrachtungswinkel ist abhängig vom Betrachtungsabstand. Der Winkel soll nur so groß sein, daß man immer den Kopf oder Körper von vorn und nicht im Halbprofil sieht. Andernfalls könnte die Beleuchtung stören und damit ein Sehen der Aura verhindern.

Später, wenn man die Hilfsmittel nicht mehr benötigt und die Aura spontan sieht, ist die Betrachtung der Aura von allen Standpunkten her möglich.

KARL SPIESBERGER

Woran wird Sensitivität erkannt?

Wer nun aber ist sensitiv? wird man wohl längst fragen. Gibt es irgendwelche Anzeichen, woraus auf Sensitivität geschlossen werden kann? Der alte Freiherr von Reichenbach versicherte, es gäbe solche. Machen wir uns daher mit den von ihm vertretenen Merkmalen bekannt und prüfen wir dann, inwieweit bei uns und unseren Mitarbeitern Sensivität gegeben scheint.

Unruhiger Schlaf

Alle guten Sensitiven leiden an einem gestörten Schlaf, was jedoch nichts mit krankhaften Schlafstörungen zu tun hat. Sie schlafen nur nicht wie der Normalmensch in einem Zuge durch. In der Regel wachen sie alle paar Stunden auf. Ausnehmend günstig bewertet Reichenbach Herumwälzen im Bett und Abstrampeln der Decke.
Weiters kommt es darauf an, in welcher Richtung das Bett steht. Als beste Lage gilt: Kopf dem Norden, Füße dem Süden zugewandt. Allein auch Ost- (Kopf) West- (Füße) Richtung nehmen verschiedene Sensitive nicht ungern ein. Störungsfreies Erdstrahlungsfeld selbstverständlich vorausgesetzt.
Wie stark unter Umständen eine bestimmte Körperlage unser Wohlbefinden beeinträchtigen kann, lernte ich am eigenen Leibe kennen, und zu einer Zeit, wo mir die Begriffe von odischer Polarität und sonstigen Strahlungskräften fremd waren. Stundenlang wälzte ich mich schon fiebernd im Bette, ohne nur für einige Minuten Ruhe zu finden. Spontan einem Einfall folgend, bettete ich mich um, Kopf zum Fußende des Bettes. Erstaunlich, wie still ich plötzlich lag, bar aller Unruhe. Bald sank auch das Fieber.

Sensitive sprechen im Schlaf

Noch besser ist es, gesellt sich dem unruhigen Schlafe Sprechen und lebhaftes Agieren bei. Manche Schlafende richten sich auf, beantworten Fragen, schlafwandeln mitunter regelrecht: durchweg Zeichen überdurchschnittlicher Sensitivität, die eigentlich schon an Somnambulismus grenzt, sich oft zu natürlichem somnambulem Zustande steigert. Solche Sensitive lassen sich durch Magnetisieren leicht in Trance versetzen.

Als schlafstörend hat sich erwiesen

Die Mauerwand zur Linken des Schläfers; die *Verdauungszeit nach dem Essen; Kühle, Regen* und *Schneewetter, Ost- und Nordwind;* die *Nähe* von *»Pflanzen, Bäumen, Rosensträuchern«, magnetische Striche;* der odpositive, Wärmegefühl erzeugende *Mond,* der als letzte Steigerung Somnambulismus und Schlafwandeln bewirkt.

Sensitive sind Alleinschläfer

Es ist eine Qual für sie, mit jemandem zusammen in einem Bette zu schlafen. Schon auf einer Bank oder inmitten einer Bankreihe fühlen sie sich durch ihre Umgebung beengt, weil – so erläutert Reichenbach – »alle odgleichnamigen Paarungen lauwarmig, alle ungleichnamigen wohlig kühlig« sind.

Von Menschenansammlungen halten sie sich möglichst fern

Verständlicherweise ist ihnen daher jegliches Menschengewühle zuwider, sei es das Gedränge auf der Straße, im Theater, Kino oder bei Versammlungen. Starksensitive fallen mitunter sogar in Ohnmacht.

Sensitive können nicht lange die dargereichte Rechte in der ihren halten

Den Grund hierfür kennen wir bereits. Gleichnamige Pole stoßen sich ab. Es sei denn, die beiden Ode verbinden sich ausnahmsweise sehr harmonisch, wie es zumeist bei Liebenden der Fall ist.

Sie sind keine begeisterten Reiter

Schuld daran ist wiederum die gleiche Polarität; stößt doch die rechte Seite des Menschen mit der des Pferdes zusammen, respektive links auf links.

Metall wird von den meisten Sensitiven als unangenehm empfunden

Stark sensitiv Veranlagte vertragen nicht einmal Haarnadeln (aber das war zu Reichenbachs Tagen, welches weibliche Wesen benutzt heute noch solche). Überhaupt hantieren sie höchst ungern mit Metallgegenständen (was eigentlich auch bei der Berufsberatung berücksichtigt werden müßte), ja schon Bleistifte erzeugen bei sehr Sensitiven ein »widerliches Gefühl«, denn jeder dieser Stoffe besitzt zweifaches Od, nämlich »neben dem dualen Od ihrer Pole, noch ein spezifisches Od ihrer Materie«.

Spiegel wirken »lauwidrig«

Nur für kurze Zeit vermögen sensitive Personen in einen Spiegel zu schauen oder sich in dessen Nähe aufzuhalten. Seine Od-Positivität wird als sehr widrig empfunden. Namentlich die odpositive Quecksilberfläche großer Spiegel erregt Hyperempfindliche. Sehr stark ist das lau widerliche Empfinden, wenn Sensitive ihre *linke* Körperseite der Spiegelfläche zuwenden; stehen sie dagegen *rechterseits* davor, so verspüren sie eine angenehme Kühle.

Sensitive reagieren auf in Wasser gelöstes Brausepulver

Kühle wird auch verspürt, wenn die Linke ein Glas Wasser hält, darin sich eben Brausepulver auflöst; dasselbe Experiment mit der rechten Hand durchgeführt, erzeugt ein »Gruseln und Rieseln«.

Auch andere Materialien beeinflussen

Grünspan macht sich äußerst unangenehm bemerkbar, *Messing* desgleichen, um so mehr, je stärker es mit Grünspan überzogen ist. Streichen Hochsensitive mit der linken Hand über Messing, so können sie sich des Eindruckes eines unangenehmen Geschmackes wie Geruches nicht erwehren. Erst gründliche Reinigung der Hand mit Wasser und Seife verscheucht diese widrige Wahrnehmung.
Salzige Verbindungen (u. a. Kochsalz, Fluß-, Schwer- und Gipsspat) werden linkerseits »angenehm kühl oder kalt« empfunden.
Schwefel, in der Hand gehalten, zieht »Kühle, Schwere, Steifigkeit, Einschlafen der Hand oder des Armes« nach sich, desgleichen »Griebeln, Stechen, Ziehen im Vorderarm«, das sich bis zur Gefühllosigkeit steigert.
Ein *Glas Wasser auf Schwefel gestellt*, sättigt sich alsbald mit negativem Od und erzeugt in der Kehle ein mit Stichen verbundenes Kratzen.
Ein *Glas Wasser* wenige Minuten in einen *Messingmörser getan,* ergibt eine mit positivem Od gesättigte Ladung, die, sofern das Wasser genossen wird, »einen spezifischen widerlichen Geschmack« zeitigt.
Kronzeuge für derlei Tests ist entschieden die Seherin von Prevorst, wie jeder bei Justinus Kerner nachlesen kann.

Die Hände, an die Wand gehalten, registrieren einen Temperaturunterschied

Berühren die Spitzen der gespreizten Finger eine Wand, so verspüren die der linken Hand die Temperatur etwas kühler als jene der rechten.

Blumendüfte werden nachts nicht vertragen

Reichenbach legt dies dem odpositiv reagierenden »Ammoniakgehalt jedes Blumenduftes« zur Last. Nichtblühende Pflanzen, insonderheit Blattgewächse, behindern weder Sensitive noch Nichtsensitive.

Mittel- und Hochsensitive bevorzugen Saures und verabscheuen Süßes und Fettes; kalte Speisen und Getränke ziehen sie warmen oder heißen vor

Säuerliches Obst, saure Salate, saure Weine, Sauermilch, Wasser von Säuerlingen werden bevorzugt genossen, ebenso Salziges und Scharfes, wie Senf, Rettich, Salz und Pfeffer. Andere Gewürze jedoch, außer eben genannten, werden zurückgewiesen.

Merkwürdigerweise verschmähen manche unter ihnen – wie Reichenbach wiederholt feststellte – gekochtes Fleisch, nicht aber rohes.

Sensitive sind keine starken Esser

Obwohl viele von ihnen nur wenig genießen, sind diese deswegen keineswegs übertrieben mager.

Sehr verschieden ist der Einfluß von Farben auf den sensitiven Organismus

Rot wirkt erregend; *Gelb* ruft Übelkeit hervor, die sich bei Hochsensitiven bis zum Erbrechen steigert; *Blau* wird von allen Farben am besten empfunden.

Nicht gleichgültig ist es, wie man einen Sensitiven behaucht

Behauchen der *rechten* Innenhandfläche (natürlich so, daß die Versuchsperson es nicht gewahrt) wird als »laulig« bezeichnet werden,

falls man sich des Reichenbachschen Ausdruckes bedient, »kühlig« hingegen, wenn man die Innenseite der Linken behaucht.
Bläst man (wieder so, daß es nicht bemerkt wird) über den Arm in Richtung Fingerspitzen, so kann man einer angenehmen Reaktion sicher sein, das Umgekehrte aber wird der Fall sein, bläst man auf den Arm von der Hand zum Ellenbogen hinauf.
Reichenbach hält diesen Test für den untrüglichsten. Er ist immer Beweis echter Sensitivität.

Ferner muß das Streichen »über die Hand, den Arm, das Antlitz, den Leib« empfunden werden

Mit anderen Worten: Wer über den nötigen Grad an Sensitivität verfügt, ist magnetischer Behandlung zugänglich.
Luft- und *Schwebestriche,* ausgeführt in einem Abstand von einer Handspanne und mehr ab Körperfläche, erzeugen bei guten Sensitiven den für Exteriorisation und Spaltung notwendigen somnambulen Zustand.
Gegenstriche mit den Handrücken (von den Füßen zum Kopf) heben den somnambulen Schlaf wieder auf.
Die Strichführung sei *langsam,* von etwa einer Minute Dauer; normalerweise vom Kopf zu den Füßen.
Nicht selten liegt es am Magnetiseur, ob sein Od quantitativ wie qualitativ dem Behandelten zuträglich ist.

Einige Hochsensitive erfühlen Krankheiten und besitzen psychometrische Begabung

Allerdings handelt es sich hier um äußerst seltene Fälle. Ganz wenige nur aus der gewiß nicht geringen Anzahl Sensitiver werden dazu befähigt sein, ohne Pendel treffende Diagnosen zu stellen oder gar anhand eines Gegenstandes über dessen Herkunft und die näheren Umstände etwas auszusagen.

Sensitiv ist desweiteren derjenige, der bei Runenübungen und ähnlichen Exerzitien ein spezifisches Empfinden feststellt

Eine Testmöglichkeit, von der der alte Reichenbach wohl nichts wußte. Eifrig Runen Übende berichten übereinstimmend von einem eigenartigen Kribbeln und Strömen an den verschiedensten Körperstellen. Sie alle haben berechtigte Hoffnung, ihre zweifellos vorhandene Sensitivität durch weiteres, ausdauerndes Üben noch mehr zu steigern.

Zwanzig Punkte haben wir nun vor uns. Je mehr Punkte ein Mensch auf sich vereinigen kann, desto ausgeprägter dürfte dann sein ihm angeborenes sensitives Wahrnehmungsvermögen sein.

DAVID V. TANSLEY

Reinigen und Heilen der Aura

> Jeder von uns ist in einen Panzer eingeschlossen, den er aus Gewohnheit
> bald nicht mehr bemerkt. Nur in manchen Momenten wird dieser Panzer
> durchbrochen und die Seele zur Sensibilität erweckt.
> Martin Buber: *The Way of Response*

Nachdem wir erfahren haben, wie unsere Aura durch eine Vielfalt alltäglicher Einflüsse verschmutzt oder verzerrt werden kann, ist es nicht verwunderlich, daß wir sie instinktiv und automatisch gegenüber der Umwelt und ihren vielfältigen Einflüssen verhärten. Auf der emotionalen und mentalen Ebene begründet diese Verhärtung den »Charakterpanzer«, den Wilhelm Reich in seiner Arbeit und seinen Schriften so klar dargestellt hat. Auf der physischen Ebene sind wir alle zu vergleichen mit Menschen, die an einer Bahnlinie wohnen: Wir stumpfen ab gegenüber einer Flut von Eindrücken und nehmen selektiv nur das auf, was wir aufnehmen wollen. In extremen Fällen werden dabei auch Eindrücke abgewehrt, die für unser physisches und psychisches Wohlbefinden von entscheidender Bedeutung sind; wenn wir nicht aufpassen, entsteht dadurch eine verengte Welt, in die wir wie in einen Schraubstock eingeklemmt sind. In einem Text der Rosenkreuzer, »The Brittle Aura« (entnommen aus Regush: *The Human Aura*) heißt es:

> »Der Mensch glaubt in seiner Unwissenheit, daß er sich selbst unter Kontrolle hat, wenn er erst seinen Körper mit einer harten Schale umgibt, dann seinen Geist, indem er sich den Anschein der Prinzipienfestigkeit gibt, und schließlich seine Seele, indem er den Anschein erweckt, keine Gefühle zu haben und von einer spröden Aura geschützt zu sein. Das erfüllt ihn mit Stolz; er hat volle Herrschaft über sich selbst. Nichts kann an ihn heran! Nichts kann ihn berühren! Ja, er hat recht, nichts *kann* ihn berühren, nichts

kann an ihn heran. *Er ist ein Sklave seiner selbst. Er ist ein Gefangener seiner selbst und weiß es nicht.* Er gibt eine traurige Figur ab und ist sich dessen nicht bewußt.«

Im Text heißt es weiter, daß die Aura einer schützenden Haut oder äußeren Bedeckung gleicht und daß sie weitgehend der Schlüssel zur menschlichen Seele ist, weil man über die Aura die Seele des anderen erreicht. Der Schutzinstinkt, der größtenteils durch Ängste vor bekannten und unbekannten Dingen genährt wird, bewirkt, daß die Aura spröde wird wie ein seidener Lampenschirm, der zu nahe an der heißen Glühbirne hängt. In diesem Zustand kann es leicht geschehen, daß die Aura bricht oder zerreißt und so Öffnungen bekommt, durch die Einflüsse eindringen können oder vitale Energien ausströmen können. Behandlungen mit Radium oder Röntgenstrahlen brennen die flüssigkeitsähnlichen Kräfte aus der zarten Materie der Aura heraus; die Aura bleibt in einem spröden Zustand zurück, und der Patient verspürt Übelkeit und Nervosität.

Die Rosenkreuzer sagen, die spröde Aura sei eines der größten Hindernisse für spirituelles Wachstum, und sie bräuchte, wie eine trockene, rissige und spröde Haut, eine Behandlung sowohl von innen als auch von außen. Die Heilung selbst erfolgt aus dem Inneren, allerdings kann Hilfe von außen kommen, zum Beispiel in Form von Bädern mit einem Zusatz aus Rosmarin. Rudolf Steiner ist ein großer Verfechter der Verwendung von Rosmarin, das die ätherischen Fasern der Gesundheitsaura ins Gleichgewicht bringen kann. Auch Moschus ist ein sehr nützliches Heilmittel, und der wilde Hafer *(Avena sativa),* als Urtinktur verabreicht, unterstützt die Strahlungsfähigkeit der Aura und erhöht Widerstandskraft und Vitalität.

»Die menschliche Aura ist nicht nur ein Gradmesser für die *Vitalität des Körpers,* sondern auch für die der Seele. Sie ist eine Ausstrahlung von radioaktiver Natur und umhüllt alle körperlichen Vehikel des Menschen. Man kann daher die menschliche Aura als *spirituelle Haut* des Menschen bezeichnen, da sie sowohl auf innere als auch auf äußere Einflüsse reagiert. Sie kann gleichzeitig durchscheinend, undurchsichtig, dick, schwer, leicht, strahlend, dünn wie Gewebe und undurchdringlich wie der härteste Stahl sein. Sie kann porös wie ein Schwamm, spröde wie Glas und feucht wie Schlamm sein.« (»The Brittle Aura«)

Die Aura ist ein Empfänger und Umlenker von Energien und Eindrücken, die von den gröbsten bis zu den kaum wahrnehmbaren reichen. Ihre Empfänglichkeit hängt ab von ihrem Zustand; im Idealfall sollte sie strahlend und mit Licht erfüllt sein. Es ist bekannt, daß viele Sensitive sich nicht gerne unter Leute mischen und sich auf Partys oder Versammlungen nicht wohl fühlen, weil sie so viele widersprüchliche Eindrücke von den Leuten um sie herum absorbieren. Sie fühlen sich hernach ermüdet oder »ausgezehrt« – ein Ausdruck, der bezeichnend ist für den Zustand ihrer Aura, die zu offen und viel zu empfänglich ist. Diese Sensitiven sind oft von Natur aus introvertiert. Viele von ihnen brüsten sich damit, daß sie nur mit anderen »sensitiven Seelen«, die auf der gleichen Wellenlänge sind, zusammensein können, und sehen darin ein Zeichen von spirituellem Status. In Wahrheit aber kann eine Person, deren Aura harmonisch und ausgeglichen ist, mit jeder anderen Person und in jeder Situation zusammensein, ohne sich hernach schlechter zu fühlen. Der introvertierte Sensitive ist oft ein furchtsamer Mensch, der unter Ängsten und Zweifeln leidet; diese erzeugen eine ungesunde, unkontrollierte Form der Sensitivität in der Aura. Angst und Furcht machen das Individuum für Besessenheiten zugänglich, ja, die Angst ist tatsächlich die Tür, durch welche diese eintreten können. Die Weisen erklären, daß Angst und Liebe nicht in der gleichen Person koexistieren können. Wahre Liebe erzeugt mit ihrer Ausstrahlung eine Aura, durch die keine negativen oder schwächenden Kräfte eintreten können. Daher spielt Liebe in allen Mysterienlehren eine so große Rolle.

Liebe ist die Schlüsselenergie, um die das Leben sich dreht und durch die es sich entwickelt. Es ist nicht leicht, mit ihr in Kontakt zu kommen noch sie auszudrücken – Rücksichtnahme, Fürsorge, Aufmerksamkeit, Geduld und Verständnis sind Schlüssel zur Liebe, aber nicht die Liebe selbst. Paradoxerweise ist Liebe zwar unmittelbar zugänglich, aber dennoch äußerst schwer faßbar, und solange wir nicht lernen, ihr Wesen zu erkennen und unsere Aura mit ihr zu durchtränken, werden Überbrückungstechniken notwendig sein, um die Aura zu reinigen und zu heilen.

Es gibt viele Bücher über psychische Selbstverteidigung, in denen zahllose Schutzübungen beschrieben werden. Es ist ein Thema, das äußerst sensationsgeladen ist. Anstatt im eigenen Inneren nach den Wurzeln des Problems zu forschen, ziehen es viele Leute vor zu denken, daß sie psychischen Attacken ausgesetzt sind oder daß kosmische Kräfte des Bösen versuchen, sie von irgendeinem großen Dienst an der Menschheit abzubringen, den zu leisten sie sich von einer inneren Stimme aufgerufen fühlen. Wenn Sie in einer Runde von Sensitiven erwähnen, daß Sie sich energetisch ausgelaugt fühlen, werden Sie fast immer den Rat bekommen, Sie sollten einen Kreis aus Licht um sich herum bilden. Das kann mitunter nützlich sein, kann aber gefährlich werden, wenn man es zu einer täglichen Übung macht. Einen Kreis aus Licht um sich herum zu visualisieren bedeutet, die Aura mit einer undurchdringlichen Energiebarriere zu umschließen, die letztendlich nichts mehr hinein oder heraus läßt. Diese Art von Übung ist mit zu vielen negativen Begleiterscheinungen verbunden. Vor allem führt sie zur Isolation, da der Kreis das Individuum von der ganzen übrigen Welt, die etwas für sein Wohlbefinden Bedrohliches enthält, abschneidet. Auf einer subtileren Ebene sagt die Person, die sich auf diese Weise schützen will, damit aus, daß sie für Angriffe auserkoren und somit etwas Besonderes sei. Man sollte sich daran erinnern, daß keine negativen Kräfte in die Aura eindringen können, solange sie nicht bereits das Bild dieser negativen Kraft in sich trägt. Oft fordert eine persönliche Eigenheit, eine Neigung oder ein Gedanke der Habgier den Angriff heraus und ermöglicht so der spaltenden Kraft, in die Aura einzudringen.

Parapsychische Angriffe sind natürlich eine Realität. Sie können geschehen und geschehen auch. Was kann man also Konstruktives unternehmen, das Schutz bietet und nicht gleichzeitig zu einem Gefängnis wird? Ich glaube, wir können aus dem Beispiel der Zauberer lernen, die während der Ausübung ihrer Magie zum Schutz Kreise um sich herum zogen und mit verschiedensten Symbolen füllten. Der Kreis ist ein archetypisches Muster, das denjenigen, der darin steht, schützt. Er ist auch ein Symbol der Macht. Auch in diesem Zusammenhang ist es notwendig, über die Form hinauszublicken und den Kreis, den man um sich selbst herum zieht, nicht wörtlich zu nehmen. Die wirksamste Form des Schutzes entsteht aus der Fähigkeit, im Bewußtsein in das Mandala der Seele zu treten. Das setzt natürlich eine Menge Selbstkenntnis voraus und die Fähigkeit, die Qualität der Energien, die die Seele enthält, zu erkennen und wahrzunehmen. Das ist sicher keine leichte Aufgabe, und man braucht viel Zeit, bis man sie beherrscht. Für die Zwischenzeit gibt es eine Anzahl von Prozeduren, die ausgeführt werden können, um die Aura zu reinigen und ihre Sensitivität zu verbessern, ohne eine starre Barriere zu schaffen, die zu nichts anderem dient, als die Realität zu verzerren und den Pilger beim Voranschreiten auf seinem Weg zu behindern.

Eine der interessantesten Übungsserien zur Reinigung des Aurafeldes findet man in zwei Bänden von Olive Pixley mit dem Titel *The Armour of Light,* die beide einen großen Reichtum an Informationen enthalten. Es ist nicht möglich, hier alle Übungen im Detail zu beschreiben, doch das, was wir hier wiedergeben können, kann zumindest für das weitere Studium und die Anwendung dieser Methoden als Grundlage dienen. Olive Pixley begann ihre Arbeit 1917, als ihr Bruder starb. Es entstand eine Kommunikation zwischen seiner Welt und ihrer, bei der sie mit der Zeit ein solches Ausmaß an Sensitivität erreichte, daß sie direkte Visionen von Ritualen empfing, wie sie von den Priestern und Novizen der ägyptischen, mithraischen und hermetischen Mysterienschulen bei ihrer Anbetung des wahren Lichts gepflegt wurden. Schließlich wurden ihr die christlichen Initiationen gezeigt, und es wurde ihr bewußtgemacht, daß die Menschheit seit urdenklichen Zeiten ihr Blut mit Furcht, Habgier, Grausamkeit und Ängsten vergiftet hatte. Ihr wurde erklärt, daß man das Blut der Menschheit nur reinigen könne, indem man ein besonderes Wesen opfere, dessen vollkommene Selbstlosigkeit, Furchtlosigkeit und Liebe die Menschheit reinigen werde. Natürlich war es Jesus, der diese Aufgabe erfüllte, und Pixleys Arbeit drehte sich um die transformierende Kraft des Lichts und der Liebe. Anfangs behielt sie ihr Wissen weitgehend für sich, da sie das Gefühl hatte, daß es sich um einen heiligen und eher persönlichen Glauben handelte. Bald jedoch wurde ihr klar, daß sie das, was sie empfangen hatte, anderen weitergeben und lehren mußte. Ein Zwiespalt entstand in ihr, und sie fragte sich, ob sie nicht die Übungen aufgeben sollte, um wieder das Leben einer normalen jungen Dame zu führen, doch dann wurde ihr klar, daß sie sich von den Übungen nicht mehr trennen konnte. Sobald sie den Beschluß gefaßt hatte, ihre Erfahrungen mit anderen zu teilen, kam alles in ihrem Leben wieder ins Lot.

Pixley betont, daß wir normale, praktisch orientierte Menschen sein sollten, die mit beiden Beinen auf dem Boden stehen, daß wir aber imstande sein sollten, sowohl in der physischen als auch in der inneren Welt wirksam zu handeln, und daß wir in beiden dieser Welten vermeiden sollten, uns gehen zu lassen.

»Sich-gehen-Lassen und Sich-selbst-Bemitleiden sind zerstörerische Haltungen, die die eigene Empfänglichkeit verschütten. Man sollte niemals zu einem ›Märtyrer der Pflicht‹ werden, der andere, wenn er ihnen eine Gefälligkeit erweist, spüren läßt, welch großes Opfer er gebracht hat. Liebe steht im Dienst der Bedürftigen. Wenn diese täglichen Übungen des Lichts Bestandteil unserer physischen Substanz geworden sind, werden wir spüren, daß wir zwischen Bedürfnis und Anspruch unterscheiden können. Wenn ein Bedürfnis an uns herangetragen wird, wird unser Herz es stillen; wenn es bloß ein Anspruch ist, wird unser Geist die Inspiration empfangen, es zurückzuweisen, ohne den anderen zu verletzen.«

Im Text ist oft die Rede vom Sehen des Lichts, aber man muß darauf hinweisen, daß dieses »Sehen« nicht unbedingt wörtlich zu nehmen ist; diejenigen, die die Übung ausführen und dabei das Gefühl haben, eigentlich nichts gesehen zu haben, sollten sich dadurch nicht entmutigt fühlen.

> »Ob Sie das Licht, das Sie täglich in Ihr Fleisch und Blut aufnehmen werden, wirklich sehen, ist unwesentlich. Sobald Sie daran denken, ist es da, ob Sie es bewußt wahrnehmen oder nicht, und Sie werden sich in jedem Fall anders fühlen. Was das Licht betrifft, sind Fühlen und Sehen oft identisch. Das Fühlen ist so lebendig, daß es dem Sehen gleichkommt.«

Der grundlegende Zweck der Übungen ist, wie Pixley erklärt, der vollständige Wiederaufbau des Selbst einschließlich der Substanz des physischen Körpers. Das mag zwar etwas übertrieben klingen, liegt aber durchaus im Bereich des Möglichen. Die transformierende Kraft des inneren Lichts kann erstaunlich sein – denken Sie zum Beispiel nur an die plötzliche Heilung von Brugh Joys lebensbedrohlicher Krankheit, die von einem leuchtenden Lichtblitz begleitet war; oder an die inspirierten Worte von Mary Fullerson in ihren beiden Büchern, *By a New and Living Way* und *The Form of the Fourth*. Die Übungen, denen sie sich unterwarf, veränderten ihr Blutbild so weitgehend, daß klinische Tests deutlich erkennen ließen, wie sich die gesamte Zellstruktur zum Besseren gewandelt hatte.

In allen Übungen, die Pixley beschreibt, betont sie, daß der Atem der Träger von Ton- und Lichtkräften ist. Das Licht wird nicht bloß als ein Symbol gesehen, sondern als Kraft visualisiert. Die Technik beginnt mit dem visualisierten und bewußten Atmen, um eine Verbindung herzustellen zwischen Gott – dem Vater –, Christus – dem zwischen Geist und Materie vermittelnden Prinzip – und dem menschlichen Wesen, das die transformierende Kraft des Lichts empfangen soll. Pixley besteht darauf, daß jede Übung in einer bestimmten Reihenfolge durchgeführt werden und immer mit dem Ritual des Lichts, wie sie es nennt, begonnen werden müsse. Es ist wichtig, sagt sie, jede der Übungen erst einmal zu beherrschen, bevor man zu der nächsten Übung auch nur die Beschreibung liest. Aus diesem Grund will ich hier nur die erste Übung wiedergeben. Denjenigen, die mit diesen Techniken besser vertraut werden wollen, empfehle ich, Pixleys Bücher selbst zu Rate zu ziehen.

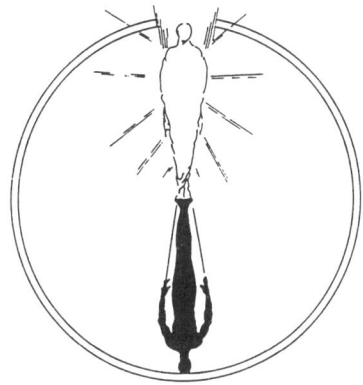

Das Lichtritual

➢ »Wenn Sie am Morgen erwachen, bleiben Sie liegen und entspannen sich in allen Gelenken, besonders im Kopf.
➢ Dann denken Sie sich eine strahlende Lichtfigur zu Ihren Füßen, wobei Ihre Fußsohlen die Sohlen der Figur berühren. Dieser Kontakt mit den Füßen ist die Erdung, die erforderlich ist, damit der Funke der göttlichen Kraft in den Körper eintreten kann. Sobald Sie sich über Ihre Lichtfigur geerdet haben, wird diese für den Rest des Tages ein Licht auf Ihrem Weg sein.
➢ Lassen Sie in der nächsten Sekunde Ihre Vision nach oben steigen, bis Sie über sich einen unendlichen Lichtpunkt sehen. Dieser Punkt ist Gott, und von ihm aus wird während des ganzen Tages Inspiration und Offenbarung in Ihren Geist herabblitzen können, wann immer Sie beschließen, Ihren Geist darauf zu richten.

➤ Nachdem Sie jetzt Ihre Erdung und Ihren geistigen Brennpunkt erlangt haben, denken Sie sich gleich danach einen blitzenden Kreis, der von der rechten Seite Ihres Kopfes ausgeht, um den Kopf der Lichtfigur läuft und sich schließt, indem er zu Ihrem Kopf zurückkehrt.

➤ Das strahlende Bild Christi heiligt Ihre Füße für die Aktivitäten des Tages, und Ihr Geist ist instand gesetzt worden, Inspiration zu empfangen. Ob er es tut, hängt von Ihnen ab.

Dieses Ritual muß zu einer täglichen Erneuerung der Kraft werden, zu unserem täglich Brot. Lassen Sie Ihren Geist nicht umherschweifen oder sich müßig aufhalten. Lassen Sie ihn aufblitzen, und beenden Sie gleich darauf die Übung. Dadurch wird unser Geist trainiert, wie ein Funke zu zünden; denn man kann über einen Blitz nicht meditieren oder ihn kontemplativ betrachten. Man kann sich bei keinem Teil der Technik des Lichts lange aufhalten: Es ist ein beschleunigender Prozeß im wahrsten Sinne des Wortes, und er sollte so rasch ausgeführt werden, daß selbst schwer beschäftigte Leute sich jeden Morgen einen solchen Moment des Blitzes leisten können, um ihr täglich Brot zu empfangen.«

➤ Wenn Sie diese Übung durchgeführt haben, bleiben Sie völlig entspannt liegen, Ihre Hände seitlich am Körper mit den Handflächen nach oben und Ihre Fußsohlen in Kontakt mit der Lichtfigur.

➤ Schauen Sie auf den unendlichen Strahlenpunkt über Ihrem Kopf, atmen Sie dabei sanft und tief ein, und stellen Sie sich vor, wie der Atem an der Außenseite des Körpers von der Höhe des Solarplexus bis zu Ihren Füßen hinunterwandert.

➤ Wenn Sie dann ausatmen, stellen Sie sich vor, wie der Atem vom Solarplexus geradewegs zu dem unendlichen Punkt hinaufsteigt.

➤ Wiederholen Sie diesen Prozeß mindestens sechsmal im Anschluß an das Lichtritual.

➤ Die Übung sollte immer das erste sein, was Sie am Morgen tun; wenn Sie sich während des Tages gestreßt fühlen, können Sie sie aber auch jederzeit wiederholen, um das Gleichgewicht wiederherzustellen.

Es gibt eine andere sehr wirkungsvolle Übung, um die verschiedenen Schichten der Aura zu reinigen und mit dem inneren Licht in Kontakt zu treten; sie wurde für den Gebrauch in Heilungs-Workshops entwickelt, und ich nenne sie »Lichtvorhänge«. In einer Workshop-Situation wird sie als Phantasiereise vom Trainer angeleitet, aber es ist auch ganz einfach, selbst durch die verschiedenen Phasen der Übung zu gehen.

➤ Nehmen Sie eine entspannte, bequeme Lage ein, schließen Sie die Augen, und regulieren Sie den Atem.
➤ Visualisieren Sie drei ringförmige Lichtvorhänge, die nach unten fließen und im Boden verschwinden. Der äußere Vorhang ist von einem funkelnden Goldgelb, der nächste Vorhang innerhalb des ersten ist von einem schönen Rosarot und der dritte von einem hellen Stahlblau. Im Zentrum dieser drei Lichtvorhänge befindet sich eine vibrierende Kugel von strahlendem Weiß, die über dem Boden schwebt.
➤ Visualisieren Sie sich selbst im Profil, wie Sie vor dem Vorhang aus goldgelbem Licht stehen, und beobachten Sie dessen abwärtsfließende Bewegung.
➤ Lassen Sie im stillen das »Aum« erklingen, und treten Sie durch den Vorhang hindurch.
➤ Stellen Sie sich vor, wie das Licht geradewegs durch Ihren ätherischen und physischen Körper hindurchfließt; fühlen Sie, wie dabei die Festigkeit Ihrer Form einem Körper aus goldenem Licht weicht und wie die Schlacken und Giftstoffe, die sich in Ihrem ätherischen Körper angesammelt haben, wie Tropfen an der Außenseite des Vorhangs herabrinnen und sich auflösen.

- Jetzt stehen Sie vor dem Vorhang aus rosaroten Energien, die Ihren astralen und emotionalen Körper symbolisieren.
- Lassen Sie wieder im stillen das »Aum« erklingen, und treten Sie durch den Vorhang hindurch.
- Seine Energien werden wie Wasser durch Ihren emotionalen Körper hindurchfließen und Ängste und Spannungen daraus fortspülen. Sehen Sie zu, wie diese abtropfen und sich in nichts auflösen, während Sie durch den Vorhang treten.
- Jetzt stehen Sie vor dem stahlblauen Vorhang des mentalen Körpers.
- Wiederholen Sie im stillen das »Aum«, gehen Sie weiter, und sehen Sie, wie alle negativen Gedankenmuster und Glaubensinhalte hinter Ihnen abfließen.
- Während Sie durch die einzelnen Visualisationsphasen gehen, werden Sie tatsächlich spüren können, wie das Gewicht der angesammelten negativen Muster von Ihnen abfällt.
- Vor Ihnen schwebt nun die Kugel aus strahlend weißem Licht – das transpersonale Selbst oder der innere Christus. Sie bewirkt ein tiefes Gefühl der Ehrfurcht, des sich ausbreitenden Friedens und der Liebe. All Ihre Sorgen haben sich nun aufgelöst, denn in diesem Bereich des Bewußtseins sind Spannung und Schmerz unbekannt. Jesus sagte: »Kommt her zu mir, alle, die ihr mühselig und beladen seid, ich will euch erquicken.« Sie können die Energie dieser Worte jetzt unmittelbar fühlen.
- Bleiben Sie vor dem Licht mit gebeugtem Haupt stehen, oder knien Sie in Ehrfurcht nieder, wenn Sie den Impuls dazu spüren.
- Nehmen Sie das Licht in Ihre gereinigte Aura auf, und sehen Sie zu, wie diese sich in schönen, strahlenden Farben ausdehnt und mit Liebe erfüllt wird. Jetzt kann nichts Negatives mehr in Sie eindringen.
- Nehmen Sie sich die Zeit, die Sie brauchen, drehen Sie sich dann um, und wenden Sie sich nach außen hin der Welt der Formen zu. Treten Sie durch jeden einzelnen der Lichtvorhänge, wobei Sie diesen zusätzliche Leuchtkraft verleihen, bis Sie auch den goldgelben Vorhang der ätherischen Ebene hinter sich gelassen haben.

➤ Bleiben Sie einen Moment stehen, richten Sie Ihre Gedanken auf die Lichtkugel im Inneren Ihres Wesens, heben Sie die Arme in die Höhe, und öffnen Sie sie nach außen. Dabei lassen Sie im stillen das »Aum« erklingen und segnen mit Ihrem Ausatmen Ihre unmittelbare Umgebung, dann die Erde und die ganze Menschheit. Geben Sie stets von dem Licht, mit dem Sie in Berührung gekommen sind, denn in diesem Geben empfangen Sie.

Diese Übung hat, wenn sie regelmäßig ausgeführt wird, eine bemerkenswerte Auswirkung auf die Aura. Das Erklingenlassen des heiligen Wortes »Aum«, das zwischen Gaumen und Zirbeldrüse vibriert, sendet Schauer durch die verdünnte Substanz des ätherischen, astralen und mentalen Körpers, schüttelt die groben Atome heraus und entlastet damit die Aura. Wenn Sie dabei die Eigenfarbe jedes Körpers visualisieren, erhöht es die Wirkung und führt zu einer Bewußtseinserweiterung und zu einer tiefen und gründlichen Reinigung der Auraschichten, die mit jedem Körper in Verbindung stehen. Der Vorteil dabei ist, daß weder Abwehrschranken gegen feindliche Kräfte errichtet werden noch diesen besondere Aufmerksamkeit geschenkt wird. Die Kraft der Liebe und des Lichts wird eingesetzt, um ein vitales Feld zu erzeugen, das negative Energien erst gar nicht an sich zieht. Durch das Herz wird die Liebe Gottes ausgestreut. Es gibt keinen größeren Schutz.
Die Aura mit Farben zu behandeln galt immer schon als eine der wirksamsten Methoden und erfreute sich in den ersten Jahrzehnten dieses Jahrhunderts in England und auch in anderen Ländern großer Beliebtheit. Edwin Babbitt erlangte Berühmtheit als Farbtherapeut und Dinshah P. Ghadiali, der in den Vereinigten Staaten Farbtherapie praktizierte, untersuchte in den dreißiger Jahren eingehend das Phänomen des Heilens mit Farben. Leider konnte er nicht davon lassen, die etablierte Gesellschaft anzugreifen, was diese ihm schließlich übelnahm: Seine Ausrüstung wurde vernichtet, und es wurde ihm das Recht entzogen, seine Praxis zu betreiben. Diesseits des Atlantiks behandelte E. C. Iredell, emeritierter Chirurg an der strahlentherapeutischen Ab-

teilung des Guy's Hospital in London, fleißig Krebspatienten mit einer Farbapparatur, die er Fokalmaschine nannte. Trotz der Tatsache, daß jeder Patient, mit dem er zu tun hatte, bei Operationen und Untersuchungen hohen Dosen an Röntgenstrahlen und dergleichen ausgesetzt war, konnte er äußerst ermutigende Erfolge verzeichnen. Die Patienten wurden von Schmerzen befreit, ihre Übelkeit verschwand, und ihr allgemeines Wohlbefinden besserte sich.

Iredell schrieb ein Buch über seine Arbeit, das den Titel *Colour and Cancer* trägt und schon lange vergriffen ist. Darin berichtet er ausführlich über die körperlichen Empfindungen der Patienten während der Farbbehandlung:

»Es könnte von Interesse sein, einen groben Eindruck von der Wirkung der verwendeten Farben zu vermitteln, wie sie von einigen Patienten beschrieben wurden, die genügend sensibel waren, sie zu fühlen. Die am häufigsten verwendete Farbe war Hellgrün. Die Empfindung, die sie hervorrief, wurde im allgemeinen als kühl und angenehm, aber nicht sehr weich beschrieben. Wenn der Patient unruhig war, wirkte sie besänftigend. Es stellte sich auch heraus, daß es ratsam war, alle Behandlungen mit dieser Farbe zu beginnen und zu beenden, da die Wirkungen der anderen Farben verstärkt wurden, wenn hernach Grün verwendet wurde.

Im Anschluß an das Grün wurde im allgemeinen ein tiefes Königsblau verwendet, aber es bestand die Gefahr, daß es zu Depressionen führte, wenn es länger als nur kurze Zeit angewandt wurde.«

Iredell berichtet, daß zuviel Gelb Schmerzen verstärkte. Violett, das er im Anschluß an Gelb verwendete, erzeugte ein weicheres und feineres Gefühl als Grün, doch wenn seine Wirkungen besonders auffallend wurden, mußte es in Verbindung mit anderen Farben benutzt werden. Rot- und Orangetöne wurden selten verwendet, aber es zeigte sich, daß Orange als Stimulanzmittel und bei Verdauungsstörungen gute Dienste leistete. Eine der interessantesten Erfahrungen, von der Iredells Patienten immer wieder berichteten, war ein Gefühl, als ob während der

Farbbehandlung Wasser an ihren Körpern herunterfließen würde. Dieses Gefühl war mitunter so stark, daß der Patient nach einem Handtuch griff, um die Feuchtigkeit wegzuwischen und erst dann erkannte, daß da gar keine Feuchtigkeit war. Es scheint offensichtlich, daß diese Patienten das Wieder-in-Fluß-Geraten der Energien in ihrer Aura verspürten, sobald die Farben, die ihrem Körper zugeführt wurden, ihre heilende Wirkung entfalteten. Iredell experimentierte mit den verschiedensten Ideen; er verwendete beispielsweise gepulste Farben, die mit Atem- und Pulsfrequenz synchronisiert waren, oder brachte die Patienten in runde Kabinen aus nichtreflektierendem, schwarzem Material, um die Wirkung der Farben zu erhöhen.

Während Iredells Methode eine teure Ausrüstung erfordert, ist es auch möglich, auf andere Weise Farben therapeutisch einzusetzen. Farbatmen zum Beispiel ist eine solche Methode, die jeder erlernen kann, um sich selbst damit zu heilen oder auch nur zu erfrischen. S. G. Ouseley schrieb ein Büchlein zu dem Thema des Heilens mit Farben unter dem Titel *The Power of the Rays*, worin er eine Reihe von Möglichkeiten beschreibt, Farben zu verwenden, darunter auch das Farbatmen und die Farb-Bestreichung.

➤ Um eine Farbatem-Übung auszuführen, setzen Sie sich bequem in einen Sessel, entspannen Sie sich, und schließen Sie die Augen.
➤ Entscheiden Sie sich für eine Farbe, und denken Sie dabei daran, daß Gelb das Nervensystem stärkt, Rot und Orange die Vitalität erhöhen, Blau beruhigt und Grün lindert und Energie spendet. Sie können während einer Sitzung mehrere Farben verwenden.
➤ Wenn Sie die richtige Farbe gewählt haben, atmen Sie tief und regelmäßig ein, zählen dabei bis sechs und stellen sich vor, daß Sie die gewünschte Farbe mit dem Atem konzentrieren.
➤ Halten Sie den Atem so lange an, wie Sie bis drei zählen, und atmen Sie dann wieder aus in der Zeit, in der Sie bis sechs zählen. Stellen Sie sich dabei vor, wie die Farbe, die Sie gewählt haben, Ihre Aura durchströmt.

➤ So wie man die Farben austauschen kann, kann man auch das Zählen variieren: 6–3–6 ist ein günstiger Rhythmus, aber auch 8–4–8 bringt gute Resultate; eigentlich können Sie bei dieser Methode der Selbstheilung jede beliebige Kombination, die Ihnen günstig erscheint, verwenden.

Die Farb-Bestreichung ist eine Technik, die einen Heiler erfordert.

➤ Der Patient sollte dabei bequem in einem Sessel sitzen, sich entspannen und die Augen schließen.
➤ Der Heiler steht vor dem Patienten und holt sich die Farbe ins Bewußtsein, die er ihm vermitteln möchte. Durch geistige Konzentration bewirkt er, daß sich die Aura mit dieser Farbe auflädt.
➤ Gleichzeitig kann der Heiler im stillen eine Absichtserklärung abgeben, wie zum Beispiel: »Ich will die Vitalität dieses Patienten mit der Farbe Orange wiederherstellen.«
➤ Der Heiler erhebt seine verschränkten Hände über den Kopf des Patienten und führt sie dann in einer streichenden Bewegung an dessen Stirn, Gesicht, Hals und Brust vorbei und weiter nach unten, bis sie am ganzen Körper vorbeigeglitten sind.
➤ Die Farb-Bestreichung sollte in mehreren Durchgängen wiederholt werden; jeder Durchgang dauert etwa 30 Sekunden und die gesamte Sitzung ungefähr fünf Minuten.
➤ Nach jedem Durchgang sollte der Heiler die Hände ausschütteln, um Ausdünstungen, die er aus der Aura des Patienten aufgenommen hat, wieder loszuwerden.
➤ Diese Heilmethode kann auch auf Entfernung eingesetzt werden. Der Heiler muß dabei nichts anderes tun, als sich vorzustellen, wie der Patient auf einem Stuhl sitzt und wie er selbst die beschriebenen Bewegungen ausführt. Das kann eine äußerst wirkungsvolle Methode des Heilens auf Entfernung sein, vorausgesetzt, man denkt daran, daß auf jener Ebene, auf der geistiges Heilen vonstatten geht, weder Zeit noch Raum existieren. Der Heiler ist dabei auf gleiche Weise bei seinem Patienten, als wäre er körperlich anwesend.

1979 wurde *The Therapeutic Touch* von Dolores Krieger veröffentlicht. Sie beschreibt darin eine Anzahl von Bewegungen, die mit der Hand am Körper des Patienten ausgeführt werden und dessen Energiefelder harmonisieren, Schmerzen lindern und die Gesundheit wiederherstellen sollen. Dolores Krieger, Dr. phil. und Professor für Krankenpflege an der New Yorker Universität, griff Techniken auf, die seit Jahrhunderten von Heilern benutzt werden, und gab ihnen einen Charakter von Seriosität, indem sie sie »therapeutische Berührung« nannte. Ihr Buch, sagt sie, sei entstanden aufgrund einer neunjährigen Forschungsarbeit über das Heilen, einer sechsjährigen klinischen Anwendung der Techniken und einer fünfjährigen Lehrtätigkeit, in der sie die überlieferte Methode des Heilens in einem modernen Gewand vermittelte. Bis 1979 hatte sie an Universitäten in ganz Kanada und den Vereinigten Staaten 350 ausgebildete Krankenschwestern und mehr als 4000 Heilkundige in den Techniken der »therapeutischen Berührung« unterrichtet.
Die Techniken sind vielfältig, einfach und hochwirksam, wenn man die Prinzipien ihrer Anwendung begriffen hat. Ich habe nicht die Absicht, hier weiter ins Detail zu gehen, will aber eine besondere Technik kurz beschreiben, die eine unmittelbare und deutlich erkennbare Auswirkung auf die Aura hat. Diese Technik wird »Glätten« genannt und wird ausgeführt, während der Patient mit den Händen an den Seiten auf dem Bauch liegt.

- Der Heiler legt beide Hände auf den Kopf des Patienten, wobei er dessen Haar nur leicht berührt.
- Dann entfernt er die Hände voneinander und läßt sie leicht über den ganzen Körper bis zu den Füßen hinuntergleiten.
- Diese Bewegung sollte mehrmals wiederholt und dann auch vom Kopf zu den Fingerspitzen hin ausgeführt werden.
- Die gleichen Bewegungen können verwendet werden, während der Patient auf dem Rücken liegt, damit auch die Vorderseite des Körpers die Behandlung erfährt.

Diese Art der Behandlung scheint jeden Knick und jede Verzerrung in der Aura zu beseitigen, und man spürt sofort die wohltuende Wirkung. Wenn man die Bewegungen noch dazu mit Farbvisualisationen verbindet, kann der Heileffekt noch verstärkt werden.

Das sind also einige der Visualisationsübungen und Heiltechniken, die dazu beitragen können, Harmonie und Gesundheit der Aura wiederherzustellen. Wenn sie mit Sorgfalt und Verstand angewandt werden, können sie nur positive Auswirkungen haben. Offensichtlich gibt es viele durchaus gleichwertige Ansätze, aber es ist das Beste, wenn Sie diejenigen auswählen, die Ihnen am ehesten entsprechen, und diese dann üben, bis Sie einen Grad an Fertigkeit und Sensitivität erlangt haben, der es Ihnen ermöglicht, Ihre Aura täglich nachhaltig zu reinigen, die Unversehrtheit der einzelnen Schichten zu erhalten und alle gesundheitsschädlichen Kräfte und Einflüsse fernzuhalten.

HETTY DRAAYER

Eine Aura-Übung

Nun, da wir die Wirkung der sieben großen Chakras in uns bewußter wahrnehmen, vor allem auch in Verbindung mit dem achten und neunten Chakra außerhalb von uns, können wir auch deutlicher unsere Auras erfahren.

- Wir setzen uns nun im Meditationssitz hin oder wir legen uns auf den Rücken. Letzteres ist bequemer und entspannender, wenn wir eine Übung zum ersten Mal ausführen. Wenn die Wege durch uns hindurch sich öffnen, folgen wir den Energien.
- Wir atmen weit rundherum ein, bis in die Haut unserer Gesäßnaht. Wir nehmen die Haut von Beckenboden und Gesäßnaht wahr und die Energie, die die Leisten bis in die Schalen der Hüftgelenke öffnet. Auch Beine und Füße transformieren.
- Dies scheint viel für ein einziges Einatmen zu sein, aber je mehr wir es üben und auch im Alltag wie selbstverständlich tun, um so eher stellen sich diese Wahrnehmungen wie ein Blitz ein, wobei auch das neunte Chakra mit einbezogen ist. Dadurch nimmt auch die Strahlungskraft des neunten Chakras zu und verstärkt die Strahlung unserer Schale aus Licht. Wenn das neunte Chakra zum Leben erwacht, öffnet sich auch das achte Chakra.
- Wir empfangen im Ausatmen himmlisches Licht und himmlische Kräfte: durch den offenen Scheitel, durch die Wirbelsäule und an ihr entlang, durch den letzten Steißbeinwirbel zu den Sitzknochen und ihren Vorderseiten, mitten durch die Beine hindurch, zu den Fuß-Chakras hin und zum großen Nierenpunkt, durch die Spitzen der mittleren Zehen hinaus, zum neunten Chakra hin.
- Im Atmen der Kreuzform werden wir gereinigt und vom weißen

Licht des Himmels durchstrahlt. Das Licht breitet sich im ganzen Körper aus. Manchmal zerfällt es in die Farben des Regenbogens, oft bleibt es weiß. Der Körper sorgt selbst für das, was er braucht.

- Versuchen Sie zu fühlen, ob Ihr Kopf kühl ist und Ihre Füße warm sind.
- Wir treten nun in unseren Chi-Garten ein und setzen uns im kosmischen Auge auf eine Bank. Wir schauen uns ruhig in diesem Garten um. Er hat die Form eines Tals. In der Ferne sehen wir zwei ausstrahlende Felsspitzen, unsere Sitzknochen. Unser Chi-Garten reicht bis tief in die Haut dahinter und bis in die Haut des Beckenbodens hinein. Das Licht, das durch unseren Garten strahlt, ist Mondlicht.
- Wir bemerken, daß wir jetzt, da wir uns so aufmerksam umschauen, weit über unser Becken hinaussehen können. Die Haut scheint sich aufgelöst zu haben. Wir haben keine Grenzen und sind weit, geräumig und tief. Von unserem kosmischen Auge aus strahlt die Aura um uns herum kraftvoll und klar aus. Alle Chakras sind in Harmonie miteinander verbunden. Diese Aura erhält ihre Kraft aus unserer Verbindung des kosmischen Auges mit dem Kosmos, mit Gott.
- Wer mit dem inneren Auge wahrnehmen kann, sieht, daß diese Aura um so weiter ausstrahlt, je gesünder und stärker wir sind. Wenn wir kranke Organe in uns haben, ist die Aura unruhig, sie flackert und zieht sich manchmal zusammen.
- Wenn wir emotional gewesen sind und zu weit oben atmen, zum Beispiel im Sonnengeflecht oder im Bereich unseres Herzens, entstehen Löcher oder große Risse in unserer Aura. Sie kann uns dann nicht mehr beschützen, wir sind nicht mehr ganz, sondern gespalten und zerrissen.
- Aus einer imaginären Grenze um die erste Aura herum entsteht die zweite Aura. Auch sie ist eng mit den sieben großen Zentren der Chakras verbunden, empfängt aber außerdem Kraft aus dem achten und neunten Chakra. Diese Aura wird auch »psychische Aura« genannt, weil sich in ihr Emotionen, Wünsche und Leidenschaften

spiegeln. Sie strahlt auch, wenn Menschen Kontakt miteinander haben. Aus einem psychischen Bewußtsein heraus ist dieser Kontakt warm und gut, und es besteht dann gegenseitiges Vertrauen.

- Von einer imaginären Grenze um die zweite Aura herum strahlen wir eine dritte Aura aus. Diese Aura ist mit Licht gefüllt und wird »spirituelle Aura« genannt. Sie ist ständig in Bewegung und kann vom kosmischen Auge, von der geöffneten Hand und von der Energie der beiden ersten Auras aus weit ausstrahlen. Je nach der Kraft des betreffenden Menschen, kann diese dritte Aura weniger kompakt sein als die beiden ersten, ja sogar schwach sein. Über sie haben wir als neue Menschen durch unser mystisches Herz Kontakt mit anderen. Wir erfahren unsere Verbindung mit der Erde, dem Kosmos, den Bergen, Flüssen, Tieren und Pflanzen, mit der Sonne, dem Mond und den Sternen.
- Diese Auras sind wiederum in verschiedene Schichten unterteilt. Wer die Auras hinter geschlossenen Augenlidern nicht sehen kann, erfährt dennoch ihre heilende Kraft, besonders wenn sie in uns zurückstrahlen.
- Von einer imaginären Grenze der dritten Aura strahlen wir eine vierte Aura aus. Wir nehmen ganz deutlich wahr, wie unsere gesamte Rückseite transformiert und wie alle fünf Sinne sich verschärfen: weite Gehörgänge, die rundherum ausstrahlen, stark vergrößerte Augen in Augenhöhlen, die unser ganzes Gesicht ausfüllen, die Haut scheint sich aufgelöst zu haben, das Tor unserer Nasenhöhle öffnet unseren gesamten Kopf unbegrenzt, die Zunge scheint aufgelöst in einer grenzenlosen Mundhöhle zu liegen.
- Letzte Reste von Spannung und Verkrampfung lösen sich auf. Unser ganzer Körper schwingt auf einer hohen Frequenz. Wir sind ganz, gereinigt, geheilt, Teil von allem, was ist, ohne Grenzen.

Diese Übung macht deutlich, daß wir Licht aufnehmen, je nach dem Stand unserer psychischen Selbsterforschung, unserer Reaktionen, unserer Einsicht, und je nach dem, wie wir ungenutztes und manchmal auch unerwünschtes Licht – ein Zuviel davon – ausstrahlen, nach außen hin abgeben. Dies ist die Aura.

Das von uns aufgenommene Licht wird durch elektrochemische Prozesse absorbiert und verarbeitet, und durch diese Umsetzung verändert sich unser Energiesystem und damit auch unser psychisches Bewußtseinsniveau.

Die sieben großen Chakras haben die Tendenz, das Licht unseres Bewußtseins, das wir reproduzieren, in der gleichen hohen Schwingungsfrequenz wieder zu empfangen. Diese ständig wiederkehrende Tendenz ist der evolutionierenden Kraft der Veränderung, durch die wir wachsen, entgegengesetzt. Je mehr wir die Wirkungsweise der Chakras, die subtile Verbindung zwischen den Atomen, Molekülen, den Zellen und dem Bewußtsein verstehen, um so größer ist der evolutionäre Sprung in unserer Entwicklung.

WULFING VON ROHR

Licht- und Chakrameditationen

Licht und Ton sind zwei Aspekte ein und derselben Kraft. Es fällt uns, solange wir noch nicht völlig offen für feinste Bewußtseinsenergien sind, leichter, diese beiden Schwingungen zunächst getrennt voneinander wahrzunehmen.

Ich möchte an dieser Stelle zwei wirksame Meditationsanleitungen geben, die sich auf die Erfahrung der wichtigsten Kraftzentren oder »Chakras« im Körper beziehen und auf das Erleben des Energiefeldes um jeden Menschen, der »Aura«. Chakras und Aura sind Teil des unsichtbaren, aber fühlbaren Energiekörpers. So, wie Gefühle und Gedanken für unser Leben wirksam sein können, obwohl sie unsichtbar sind, ist auch der Energiekörper bedeutsam, weil in ihm körperliche, chemische, biologische und physikalische Kräfte, auch Erdstrahlen und elektromagnetische Felder, mit emotionalen, mentalen, seelischen, medialen und spirituellen Energien zusammentreffen. Wenn wir zumindest einige Aspekte dieses Energiekörpers sinnlich erfassen und kennenlernen, hilft uns das, unser bewußtes Sein wieder mehr als etwas zu begreifen, was nicht nur auf die uns bekannten körperlichen Dimensionen beschränkt bleiben muß.

- Dauer ca. 15–20 Minuten.
- Der Sinn dieser Übungen besteht darin zu spüren, daß es in unserem Energiekörper Verdichtungszonen gibt, durch welche unser Bewußtsein harmonisierend, stimulierend oder beruhigend wirken kann. Wir stellen fest, daß es subtile Energieprozesse gibt, die zwischen diesen Verdichtungszonen im Energiekörper und unserem physischen Körper ablaufen. Darüber hinaus vertiefen wir bereits zuvor erlangte Erfahrungen, daß Aufmerksamkeit willent-

lich gelenkt werden kann, und daß wir unser bewußtes Sein (fast) beliebig verlagern können.
- Sie führen die Übung im Sitzen oder im Liegen durch. Wenn Sie müde sind und sich aktivieren wollen, können Sie liegen. Wenn Sie relativ wach sind, und bewußtseinserweiternde Erfahrungen anstreben, sitzen Sie besser.
- Lassen Sie Ihren Körper entspannt und aufmerksam zugleich zur Ruhe kommen. Gönnen Sie sich am Beginn der Übungsfolge ein bis zwei Minuten Pause, Stille, Frieden.
- Wenden Sie Ihre Aufmerksamkeit nun nacheinander auf die körperlichen Entsprechungszonen für Chakras.
- Spüren Sie in und um den Bereich des Steißbeins hinein, also unterhalb des Sitzfleisches. Was sehen oder hören oder fühlen Sie dort? Dunkelheit, Licht, Kribbeln, etwas anderes?
- Stellen Sie sich vor, daß in dieser Zone eine dunkelrot glimmende, angenehm wärmende Glut neue Kraft und tiefes Vertrauen in Ihr Leben vermittelt.
- Verändert sich Ihr Gefühl in dieser Zone? Wenn ja, wie?
- Spüren Sie jetzt in den Beckenbereich. Was sehen oder hören oder fühlen Sie dort? Dunkelheit, Licht, Kribbeln, etwas anderes?
- Stellen Sie sich vor, daß in dieser Zone eine orangerote Sonne aufgeht, die Ihre schöpferischen Fähigkeiten anregt.
- Verändert sich Ihr Gefühl in dieser Zone? Wenn ja, wie?
- Spüren Sie danach in den Bauch, im Bereich des Solarplexus. Was sehen oder hören oder fühlen Sie dort? Dunkelheit, Licht, Kribbeln, etwas anderes?
- Stellen Sie sich nun vor, daß diese Zone eine einzige grüne Wiese ist, ein leuchtendes Grün, das Gefühle beruhigt und harmonisiert.
- Verändert sich Ihr Gefühl in dieser Zone? Wenn ja, wie?
- Richten Sie Ihre Aufmerksamkeit nun in den Bereich des Brustraums, nicht auf das physische Herz, sondern in die Mitte, um das Brustbein herum. Was sehen oder hören oder fühlen Sie dort? Dunkelheit, Licht, Kribbeln, etwas anderes?

Licht- und Chakrameditationen

- Stellen Sie sich vor, daß in dieser Zone eine goldene Sonne aufgeht und Ihren Brustraum durchstrahlt, nach innen und außen zugleich. Diese Sonne sendet Schwingungen der Liebe.
- Verändert sich Ihr Gefühl in dieser Zone? Wenn ja, wie?
- Spüren Sie dann hinein in den Bereich des Halses und den Kehlkopf. Was sehen oder hören oder fühlen Sie dort? Dunkelheit, Licht, Kribbeln, etwas anderes?
- Stellen Sie sich nun vor, daß dort ein türkisblauer Edelstein funkelt, der mit seinen Strahlen in dieser Zone eine wunderbare Klarheit der Gedanken vermittelt.
- Verändert sich Ihr Gefühl in dieser Zone? Wenn ja, wie?
- Spüren Sie danach in den Bereich hinter der Stirn, zum sogenannten dritten Auge. Was sehen oder hören oder fühlen Sie dort? Dunkelheit, Licht, Kribbeln, etwas anderes?
- Blicken Sie mit geschlossenen Augen in die Mitte dessen, was *vor* und zwischen den Augenbrauen ist. Vielleicht hilft Ihnen die Vorstellung, daß Sie in einen funkelnd besternten dunkelblauen Nachthimmel schauen.
- Verändert sich Ihre innere Wahrnehmung, weitet sich Ihr innerer Blick? Sehen Sie Blitze, Lichtringe, oder andere Lichterscheinungen?
- Richten Sie nun Ihr Bewußtsein nach *oben,* auf die Mitte des Kopfes oder über den Kopf. Was sehen oder hören oder fühlen Sie dort? Dunkelheit, Licht, etwas anderes?
- Öffnen Sie sich für ein strahlend weißes Licht, das über Ihren Kopf in Sie hinein und durch Sie hindurchflutet.
- Verändert sich Ihre Befindlichkeit? Sind Sie derselbe Mensch wie zu Beginn der Übung? Oder hat sich irgend etwas verändert? Hat sich Ihr bewußtes Sein verändert?
- Beenden Sie die Übung mit einem dreimaligen vertieften Einatmen, während Sie sich wieder dem Ort Ihres Körpers zuwenden und der Umwelt, in der Sie sich befinden. Atmen Sie lieber ein paarmal mehr und tiefer durch, um wieder ganz im Hier und Jetzt zu sein!

Als Vorbereitung für Leser und Leserinnen, die mit der Existenz der Aura noch keine eigenen praktischen Erfahrungen gemacht haben, bitte ich Sie, eine kleine Vorübung zu machen:

- Setzen oder stellen Sie sich bequem hin.
- Halten Sie Ihre beiden Hände mit den Handflächen zueinander im Abstand von ca. 10 Zentimetern von Brust oder Bauch, die Arme dabei leicht nach vorn gestreckt. Spüren Sie Wärme, Kribbeln, Ziehen, Elektrisieren?
- Bewegen Sie Ihre Hände leicht und rhythmisch aufeinander zu und voneinander fort.
- Lassen Sie Ihre Hände dann wie zueinander kreisen – immer in einem gewissen Abstand voneinander, so daß sich die Hände nicht berühren.
- Fahren Sie danach mit den Fingerspitzen der einen Hand auf und ab, dicht gegenüber den Fingerspitzen der anderen Hand. Die meisten Menschen spüren ein deutliches Kribbeln oder Ziehen dabei. Mit dieser Übung »begreifen« wir eine Schicht der Aura, nämlich das elektromagnetische Feld des Körpers.

Man unterscheidet eine ganze Reihe weiterer Auraschichten. Manche Menschen, wie Lea Sanders oder Ingrid S. Kraaz, *sehen* Licht und Farben um Menschen herum. Andere, wie Chris Griscom mir sagte, *spüren* eher das Energiefeld.
Sie kennen sicher auch das Gefühl, daß es Ihnen bei manchen Menschen angenehm ist, auf »Tuchfühlung« zu kommen, während Sie bei anderen am liebsten einen »Sicherheitsabstand« von einem halben Meter aufrecht erhalten. Auch das ist ein Hinweis auf die Aura, nämlich darauf, ob ihre Energien miteinander harmonieren oder nicht, und ihre individuelle Funktion als Abstandsweiser. Manche Leser und Leserinnen werden vermutlich auch schon Erfahrungen gemacht haben, wie ich sie kenne: Ich gehe irgendwo entlang und sehe einen Menschen (oder ein Tier), der offensichtlich krank ist oder leidet. Sei es, daß je-

mand humpelt, einen Arm im Gips trägt, oder Schicksalsleid ausstrahlt. Mich durchzuckt es immer wieder mal in solchen Situationen wie von einem Blitz, aber nicht innerhalb des Körpers, sondern außerhalb! Entweder von der Höhe des Steißbeins an abwärts oder von den Knien an abwärts erlebe ich einen »Stromstoß« im Energiekörper, völlig gleich, ob ich den betreffenden Menschen voller »Mitleid« oder ganz neutral oder auch desinteressiert wahrgenommen habe. Ich hatte solche Erlebnisse von Kindesbeinen an; sie legten mir schon damals nahe, daß es offensichtlich so etwas wie einen »zweiten« Körper um den physischen Körper »herum« geben mußte. Nun zur Aurameditation.

- Dauer ca. 5–10 Minuten.
- Der Sinn der Übung ist, daß Sie sensibel werden für die Ihnen entsprechende Form der Wahrnehmung des feinen Energiekörpers um den Menschen.
- Am besten machen Sie diese Übung die ersten paar Male im Liegen, um sich wirklich damit vertraut zu machen. Danach wird die Übung Ihnen auch im Sitzen oder Gehen ganz leicht fallen. Vielleicht führen Sie die Übung später auch in der Sonne stehend durch, auf einem Berg oder auf einer Wiese, unter einem Baum oder am Wasser.
- Lockern Sie zu enge Kleidung, schließen Sie die Augen.
- Halten Sie Ihre Hände im Abstand von etwa 5 bis 10 Zentimetern über Ihrem Bauch, so, daß sich die Hände nicht berühren und die Handflächen zum Körper zeigen. »Ertasten« Sie nun den Abstand, in dem Sie einen deutlichen »Widerstand« von der Körperausstrahlung her gegen Ihre Handflächen spüren. Fahren Sie mit den Händen weiter nach oben, so daß Sie über Ihrem Brustraum ebenfalls ertasten, wo der Abstand der Körperausstrahlung sich dort befindet. Am Schluß gehen Sie weiter über Ihr Gesicht und Ihren Kopf, um auch hier zu erfühlen, in welcher Entfernung über der Haut Sie ein Kribbeln oder eine Wärme empfinden, die wirkt, als ob die Handflächen ab da wie magnetisch »abgestoßen« werden.

- Nun legen Sie Ihre Hände bequem seitlich an den Körper und atmen dreimal tief und ruhig aus. Danach lassen Sie Ihre Atmung ganz im eigenen natürlichen Rhythmus weiterfließen.
- Stellen Sie sich jetzt vor, daß Sie von einem klaren silbrigen oder goldenen Licht erfüllt werden, das beginnt, auf *alle* Zellen Ihres Körpers auszustrahlen.
- Spüren Sie, wie Ihr Körper heller wird, leichter, energiereicher?
- Sie beobachten, wie diese Energie Sie in wohltuender Weise ganz erfüllt, und wie diese Energie aus allen Poren als harmonische, positive Ausstrahlung auch über die Begrenzung der Haut, den Raum um den Körper herum, durchstrahlt und dann Ihren gesamten Energiekörper aufhellt, auflädt, leuchten läßt.
- Manche Menschen sehen mit den inneren Augen, manche sogar mit den physischen Augen, dabei einen Lichtschimmer um den Körper. Andere spüren mehr die Schwingungen. Öffnen Sie sich hellwach, sensibel und ohne jede Erwartung für Ihre eigene Wahrnehmungsweise.
- Wie fühlen Sie sich? Nehmen Sie jetzt wieder behutsam Ihre Hände mit den Handflächen nach unten, und streichen Sie sanft in einem gewissen Abstand vom Bauch aus über den Brustraum zu Ihrem Gesicht und über den Kopf. Ist der Abstand, in dem Sie einen »Widerstand« spüren, gleich geblieben oder größer geworden? Fühlt sich die Ausstrahlung Ihres Körpers gleich oder anders an? Weiter? Klarer? Leichter? Energiegeladener? Speichern Sie ganz bewußt die »Er-Innerung« an diese Erfahrung in jeder Körperzelle. So wissen Sie, wie Sie sich zu gegebener Zeit immer wieder von neuem von innen her selbst »aufladen« können.
- Beenden Sie die Übung langsam, indem Sie einige Male tief einatmen und bewußt in den Körper zurückkommen. Stellen Sie sich wieder ganz auf den jeweiligen Tagesabschnitt und Ihre Umweltsituation ein.

VICKY WALL

Der Flug der Aura

An einem Herbsttag im Jahre 1939 klingelte das Telefon und eine Freundin grüßte mich mit aufgeregter Stimme.
»Vicky, es gibt gute Neuigkeiten!« Sie sang fast vor Freude.
»Mutter ist wieder zu Hause. Der Arzt sagte, die Operation sei gut verlaufen, und daß sie uns Kinder wahrscheinlich alle überleben wird.« Sie lachte erfreut. Ihre Mutter war 70, sie selbst 40 Jahre alt. Sie waren eine große, engverbundene Familie, und meine Freundin hing sehr an der verwitweten Mutter, die die Kinder unter großen Mühen aufgezogen hatte.
»Komm doch schnell vorbei«, drängte sie, »und trink mit uns auf ihre Gesundheit. Wir sind alle da.«
»In Ordnung«, sagte ich, »ich komme gleich.«
Es dauerte ein wenig, ein paar Blumen auszusuchen. Instinktiv wählte ich goldfarbene, zusammen mit tiefvioletten Iris. Die Verkäuferin hüllte sie in ein Bett samtartigen Farns, und ich bat sie, den Strauß in magentafarbenes Papier einzupacken. Erst viele Jahre später wurde mir die Bedeutung meiner Wahl bewußt. Ich eilte zum Haus meiner Freunde. Das kleine Schlafzimmer quoll nur so über, denn die ganze Familie hatte sich versammelt. Die Spannung der langen Stunden des Wartens während der Operation war aus ihren Gesichtern verschwunden. Ihre Mutter war wieder zu Hause und augenscheinlich geheilt. Ein Getränk wurde mir in die Hand gedrückt und unisono hoben wir die Gläser. Obwohl ich nie trank, nahm ich das Glas an meine Lippen und machte mit. Mit leuchtenden Gesichtern schauten sie liebevoll ihre Mutter an, die in ihrem weißen Bett lag. Es schien ihnen unmöglich zu sein, die Hände von ihr zu lassen. Ein eingebildetes Haar wurde ihr aus dem Gesicht, eine nichtvorhandene Falte aus der unberührten Bettdecke

gestrichen, die schon stattlichen Kissen aufgeschüttelt. Es war für alle eine Zeit der Freude.

Ich stand am Fußende des Bettes, auf dem einzigen, freien Platz – sie war vom Kreis ihrer Lieben ganz umringt. Ich lächelte sie an und ein wenig matt erwiderte sie mein Lächeln, verständlich bei der Aufregung um sie herum. Als ihre Augen zu ihren Kindern wanderten, fiel mein Blick auf ihre Hände, die auf der Decke lagen. Ein Teil von mir löste sich plötzlich ab, und ich sah, wie sich ihre Aura langsam hoch und nach außen zur linken Körperhälfte bewegte. Ein goldener Schimmer und ein gedämpftes Blau erschien an der Peripherie, während der Teil der Aura, der noch im Körper verblieben war, zu Nichts erblaßte. Entsetzt beobachtete ich dieses Geschehen – so etwas hatte ich schon einmal gesehen. Ich blickte weg, sagte mir selbst, daß alles Einbildung sei. Mein Blick fiel wieder auf ihr Gesicht, ich wollte mich versichern. Das Gesicht veränderte sich und ich schaute in eine Totenmaske.

Jemand sprach zu mir.

»Ist sie nicht wunderbar?« sagte die Stimme. Das Lächeln, das ich versuchte, gefror mir im Gesicht. Ich antwortete so gut ich konnte und verabschiedete mich.

Früh am nächsten Morgen klingelte das Telefon. Gebrochen sprach eine Stimme zu mir: »Ich muß dir leider mitteilen, Vicky, daß unsere liebe Mutter in der Nacht einen Rückfall hatte und wir sie verloren haben.« Die Stimme klang unartikuliert, erstickte fast. »Sie war so wunderbar, nicht wahr? Sie sah so gut und glücklich aus. Du hast das auch gedacht, nicht wahr?«

Ich erinnere mich nicht genau, was ich sagte, doch nach dem Gespräch legte ich den Hörer auf und bedauerte die Hinterbliebenen für ihr Leid. Die Mutter war eine fromme Seele gewesen und heute weiß ich, daß das Gold, das ich damals sah, ein Zeichen geistiger Fortgeschrittenheit war, der Glorienschein eines Lebens in Aufopferung.

Das erste Mal, daß ich den Flug der Aura beobachtete, war während meiner Kindheit. Ich besuchte meine Freundin Cecilia, die sehr krank war. Von der Schwere ihrer Krankheit wußte ich damals nichts. Es war während eines meiner Besuche, kurz bevor sie abberufen wurde, als ich die Veränderung in ihren Farben und die Wegbewegung der Aura von ihrer normalen Position sah. Ich nahm es wahr, während ich momentan losgelöst war. Es war wie in einem Traum, und manchmal wird dieser Zustand fälschlicherweise als Tagtraum aufgefaßt. Etwas in mir schmerzte. In Cecilias Fall war die Peripherie auch golden, mit demselben Blau, das aber mit einem sanften Rosa vermischt war. Ich glaube, sie war ein Geschenk an die Engel, eine Botschaft der Liebe von der Erde. Sie starb zwei Tage später im Alter von 13 Jahren.

Während des Krieges war der Tod für keinen ein Fremder. Die damaligen aurischen Wahrnehmungen hatten durch die Kriegszeit ganz neue und mir teilweise völlig unbekannte Muster. Ich bemerkte, daß Schocksituationen und gewaltsamer Tod andere Auswirkungen auf die Aura hatten. Während eines langsamen, hingezogenen Todes konnte man die wahren Aurafarben sehen, bevor die Farbveränderung und der Flug der Aura begann.
Es war 1942. Das Schlimmste war passiert. Ein direkter Treffer, und ich machte meine erste Bekanntschaft mit schrecklicher Verwüstung. Die Bombe hatte eine Munitionsfabrik getroffen. Vierhundert Menschen mit verschiedenen Graden von Verletzung und Schock, und so viele gewaltsame Tode. Überall lagen Körper und es wurde jede helfende Hand gebraucht. Ich hielt ein junges Mädchen in meinen Armen, das in Hysterie ausgebrochen war, und versuchte, es zu beruhigen. Sie durfte nicht fortlaufen, bevor nicht ein Arzt überprüft hatte, daß keine inneren Verletzungen oder Knochenbrüche vorlagen. Man konnte nichts tun, als auf die Ambulanz warten, ruhig bleiben und inmitten des Blutbades auszuharren. Aus Selbstschutz und Angst, ebenfalls in Panik auszubrechen, löste ich mich los, zog mein inneres Selbst aus meinem verletzlichen Körper zurück. Da bemerkte ich etwas Merkwürdiges. Die Aura des jungen Mädchens hatte sich ganz zur Peripherie des Körpers bewegt. Da war kein goldener Schimmer, aber eine rissige Linie durchlief die Aura, und an ihren Rändern erschien

Braun und verblieb dort. Als ich das Mädchen ein paar Tage später wieder traf, sah ich, daß seine Aura an der Peripherie geblieben und in demselben Zustand war. In vielen Fällen von Schock, wie z. B. bei Autounfällen, extremen emotionalen Situationen und Operationen konnte man nachträglich dieses Phänomen beobachten. Ich nenne es »Auratrennung« oder »Auralücke«. Dies ist buchstäblich die Seele oder der göttliche Funke, der in die »Standspur« des Lebens geht, die für Momente eingerichtet wurde, in denen der physische Körper mehr ertragen muß, als er ertragen kann. Die Seele löst sich so lange, bis Hilfe geboten wird und Heilung beginnt. Ich glaube, daß die Seele ihren irdischen Aufenthalt nicht vor der vereinbarten Zeit abbrechen kann. Sie wird von der Silberschnur, die nicht durchtrennt werden kann, gehalten. Menschenhände können zwar die Nabelschnur durchschneiden, aber nur das Göttliche kann die Silberschnur durchtrennen.

Ich sah einen Krankenwagenfahrer, der seinen Mantel auszog und damit eine furchtbar verletzte Frau zudeckte. Schock, Traurigkeit und Entsetzen standen in seinem Gesicht geschrieben. Ihre Kleider waren von der Explosion einer Bombe weggeflogen und sie lag entblößt vor aller Augen. Der schwere Mantel, den er auf sie gelegt hatte, war ein Akt, ihre Würde zu schützen. Diese Tat trieb mir, inmitten des Chaos, Tränen in die Augen. Für diese Frau kam jede Hilfe zu spät. Ich wollte nur weglaufen, denn ich war noch sehr jung. Doch es war meine Pflicht, zu bleiben und zu helfen, so wie es die Pflicht aller Unverletzten war. Ich löste mich los. In diesem Falle hatte die Aura der Frau bereits ihre Reise nach oben angetreten. Ein goldener Schimmer war nicht da. Die ganze Aura war zerrüttet und durchlöchert und der innere Teil fast schwarz. Während ich dies beobachtete, erschien Blau, und ein wenig Gold berührte den äußeren Rand. Da wußte ich, daß sich andere Hände um sie kümmerten. In diesem Moment veränderte sich ihr Gesichtsausdruck in tiefen Frieden, und Kaskaden von Regenbogenfarben kamen auf sie herab. Sie war abberufen worden, gerufen zur Ruhe und zur Vorbereitung auf ihre Wiederkehr. Diese Kaskaden von Farben verwirrten mich, denn ich hatte so etwas noch niemals gesehen. Das erste

Mal, daß ich etwas Ähnliches erlebte, war, als ich nach einem schweren Herzinfarkt wiederbelebt werden mußte und gerade über den Berg war. Vor mir sah ich einen schönen Garten, Kaskaden von Regenbogenfarben in so vielen brillanten Farbtönen, die man normalerweise auf der Erde nicht sehen kann. Viele, die unter vergleichbaren Umständen zur Schwelle gegangen waren, haben Ähnliches berichtet. Oft wurden mir meine Wahrnehmungen bestätigt, denn manchmal zweifelte ich an dem, was ich gesehen hatte.

Den Flug der Aura habe ich auch bei Tieren oft beobachtet. 1957 wurde mir gesagt, daß meine geliebte Deutsche Schäferhündin Patsy, die nun 16 Jahre alt war, Krebs im Endstadium hatte. Das bestätigte mir, was ich schon länger gewußt hatte. Der Tierarzt, der ein sehr netter Mann war, bot mir Hilfe durch Einschläfern an. Ich lehnte ab. Nur diejenige, die sie liebte, sollte sie in den Armen halten, und durch das Ausströmen unserer gegenseitigen Liebe würde sie keine Schmerzen haben. Trotzdem hatte ich etwas vorbereitet, das ihr, wenn es nötig war, beim Übergang helfen würde.

Ich saß auf der Couch, die wir beide so oft belagert hatten, und ihr magerer Körper lag in meinem Schoß. Ihre große, mittlerweile grau gewordene Schnauze lag auf meiner Schulter. Ich spürte das Kitzeln ihrer Barthaare an meiner Wange. Meine Hände umfingen ihr liebes Gesicht. Ihr Atem wurde flacher und flacher; die Zeit war gekommen. Ein abgrundtiefer Schmerz war in meinem Herzen – wir hatten dies schon so oft, in so vielen verschiedenen Leben durchgemacht und doch war jedesmal etwas in mir mit gestorben. Der Schmerz hörte niemals auf und überraschte mich immer wieder neu. Meine Tränen fielen still auf ihren Kopf, Seelentränen tropften auf meine Hand darunter. Geliebte Freundin, ich liebe dich so, ich liebe dich so.

Ihre wunderschöne, nun goldene Aura trat ihre Reise an, und ich beobachtete ihren Flug durch den ätherischen Körper. Überall war Licht und ich sah sie in einem Schein von fließenden Farben. Ich sah, wie sie davonging zum Tor, zum Eingang in die Ewigkeit, so wie ich es schon so viele Male gesehen hatte. Im Geiste gingen wir zusammen den kurzen Weg bis zur Schwelle, an der ich anhalten mußte, denn ich konnte sie nicht mit ihr überschreiten. Während sie eintrat, hörte ich leise ihre Freunde, die sie begrüßten und erhaschte einen Blick auf die ungesehenen Farben und die Herrlichkeit hinter der Schwelle. Sie schaute nicht zurück. Wir wußten beide, daß sie auf mich warten würde, so wie sie schon oft auf meine Rückkehr gewartet hatte. Sie und ich wußten, daß wir immer den Weg der Entsagung wählen würden, um ihn unvermeidlich zusammen zu gehen.

IV. Teil

Aura- und Chakra-Arbeit in Verbindung mit anderen Methoden

ARNOLD BITTLINGER

Das Vaterunser und die Chakras

Es war in der alten *japanischen* Tempelstadt Kyoto. Ich nahm an einer Konsultation des Ökumenischen Rates der Kirchen teil, bei der wir darüber nachdachten, wie die Spiritualitäten der verschiedenen religiösen und kulturellen Traditionen für das Christentum fruchtbar gemacht werden könnten. Es ergab sich, daß ich während dieser Konsultation mein Zimmer mit einem indischen Yogi teilte. Jeden Morgen und jeden Abend konnte ich ihn bei seinen Yoga-Übungen beobachten. Wir sprachen oft miteinander über Yoga, u. a. auch über die Bedeutung der menschlichen Energiezentren (Chakren) im Kundalini-Yoga.

Da ich mich bisher nur wenig mit »Chakren« und »Kundalini« befaßt hatte, bat ich meinen Zimmergenossen um nähere Informationen. Daraufhin erklärte mir der Yogi, daß die am unteren Ende der menschlichen Wirbelsäule zusammengerollt ruhende Kundalinischlange (»Kundalini« heißt die »Zusammengerollte«) ein Symbol des kollektiv Unbewußten und einer großen emotionalen Energie sei. Diese Energie könne man auch als Libido, ewiges Leben oder auch als Heiliger Geist bezeichnen. Den Ruheplatz der Kundalini nenne man »Muladhara«, d. h. »Wurzel-Zentrum«. Dies sei das erste Chakra. Aufgabe der Meditation sei es nun, die gewaltige Kraft der Kundalinischlange durch die übrigen Chakren nach oben fließen zu lassen bis hin zum »Sahasrara-Chakra«, das seinen Sitz im menschlichen Scheitel habe. Durch den Aufstieg der Kundalinischlange durch die Chakren erhalte der Mensch Anteil an der im Unbewußten ruhenden Energie. In dem Maße, wie der Meditierende sich diese Kräfte bewußt »einverleibt«, erfahre er Befreiung von menschlicher Begrenzung, von Hunger, Durst, Schmerz und Tod. Wir sprachen dann weiter darüber, wie eine solche Anschauung mit dem christlichen Glauben zu vereinen sei. Der Yogi meinte, daß es deutliche Parallelen gäbe zwischen den Aussage der indischen Mythologie über den Gott Shiva und den Aussagen des Johannes-Evangeliums über Jesus. Jesus werde – wie Shiva – mit einer Schlange verglichen (Joh 3,14). Er verheiße denen, die ihn in ihrem Leben aufnehmen, ewiges Leben (Joh 3,36), das sich in einer Entgrenzung der menschlichen Begrenztheit (Joh 14,12) und in einer Überwindung des Todes (Joh 11,25 f.) auswirke. Ein Inder habe deshalb keine Schwierigkeiten, die Kundalini-Kraft als »Jesus«-Kraft zu bezeichnen.

Dann sprachen wir über den Aufstieg der Kundalini-Energie durch die verschiedenen Chakren. Auf meine Frage, was ein Chakra sei, meinte der Yogi: Das Sanskrit-Wort »Chakra« (gesprochen »Tschakra«) bedeute »rotierendes Zentrum« oder »Rad in Bewegung«. Solange ein Chakra nicht von der Kundalini-Kraft erfüllt sei, sei es statisch, und somit kein »Chakra«. Sobald sich jedoch ein solches Zentrum öffne und Energie einströmen lasse, beginne es zu rotieren und werde dadurch zu einem Chakra.

Später habe ich mich eingehender mit den Chakren befaßt und Menschen kennengelernt, die die Fähigkeit haben, die Chakren zu sehen. Diese Menschen beschreiben die Chakren alle in ähnlicher Weise als wunderschöne blumenähnliche Gebilde in wechselnden Farben. Die ausführlichste Beschreibung fand ich bei Silvia Wallimann. Sie schreibt: »Ich sehe die Chakras, die Energiezentren, als blütenähnliche runde Gebilde, die in den verschiedensten Farben schillern. Ihre Größe und die Strahlkraft ihrer Farben sind von der Bewußtseinsentwicklung des Menschen abhängig. In ihrer Mitte haben sie eine kleine Vertiefung mit einem anderen Frequenzbereich als im Äußeren des Chakras. Diese Vertiefung gleicht einem Wirbel, in dem von außen einströmende Energien blitzschnell wie in einem Schlund verschwinden. Von der wirbelartigen Vertiefung zieht sich ein feiner Kanal ähnlich einem Blumenstiel direkt in das Innere der Wirbelsäule. Ich bin fasziniert von diesem Bild, denn die Wirbelsäule sieht wie ein Baumstamm aus, dem die Blumenstiele wie Äste entspringen. Die glockenförmigen Blütenkelche, also die Chakras selbst, liegen an der Oberfläche des Äther-

körpers, der den physischen Körper durchdringt und ihn zugleich wie ein Mantel, wie eine Schutzschicht umhüllt.
Über die Öffnungen der Chakras fließen die Energien aus dem Kosmos den feinstofflichen Körpern und den physischen Körperorganen zu. Die Chakras sind die Sinnesorgane aller feinstofflichen Bereiche. Wie atmende Blüten nehmen sie die Energien aus der Natur, aus den Gestirnen und anderen Dimensionen auf, wandeln sie in verschiedene Energieformen um und leiten sie dem Körper zu.«
In meinem Gespräch mit dem Yogi ging es dann um die unterschiedlichen Funktionen der einzelnen Chakren. Der Yogi erklärte mir, daß jedes Chakra eine ganz bestimmte Bedeutung hätte, und daß beim Öffnen eines Chakras die einströmende Kundalini-Energie mit einer ganz bestimmten Gotteserfahrung verbunden sein. So würde im »Muladhara-Chakra« Gott als Quelle aller Energie erfahren, im »Svadisthana-Chakra« begegne uns der Schöpfer-Gott, im »Manipura-Chakra«, dem Feuerzentrum des Körpers, begegne uns der Gott, der zerstört und wieder neu schafft, im »Anahata-Chakra« werde Gotte als ewige Vibration erfahren und im »Vishuddhi-Chakra« koste man Gott als lebensspendenden »Amrita« (= Nektar), im »Ajna-Chakra« erkenne man die göttliche Wahrheit, deren Licht alles durchleuchte, und im »Sahasrara-Chakra« erfahre man die volle Vereinigung mit Gott und damit die Aufhebung aller Gegensätze. Weiterhin meinte der Yogi, daß bei Aufsteigen der Kundalini durch die verschiedenen Chakren vieles, was wir verdrängt hätten (z. B. Ängste, Aggressionen usw.), belebt würde und dann in der Meditation angeschaut und überwunden werden könne. Durch diese Konfrontation mit der eigenen Dunkelheit würde der Meditierende allmählich die Furcht vor Tod und Teufel verlieren und dadurch zu einem glücklicheren Leben befreit werden.
Bei diesen Gesprächen über den Aufstieg der Kundalini-Energie durch die einzelnen Chakren kam mir der Traum des Erzvaters Jakob in den Sinn, von dem wir in der Bibel lesen: »Jakob sah eine Leiter, die auf der Erde stand und mit ihrer Spitze an den Himmel reichte. Und die Engel Gottes stiegen an ihr hinauf und herab« (1. Mose 28,12). Das

Johannes-Evangelium bezieht diesen Vers auf Jesus und sagt, daß »die Engel Gottes auf dem Menschensohn hinauf- und herabsteigen« (Joh 1,51). Die Himmelsleiter ist also Symbol für den in der Erde verwurzelten kosmischen Christus, auf dem die himmlischen Energien (= »die Engel Gottes«) hinauf- und herabsteigen. Indem wir »in Christus« sind und »Christus in uns« ist, haben wir Anteil an dieser Erfahrung.
Bei meinen Gesprächen mit dem Yogi bewegte mich immer wieder die Frage, wie diese hilfreiche Art der Meditation so für das westliche Christentum fruchtbar gemacht werden könnte, daß weder die abendländische noch die indische Tradition verfälscht würde.
Ich fragte mich, ob es z. B. eine Möglichkeit gäbe, das zentrale Gebet der Christenheit, das *Vaterunser,* mit einer Chakren-Meditation zu verbinden. Ich machte einen Versuch und teilte die einzelnen Vaterunser-Bitten so auf die Chakren auf, daß die beiden Elemente in ihrer Bedeutung jeweils einander entsprachen und sich ergänzten. Schließlich ergab sich eine Aufteilung, die mich einigermaßen befriedigte:

Sahasrara-Chakra	Unser Vater im Himmel
	Geheiligt werde dein Name
Ajna-Chakra	Dein Reich komme
	Dein Wille geschehe
	Wie im Himmel so auf Erden
Vishuddhi-Chakra	Unser tägliches Brot gib uns heute
Anahata-Chakra	Vergib uns unsere Schuld
	Wie auch wir vergeben unseren Schuldigern
Manipura-Chakra	Führe uns nicht in Versuchung
Swadhisthana-Chakra	Erlöse uns von dem Bösen
Muladhara-Chakra	Dein ist das Reich und die Kraft
	Und die Herrlichkeit in Ewigkeit.
	Amen.

Doch dann ergab sich eine große Schwierigkeit: Ich hatte Mühe, die Chakren von oben nach unten zu meditieren. Es ging mir einfach gegen den Strich – ganz abgesehen davon, daß dadurch die östliche Tradition verfälscht wurde. Die Kundalinischlange steigt nun einmal von unten nach oben auf und nicht umgekehrt. Auch die Zeichen des I Ging werden von unten nach oben geschrieben.

Wie sollte ich dieses Problem lösen?

Ich versuchte, mit dem Muladhara-Chakra zu beginnen. Aber dazu paßte die Anrede »Unser Vater im Himmel« wie eine Faust auf's Auge (der Himmel ist nun einmal »oben« und nicht »unten«!). Ähnlich erging es mir mit den anderen Zuordnungen von Chakren und Vaterunser-Bitten (eine Ausnahme bildete das Anahata-Chakra. Es blieb bei beiden Reihenfolgen mit derselben Vaterunser-Bitte verbunden).

Dann machte ich den umgekehrten Versuch: Ich versuchte das Vaterunser rückwärts zu meditieren. Das ergab einen guten Sinn. Aber durfte ich das zentrale Gebet der Christenheit »auf den Kopf stellen«? Jesus hat seine Jünger gelehrt, das Gebet von »oben nach unten« zu beten. Und die christliche Gemeinde hat es nun schon fast 2000 Jahre lang so gebetet. Durfte ich es da wagen, dieses Gebet von unten nach oben zu beten? Mit dieser Frage im Herzen flog ich in die Schweiz zurück. Dort stöberte ich in den folgenden Tagen in der Vaterunser-Literatur. Dabei fiel mir ein Buch in die Hände, dessen Untertitel mich faszinierte: »Das Herrengebet von seinem Ende her«. Ich schlug das Buch auf, las das Vorwort und staunte: Da hat doch ein katholischer Christ, der Jesuit Johannes Lotz, bereits vor einigen Jahren den Versuch gewagt, das Vaterunser rückwärts zu beten! Er meinte damals – genauso wie ich noch vor wenigen Augenblicken – daß er der erste wäre, der auf diese Idee gekommen sei. Doch dann entdeckte er, daß bereits vor ihm der ostkirchliche Metropolit Anthony Bloom einen ähnlichen Versuch unternommen hatte.

Ich blätterte in dem Büchlein von Lotz und stellte fest, daß er die Chakren nicht erwähnte, sondern den Rückwärtsgang durch das Vaterunser eher im Rahmen der traditionellen katholischen Spiritualität voll-

zog (auch Anthony Bloom, dessen Buch ich erst später einsehen konnte, erwähnt die Chakren nicht).
Nachdem ein orthodoxer und ein katholischer Christ es gewagt hatten, das Vaterunser »rückwärts« zu beten und zu meditieren, fühlte ich mich als einer, der aus der reformatorischen Tradition kommt, in guter Gesellschaft, um ebenfalls einen solchen Versuch zu wagen. Ich griff also meinen in Japan begonnenen Versuch wieder auf und ordnete die einzelnen Vaterunser-Bitten den entsprechenden Chakren zu. Dabei gewann ich den Eindruck, daß die »Doxologie« (»Denn dein ist das Reich ...«), die ja in den ältesten neutestamentlichen Handschriften nicht enthalten ist und die bis vor kurzem von den katholischen Christen nicht gebetet wurde, nicht so recht zum Muladhara-Chakra paßt und den Fluß einer »von unten«-Meditation eher stört. Das »Amen« dagegen, mit dem die Christenheit das Vaterunser seit den ältesten Zeiten in allen Traditionen abgeschlossen hat, ließ sich in geradezu idealer Weise mit dem Muladhara-Chakra verbinden. Und so fand ich schließlich folgende Zuordnung der einzelnen Vaterunser-Bitten zu den entsprechenden Energiezentren:

Amen	*Muladhara-Chakra*
Erlöse uns von dem Bösen	*Swadhisthana-Chakra*
Führe uns nicht in Versuchung	*Manipura-Chakra*
Vergib uns unsere Schuld Wie auch wir vergeben unseren Schuldigern	*Anahata-Chakra*
Unser tägliches Brot gib uns heute	*Vishuddhi-Chakra*
Dein Wille geschehe Wie im Himmel so auf Erden Dein Reich komme	*Ajna-Chakra*
Geheiligt werde dein Name Unser Vater im Himmel	*Sahasrara-Chakra*

Nachdem ich dieses Meditationsschema entworfen und immer wieder meditiert hatte, ergab es sich ganz von selbst, daß ich als Abschluß der Meditation – verbunden mit dem Schließen der Chakren – auch noch die Doxologie betete und somit wieder zum Amen zurückkehrte. Dabei ließ ich die nach oben erhobenen Hände langsam über die einzelnen Chakren zurückgleiten: »Denn dein ist das Reich« (Schließen des Sahasrara- und Ajna-Chakra) »und die Kraft« (Schließen des Vishuddhi- und Anahata-Chakra) »und die Herrlichkeit« (Schließen des Manipura- und des Swadhisthana-Chakra) »in Ewigkeit. Amen« (Schließen des Muladhara-Chakra).

Dann kam mir der Gedanke, den einzelnen Chakren bestimmte Farben zuzuordnen. Dabei ergab sich jedoch erneut eine Schwierigkeit. Je mehr ich mich mit der einschlägigen Literatur befaßte, desto verworrener wurde das Bild. Jeder Autor schien seine eigenen Farbvorstellungen zu haben. Außerdem sagten mir »Esoteriker«, die die Fähigkeit hatten, die Farben der menschlichen Aura und der Chakren zu sehen, daß die Farbe der Chakren beeinflußt würde vom jeweiligen Entwicklungsstand des betreffenden Menschen. Man könne deshalb die Chakren nicht auf bestimmte Farben festlegen. Diese Ansicht befriedigte mich jedoch nicht. Sie mag für die naturalistische »photographierbare« Seite der Chakren stimmen, aber mir ging es ja gar nicht um die »realistischen« Farben, sondern um die Farben-Symbolik. Und so überlegte ich: welche Farbe paßt am besten zu der symbolischen Bedeutung des betreffenden Chakras. Dabei kam mir als erstes das Sonnengeflecht-Chakra (Manipura) in den Sinn, und es war mir klar, daß ihm die gelbe Sonnenfarbe zugeordnet werden müßte. Das himmlische Blau dagegen würde am ehesten zu den »oberen« Chakren passen, während der energiegeladene Urgrund des Muladhara-Chakra am besten durch ein kräftiges Rot symbolisiert werden könnte. Während ich in meinen Überlegungen so weit gediehen war, begegnete ich auf einer Tagung einem jungen Graphiker, der gerade ein Cover für eine Chakren-Meditationskassette entworfen hatte. Dabei hatte er mit einer roten diskusähnlichen Scheibe begonnen (Muladhara), die oben von einer gelben

Scheibe (Manipura) überschnitten wurde. Dabei entstand im Feld der Überschneidung ein Orange-Rot (Swadhisthana). Denselben Vorgang wiederholte er weiter oben, indem er die gelbe Manipura-Scheibe mit einer hellblauen Scheibe (Vishuddhi) überschnitt, wodurch sich im Bereich der Überschneidung ein helles Grün (Anahata) ergab. Die hellblaue Scheibe mündete dann in eine indigoblaue (Ajna) und schließlich in eine violette (Sahasrara) Scheibe ein. Ich war fasziniert und es war mir klar: ja, so stimmt es! Muladhara ist rot, Manipura ist gelb und im Swadhisthana-Chakra begegnen sich die beiden Farben und bilden ein Orange-Rot. Im Anahata-Chakra dagegen begegnet das Gelb des Manipura-Chakra dem Blau des Vishuddhi-Chakra und bildet das Grün als Farbe des Übergangs und des Neu-Beginns. Von großer Symbolkraft erschien mir auch, daß das helle Blau des Vishuddhi-Chakras sich im Ajna-Chakra vertiefte und dabei voller und dunkler wurde und sich schließlich im Sahasrara mit dem Rot des Muladhara vereinigte, wodurch das Violett dieses höchsten Chakras eine coniunctio oppositorum (Verbindung der Gegensätze) bildete. Ja, so stimmte es. Diese Farben sind ja auch die Farben des Regenbogens! Im Anschluß an dieses Aha-Erlebnis sind mir diese »symbolischen« Chakrafarben dann auch anderswo begegnet.

Die voneinander abweichenden deutschen Bezeichnungen der Chakren versuchte ich so auszuwählen, daß sie der Bedeutung der Chakren möglichst nahe kamen. Schließlich entschied ich mich für folgende Bezeichnungen: 1. Wurzel-Chakra, 2. Polaritäts-Chakra, 3. Sonnengeflecht-Chakra, 4. Herz-Chakra, 5. Hals-Chakra, 6. Stirnauge, 7. Kronen-Chakra.

Meditation

Zur Meditation möchte ich zunächst einige Hilfen geben:

➤ Setzen (oder legen) Sie sich bequem hin.
➤ Entspannen Sie sich.
➤ Stellen Sie sich vor, wie das betreffende Chakra sich wie ein Blütenkelch öffnet.
➤ Denken Sie die betreffende Vaterunser-Aussage und lassen Sie dabei die entsprechende Farbe in das zugehörige Chakra einströmen. Dabei sollten Sie die Methode finden, die Ihnen am meisten entspricht, z. B. können Sie sich vorstellen, daß Sie die Farbe durch das Chakra »einatmen« und daß sie beim »Ausatmen« in alle Teile des Körpers fließt. Oder Sie können sich vorstellen, daß beim »Ausatmen« aller Unrat und alles, was Ihnen Sorge und Mühe bereitet, aus dem Körper hinaus geatmet wird und daß dann beim »Einatmen« reine, heilende Farbe einströmt.
➤ Die Länge der Meditation bestimmen Sie selbst. Wenn Sie sich für jedes Chakra etwa vier Minuten Zeit nehmen, dann dauert die gesamte Meditation etwa eine halbe Stunde.
➤ Die Verbindung der Chakrenmeditation mit bestimmten Farben hat den Sinn, daß der heilende Einfluß der betreffenden Farbe die Wirkung der Meditation unterstützt.
➤ Die Bedeutung der Verbindung einer Chakrenmeditation mit den Aussagen des Vaterunsers besteht darin, daß durch die Gebetsworte die »Kundalini-Energie« (= die Kraft des Heiligen Geistes) einerseits kanalisiert wird, andererseits werden die Aussagen des Vaterunsers mit neuer Kraft erfüllt und dem Meditierenden »einverleibt«. Wer die Vaterunser-Chakren-Meditation regelmäßig praktiziert, wird vermutlich nach einiger Zeit feststellen, daß er auch beim »normalen« Beten des Vaterunsers die einzelnen Vaterunser-Aussagen an den betreffenden Körperstellen »spürt«. Sein Leib ist in das Beten mit hinein genommen, und der Beter macht die schon

erwähnte Erfahrung des Psalm-Sängers: »Mein Leib und meine Seele freuen sich in dem lebendigen Gott«.

➤ Die der eigentlichen Meditations-Anleitung vorausgehenden Worte wollen die Bedeutung der einzelnen Vaterunser-Aussagen nochmals in Erinnerung rufen. Sie können bei einer Gruppen-Meditation vom Leiter jeweils vor der Aufforderung zur Chakren-Öffnung gesprochen werden.

➤ Der Meditations-Text zum Muladhara-Wurzel-Chakra lautet:
Wir leben in dieser Welt.
Wir leben jetzt in diesem Augenblick.
Wir leben auf dieser Erde.
Sie ist unsere Mutter.
Wir spüren, daß die Erde uns trägt.
Wir sind an unserem Platz fest in der Erde verwurzelt.
Wir stellen uns vor, daß sich das Wurzel-Chakra wie eine Blüte öffnet und daß eine rote Farbe einströmt. Wir hören dabei das Wort: *Amen.*

➤ Der Meditations-Text zum Swadhisthana-Polaritäts-Chakra lautet:
Wir leben in einer gespaltenen Welt.
Wir unterscheiden zwischen Ost und West,
zwischen Nord und Süd,
zwischen schwarz und weiß,
zwischen Mann und Frau,
zwischen gut und böse.
Wir sehnen uns nach der Erlösung aus dieser Gespaltenheit.
Wir sehnen uns nach Ganzheit.
Wir stellen uns vor, daß sich das Polaritäts-Chakra wie eine Blüte öffnet und daß eine orange-rote Farbe einströmt. Wir bitten dabei Gott: *Erlöse uns von dem Bösen.*

➤ Der Meditations-Text zum Manipura-Sonnengeflecht-Chakra lautet:
Sich dem Geist öffnen heißt:
Ja sagen zur Veränderung.
Immer wieder stehen wir in der Versuchung,
an der Einseitigkeit festzuhalten,
statt die rechte Mitte zu finden;
oder festzuhalten
am Alten, Liebgewordenen, aber Überholten,
statt es in den Tod zu geben,
damit Neues entsteht.
Wir stellen uns vor, daß sich das Sonnengeflecht-Chakra wie eine Blüte öffnet und daß die gelbe Sonnenfarbe einströmt. Wir bitten dabei Gott: *Führe uns nicht in Versuchung.*

➤ Der Meditations-Text zum Anahata-Herz-Chakra lautet:
Wir denken jetzt an Situationen, in denen wir das Ziel unseres Lebens verfehlt haben,
wo wir den Versuchungen erlegen sind,
wo wir uns selbst nicht treu waren,
wo wir Nein gesagt haben zu den Impulsen unseres wahren Selbst.
Wir bringen diese Zielverfehlungen zum Kreuz Christi.
Das Kreuz ist ein Symbol der Ganzheit.
Im Kreuz sind das Ja und das Nein zu einem Ganzen geworden.
Im Kreuz sind alle Zielverfehlungen aufgehoben,
unsere eigenen und die unserer Mitmenschen.
Wir stellen uns vor, daß sich das Herz-Chakra wie eine Blüte öffnet und daß eine grüne Farbe einströmt. Wir bitten dabei Gott: *Vergib uns unsere Schuld, wie auch wir vergeben unseren Schuldigern.*

➤ Der Meditations-Text zum Vishuddhi-Hals-Chakra lautet:
Wir alle leben vom irdischen Brot.
Wir sind dadurch verbunden mit unserer Mutter Erde
und mit all ihren Kindern.

*Alles irdische Brot
ist Abbild des himmlischen Brotes,
das unser wahres Selbst ist,
das unseren inneren Menschen ernährt.*
Wir stellen uns vor, daß sich das Hals-Chakra wie eine Blüte öffnet und daß eine hellblaue Farbe einströmt. Wir bitten dabei Gott: *Unser tägliches Brot gib uns heute.*

➢ Der Meditations-Text zum Ajna-Stirnauge-Chakra lautet:
*Unser Blick ist immer wieder gefangen
von der sichtbaren Wirklichkeit.
Wir wissen jedoch, daß das Eigentliche für die äußeren Augen unsichtbar ist.
Wir öffnen deshalb unser inneres Auge,
um den Willen Gottes zu erkennen
und um sein Reich zu schauen.*
Wir stellen uns vor, daß sich das Stirnauge wie eine Blüte öffnet und daß eine indigoblaue Farbe einströmt. Wir bitten dabei Gott: *Dein Wille geschehe wie im Himmel so auf Erden: Dein Reich komme.*

➢ Der Meditations-Text zum Sahasrara-Kronen-Chakra lautet:
*In dir, Gott, ist alles enthalten:
Die Erde und der Himmel.
Die Mutter und der Vater.
Das Weibliche und das Männliche.
Das Böse und das Gute.
Indem wir mit dir, Gott, verbunden sind,
haben wir Anteil an deiner Ganzheit.
So wird dein Name geheiligt.*
Wir stellen uns vor, daß sich das Kronen-Chakra wie eine Blüte öffnet und daß eine violette Farbe einströmt. Wir beten dabei Gott an: *Geheiligt werde dein Name, unser Vater im Himmel.*

Die *Vaterunser-Chakren-Meditation* verbindet ebenfalls den mütterlichen Urgrund des *Amen* samt den Erfahrungen der Mittelstationen mit dem *himmlischen Vater*. Eine solche Bewegung »von unten nach oben«, die die Erde mit dem Himmel und die Mutter mit dem Vater verbindet, ist heute dringend notwendig als Gegengewicht zu einem verkopften Christentum, das von einem vergeistigten Vater her denkt und kaum mehr Kontakt zur Erde hat.

Ein solches Christentum wird in einem norwegischen Märchen treffend durch ein goldenes Schloß, das in der Luft hängt, symbolisiert. Die Gestalt der Maria kann nur dann ein Gegengewicht zu einem solchen verkopften männlichen Christentum sein, wenn sie nicht einseitig als vergeistigte »Jungfrau« verehrt wird, sondern vor allem auch als Mutter Erde, bei der sowohl der dunkle Aspekt (vgl. die Darstellungen der »schwarzen Madonna«) als auch der verschlingende Aspekt der großen Mutter, die ihre Kinder in den Mutterschoß zurückholt (vgl. die Darstellungen der »Pieta«), ernstgenommen wird.

Bei einer Vaterunser-Chakren-Meditation sollte deshalb das *Amen* als »Mutter Erde«-Aspekt noch stärker unterstrichen werden. So könnte z. B. das folgende »Unsere Mutter«-Gebet aus dem Essener-Evangelium als Einleitung zur Vaterunser-Chakren-Meditation gesprochen werden:

Unsere Mutter, die du bist auf Erden,
geheiligt werde dein Name,
dein Reich komme,
dein Wille geschehe in uns wie in dir.
Da du jeden Tag deine Engel sendest,
so sende sie auch zu uns.
Vergib uns unsere Sünden,
wie wir alle Sünden gegen dich sühnen.
Und führe uns nicht in die Krankheit,
sondern erlöse uns von allem Übel,
denn dein ist die Erde, der Körper und die Gesundheit.
Amen.

WERNER BOHM

Der kosmische Aspekt der Chakras

Verbindet man die Zentren so, daß die sich ergebende Kurve zur Spirale wird, welche sich um das Rückgrat rechts und links herumwindet, erhält man das Bild des Merkurstabes. In Spiralform windet sich auch unser Sonnensystem im Weltenraum in Richtung auf jenen »Apex« genannten Punkt im Herkules empor. Das gleiche Gesetz waltet im Menschen wie im Kosmos.
Man kann das Rückgrat als eine Art innere Ekliptik auffassen. Es ist allerdings eine Mondenekliptik, in der die 30 Wirbel 30 Tagen des Mondes entsprechen würden.
Das durch die Zentren gesandte wandernde Bewußtsein kann als Sonne aufgefaßt werden. Die Sonnenwenden würden dann im Haupt (innerer Winter) und im Sexus (innerer Sommer) liegen.
Goethe vermutete im Kopf einen aufgeblasenen umgestülpten Rückenwirbel. Der zwei- und 1000blättrige Lotos liegen im Haupt. Insofern sind sie »frei« vom Rückgrat, während alle anderen Lotos an es gebunden sind. Hätte Goethe recht, so würden die beiden Kopflotos mit einem durch die Metamorphose gegangenen Rückenwirbel zusammenhängen. Sie wären damit in der Lage, ein anders geartetes, freieres Bewußtsein zu entwickeln als das ursprüngliche dumpfe, tierähnliche des in der Horizontalebene erbildeten Rückgrates es ermöglichte.

Den Planetensphären entsprechend wären:
Der 4blättrige Lotos innermenschliche Mondensphäre
Der 6blättrige Lotos innermenschliche Merkursphäre
Der 10blättrige Lotos innermenschliche Venussphäre
Der 12blättrige Lotos innermenschliche Sonnensphäre
Der 16blättrige Lotos innermenschliche Marssphäre

Der 2blättrige Lotos innermenschliche Jupitersphäre
Der 1000blättrige Lotos innermenschliche Saturnsphäre.

In dem 1696 verfaßten Buch *Eine kurze Eröfnung und Anweisung der dreyen Prinzipien und Welten im Menschen* von Johan Georg Grabern und Johan Georg Gichteln sind die Stellen des Menschenleibes, in denen sich die Chakras befinden, mit den Planeten genau in der oben erwähnten Art bezeichnet. Von den Chakras ist in dem Büchelchen aber gar nicht die Rede. Es ergibt sich so eine Identität der Ansatzpunkte der Planeten im Mensheninnern mit den Chakras.

Im Menschen entsprechen die Sphären zugleich »Weltenmonaten«, Entwicklungszyklen. Vom Monde oder dem vierblättrigen Lotos aufsteigend, befinden wir uns gegenwärtig in der Sphäre des Jupiter, der Region des zweiblättrigen Lotos in der Stirn zwischen den Augenbrauen. Jeder Zeit kommt eine spezielle Lotosentwicklung zu:

Der uralt indischen Zeit	der 4blättrige Lotos	
Der urpersischen Zeit	der 6blättrige Lotos	
Der ägyptisch-babylonisch-chaldäischen Zeit	der 10blättrige Lotos	Vergangenheit
Der ägyptischen Zeit um Echnaton	der 12blättrige Lotos	
Der griechisch-römischen Zeit	der 16blättrige Lotos	
Der mitteleuropäischen Zeit	der 2blättrige Lotos	Gegenwart
Der osteuropäisch-asiatischen Zeit	der 1000blättrige Lotos	Zukunft

Die »Yoga-Pflanze« wächst in dieser Art im Seelenmenschen empor und bestimmt den Charakter der Kultur.

Es würde den Rahmen der vorliegenden Arbeit überschreiten, wollte ich hier den Nachweis über jene Zusammenhänge erbringen, die zwischen dem Wechsel der Kulturen und dem der Betonung einzelner Sinne bestehen. – Er läßt sich führen. – Man bedenke z. B., daß in den alten vorchristlichen Kulturen Organerlebnisse viel lebhafter waren als heute. Durch den »Lebenssinn« erfolgten Wahrnehmungen innerer Organe, ja des ganzen Organismus, der Empfindungen von gesteigertem oder herabgedämpftem Lebensgefühl, Hunger, Durst usw. wesentlich lebendiger als heute. Das alte Hellwissen war in starkem Maße organbedingt. Dieser Sinn und noch andere sind heute mehr in das Unterbewußtsein versunken, wie z. B. die Tiefensensibilität erweist. Dafür ist heute ganz besonders der Gesichtssinn betont. Durch Wahrnehmen und Denken bilden wir unsere Begriffe. Analog veränderte sich auch die Betonung der Chakras. So mag vielleicht schon aus diesen wenigen Andeutungen einleuchten, weshalb zu unserer heutigen Kultur der zweiblättrige Lotos der Stirne gehört und entwickelt werden muß.

GÉRARD EDDE

Kristalle, Metalle und die Chakras

Außer Heilpflanzen nutzen die tantrische Medizin und der Ayurveda auch die therapeutischen Eigenschaften von Kristallen, Edelsteinen und Metallen. Dem Tantra zufolge sind alle Formen der Materie Manifestationen von Prana, der Vitalenergie. Demnach sind die Mineralien und Metalle die äußere Manifestation von bestimmten pranischen Energieformen. Die heutigen Homöopathen und der Begründer der Anthroposophie, Rudolf Steiner, haben den therapeutischen Wert von »leblosen« Stoffen anerkannt. Die alten indischen Weisen sollen diese Eigenschaften durch die Meditation entdeckt haben und erforschten dann die Grundlagen der Alchimie, um diese Elemente zu therapeutischen und spirituellen Zwecken zu reinigen.

Die magnetische Kraft der Mineralien kann in der Abischt genutzt werden, bestimmte Körperfunktionen zu verbessern, die Drei Körpersäfte (Tridoshas) auszugleichen und die negativen Kräfte zu neutralisieren, welche die Chakras blockieren. Als Beispiel für diese negativen Kräfte führen wir die negativen Einflüsse der schlecht aspektierten Planeten im indischen Horskop an, das nach den tätsächlichen Konstellationen am Himmel erstellt wird.

Diese Planeten können die Chakras aufgrund von bestimmten Beziehungen beinflussen, wie die nebenstehende Darstellung zeigt.

Auf eine modernere Art und Weise könnte man die Eigenschaften dieser Steine, die in winzigkleinen Dosierungen verwendet werden, durch eine elektromagnetische Wirkung auf zellularer Ebene erklären. In den alten Texten heißt es, daß diese Steine und Metalle ein »Astrallicht« ausstrahlen, das bestimmte Energien begünstigt und die schwachen planetarischen Energien unterstützt.

In der ayurvedischen Medizin Indiens werden die Metalle vor ihrem

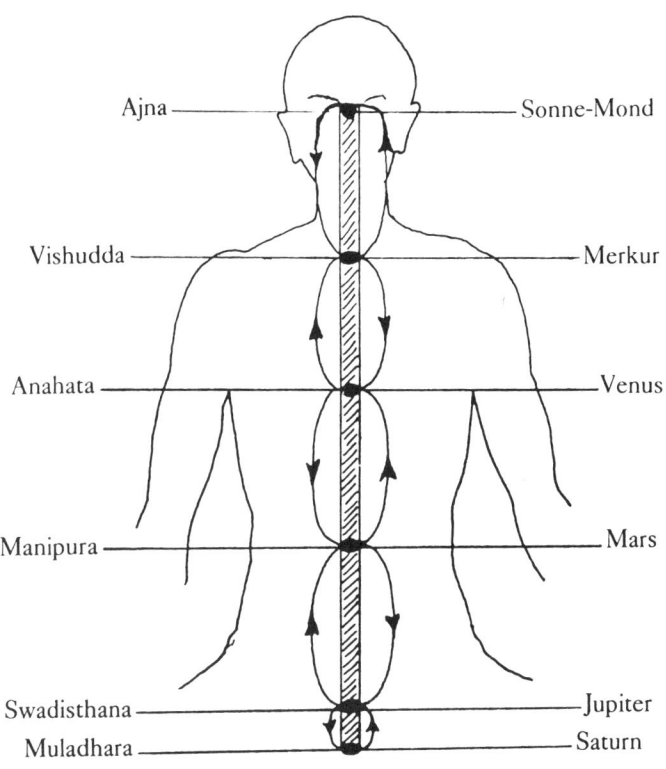

Gebrauch durch komplizierte Verfahren gereinigt, bei denen pflanzliche Öle, Butter, Urin von Kühen und Getreideschrot Verwendung finden. Diese Reinigungsmethoden ermöglichen die Aufnahme von größeren Mengen an Mineralien oder Metallen als bei den tiefsten homöopathischen Verdünnungen.

Mit Hilfe von anderen praktischen Verfahren können die energetischen Eigenschaften aus diesen Substanzen herausgezogen werden. Dies geschieht durch die folgenden Methoden:

➤ *Für die Metalle:* eine kleine Menge des Metalls in kochendes Wasser geben und es solange darin lassen, bis die Flüssigkeit auf die Hälfte reduziert ist. Die therapeutische Dosis beträgt ein bis drei Teelöffel pro Tag vor den Malzeiten.
➤ *Für die Steine:* den Stein über Nacht in ein Glas Wasser legen. Das Glas Wasser am folgenden Tag zu drei verschiedenen Zeiten trinken. Vor dem ersten Gebrauch reinigt man die Steine, indem man sie zwei Tage lang in Salzwasser stehen läßt. Die Steine können auch in direktem Kontakt mit der Haut getragen werden. (In manchen tantrischen Systemen wird der Finger, an dem der Stein getragen wird, nach den jeweiligen Beschwerden ausgewählt.)

Chakras und Edelsteine

Chakra	*Planet*	*Edelstein*
Ajna	Sonne	Rubin (A)
	Mond	Perle (B)

(A) Der Rubin: Der Rubin, nach dem Ayurveda von süßem Geschmack, hat eine verjüngende Wirkung auf den Körper. Er verbessert das Gedächtnis, erhöht den Appetit und stärkt das Fortpflanzungssystem. Er eignet sich besonders für die Konstitution von Wind (Luft) und

Galle. Er enthält die kosmischen Elemente Feuer, Luft (Wind) und Äther (Raum). Er stärkt auch das Herz und den Blutkreislauf und wirkt konzentrierend auf den Mentalkörper.

Für die tantrischen Heiler hat der Rubin eine rote Ausstrahlung von warmer Natur mit einer regenerierenden Wirkung. Sie empfehlen, den Rubin auf dem linken Ringfinger, in Kontakt mit der Haut und in einen Gold- oder Silberring gefaßt, zu tragen. Dies dient zur Belebung des Körpers und hilft bei allen Beschwerden der Augen und des Kopfes (das Ajna-Chakra herrscht über den Kopf und die Sinnesorgane).

(B) Die Perle der Perlmuschel: Sie enthält die kosmischen Elemente Wasser, Erde und Luft (Wind). Sie hat eine ausgezeichnete Wirkung auf das gallige Temperament, da sie kühlende Schwingungen an den Organismus weitergibt. Sie reinigt das Blut und die Leber. In Indien wird sie für die Behandlung von Hepatitis und Gallensteinen verwendet. Das gereinigte Präparat (Bhasma) wird bei Blutungen verschiedenen Ursprungs angewendet. Allgemein stärkt sie die Vitalität und kann zur Anregung aller Heilkräfte genutzt werden. Man läßt vier kleine Perlen die ganze Nacht über in einem Glas Wasser ziehen und trinkt dann die Flüssigkeit (ohne die Perlen!) am Morgen und Abend des folgenden Tages als Tonikum. Die Perle kann auch am rechten Ringfinger in direktem Kontakt mit der Haut getragen werden (besonders geformter Ring).

Für die Zubereitung der gereinigten Perle lassen die ayurvedischen Ärzte sie mehrere Tage lang in einem besonderen Essig ziehen und zerstoßen sie dann zu Pulver. Dieses Bhasma wird mit etwas Honig in einer Dosis von 0,10 Zentigramm pro Tag eingenommen. Dies ist ein Stärkungsmittel für Herz und Nieren, das gleichzeitig den Körper belebt und den Geist beruhigt.

Die tantrischen Heiler verschreiben das Tragen des Edelsteins vor allem deshalb, um die mentalen Störungen zu bekämpfen, bei denen der Patient eine geistige oder physische »Reinigung« zu brauchen scheint, und bei chronischen Fieberzuständen.

Chakra	*Planet*	*Edelstein*
Vishudda	Merkur	Smaragd (C)

(C) Der Smaragd: Der Smaragd ist von kühler Energie und strahlt die Farbe Grün aus. Man verwendet ihn gegen Nervenstörungen und zur Ausscheidung von Toxinen. Er behandelt das Blut (Komplementärfarbe), die Anämie und läßt an Gewicht zunehmen. Er lindert Übelkeit und Erbrechen.

Die tantrischen Heiler empfehlen, den Smaragd um den Hals zu tragen. Dies hilft gegen Appetitmangel und Magenbeschwerden und regt die Intelligenz an (dies korrespondiert mit der Aktivität des Kehlchakra).

Chakra	*Planet*	*Edelstein*
Anahata	Venus	Diamant (D)

(D) Der Diamant: dieser Edelstein, ob er nun weiß, bläulich oder rötlich ist, strahlt eine Energie aus, die das Herz (Anahata-Chakra), das Gehirn und alle tiefen Organgewebe des Herzens anregt. Der Diamant ist der Stein mit der größten verjüngenden Wirkung. Er enthält die Fünf Kosmischen Elemente Erde, Wasser, Feuer, Luft (Wind) und Äther (Raum). Ebenso wie die anderen Steine, wird er die ganze Nacht über in einem Glas Wasser eingeweicht (auch wenn der Stein klein ist) und am nächsten Tag zu zwei verschiedenen Zeiten getrunken.

Die ayurvedischen Ärzte bereiten aus dem Diamanten ein tonisierendes Bhasma mit vielfältigen Eigenschaften: *Yoga Yadhi*. Die tantrischen Heiler raten, einen Diamanten von guter Qualität (selbst wenn er klein ist), in Kontakt mit der Haut und in einen Goldring gefaßt, am rechten Ringfinger zu tragen.

Chakra	*Planet*	*Edelstein*
Manipura	Mars	Koralle (E)

(E) Die Koralle: Dieser »Stein« von süßem Geschmack und kalter Energie, der aus dem Meer kommt, nimmt die Energie des Planeten Mars auf und reguliert das Vitalfeuer des Chakra Manipura (Nabelzentrum). Seine Wirkung beruhigt den Körpersaft Galle oder Pitta, reinigt das Blut und hilft dabei, die Emotionen von Haß, Zorn und Eifersucht zu beherrschen. Die tantrischen Therapeuten raten, die Koralle in Kontakt mit der Haut am Zeige- oder Ringfinger der rechten Hand zu tragen. Die rote Koralle enthält die kosmischen Elemente Wasser, Erde und Feuer und strahlt eine intensive gelb-orange Farbe aus. Bei der medizinischen Zubereitung wird die Koralle in einer Abkochung aus Myrobalanfrüchten gesiedet.

In der südindischen Medizin der Siddhas wird die rote Koralle in etwas Milch präpariert und dann in Zitronensaft mazeriert. Dann wird das Präparat calciniert und in Form von Asche (etwa 30 Zentigramm) nach den Mahlzeiten mit ein wenig Honig eingenommen. Man behandelt damit Rheumatismus, Fieber, Beschwerden der Harnwege, Impotenz und chronische Kopfschmerzen. Man kann die energetischen Eigenschaften der Koralle auch durch die Methode der energetischen Lösung in einem Glas Wasser gewinnen (siehe bei den bereits angeführten Steinen weiter oben). Manche tantrischen Heiler raten, Kinder und Erwachsene, die unter nächtlichen Alpträumen leiden, einen Gürtel mit einer roten Koralle tragen zu lassen, der auf der Höhe des Chakra Manipura (Nabel) verknotet wird.

Chakra	*Planet*	*Edelstein*
Swadisthana	Jupiter	Topas (F)

(F) Der Topas: Der Topas strahlt Wärme aus und enthält die kosmischen Elemente Feuer, Äther und Luft. Dieser Stein besitzt gleichzeitig eine Strahlung von blauer Farbe und warme Energie: Dieser Gegensatz gibt ihm eine anregende und ausgleichende Wirkung auf das Gemütsleben, wodurch die Angst (als diejenige Emotion, welche die unteren

Chakras blockiert) durch eine positive Form der Leidenschaft ersetzt wird. Beispielsweise wird das Gedächtnis, ebenso wie die Intelligenz, aufgefrischt. Es wird geraten, den Topas in Kontakt mit der Haut am Zeigefinger der rechten Hand oder um den Hals zu tragen (Kette oder Ring möglichst aus Gold), denn er hat auch eine Beziehung zum Kehlchakra und schützt die Mandeln.

In der ayurvedischen Medizin kuriert er Fieber mit Ausschlag, Nervenstörungen, Schockzustände, akuten Rheumatismus und Koliken. Man kann sich seine Eigenschaften auch durch die energetische Lösung in einem Glas Wasser zunutze machen (siehe weiter oben). Man verwendet ihn ebenfalls zur Behandlung von sexuellen Neurosen des Chakra Swadisthana.

Chakra	*Planet*	*Edelstein*
Muladhara	Saturn	Saphir (G)

(G) Der Saphir: Seine Strahlung ist von violetter Farbe und kalter Energie. Die tantrischen Therapeuten verwenden ihn gegen Nervenerkrankungen und geistige Störungen. Es heißt, der Saphir strahle eine ähnliche Schwingung wie diejenige der Nervengewebe aus. Das Chakra Muladhara verkörpert die Energie des kosmischen Elements Erde. Durch seine Verbindung mit dem Planeten der Erde, Saturn, harmonisiert der Saphir dieses Element und beruhigt den Körpersaft Wind oder Vayu, der von der Medizin der Siddhas in den beiden unteren Chakras lokalisiert wird.

Im Ayurveda werden die Präparate auf Saphir-Basis verabreicht zur Anregung der Verdauung, zur Heilung von Hautproblemen und bei nervösen und geistigen Störungen wie: Depression, Schläfrigkeit, Hysterie, Wahnsinn sowie bei Neuralgien. Man stellt dabei eine tiefgehende beruhigende Wirkung fest, die sich gegen sonderbare Verhaltensweisen richtet. Genauso wie bei den bereits erwähnten Steinen, kann man aus dem Saphir energetisch aufgeladenes Wasser bereiten.

Chakras und Metalle

Auch die Metalle haben eine bedeutende therapeutische Wirksamkeit. Die Mehrzahl von ihnen muß jedoch für einen therapeutischen Gebrauch in bestimmbarer Dosierung gereinigt werden. Im Unterschied zur Homöopathie bedient sich die tantrische Medizin meßbarer Mengen bei den Bestandteilen ihrer Heilmittel, und diese müssen von schädlichen Nebenwirkungen frei sein. Häufig wird das Metall in Milch, Urin von Kühen, pflanzlichen Ölen oder Getreideschrot erhitzt. Diese Methoden sind Teil der alten indischen Alchimie, die Nagarjuna in die Therapie einbezogen hat.

Anstelle des Gebrauchs von Metallen ohne Kenntnis der dafür angemessenen Praxis rät Dr. Vasant Lad, das gewählte Metall in einen Behälter mit Wasser und Zitronensaft zu legen und es darin 24 Stunden ziehen zu lassen. Dann legt man es in einen halben Liter kochendes Wasser und läßt das Wasser solange kochen, bis es sich auf die Hälfte reduziert hat. Man nimmt zwei Teelöffel von dieser Flüssigkeit dreimal täglich für die Dauer eines Monats ein. Diese Methode ist gültig für Kupfer, Gold, Eisen und Silber. Dieses Verfahren wirkt weniger auf den physischen Körper als die ayurvedischen Präparate, doch seine langfristige Wirkung hat einen günstigen Einfluß auf die Energie im Sinne der Heilung von Störungen, die in der folgenden Übersicht aufgeführt sind, und damit wird auch die physische Energie wieder neubelebt.

Chakra	*Planet*	*Metall*	*Eigenschaften*
Ajna	Sonne-Mond	Gold – Silber	siehe weiter unten
Vishudda	Merkur	Gold	warme Energie – Nerventonikum – erhöht das Gedächtnis und frischt die Intelligenz auf

Chakra	*Planet*	*Metall*	*Eigenschaften*
Anahata	Venus	Silber	kalte Energie – Wirkung auf die Körpersäfte Galle und Luft (Wind) – gut gegen Magerkeit, chronische Fieberzustände, starkes Herzklopfen, Entzündungen der Magenschleimhaut und des Dünndarms – allgemeines Stärkungsmittel
Manipura	Mars	Kupfer	Stärkungsmittel für die Leber und die Milz – gut bei Störungen des Körpersaftes Schleim – hilft bei Dickleibigkeit
Swadisthana	Jupiter	Gold	siehe weiter oben – regt die Bewußtseinserweckung an – allgemeines Stärkungsmittel – gut für die Körpersäfte Luft (Wind) und Schleim
Muladhara	Saturn	Eisen	Stärkungsmittel für das Knochenmark, die Knochen und die roten Blutkörperchen – regt die Leber und die Milz an, kuriert Anämie – verjüngende Wirkung

GÉRARD EDDE

Massage der Chakras

Die ayurvedische Massage bildet einen besonderen Zweig der Wissenschaft des Ayurveda. Ihr Interesse gilt mehr den materiellen Bestandteilen des Körpers als den feinstofflichen Energien. Die tantrische Medizin hat jedoch ein vollständiges System der energetischen Punkte des Körpers ausgearbeitet, das sich vor allem in Südindien entwickelt hat: die Wissenschaft der *Marmas* oder Vitalpunkte des Körpers. Diese Methode, die von den tamilischen Heilpraktikern und Gliedereinrenkern häufig angewendet wird, lehnt sich an die Theorie von der Zirkulation der Energie in den Nadis des Körpers an, die mit der chinesischen Wissenschaft der Akupunktur verwandt ist. Es muß hervorgehoben werden, daß die Moxibustion in Indien seit dem Altertum bekannt war, und zwar in dem Maße, daß manche Gelehrten nicht zögern, ihre Entstehung in das drawidische Indien zu verlegen.

Im Rahmen dieses Kapitels wäre es schwierig, die vollständige Methode der tantrischen Massage der *Marmas* zu beschreiben. Wir wollen hier die wichtigsten Punkte festhalten:

– Massage der Reflexpunkte der Chakras des Rückens
– Massage der wichtigsten *Marmas*.

Die Rückenmassage steht in Verbindung mit dem zentralen Nervensystem; nach der Tradition liegen die Chakras jeweils zwei Fingerbreit voneinander entfernt. In der Praxis erfolgt die Lokalisierung der Reaktionspunkte der Chakras auf die folgende Art und Weise:

– Muladhara: an der Basis des Steißbeins
– Swadisthana: unterhalb des Hüftknochens
– Manipura: auf der Höhe der letzten Rippen

- Anahata: an der Basis des Schulterblatts
- Vishudda: auf der Höhe des Schlüsselbeins.

Man reibt ein wenig Rizinusöl in diese fünf Zonen ein und massiert sanft den entsprechenden Wirbel mit kreisförmigen Bewegungen des Daumens.

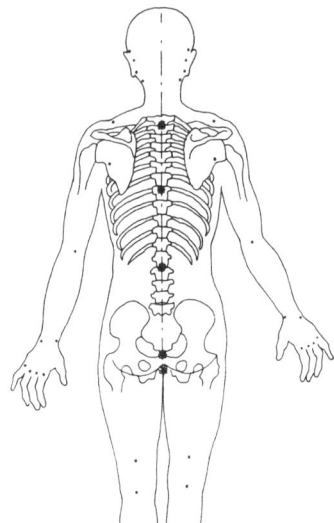

Auch die beiden Punkte der oberen Chakras werden mit Rizinusöl eingerieben.
Ajna-Chakra: Der Punkt zwischen den Augenbrauen ist mehrere Male zu massieren, wobei die beiden Daumen gespreizt werden.

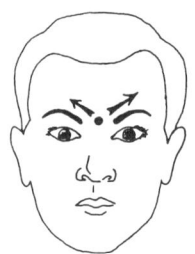

Sahasrara-Chakra: Dieser Punkt ist der wichtigste, er liegt acht Fingerbreit oberhalb des Ajna-Chakra.

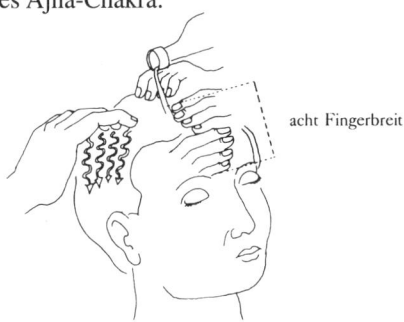

acht Fingerbreit

Man schüttet reichlich Öl auf die Kopfhaut, massiert den Punkt mit dem Daumen in kreisförmiger Bewegung und zieht zum Abschluß sanft an den Haaren, indem man sie nach oben dreht. Nach dreißig Minuten wird der Kopf mit einem milden Shampoo und lauwarmem Wasser oder einem Pflaster aus Tonerde von dem Öl gereinigt.

Die anderen Vitalpunkte oder *Marmas* liegen an den Gliedmaßen und im Gesicht. Man massiert diese Punkte sanft und in spiralförmiger Bewegung in der Richtung, wie sie auf den Abbildungen angegeben ist.

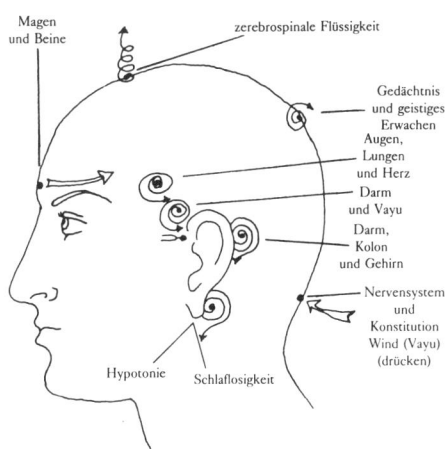

396 Aura- und Chakra-Arbeit in Verbindung mit anderen Methoden

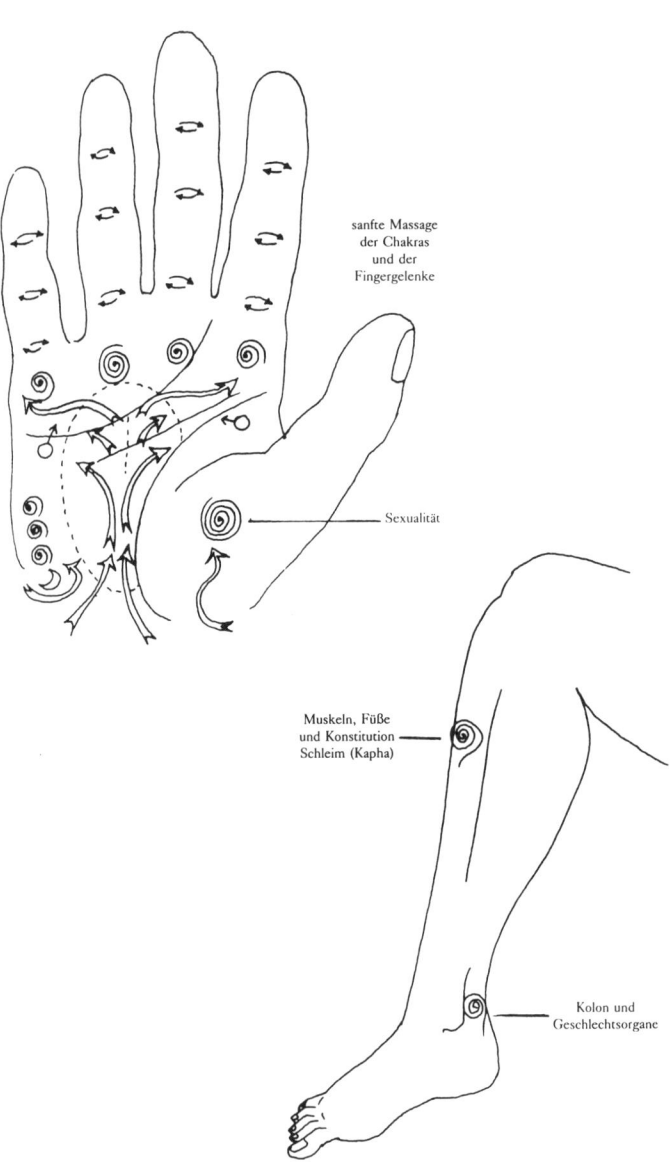

sanfte Massage
der Chakras
und der
Fingergelenke

Sexualität

Muskeln, Füße
und Konstitution
Schleim (Kapha)

Kolon und
Geschlechtsorgane

Massage der Chakras 397

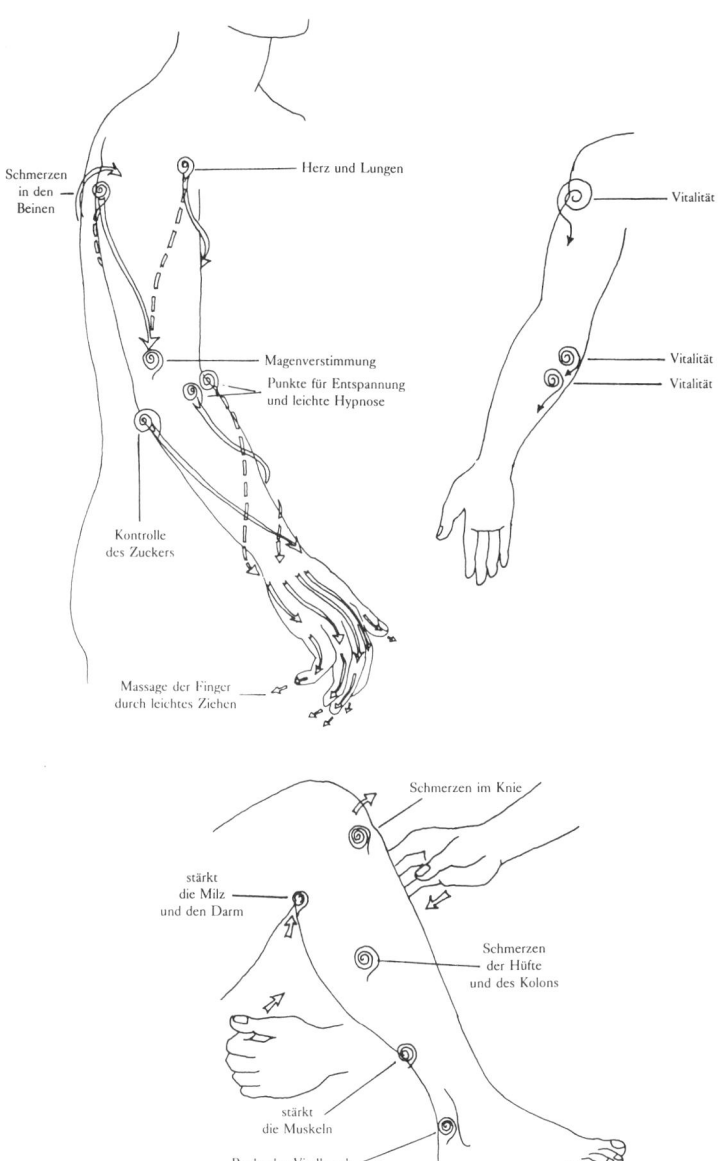

Ganz besondere Aufmerksamkeit wird in den alten Abhandlungen auf das Gleichgewicht des Nabels, des Manipura-Chakra, gelegt. Eine Methode, die als »Einstellung des Nabels« bezeichnet wird, besteht aus einfachen Handgriffen, um den Nabel wieder in sein richtiges Zentrum zu bringen.

Manche Yoga-Abhandlungen geben an, daß die ganze Wissenschaft des Yoga mit dem Chakra Manipura beginnt. Auch in den östlichen Kampfeskünsten (Kung Fu und Karate) wird der Hara als zentraler Energiepunkt angesehen. Im taoistischen Yoga stellt der Nabel den Ausgangspunkt der Öffnung der psychischen Kanäle dar, was als kleiner Energiekreislauf bezeichnet wird.

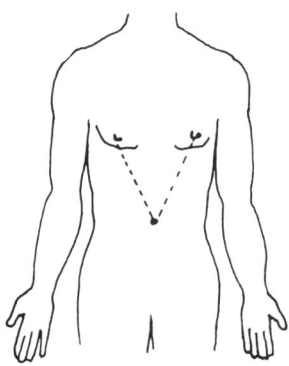

Beherrschung des Manipura-Chakras

Durch Beobachtung, ob der Nabel in seiner optimalen Lage zentriert ist, kann der Therapeut bestimmte gesundheitliche Störungen diagnostizieren und wieder beheben. Der Patient legt sich in der als »Kadaver« bezeichneten Haltung auf den Boden, und der Therapeut mißt mit einer Schnur den Abstand zwischen dem Nabel und den beiden Brustwarzen. Wenn eine Differenz besteht, heißt es, daß der Nabel seine Achse verlassen hat. Außerdem führt der Therapeut die Spitze des Zeigefingers, des Mittelfingers und des Ringfingers in den Nabel, um den Puls zu fühlen. Dieser kann nach oben, nach unten, nach rechts oder nach links verschoben sein. Diese Verlagerung des Pulses wird auf die folgende Art und Weise gedeutet:

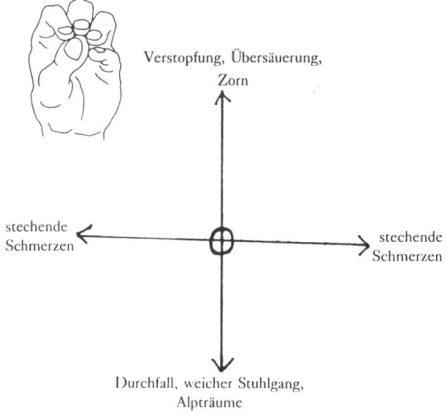

Verlagerung des Pulses im Nabel

Die hierfür empfohlenen Therapieverfahren sind:
– Massage des Bauches mit Öl, wobei die Haut zusammengedrückt und in eine Drehbewegung gebracht wird;

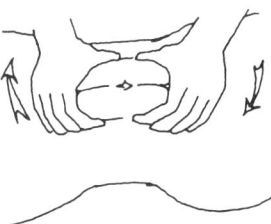

– die folgenden Yoga-Stellungen: Bogen, Rad und Fisch;
– bestimmte schlagende Bewegungen auf die Ferse, um das Gleichgewicht wiederherzustellen; diese dürfen nur von einem qualifizierten Lehrer weitergegeben werden.

LANETA GREGORY / GEOFFREY TREISSMAN

Astrologie und die Aura

Auf den ersten Blick ist die Verbindung zwischen Astrologie und Aura nicht ohne weiteres ersichtlich. Das liegt daran, daß weder die Astrologie noch das Aura-Lesen von den Uneingeweihten als Erkenntnissysteme betrachtet werden, die in vieler Hinsicht zusammengehören. Aber die feinstofflichen Energiekörper des Menschen, aus denen die Aura unter anderem besteht, befinden sich in ständiger Verbindung mit den Energien der Sonne, des Mondes und der anderer Planeten. Die Symbole der Astrologie ähneln den uralten Symbolen der verschiedenen Chakren, die den Menschen als ein vom Kosmos durchdrungenes Wesen darstellen. Die Chakren führen unserer Aura ständig kosmische Energie zu, deren Ausgewogenheit und Verdaulichkeit vom Inneren Formulator reguliert werden. Die Astrologie dient also auch dazu, uns mit unserem kosmischen Ursprung vertraut zu machen, mit unserer wahren Stellung innerhalb des Ganzen, indem sie uns zeigt, wie und warum das Gleichgewicht unserer Energien von Einflüssen aus der näheren und ferneren Umgebung betroffen wird.

Der aurische Körper wird unter anderem auch der Astralkörper genannt – »astra« heißt Stern, und »Planet« heißt wörtlich »Der Wanderer«. Auch die Sonne ist ein Stern. Vom menschlichen Standpunkt aus betrachtet unterscheiden sich die Energien, die von unserem »eigenen« Sonnensystem ausgestrahlt werden, ganz entscheidend und spürbar von den Strahlungen weiter entfernter Konstellationen und Galaxien. Es gibt wohl kaum jemanden, der die Einflüsse von Sonne und Mond nicht wahrnimmt, die sich in Form von Jahreszeiten, Wetterveränderungen usw. auf Körper, Geist und Seele niederschlagen. Inzwischen wurde festgestellt, daß manche Planeten unseres Sonnensystems, unter anderem auch die Erde, ihrerseits einen Einfluß auf die Gezeiten an der

Oberfläche der Sonne ausüben. Alle Planeten unseres Systems sind der Erde näher als die Sonne, also kann man voraussetzen, daß diese Planeten ebenfalls eine Wirkung auf die Erde haben, genauso wie die Erde eine Wirkung auf die Sterne haben muß.

Der Körper des Menschen setzt sich aus den Materialien unseres Planeten zusammen, und so besteht Grund zur Annahme, daß der Mensch auch von anderen Planeten, zumindestens denen unseres Sonnensystems, sehr direkt beeinflußt wird. Den stärksten Einfluß übt unumstritten die Sonne aus, ohne deren Strahlung keine der vorhandenen Lebensformen auf unserem Planeten existieren könnte. Entgegen den Theorien des 19. Jahrhunderts wurde jetzt bewiesen, daß ein Großteil der lebenserzeugenden Energieformen auf der Erde sehr viel subtiler und komplexer ist als Hitze und Licht. Dieses Material existiert, weil die Sonne ein Stern ist, und so haben wir ein paar Beispiele in nächster Nähe, die uns zeigen, welche Potenz die Sternen- oder Astralenergie hat. Astrologie war einst der Versuch des Menschen, sein Zusammenspiel mit der Erde und den Gestirnen des Weltraums zu verstehen. Natürlich kann man die jeweiligen Einflüsse von planetarischen Energien auf rein mechanischer Ebene interpretieren, aber der Astrologe darf und muß die subtileren Einflüsse und ihre Wirkungen untersuchen.

Das aurische Feld ist eine hochsensible Menge lebendiger Energie. Das entsprechende Strahlungsfeld der Sonne erstreckt sich erwiesenermaßen über den Planeten Pluto hinaus und auf der Ebene des Sonnensystems bis hin zu dem Sternenband, das wir als Tierkreis bezeichnen. Der Mensch als solcher ist ein überaus empfängliches, aktives Energiemuster, das inmitten von anderen, größeren Energiemustern existiert. Soviel ist mittlerweile bewiesen worden. Die Aufgabe der Astrologie besteht nun darin, diese allgemein anerkannte Wahrheit für jeden von uns als praktische Lebenshilfe nutzbar zu machen. Die astrologische Überlieferung umfaßt eine immense Vielzahl von Schriften, die teilweise älter als zehntausend Jahre sind. Die Magier der Antike waren nicht daran interessiert, die Mechanik der Planetenbewegungen aus purer Neugier zu erforschen; ihr Interesse galt dem Zusammenhang zwischen dem Lauf der Sterne und den Ereignissen hier auf der Erde. Wahrscheinlich wurde zuerst beobachtet, daß die Jahreszeiten sich regelmäßig wiederholen, Ebbe und Flut vom Lauf des Mondes abhängen, daß der Monatszyklus von Frauen und ihre gesamte Physiologie zutiefst von den Mondphasen beeinflußt werden und daß der Fruchtbarkeitszyklus aller Lebewesen der Erde von der Sonne bestimmt wird. Die Astrologie hat ihren Ursprung in einer Zeit, in der Gott in Form der »Großen Mutter« verehrt wurde und in der ein rein rationales, mechanisches Weltbild nicht nur als vollkommen absurd, sondern auch als gotteslästerlich empfunden worden wäre.

Astrologie ist grundsätzlich beides, ein sowohl anthropozentrisches als auch geozentrisches Weltverständnis. Es ist eine von den Menschen erfundene Methode, sein Leben zu erleichtern, wenn es auch ursprünglich eher ums nackte Überleben ging.

Zur Zeit der Geburtsstunde der Astrologie führten die Menschen ein Dasein, in dem das Vorauswissen um Jahreszeiten, Wetterveränderungen, Hochwasser, Sonnenwenden und Dürreperioden Leben oder Tod für den Menschen bedeutete. Daher war es extrem wichtig, daß der Lauf der Gestirne am Himmel akkurat in seiner Wirkung auf das irdische Dasein interpretiert wurde. In alten Schriften wird von der Hinrichtung von Astrologen berichtet, die sich verkalkuliert hatten und deshalb nicht vor einer Hungersnot oder Hochwasserkatastrophe warnen konnten. Die moderne westliche Astrologie hat, genau wie die Menschheit, ihren Ursprung aus den Augen verloren, damit auch ihre Ziele, ihre Ethik und ihre Aufgaben. Jetzt fehlt es der Astrologie an der Macht, das allgemeine Bewußtsein mit ihren Prinzipien zu beeinflussen.

Wir sind seit Jahren damit beschäftigt, die fundamentale Beziehung zwischen unserem Sternensystem und dem einzelnen Menschen zu beobachten und festzustellen, welchen Einfluß galaktische Energien auf die größeren Zyklen der menschlichen Evolution und auf die Erdenergie haben. Im Rahmen dieses Buches werden wir uns auf die Bedeutung der Astrologie für den Menschen als Individuum beschränken, auch wenn die anderen Anwendungsgebiete ebenso wichtig und nützlich sind.

Zuerst möchten wir einige der Erkenntnisse darlegen, die von der Astrologie vermittelt werden – trotz all der Unterdrückung und Verfolgung, den Fehlinterpretationen und teilweise aberwitzigen Auswüchsen, durch die dieser Wissensbereich im Laufe der Zeit gegangen ist.

Die Tatsache, daß der Umlauf der Planeten bestimmte grundsätzliche Wirkungen auf die Erde und damit auf die Menschen hat, ist über Jahrtausende hinweg bestätigt worden, uns so bilden diese Tatsachen das Fundament, auf denen alle weiteren, eingehenderen Analysen beruhen. Eine astrologische oder aurische Analyse besteht aus zwei Teilen: Im ersten werden die notwendigen Informationen gesammelt und entsprechend geordnet, und im zweiten Teil versetzt sich der Astrologe oder Hellseher in Einklang mit den Schwingungen, die er beobachtet, genauso wie ein Bauer fähig sein muß, kaum merkliche Wetterveränderungen zu spüren. Auch diese Wahrnehmungen werden durch den Intellekt gefiltert, obwohl hier oft Schlußfolgerungen gezogen werden, die für Außenstehende völlig unerklärlich sind, weil sie das Beweismaterial nicht wahrnehmen können. Deshalb ist es unmöglich, diese Erkenntnisprozesse der breiten Öffentlichkeit vorzuführen und plausibel zu machen. Aber das spielt eigentlich keine Rolle, denn hier geht es schließlich um Resultate, die unser allgemeines Überleben oder unsere Vernichtung bedeuten können.

In der Welt von heute ist Überleben ein sehr viel vielschichtigeres Problem als zu irgendeiner anderen Zeit der uns bekannten Menschheitsgeschichte, und der Astrologe muß seine Aufgabe in diesem Sinne verstehen, um der Herausforderung gewachsen zu sein.

Es ist ein weitverbreitetes Mißverständnis, daß es bei der Astrologie hauptsächlich um Voraussagen von vorherbestimmten Ereignissen im Leben eines Menschen geht – als wäre der Mensch ein Spielball der potentiell grausamen Mächte des Weltalls und dem Willen eines launischen Gottes hilflos ausgeliefert, der die Welt auf ziemlich chaotische Weise regiert und dem man durch trickreiches Verhalten ein Schnippchen schlagen kann, wenn man ihm nur zuvorkommt. Die Implikation ist, daß der Mensch von äußeren Kräften gezwungen wurde, als Fremder in einem feindlichen Universum zu leben. Wir hoffen, daß wir diese Vorstellung korrigieren können.

Es besteht kein Zweifel daran, daß man vorhersagen kann, welche tendenziellen Wirkungen bestimmte Sternenkonstellationen auf spezifische Lebenbereiche haben, aber was der einzelne Mensch dann mit den vorhandenen Einflüssen macht, hängt letztlich ganz vom Willen und der persönlichen Energie der jeweiligen Person ab und davon, wie ihr individuelles »Muster« auf das größere kosmische Energiemuster reagiert.

Vom menschlichen Standpunkt aus betrachtet strahlt jeder Planet unseres Sonnensystems eine vorherrschende Schwingung und damit eine bestimmte Farbe aus. Das Sonnensystem ist ein komplexes Gebilde aus einzelnen Teilen, die durch ständigen Energieaustausch eine Einheit bilden. Der Mensch, als Teil dieser Einheit, wird von allen anderen Teilen beeinflußt, also auch von den Planeten, deren Einflüsse von seinen Chakren verarbeitet werden. Die Strahlung jedes Planeten fluktuiert, und übt mal mehr, mal weniger Einfluß auf das Energiemuster der Gesamtheit aus. Dies drückt sich dann in bestimmten Ereignissen und Verhaltensweisen im Menschen aus und wird natürlich auch in seiner Aura sichtbar.

Die Farben und Formen der Aura sind demnach eine Synthese aus den universellen Energien und den vom Körper, Willen und innersten Sein (Innerer Formulator) im Menschen erzeugten Energien.

Die Sternenkonstellationen im Geburtshoroskop und auch die der umlaufenden Transite können auf ihre Farbschwingungen hin untersucht werden, und so kann ein geübter Astrologe anhand der Farbkombinationen, ihrer Intensität und der Muster, die sie bilden, sehr genau sagen, wie die Aura eines Menschen aussieht. Genauso wie ein Hellseher die dominanten Aspekte eines Geburtshoroskops aus einer Aura ablesen kann.

Jahrelange vergleichende Studien mit Horoskopen und Aura-Diagrammen haben uns davon überzeugt, daß man auf beiden Wegen zu einem hochgradig übereinstimmenden Ergebnis kommen kann. Aber die Ergebnisse dieser Untersuchungen würden zu viel Platz in diesem Buch beanspruchen und werden daher nach weiterer Überprüfung und Sondierung des Materials zu einem späteren Zeitpunkt veröffentlicht.

Viele medizinische und psychotherapeutische Heilmethoden beruhen ebenfalls auf der Erkenntnis der Übereinstimmung zwischen astrologischen Deutungen und den Energiemustern des Körpers. Bei der Diagnose von physischen und psychischen Erkrankungen spielt die Position des Mondes eine zentrale Rolle, während die Sonne offenbar mehr Einfluß auf das weitere Umfeld des Menschen hat, wie zum Beispiel seine finanziellen Angelegenheiten und äußere Ereignisse, die sein Leben mehr indirekt berühren. Eine gute Verbindung zwischen Sonne und Mond im Geburtshoroskop ist überaus wünschenswert und drückt sich in der Aura und natürlich in der Gesamtpersönlichkeit aus. Je ungehinderter die Energie zwischen diesen beiden Planeten im Horoskop hin und her fließt, desto größer ist das innere Gleichgewicht der Person und desto ausgewogener ihr Verhältnis zur Außenwelt.

Mit Hilfe einer guten Astro-Analyse kann man nicht nur erkennen, von welchen generellen Energien ein Mensch beherrscht wird, sondern auch die Stärke von Einflüssen berechnen und zeitliche Prognosen stellen, so daß Entscheidungen im Hinblick auf Unternehmungen, Heilmethoden, Erholungspausen und nächste Schritte im inneren Wachstum um vieles leichter gemacht werden.

INGRID S. KRAAZ VON ROHR

Farbtherapie für Aura und Chakras

Man kann allgemein davon ausgehen, daß die Chakras und damit auch die Aura harmonisiert werden, wenn wir die Kraftzentren mit den Harmonie- bzw. Heilfarben bestrahlen. Zur individuellen Harmonisierung und Aktivierung bedarf es einer intensiven persönlichen Beratung. Die Bestrahlung der Chakras erfolgt am besten über eine Farbakupunkturlampe oder eine kleine Farblampe, die keine intensive Wärme erzeugt.

Licht und Umwelt

Haben Sie schon einmal beobachtet, daß kleine Kinder am liebsten in Ecken, Nischen oder unter dem Tisch spielen? Sie wollen geschützt sein und meiden instinktiv grelles Licht. So wäre es gut, wenn Vorhänge, Kissen, Teppiche und Bettwäsche in sanften Farben ausgewählt würden. Kleine Kinder lieben freundliches Hellblau, Rosa oder Türkis, also Pastelltöne. Kinder verlieren in diesen Farben alte Ängste, und neue werden nicht so schnell wieder aufgebaut. Ungünstig wirken sich Orange oder Rot aus, sie treiben Kinder zu Überaktivität und Streitlust. Eine Unsitte in leider vielen Schulen besteht darin, die Räume beigebraun auszumalen. Die Kreativität der Kinder wird dadurch wesentlich gehemmt. Die Schulräume sollten besser zartgelb, rosa oder hellblau oder helltürkis gestrichen werden.

Jeder Mensch – ob Kind oder Erwachsener – braucht genügend Sonnenlicht. Jedes Lebewesen – ob Stein, Pflanze, Tier oder Mensch – braucht zur Wachstumsentwicklung und Entfaltung seiner schöpferischen Gaben Sonnenlicht, sonst gehen wir ein. Deshalb müssen wir darauf achten, möglichst täglich an der frischen Luft unter der Sonne zu sein. Auch die Luftmoleküle sind nämlich durch das Sonnenlicht energiegeladener als die gleiche Luft, die sich in einem geschlossenen Raum befindet. Der sprichwörtliche Sonnenhunger der Mitteleuropäer, die häufig unter lang anhaltendem Sonnenmangel und dichten Wolkendecken leiden, ist völlig verständlich. Notfalls, wenn Sie aus Geld- oder Zeitgründen wirklich noch nicht einmal im Urlaub in die Sonne kommen, empfehle ich, alle zehn Tage für etwa 20 Minuten unter eine Sonnenbank zu gehen.

In Wohnhäusern und vor allem in Büro- und Arbeitsräumen wirken sich getönte Glasscheiben leider sehr negativ aus. Nie haben die Menschen, die dort arbeiten, die Chance, die Sonne wirklich zu sehen und das notwendige Sonnenlicht über Augen und Haut aufzunehmen. Arbeitsunlust, Krankheit und Depressionen sind die Folge sowie ein überdurchschnittlicher Krankenstand. Die beste Lösung wäre, diese getönten Scheiben auszuwechseln. Inzwischen gibt es zur Arbeitsplatzbeleuchtung ein sogenanntes »Vollspektrum-Licht« von verschiedenen Firmen, das sich sowohl in Gebäuden mit getönten Fensterscheiben wie an allen anderen Arbeitsplätzen auf jeden Fall empfiehlt.

Allgemein kann ich empfehlen:

- Wenn Sie traurig sind, umgeben Sie sich mit Orange oder einem leuchtenden Gelb.
- Wenn Sie Entspannung suchen, wählen Sie ein neutrales Grün, Türkis oder helles Blau; u. U. auch Weiß.
- Für das Schlafzimmer empfehle ich Hellblau oder Türkis, vielleicht auch ein Eierschalenweiß. Wenn Sie einige sinnlich ansprechende Akzente setzen möchten, so können Sie dies mit orangefarbenen, roten oder magentafarbenen Kerzen sowie Seidenkissen in diesen Farben tun.
- Wenn Sie geistig aktiv arbeiten und wach bleiben müssen, hilft Gelb, zum Beispiel als gelber Blumenstrauß, gelbe Vorhänge. Notfalls können Sie eine gelbe Folie auf das Fenster kleben, durch welches Sonnenlicht einfällt.

➢ Bei Tagungen und Konferenzen mit Diapräsentation drohen die Teilnehmer leicht einzuschlafen, weil die Augen ermüden und das Gemüt durch die Dunkelheit im Raum eher auf Ausruhen eingestellt ist. Es wäre günstig, als letztes Dia eine leuchtende gelbe Folie einzuspannen, damit alle wieder ganz wach sind.

➢ Falls Ihre Augen überanstrengt sind, wechseln Sie bitte auf alle Fälle die Beleuchtungskörper an Ihrem Arbeitsplatz gegen Vollspektrumlicht aus. Gehen Sie häufig genug an die Sonne, blicken Sie in das Grün von Wiesen, Blättern und Wald und in das Blau des Himmels (nicht direkt in die Sonne!). Es kann auch sehr hilfreich sein, sich die offenen Augen mittels einer Farbhandlampe mit Grün oder Lemon zu bestrahlen (siehe auch siebtes Kapitel). Besorgen Sie sich Grünpflanzen für Ihre Arbeits- und Wohnräume.

Wichtig ist, mit welcher Farbe Sie sich wirklich wohl fühlen. Achten Sie dabei auch auf körperliche Signale. Es kann sein, daß Sie sich emotional mit einer bestimmten Farbe wohl fühlen oder gewohnheitsmäßig zu ihr neigen, obwohl Ihr Körper Ihnen durch ständige Beschwerden zu signalisieren versucht, daß Sie sich mit anderen Farben umgeben sollten.

Heilmeditation mit dem inneren Licht

Zum Schluß dieses Abschnitts schlage ich Ihnen eine heilsame Farbmeditation vor, damit Sie mehr eigene Erfahrungen mit dem inneren Licht sammeln können. Probieren Sie diese Meditation insbesondere auch an speziellen Orten der Kraft aus, um deren Energien intensiver wahrzunehmen und gleichzeitig aktiv etwas für diese Orte zu tun.

Übung zur Reinigung und Heilung mit violettem Licht

➢ Setzen Sie sich bequem, mit aufrechter Wirbelsäule und zugleich entspannt hin, lockern Sie zu enge Kleidungsstücke, die Beine können nebeneinanderstehen oder locker übereinandergeschlagen sein, wie es Ihnen am angenehmsten ist. Sie können Ihre Hände auf die Oberschenkel legen oder locker zusammenfalten. Wichtig ist, daß Ihre Wirbelsäule wirklich so aufrecht ist, wie dies Ihr Köperzustand zuläßt, aber ohne jede Verkrampfung. Lehnen Sie sich ruhig hinten an der Stuhllehne oder an der Wand an!

➤ Atmen Sie dreimal nacheinander tief ein und tief aus, in einem ruhigen Rhythmus. Denken und spüren Sie beim Ausatmen, daß alle Giftstoffe und alle Sie belastenden Probleme Ihren Körper verlassen.

➤ Atmen Sie nun normal ruhig weiter, ohne an etwas zu denken. Stellen Sie sich jetzt vor, daß eine violette Flüssigkeit von oben über Ihren Scheitel und Ihren Kopf in Sie hineinfließt. Diese Flüssigkeit reinigt Sie inwendig vollkommen, löst auch schon lange vorhandene Ablagerungen heraus und gleichzeitig alle körperlichen, gefühlhaften und geistigen Belastungen.

➤ Die violette Flüssigkeit fließt in kreisenden Bewegungen durch Ihren ganzen Kopf. Mit der inneren Reinigung entspannt sich auch Ihr Gesicht äußerlich.

➤ Die violette Flüssigkeit strömt weiter in kreisenden Bewegungen durch Ihren Hals, auch durch die Halswirbelsäule, und verteilt sich in beide Schultern, Schulterblätter, Arme und Hände, bis hinein in die Fingerspitzen.

➤ Nun fließt die violette Flüssigkeit durch Ihre Brustwirbelsäule und gleichzeitig hinein in den Oberkörper, den Brustraum und die Rückenpartien, durch das Herz, die Lunge, den Magen, durch Leber und Gallenblase rechts innen unter den Rippen, durch die Milz und die Bauchspeicheldrüse links innen unter den Rippen. Wenn Sie das Gefühl haben, in einem Organ oder in einem Bereich mehr reinigen zu müssen, so lassen Sie die violette Flüssigkeit bewußt jede einzelne Körperzelle in dieser Zone durchströmen.

➤ Weiter kreist die violette Flüssigkeit durch Ihre Taille hinunter in den Unterkörper, durch Ihren gesamten Darm, durch Nebennieren,

etwa hinten innen unter den Rippen, sowie durch die Nieren, die darunterliegen.
➤ Weiter fließt die reinigende Flüssigkeit durch den Unterleib, durch die Keimdrüsen, bei Frauen durch die Eileiter, Eierstöcke und die Gebärmutter, bei Männern durch die Prostata, und schließlich durch die Blase und den Anus.
➤ Dann verteilt sich die violette Flüssigkeit in beide Beine und strömt erst durch die Beckenschaufeln, danach durch die Oberschenkel, kreist durch beide Knie, die Waden, durch die Knöchel, die Fersen und durch beide Füße bis zu den Zehenspitzen.
➤ Die violette Flüssigkeit tritt schließlich an den Zehenspitzen wieder aus und fließt tief in die Erde hinein, bis ins Innerste, wo die herausgeschwemmten Ablagerungen, Giftstoffe, Belastungen, negativen Gedanken und Gefühle, Verspannungen und Probleme verbrannt und energetisch transformiert werden.
➤ Lassen Sie es nun einige Male tief in Ihnen aufatmen, und werden Sie sich mit dem ruhigen Atemfluß, der frische, neue Luft bringt, bewußt, daß Sie nun innerlich gereinigt sind. Jetzt sind Sie aufnahmefähig für neue Energien und neue Qualitäten. Erst nach einer solche Reinigung von alten Schlacken können frische Energien wirksam aufgenommen werden.
➤ Bleiben Sie bequem, mit aufrechter Wirbelsäule und zugleich entspannt sitzen.

Neue Lebensenergie mit goldenem Licht

➤ Atmen Sie nun normal weiter, ohne an etwas zu denken. Stellen Sie sich nun vor, daß eine goldene Flüssigkeit von oben über Ihren Scheitel und Ihren Kopf in Sie hineinfließt. Diese Flüssigkeit erfüllt jede Zelle mit reiner kosmischer und göttlicher Energie. Diese Energie strahlt durch alle Dimensionen und in Ihre drei Körper, den geistig-spirituellen, den astral-emotionalen und den physisch-materiellen Körper.

- Die goldene belebende Flüssigkeit fließt durch Ihren ganzen Kopf. Damit beginnt Ihr Gesicht auch äußerlich Freude und Leben auszustrahlen.
- Die kosmische goldene Flüssigkeit strömt weiter durch Ihren Hals, durch die Halswirbelsäule und verteilt sich in beide Schultern, Schulterblätter, Arme und Hände, bis hinein in die Fingerspitzen. Vielleicht spüren Sie ein belebendes Kribbeln oder eine angenehme Wärme.
- Nun fließt die goldene Flüssigkeit durch Ihre Brustwirbelsäule und gleichzeitig hinein in den Oberkörper, den Brustraum und die Rückenpartien, durch das Herz, die Lunge, den Magen, durch die Leber und die Gallenblase rechts innen unter den Rippen, durch die Milz und die Bauchspeicheldrüse links innen unter den Rippen. Wenn Sie das Gefühl haben, daß Sie in einer bestimmten Körperzone mehr dieser stärkenden göttlichen Energie brauchen, lassen Sie die goldene Flüssigkeit bewußt möglichst jede einzelne Zelle in diesem Bereich durchfließen.
- Weiter strömt die goldene Flüssigkeit durch Ihre Taille hinunter in den Unterkörper, durch Ihren gesamten Darm, durch die Nebennieren, etwa hinten innen unter den Rippen, sowie durch die Nieren, die darunterliegen.
- Weiter fließt diese lichte Flüssigkeit durch den Unterleib, durch die Keimdrüsen, bei Frauen durch die Eileiter, Eierstöcke und die Gebärmutter, bei Männern durch die Prostata, und schließlich durch die Blase und den Anus.
- Dann verteilt sich diese goldene Flüssigkeit in beide Beine und strömt erst durch die Beckenschaufeln, danach durch die Oberschenkel, fließt durch beide Knie, die Waden, durch die Knöchel, die Fersen und durch beide Füße bis zu den Zehenspitzen.
- Die göttliche kosmische golden-energiegeladene Flüssigkeit tritt schließlich an den Zehenspitzen wieder aus und fließt tief bis ins Innerster der Erde hinein. Wir Menschen dienen als Brücke und »Transformator« der göttlichen Energien für die irdische Welt, für

die Erde. Die goldene Kraft bringt nicht nur für uns selbst frische
Lebendigkeit, sondern läßt auch der Erde neue Energien zuströmen.
Wir Menschen sind für uns *und* für unseren Heimatplaneten verantwortlich.
➣ Werden Sie sich bewußt, wie Sie sich jetzt fühlen, im Vergleich
zum Beginn der Übung vor der Reinigung durch die violette Flüssigkeit und im Vergleich zum Beginn der Übung mit dem goldenen
Licht, nach der Lösung von alten Mustern. Fühlen Sie sich jetzt
angenehmer, klarer, frischer, wacher, aktiver, glücklicher?
➣ Zum Abschluß der Übung, um »zurückzukommen«, spüren Sie in
Ihre Füße hinein, mit denen Sie fest auf dem Boden ruhen und mit
ihm verwurzelt sind, und atmen Sie dreimal betont tief ein und aus.
Öffnen Sie langsam Ihre Augen, und kehren Sie in Ihren Tag
zurück.

In meinen Seminaren führe ich diese Meditation mit dem goldenen
Licht weiter, indem Sie sich nun auf Ihr drittes Auge oder Augenbrauenzentrum konzentrieren. Dort stellen Sie sich dann auf Licht ein, das
in verschiedenen Farben auftauchen kann. Die Farbe, die dann auftaucht, wird benutzt, um sich selbst in bezug auf spezifische, individuelle Themen und Probleme zu harmonisieren und zu stärken. Dazu
bedarf es einer kundigen Anleitung.
Ich wünsche jeder Leserin und jedem Leser, daß Sie die Lichtkräfte des
Lebens erfahren und verstehen mögen, daß alle Menschen daran beteiligt sind, daß und wie unsere Erde weiterlebt. Es hängt von uns ab,
ob die Erde uns weiterhin Kräfte geben kann, ob die Pflanzen weiter
wachsen und uns Nahrung geben können. Dazu müssen wir das innere
Licht entdecken und ausstrahlen.

PETER RENDEL

Atem und die Chakras

Der menschliche Atem kann als die Lebenskraft definiert werden, die zwischen der vertikalen Polarität von Geist und Materie (Scheitel und Steiß) und der horizontalen Polarität der linken und der rechten Seite des menschlichen Körpers gleich Ebbe und Flut steigt und fällt.

Der große Atem

Im weitesten Sinn versteht man unter dem großen Atem Ebbe und Flut der Lebenskraft zwischen den Polaritäten im universellen System. Es gibt eine eigentliche Entsprechung zwischen dem Menschen oder mikrokosmischen Energiesystem und dem universellen oder makrokosmischen Energiesystem. Eines ist eine Widerspiegelung des anderen, und diese Wahrheit findet sich auch im alten hermetischen Satz »Wie oben so unten« verkörpert.
Der universelle oder große Atem umfaßt die Bewegung der Planeten und himmlischer Körper in ihren periodischen Zyklen, die Zeichen des Tierkreises und die Jahreszeiten. Der menschliche Atem weist ebenfalls Zyklen und durch die Jahreszeiten bedingte Fluktuationen auf. Die Aktivitäten der Chakras entsprechen den planetarischen Zyklen, wie sie von den Planeten durchwandert werden.
Im Leben der meisten Menschen stimmt der menschliche Atem jedoch nicht mit dem großen Atem überein. Diese Übereinstimmung des menschlichen Atems mit dem großen Atem ist ein Ziel, das wir erreichen müssen und stellt die völlige Identifikation des persönlichen Ich mit dem universellen Ich dar.

Der Rhythmus des Atems

Das dem Atem unterliegende Prinzip heißt Fluß, und der Rhythmus des Atems im menschlichen Körper ist ein Ansteigen und Abfallen der Energien. Es scheint selten wahrgenommen zu werden, daß mit jedem Einatmen die Energie eigentlich in die höheren Chakras hinaufgezogen wird, während das Ausatmen ein Hinabfließen von Energien in die Welt der Sinne bedeutet. Einatmen bedeutet demnach buchstäblich eine Aspiration, die uns in den Bereich des Geistes hinaufsaugt, und das Ausatmen führt uns hinab zur Materie.

Demzufolge sollten wir jedes Mal, wenn wir etwas Beschwerliches tun und dafür Energien aufwenden müssen, die von oben nach unten verlaufen, zuerst tief einatmen. Sind die Lungen einmal voll, sollte die eigentliche Anstrengung bei gleichzeitigem Ausschnaufen unternommen werden. Wie im dritten Kapitel beschrieben, bewegt sich der Atem ebenfalls zwischen der rechten und der linken Seite des menschlichen Körpers. Durch dieses Auf und Ab und die Bewegung von einer Seite zur anderen erhalten wir das Spiralmuster des Caduceus oder den Hermesstab, dieses bekannte esoterische Symbol. Wenn Elektrizität hervorgebracht wird, kann dieser Prozeß auf dem Papier grafisch als Sinuskurve dargestellt werden, und zwar wie in der Abbildung unten.

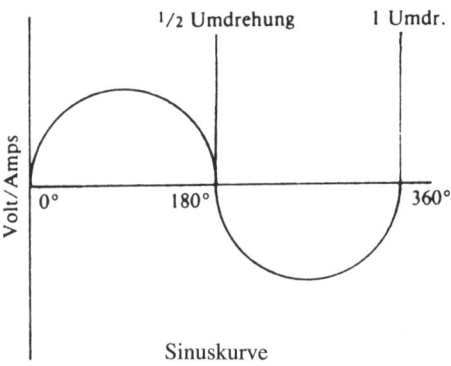

Sinuskurve

Wenn der Impuls sein Ende erreicht, kehrt er über einen Phasenwechsel von 180 Grad zurück. In elektrischen Ausdrücken bedeutet dies demnach, daß der Caduceus lediglich aus zwei Sinuskurven besteht, die auslaufen und zurückkehren, was man als stehende Welle bezeichnet. Dieser Atemfluß von einer Seite zur anderen zeigt sich darin, wie der Atem sich von einem Nasenloch zum anderen unterscheidet. In einem von diesen beiden wird er zu einer gegebenen Zeit vorherrschen.

Indem man den Energiefluß dazu veranlaßt, auf der rechten oder linken Seite zu prädominieren, kann man in diesem Körper Veränderungen hervorrufen. Wenn wir uns in Einklang mit dem Makrokosmos befinden, finden diese Abwechslungen des Atems automatisch und zu den gewünschten Zeiten statt. Wenn das linke Nasenloch mehr Atem faßt, spüren wir unsere Gefühle. Dieser Prozeß entspricht den Säulen der Strenge und des Mitgefühls im kabbalistischen Lebensraum. Wenn der Atem gleichmäßig durch beide Nasenlöcher fließt, hat dies eine besondere Bedeutung, die wir im nächsten Kapitel erörtern wollen.

Die relative Länge des Ein- und Ausatmens und die dazwischenliegenden Pausen – sowohl beim Ein- wie auch beim Ausatmen – sind ebenfalls sehr wichtig. Man kann die Pause nach dem Einatmen mit der Zeit verlängern, und dies hat einen vergeistigenden Einfluß auf das Bewußtsein. Wenn man diese Pause hingegen nach dem Ausatmen

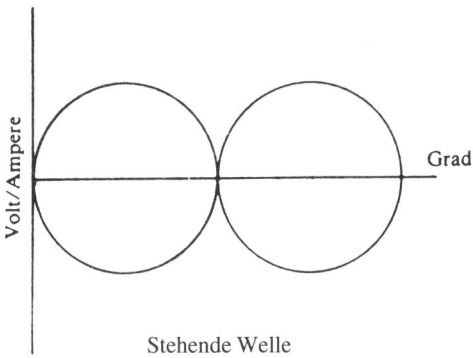

Stehende Welle

einlegt, wird eine gegenteilige Wirkung erzielt. Dieses Prinzip kann man beim Seufzen am besten sehen. Ein tiefes Einholen der Luft deutet auf ein erhebendes Gefühl, wie wenn man zum Beispiel seinem Erstaunen über eine schöne Landschaft Ausdruck verleiht. Ein Seufzer nach außen deutet auf ein Gefühl der Trägheit, wie wenn man gähnt, weil die Energien einen verlassen.

Es ist oft betont worden, daß man die aufstrebenden und die ablaufenden Impulse des Atems idealerweise durch einen gleichmäßigen Rhythmus des Ein- und Ausatmens in Übereinstimmung bringen sollte. Wie wir jedoch gesehen haben, ist das Leben ein ständig fließender Prozeß, wo verschiedene Eigenschaften verschiedene Erscheinungen hervorbringen. Deshalb scheint es logischer, daß wir sowohl den ausgehenden wie auch den eingehenden, linken wie den rechten Atemrhythmus verändern können, um den Bedürfnissen eines jeden Augenblicks gerecht zu werden.

Nur wenige Menschen schöpfen die volle Kapazität ihrer Atemfähigkeit aus. Atmen heißt leben, und die Atemmenge, die wir einatmen können, spielt eine lebenswichtige Rolle. Allgemein gesprochen wird ein langsamer Atem auch ein tieferer Atem sein und schnelles Atmen oberflächlicher. Viele Yogis messen die Lebensdauer nicht an der gelebten Anzahl Jahre, sondern an der Anzahl Atemzüge während dieses Lebens. Auch gibt es immer noch sehr viele Menschen, die die sehr ungesunde Angewohnheit haben durch den Mund zu atmen.

Regeneration

Indem man besonderen Nachdruck auf das Ein- oder Aufwärtsatmen legt, vergeistigt oder regeneriert man sich. *Degeneration* ist eine Betonung des den Körper verlassenden Atems. *Regeneration* ist eine Betonung des in den Körper eindringenden Atems. *Generation* ist ein angemessener Rhythmus der beiden.

Dieses Prinzip hat eine interessante Entsprechung auf dem Gebiet der

Wirtschaft, wo der Regenerationsprozeß einer Investitionstätigkeit entspricht. Durch Investierung umgeht man sofortiges Ausgeben, um später ein noch größeres Einkommen erwarten zu können. Es ist das Prinzip des Sparens oder Wartens. Durch Regeneration reinvestiert man seine Kräfte, um später ein größeres Seelenwachstum ausweisen zu können. Degeneration heißt zuviel ausgeben. Generation ist ein Ausgleich zwischen sparen und ausgeben.

Atem-Mantras

Mantras, die in Zusammenhang mit dem Atem eingesetzt werden, können dem Schüler viel bringen. Dies ist ein weitverzweigtes Thema. Ein Beispiel ist das *Su Haam*-Mantra, welches von Yogis benutzt wird. Der *Su*-Klang wird beim Einatmen ausgesprochen und steht für den leisen Klang der niederen Schwingungen, wenn die Lebenskraft entlang den höheren Chakras aufsteigt. Der *Haam*-Klang wird beim Ausatmen ausgesprochen und steht für den gröberen Klang der unteren Schwingungen, wenn die Lebenskraft absteigt. Das *m* am Ende des *Haam* wird durch ein Schließen des Mundes hervorgerufen, und dieses *m* bewirkt ein Objektivieren des Klangs.

Der Atem scheint die Form desjenigen Tattwas anzunehmen, das im Körper gerade überhand hat. Man sagt, daß man dies sehen kann, wenn man einen Spiegel anhaucht. Einige neuere wissenschaftliche Untersuchungen im Fotografieren von ätherischen Formen scheinen dies zu bestätigen.

Atemkontrolle

Ein geduldiges Beobachten des eigenen Atemstroms kann mit der Zeit dazu führen, daß man die lebenswichtigen Kräfte beherrscht und sie willentlich zu den gewünschten Zentren führen kann. Nach und nach lernt man, die Veränderungen in den Schwingungen zu erkennen, die auftreten, wenn der Atem oder die Lebenskraft die verschiedenen Ebenen durchläuft. So lernt man die Elemente oder Tattwas beherrschen.

Solange der Atem kommt und geht, leben wir in einer Welt der Gegensätze – der Welt der Formen. Der letzte Schritt einer Beherrschung besteht darin, daß der Atem überhaupt aufhört und man die Welt der Formen verläßt und sich in den spirituellen Bereich, in das universelle Bewußtsein zurückzieht. Nur der Eingeweihte kann sich auf diese Art vollständig zurückziehen.

Jeder Rückzug ist jedoch sehr stark eine Frage der Abstufungen. Es ist durch dieselbe Pforte, daß wir den Schlaf, den Tod oder eine tiefe Meditation finden, es ist lediglich eine Frage der Stufe oder des Maßes.

Der Schlaf

Die Tiefe des Schlafs ist bei jedem sehr verschieden. Manche Menschen verlassen ihren Körper nie und fühlen ihr Bewußtsein auch wenn sie schlafen. Manche haben kein Gefühl von Bewußtsein, sondern bleiben geistig aktiv, indem sie Traumzustände hervorbringen. Manche vermögen den Körper und das Gehirn zu verlassen und verweilen auf einer noch höheren Ebene, von der sie wahrhaft erfrischt zurückkehren, wenn sie aufwachen.

Der Tod

Dasselbe gilt auch für den Tod, wo die Stufe, bis zu der die einzelne Seele vordringt, vom eigenen Entwicklungsprozeß abhängt. Manche Seelen bleiben praktisch mit der Erde sogar dann verhaftet, wenn sie ihren physischen Körper hinter sich gelassen haben. Oft trachten sie bereits danach, wiedergeboren zu werden oder manchmal auch nur, das Gefühl der Welt durch eine inkarnierte Seele zu erleben, die sie zu beeinflussen oder zu besitzen suchen. Andere gehen friedlich zu höheren Zuständen über. So mögen sie in einer ersten Stufe ihre Bekanntschaften mit anderen körperlosen Seelen erneuern, um dann zu noch höheren »Gefilden« aufzubrechen wo sie sich vollends erneuern, bis der Impuls, sich in einer Form zu verwirklichen, die wieder dazu führt, geboren zu werden.

Tiefe Meditation

Bei der tiefen Meditation versucht das Bewußtsein das zu unternehmen, was die meisten von uns mehr oder weniger freiwillig im Schlaf oder im Tod tun. Es zieht sich auf jene Ebene zurück, wo es sich am ewigen Born des Lebens, seiner eigenen spirituellen Quelle erneuert.
Dieser Prozeß ist ebenfalls eine Frage der Stufen, je nach Meisterung. Der Adept, der gelernt hat, seinen Atem oder seine Lebenskraft auf allen Stufen zu beherrschen, kann diesen anhalten und sich aus seinem Körper zurückziehen, ohne ihn deshalb völlig zu verlassen. Er kann auch wieder in ihn zurückkehren, wenn er ihn braucht. Indem er zu den notwendigen Zeiten willentlich stirbt, um sich zu erneuern, vermeidet er einen unabsichtlichen Tod in der üblichen Weise.
Ein solcher Eingeweihter mag ein langes Leben von vielleicht mehreren Jahrhunderten benötigen, bis er eine für die Entwicklung des Menschen notwendige Arbeit bewältigt hat. Demnach könnte er während dieser Zeitspanne in seinem Körper verweilen, wenn er ihn auf der beschriebenen Weise erneuert. Dies könnte vor allem deshalb sehr nötig sein, weil es für eine derart entwickelte Seele schwierig sein dürfte, einen geeigneten Körper zu finden, in den sie eingehen könnte. Ein solcher Eingeweihter würde seinen Körper am Ende seines Lebens dematerialisieren, weil seine Arbeit auf dieser Ebene vollendet wäre.

Lebenszyklen

Die Länge unseres Lebens verhält sich proportional zum Lebensgrund der Seele des höheren Ich. Wenn diese Seele ihren Zweck erschöpft hat, zieht sie sich zurück, da sie ihr nach unten gerichtetes Potential aufgebraucht hat. Der Geist vermittelt ein sehr starkes Gefühl der Berufung, und wenn sich sein Ziel erfüllt hat, muß die Seele sich durch Rückzug selbst erneuern. Sämtliches Leben manifestiert sich zyklisch. Jeder Atemzug – ob aus oder ein –, jeder Tag und jede Nacht des Wachens und des Schlafens, jedes Leben und jeder Tod in einem Körper, all dies gehorcht demselben Prinzip in einem größeren oder geringeren Maß. Sie alle sind Ausdruck des periodischen oder zyklischen Gesetzes, das sich inmitten der Schwingungen des Lebens zwischen seinen Polen manifestiert.

KLAUSBERND VOLLMAR

Bach-Blütenessenzen und die Chakras

Bei der Chakren-Arbeit kann man auch die klassische Hochpotenz Homöopathie und Bach-Blütenessenzen hilfreich anwenden.

Im Schwingungsmodell nehmen wir an, daß jedes Chakra mit einer bestimmten Schwingung das gesamte Schwingungsfeld der sieben Chakren mitaufbaut. Die Bach-Blüten wie die homöopathischen Mittel führen mit ihrer Schwingung zu einer bestimmten Resonanz in dem entsprechenden Chakra und so auch zur Resonanzveränderung im gesamten Schwingungsfeld. So können diese Mittel gebundene potentielle Energien in dem geschlossenen Chakra, auf das sie wirken, wieder in freie kinetische Energien umwandeln. Damit kommt ein Kraftfluß im gesamten Feld zustande, das heißt alle Chakren werden dadurch zugleich mitaktiviert.

Ich möchte hier nur kurz einen Hinweis geben, wie ich in meiner Praxis Bach-Blüten in bezug auf die Chakren anwende; ich selbst arbeite nicht mit Homöopathie, da ich mich dort zuwenig auskenne.

Es ist nur dann sinnvoll, die Bach-Blütenessenzen zur Hilfe in der Chakren-Arbeit zu nehmen, wenn man um die zwei Wochen hintereinander einzig an einem Chakra arbeitet. Das soll allerdings nicht heißen, daß man dann jeden Tag an dem entsprechenden Chakra arbeiten muß. Ich kombiniere meist zwei Blütenessenzen zu einem bestimmten Chakra. Nach etwa vierzehn Tagen setze ich die entsprechende Essenz wieder ab, da sich dann zumeist die Situation geändert hat. Ich glaube, wenn man viel länger als zwei Wochen die gleichen Bachschen Essenzen nimmt, daß sie dann in der Chakren-Arbeit ihre Kraft verlieren.

1. Muladhara-Chakra

Kirschpflaume	6	lerne loszulassen
gemeine Waldrebe	9	Erdung
Stechginster	13	Integration von Freude und Leid
Föhre	24	Verantwortung fürs eigene Leben zu übernehmen
Edelkastanie	30	die eigene Entwicklung zulassen zu können

2. Svadhistana-Chakra

Holzapfel	10	Ausscheiden, was nicht verdaut werden kann
Ulme	11	Ideen in die Realität umsetzen zu können
gefleckte Gauklerblume	20	die Fähigkeit, Freiheit innerhalb gegebener Strukturen zu genießen
Eiche	22	Hingabe und Einlassen
Quellwasser	27	Disziplin und sich gehen zu lassen verbinden können
Eisenkraut	31	dem anderen Spielraum zu lassen
Heckenrose	37	zur Lebensfreude und Anteilnahme fähig zu sein

3. Manipura-Chakra

Espe	2	Überwindung von Angst
Hainbuche	17	die Stärke haben, persönliche Ziele zu verwirklichen
drüsentragendes Springkraut	18	Geduld
Lärche	19	Selbstbewußtsein
einjähriger Knäuel	28	die Fähigkeit zur Balance zu haben
goldiger Milchstern	29	aus innerer Freude zu handeln

4. Anahata-Chakra

Tausendgüldenkraut	4	Dienen
Zichorie	8	Hingabe als Überwindung von Distanz
Heidekraut	14	bedingungslose Liebe
Stechpalme	15	freies Fließen der Liebesenergie
Geißblatt	16	die Fähigkeit zu entwickeln, im Hier und Jetzt leben zu können
rote Kastanie	25	die Fähigkeit zu besitzen, reine Liebe kommunizieren zu können
gemeines Sonnenröschen	26	Ego-Überwindung

5. Vishuddha-Chakra

Obermenning	1	Verbindung von Fühlen und Denken
Ackersenf	21	Glaube an das eigene Selbst auch in »dunklen« Zeiten
Wald-Trespe	36	Kommunikation mit eigener Seele und von eigener Seele aus
Weide	38	Raum für Kreativität erzeugen zu können

6. Ajna-Chakra

Buche	3	Toleranz
Bleiwurz	5	Hören auf den inneren Führer
Kastanienknospen	7	offen für die Lektionen des Lebens zu sein u. sie freudig lernen zu wollen
bitterer Enzian	12	die Fähigkeit akzeptieren zu können, was ist
Olive	23	das Vertrauen auf die kosmischen Energien entwickeln zu können

Weinrebe	32	wahre Autorität erkennen/ anerkennen zu können
Walnuß	33	Hören auf die innere Stimme
weiße Kastanie	35	Meditationshilfe

Man sollte jedoch trotz aller Möglichkeiten, die die Bach-Blütenessenzen bieten, sie sehr sparsam einsetzen. Sie sind letztlich wie jegliches Hilfs- und Heilmittel nur eine Krücke, und es ist sicherlich wesentlicher, sich selbst aktiv ohne solch ein Hilfsmittel zu entwickeln und die Kraft zur Chakren-Arbeit vollständig aus sich selbst zu beziehen, statt passiv ein Hilfsmittel zu gebrauchen, das einen in einen sensiblen Zustand versetzt. Es gibt viele Wege, die richtigen Fragen an seine Seele zu stellen. Leider ist jeder von uns bisweilen so blockiert und blind in bezug auf sich selbst, daß ein Anstoß durch die Bachschen Blütenessenzen (oder Homöopathie) uns viele Umwege ersparen kann. Ob ein Ersparen der Umwege gut ist? Gibt es Umwege?

Quellennachweis

ARTHUR AVALON (SIR JOHN WOODROFFE)
»Kundalini-Shakti«, aus: Arthur Avalon, *Shakti und Shakta – Lehre und Ritual der Tantras* (aus dem Englischen von Ursula von Mangoldt); © o. J. Scherz Verlag, Bern/München/Wien für den O. W. Barth Verlag.

LILLA BEK / PHILIPPA PULLAR
»Das vierte Chakra« (Titel d. Hrsg.), aus: Lilla Bek/Philippa Pullar, *Chakra-Energie – Die Kraftzentren des menschlichen Körpers* (aus dem Englischen von Marion B. Kroh); © 1985 by Lilla Bek und Philippa Pullar, © der deutschsprachigen Ausgabe 1992^4 by Scherz Verlag Bern/München/Wien für das O. W. Barth Programm.

JES BERTELSEN
»Die Elementsymbole«, aus: Jes Bertelsen, *Traumarbeit und Meditation – Bewußtseinsentwicklung durch Übungen mit Chakrasymbolen* (aus dem Dänischen von Karl Antz und Conrad Antz); © 1982 by Jes Bertelsen (Borgen Forlag, Publishers, Valby/Dänemark), © der deutschsprachigen Ausgabe 1988 by Kösel-Verlag, GmbH & Co., München.

ARNOLD BITTLINGER
»Das Vaterunser und die Chakras«, aus: Arnold Bittlinger, *Das Vaterunser – Erlebt im Licht von Tiefenpsychologie und Chakrenmeditation*; © 1990 by Kösel-Verlag GmbH & Co., München.

WERNER BOHM
»Der kosmische Aspekt der Chakras«, aus: Werner Bohm, *Die Wurzeln der Kraft – Die Chakras: Kraft- und Bewußtseinszentren im Menschen*; © 1966 und 1974 by Scherz Verlag, Bern/München.

BARBARA ANN BRENNAN
»Die sieben Schichten der Aura«, aus: Barbara Ann Brennan, *Licht-Arbeit – Das große Handbuch der Heilung mit körpereigenen Energiefeldern* (aus dem Amerikanischen von Gabriele Kuby, Illustration von Joseph A. Smith); © 1987 by Barbara Ann Brennan (Bantam Books, New York), © der deutschsprachigen Ausgabe 1989[5] by Wilhelm Goldmann Verlag, München.

SHANTO BROCKMANN / DIPAM STATECZNY
»Das fünfte Chakra« (Titel d. Hrsg.), aus: i. A. Shanto Brockmann/Dipam Stateczny, *Die Schule der 108 Schritte*; © 1991 by Drei Eichen Verlag, Ergolding.

ROSALYN L. BRUYERE
»Chakra-Meditation«, aus: Rosalyn L. Bruyere, *Chakras – Räder des Lichts, Eine Einführung* (aus dem Amerikanischen von Hildegard Höhr und Theo Kierdorf); © 1989 by Rosalyn L. Bruyere (Bon Productions, Sierra Madre), © der deutschsprachigen Ausgabe 1990 by Synthesis Verlag, Essen.
»Übungen« (Titel d. Hrsg.), aus Rosalyn L. Bruyere, *Chakras – Räder des Lichts, Das Wurzelchakra* (aus dem Amerikanischen von Hildegard Höhr und Theo Kierdorf); © 1989 by Rosalyn L. Bruyere (Bon Productions, Sierra Madre), © der deutschsprachigen Ausgabe 1991 by Synthesis Verlag, Essen.

»Definition des Begriffes ›Chakra‹« (Titel d. Hrsg.), aus: *Lexikon der östlichen Weisheitslehren*; © 1986[2] by Scherz Verlag, Bern/Müchen/Wien.

HETTY DRAAYER
»Eine Aura-Übung«, aus: Hetty Draayer, *Das Licht in uns – Chakras, Auras, Energien* (aus dem Holländischen von Hildegard Höhr); © 1983 by Mirananda uitgevers B.V. (Carolus Verhulst), Wassenaar, © der deutschsprachigen Ausgabe 1986[3] by Kösel-Verlag GmbH & Co., München.

GÉRARD EDDE

»Chakras und Nadis im *Shat-Chakra-Nirupana*«, »Visualisierung zur Erweckung der Fünf Sinne«, »Kristalle, Metalle und die Chakras« (Titel d. Hrsg.) und »Massage der Chakras«, aus: Gérard Edde, *Chakras und Heilung – Der Weg zur ganzheitlichen Gesundheit durch die energetische Medizin des Tantra und Ayurveda* (aus dem Französischen von Sylvia Luetjohann); © 1989 by Éditions L'Originel, Paris, © 1993 by Edition Tramontane, St. Goar.

WILLI FRANZ

»Die Praxis des Aurasehens«, aus: Willi Franz, *Theorie und Praxis des Aura-Sehens* (Illustration über MTi-Press); © 1990^2 by Verlag Stephanie Naglschmid, Stuttgart.

LANETA GREGORY / GEOFFREY TREISSMAN

»Astrologie und die Aura«, aus: Laneta Gregory/Geoffrey Treissman, *Aura-Handbuch – Die menschliche Aura erkennen, verstehen und zur Heilung nutzen* (aus dem Englischen von Mascha Rabben); © 1985 by Laneta Gregory und Geoffrey Treissman (Pilgrims Book Services, England), © der deutschsprachigen Ausgabe 1990^3 by Wilhelm Heyne Verlag GmbH, & Co. KG, München.

HARISH JOHARI

»Die Erweckung der Kundalini« und »Das erste Chakra« (Titel d. Hrsg.) aus: Harish Johari, *Chakras – Körperzentren der Transformation* (aus dem Amerikanischen von Matthias Schossig und Heidegret Rauhut); © 1987 by Harish Johari (Destiny Books, Rochester), © der deutschsprachigen Ausgabe 1992 by Sphinx Verlag, Basel.

HANNEKE KORTEWEG / HANS KORTEWEG

»Die sieben Stufen« (Titel d. Hrsg.), aus: Hanneke und Hans Korteweg, *Dem inneren Licht folgen* (aus dem Niederländischen von Hildegard Höhr und Theo Kierdorf); © 1989 by Hans Korteweg und Hanneke Korteweg-Frankhuisen, © der deutschsprachigen Ausgabe 1991 by Droemersche Verlagsanstalt Th. Knaur Nachf., München.

INGRID S. KRAAZ VON ROHR
»Farbtherapie für Aura und Chakras«, aus: Ingrid S. Kraaz von Rohr, *Die Farben deiner Seele*; © 1991 by Ingrid S. Kraaz von Rohr und Wulfing von Rohr, © der deutschsprachigen Ausgabe 1991 by Wilhelm Goldmann Verlag, München.

DORA KUNZ
»Die Anatomie der Aura«, aus: Dora Kunz, *Die Aura – Farben und Symbole des menschlichen Energiefeldes* (aus dem Amerikanischen von Karl-Friedrich Hörner); © Dora Kunz (The Theosophical Publishing House, Wheaton), © der deutschsprachigen Ausgabe 1992 by Aquamarin Verlag, Grafing.

C. W. LEADBEATER
»Die Körper des Menschen« und »Wie der Mensch sich entwickelt«, aus: C. W. Leadbeater, *Der sichtbare und der unsichtbare Mensch*; © 1991^7 Verlag Hermann Bauer KG, Freiburg i. Br.
»Die Kräfte«, aus: C. W. Leadbeater, *Die Chakras*; © 1990^9 Verlag Hermann Bauer KG, Freiburg i. Br.

NAOMI OZANIEC
»Das dritte Chakra« (Titel d. Hrsg.) und »Das siebte Chakra« (Titel d. Hrsg.), aus: Naomi Ozaniec, *Die Chakras* (aus dem Englischen von Katharine Cofer); © 1990 Naomi Ozaniec (Element Books Ltd., Longmead), © der deutschsprachigen Ausgabe 1993 Aurum Verlag GmbH, Braunschweig.

JOHN PIERRAKOS
»Das Phänomen der Aura«, aus: John Pierrakos, *Core Energetik – Zentrum deiner Lebenskraft* (aus dem Amerikanischen von Theo Kierdorf); © 1987 by John Pierrakos (LifeRhythm, Mendocino), © der deutschsprachigen Ausgabe 1987^3 by Synthesis Verlag, Essen.

PETER RENDEL

»Atem und die Chakras«, aus: Peter Rendel, *Einführung in die Chakras* (aus dem Englischen von Susanne G. Seiler); © 1979 by Peter Rendel (The Aquarian Press, Wellingborough), © der deutschsprachigen Ausgabe 1983^5 by Sphinx Verlag, Basel.

WULFING VON ROHR

»Licht und Chakrameditationen«, aus: Wulfing von Rohr, *Meditation, die Kraft aus der Mitte – Ein umfassender Übungsleitfaden*; © 1991^2 by Wilhelm Goldmann Verlag, München.

LEA SANDERS

»Austausch und Wandel im Aura-Feld«, aus: Lea Sanders, *Die Farben deiner Aura* (aus dem Amerikanischen von Wulfing von Rohr); © 1988 by Lea Sanders und Wulfing von Rohr, © der deutschsprachigen Ausgabe 1993^6 by Wilhelm Goldmann Verlag, München.

KEITH SHERWOOD

»Das sechste Chakra« (Titel d. Hrsg.), aus: Keith Sherwood, *Kraftzentren des Lebens – Anleitung zur Harmonisierung des feinstofflichen Körpers* (aus einem Manuskript ins Deutsche übertragen von Luise Kösling); © der deutschsprachigen Ausgabe 1986^2 by Verlag Hermann Bauer KG, Freiburg i. Br.

»Die Farben der Aura«, aus: Keith Sherwood, *Die Kunst spirituellen Heilens* (aus einem Manuskript ins Deutsche übertragen von Luise Kösling); © der deutschsprachigen Ausgabe 1984^4 Verlag Hermann Bauer KG, Freiburg i. Br.

KARL SPIESBERGER

»Die Forschungen des Freiherrn von Reichenbach« und »Woran wird Sensitivität erkannt?«, aus: Karl Spiesberger, *Die Aura des Menschen*; © 1992^7 by Verlag Hermann Bauer KG, Freiburg i. Br.

RUDOLF STEINER

»Die Aura des Menschen« (Titel d. Hrsg.; Vortrag, gehalten in Dornach am 18. August 1918), aus: Rudolf Steiner, *Die Wissenschaft vom Werden des Menschen*; © 1967 und 1990^2 by Rudolf Steiner-Nachlaßverwaltung, Dornach/ Schweiz.

DAVID V. TANSLEY

»Reinigen und Heilen der Aura«, aus: David V. Tansley, *Die Aura des Menschen* (aus dem Englischen von Dr. Hans Dellefant); © 1984 by David V. Tansley (Arkana Paperbacks, Routledge & Kegan Paul Ltd., London), © der deutschsprachigen Ausgabe 1993 by Synthesis Verlag, Essen.

KLAUSBERND VOLLMAR

»Tabellarische Chakra-Übersicht« (Titel d. Hrsg.), »Das zweite Chakra« (Titel d. Hrsg.), »Bach-Blütenessenzen und die Chakras« (Titel d. Hrsg.), aus: Klausbernd Vollmar, *Fahrplan durch die Chakren – Ein Übungsbuch zur Aktivierung der Energiezentren;* © 1985 by Klausbernd Vollmar (Rowohlt Taschenbuch Verlag GmbH, Reinbek bei Hamburg).

VICKY WALL

»Der Flug der Aura«, aus: Vicky Wall, *Aura-Soma – Das Wunder der Farbheilung und die Geschichte eines Lebens* (aus dem Englischen von Hans-Jürgen Maurer und Frank Huber); © 1990 by Vicky Wall (HarperCollins Publishers Ltd., London), © der deutschsprachigen Ausgabe 1992^2 by Verlag Hans-Jürgen Maurer, Frankfurt/M.

AMY WALLACE/BILL HENKIN

»Die Chakras öffnen und schließen, reinigen und ausrichten« (Titel d. Hrsg.), aus: A. Wallace/B. Henkin, *Anleitung zum geistigen Heilen* (aus dem Amerikanischen von Christine Rassmann); © 1978 by A. Wallace und B. Henkin (Delacorte Press, New York), © der deutschsprachigen Ausgabe 1982^4 by Synthesis Verlag, Essen.

DAS GROSSE PRAXISBUCH DER ESOTERIK

Herausgegeben von Diane von Weltzien

Mit Beiträgen von:
Margo Anand, Hajo Banzhaf, Joachim-Ernst Berendt,
Barbara Ann Brennan, Deepak Chopra, Thorwald Dethlefsen,
Chris Griscom, Ingrid S. Kraaz von Rohr, Dr. Joseph Murphy,
Leonard Orr, Wulfing von Rohr, José Silva, Starhawk uva.

Dieses Buch versammelt Übungen, Anwendungen, Rituale, Rezepte, Ratschläge und Anregungen, die einen ausgezeichneten Überblick über die folgenden Themenbereiche geben:

Spirituelle Körpererfahrung, Ganzheitliches Heilen
Spirituelle Hilfsmittel (Tarot, Pendel, Edelsteine usw.)
Magisches Hexenwissen, Positives Denken

Der hohe Bekanntheitsgrad der Autoren und die genaue Überprüfung der Beiträge auf ihre Durchführbarkeit und Verständlichkeit bürgen für Qualität und machen aus diesem »*Lese*buch« ein unverzichtbares »*Lebe*buch« für jeden, der Spiritualität und Bewußtheit in seinen Alltag integrieren will.

448 Seiten · zahlreiche Abbildungen · Band 12176

GOLDMANN VERLAG

Die neuen Dimensionen des Bewußtseins

esotera
seit vier Jahrzehnten das führende Magazin für Esoterik und Grenzwissenschaften: Jeden Monat auf 100 Seiten aktuelle Reportagen, Hintergrundberichte und Interviews über **Neues Denken und Handeln** Der Wertewandel zu einem erfüllteren, sinnvollen Leben in einer neuen Zeit.
Esoterische Lebenshilfen
Uralte und hochmoderne Methoden, sich von innen heraus grundlegend positiv zu verändern.
Ganzheitliche Gesundheit
Das neue, höhere Verständnis von Krankheit und den Wegen zur Heilung – und vieles andere.

Außerdem: ständig viele aktuelle Kurzinformationen über **Tatsachen die das Weltbild wandeln.** Sachkundige Rezensionen in den Rubriken **Bücher, Klangraum, Film und Video** sowie **Alternative Angebote.** Im **Kursbuch** viele Seiten Kleinanzeigen über einschlägige **Veranstaltungen, Kurse und Seminare** in Deutschland, Österreich, der Schweiz und im ferneren Ausland.

esotera erscheint monatlich. Probeheft kostenlos bei Ihrem Buchhändler oder direkt vom Verlag Hermann Bauer KG, Postfach 167, 79001 Freiburg